U0518828

智慧司法
与法律文书改革

马宏俊　主　编

许身健　袁钢　副主编

知识产权出版社

全国百佳图书出版单位

—北京—

图书在版编目（CIP）数据

智慧司法与法律文书改革／马宏俊主编 . —北京：知识产权出版社，2021. 10

ISBN 978 - 7 - 5130 - 7407 - 0

Ⅰ . ①智… Ⅱ . ①马… Ⅲ . ①法律文书—改革—中国—文集 Ⅳ . ①D926. 134 - 53

中国版本图书馆 CIP 数据核字（2021）第 012816 号

责任编辑：齐梓伊　李学军　　　　　　　责任校对：王　岩

封面设计：张　悦　　　　　　　　　　　责任印制：刘译文

智慧司法与法律文书改革

马宏俊　主编

许身健　袁钢　副主编

出版发行： 知识产权出版社 有限责任公司	网　　址：http：//www. ipph. cn		
社　　址：北京市海淀区气象路 50 号院	邮　　编：100081		
责编电话：010 - 82000860 转 8176	责编邮箱：qiziyi2004@ qq. com		
发行电话：010 - 82000860 转 8101/8102	发行传真：010 - 82000893/82005070/82000270		
印　　刷：天津嘉恒印务有限公司	经　　销：各大网上书店、新华书店及相关专业书店		
开　　本：720mm×1000mm　1/16	印　　张：25.5		
版　　次：2021 年 10 月第 1 版	印　　次：2021 年 10 月第 1 次印刷		
字　　数：388 千字	定　　价：118. 00 元		

ISBN 978 - 7 - 5130 - 7407 - 0

出版权专有　侵权必究

如有印装质量问题，本社负责调换。

向智慧司法"致敬"（代序）

以互联网平台和现代传输设备为载体，在司法过程中产生的大量数据（如案件数据、流程数据、内容数据、程序数据、管理数据、宣传数据等），通过云计算、大数据、人工智能等现代技术的应用与流转构成"智慧司法"的基础。以知识为中心，遵循知识构建的客观规律、实现知识数据的互联互通，基于语音识别、图像识别、证据指引、法律知识图谱等，人工智能技术在司法领域已经实现场景化实际应用，"智慧司法"在大数据时代，成为司法体制改革的"先锋号"，让司法更为高效智能，也让司法公正看得见、摸得着。法律文书是人民群众感受到司法公正最直接的书面载体，法律文书改革对于维护当事人的合法权益、提高司法公信力乃至促进司法体制改革都产生着重要影响，正如中国法学会景汉朝副会长指出的，司法改革许多成果都会落实在法律文书上，中国法学会法律文书学研究会应当集中精力，多出成果，特别是关注中国问题的原创性成果，应当提高学术研究水准，提升学术研究品质。因此，在新时代，法律文书学研究会围绕司法改革中的重点和难点问题，集中深入研究智慧司法的新特征、新规律，将"智慧司法与法律文书改革"作为中国法学会法律文书学研究会2019年学术年会的主题。

2019年10月12日至13日，由南阳师范学院、南阳市中级人民法院共同承办的中国法学会法律文书学研究会2019年学术年会暨"智慧司法与法律文书改革论坛"在河南省南阳市成功举行。来自全国的200余名法官、检察官、律师、公证员、高校专家学者们齐聚一堂，共同探讨智慧司法与法律文书改革这一主题，结合智慧司法的现实应用，邀请12位发言人和9位评议人，从不同视角和不同领域以"智慧司法背景下法律文书改革问题""智慧司法背景下法律文书说理改革""智慧司法背景下诉讼制度改革问题"三个不同侧面就相关问题发表各自学术观点。会前，法律文书学研究会秘书处共收到提交 2019 年学术年会论文近百篇，为凸显年会主题选取其中 60 余篇论文（近60 万字）制作成册并在会场上分发。会中，在现场发言、讨论过程中，秘书处收到并整理对年会论文的整体、个别评价和意见。会后，根据研究会工作安排，继续由我作为执行主编，许身健、袁钢教授作为执行副主编，承担再精选出一批高质量的研究成果结集出版的重任，以将最新研究成果展现给法律文书学研究学者和实务工作者。

2019 年 12 月 13 日至 14 日，由中国法学会法律文书学研究会、甘肃政法大学主办，甘肃政法大学法学院承办，甘肃省检察官协会、法治甘肃建设理论中心协办的"检察建议与社会治理论坛"在甘肃省兰州市召开，来自实务部门、高等院校、律师事务所等的 80 余人与会，就检察建议制度构建与实践探索、检察建议刚性化研究、检察建议规范化研究等重点问题进行了深入探讨。该次研讨会共收到论文 20 篇。

在以上两次会议两本论文集的基础上，征询研究会学术委员会的专家意见，并经研究会会长办公会审议，我们进行了大刀阔斧的修订，除统一论文学术规范外，微调了多数论文的标题，对个别论文进行大幅修订，最终收录30 篇论文和 4 篇综述汇编成册。

本书共包含三个专题：第一，将智慧司法作为法律文书制作改革的重要背景，总结与反思智慧司法给法律文书制作带来什么样的影响。因此，本书精选 10 篇论文形成专题一"智慧司法背景下法律文书制作问题"，在厘清智慧司法、人工智能、算法、司法大数据等基本概念基础上，结合智慧司法的最新应用成果，展现智慧司法对于民事裁判文书、刑事裁判文书、检察文书（尤其是检察建议文书）产生哪些具体的影响，关注法律文书制作中如何具体应用和流转司法数据。

第二，将智慧司法作为法律文书说理改革的重要内容，探索智慧司法给裁判文书说理提出的新挑战和新要求，展现智慧司法给裁判文书带来的新困境与新问题。因此，本书精选了 10 篇论文形成专题二"智慧司法背景下法律文书说理问题"，多数论文采用实证研究方法来发掘智慧司法与大数据给法律文书说理改革带来的新启示，还有部分论文将社会关注热门法律文书作为研究对象。

第三，将智慧司法作为法律文书运用的重要方式，运用大数据思维，本书精选 10 篇论文，形成专题三"智慧司法背景下法律文书运用问题"，重点关注"同案不同判"现象，就类案检索机制、案例指导机制、文书送达机制等呈现法律文书运用最新成果，讨论智慧司法可能给法律文书带来的法律风险等问题。同样，智慧司法也应成为法律文书教学和研究的新课题。

为提高法律文书研究水平，扩大法律文书学研究会影响力，包括本书在内，研究会已经连续出版《法律文书探索与创新》（汇集研究会 2014 年、2015 年学术年会成果）、《法律文书革故与鼎新》（汇集研究会 2016 年学术年会、2016 年法律文书理论与实务专题研讨会、2016 年研究会第二届全国优秀法律文书活动的学术成果）、《司法责任制与法律文书改革》（汇集研究会2017 年学术年会成果）、《大数据与法律文书改革》（汇集研究会 2018 年学术年会成果）、《阳光司法与检察文书》（汇集 2016 年阳光司法与检察文书专题研讨会学术成果）等论文集，形成"法律文书论丛"的品牌特色，产生较大反响。而在本书（汇集研究会 2019 年、2020 年学术年会和检察建议与社会治理专题研讨会成果）的形成过程中，研究会专家普遍认为，在智慧司法的背景下，法律文书应当"敬重"人工智能等现代技术，其无疑能为法律文书制作、研究带来更广阔的前景和更充沛的活力；同时法律文书也应当"敬畏"人工智能等现代技术，其不仅带来便利高效，也带来法律风险和伦理风险。面对现代科技挑战，研究会更需要夯实法律文书学的基本理论，以"法律文书实践研究基地"建设为抓手，以"法律文书进校园活动"为辅助，以"法学家下基层活动"为特色，深入探究法律文书实务工作，争取产生更具有理论价值和实践意义的研究成果。

马宏俊

2020 年 2 月 14 日

Contents 目 录

附　录　　371

专题一

智慧司法背景下法律文书制作问题

智慧司法：刑事裁判文书改革的局限与前瞻

◎ 王春丽　王春芳*

计算机就像童话里的巫师。他们给你想要的东西，却不告诉你应该期望什么。

——［美］诺伯特·维纳

当下，人工智能在法律领域的应用与发展已经成为学界和实务界的热点问题。智慧检务、智慧法院的建设更将智慧司法的理念演绎到极致。"司法大数据""人工智能""智慧司法"已然成为具有时代标杆意义的热词，在法律界乃至社会各界广泛流行开来。以"人工智能＋"为标志的法学各部门领域的论述和研讨亦可谓清芬酝藉、不减醇醸。我国法律界对"司法人工智能"持有极高的期待，并随着一些软件如法律信息系统、法律咨询检索系统的司法便利而大大增强了法律人研发人工智能的决心和信心。① 然而，智慧司法究竟有多智慧，智慧到何种程度？提供给人工智能系学习之数据的客观性如何？司法人工智能之"智慧"与司法者之"智慧"能否等量齐观？人工智能系统在司法场域应用的边界何在？其对法律文书的改革乃至裁判文书的形成又会产生怎样的影响与渗透？这一系列的问题迄今未在学界和实务界达成共识性认知。人工智能披裹着神奇的光环强势入驻法律甚或司法决策系统，已经成为不争的事实。面对此情此景，讴歌者有之，批判者有之，担忧者亦有之。本文拟从智慧司法对司法决策的现实或潜在影响着笔，探讨当下法律文书改革的新路径及其局限之所在。

---

* 王春丽，贵州大学法学院讲师，法学博士；王春芳，六盘水师范学院副教授。

① 刘艳红：《人工智能法学研究中的反智化批判》，载《东方法学》2019 年第 4 期。

一、问题的提出

2017 年 4 月，最高人民法院颁布《关于加快建设智慧法院的意见》，指出："智慧法院是人民法院充分利用先进信息化系统，支持全业务网上办理、全流程依法公开、全方位智能服务，实现公正司法、司法为民的组织、建设和运行形态。""2017 年底总体建成、2020 年深化完善人民法院信息化 3.0 版。"① 这既体现了国家信息化发展战略在司法系统中的贯彻，亦彰显了司法人工智能战略的顶层设计思维。此后，通过人工智能的研发和应用辅助实现公正司法，预防和避免冤错案件的发生成为智慧司法建设的重要理念和目标，各级各地法院也相继研发了刑事案件审判辅助系统。例如，贵州省高级人民法院以贵州司法大数据分析工作为平台，自主探索设计智能决策分析系统、智能审判辅助系统和智能公众咨询系统，建立了具体的案由模型，实现了智能文书分析、文书生成、自动匹配精准相似案例等功能②，辅助法官进行事实认定和法律适用，避免认知错误，实现公正判决。2017 年，科大讯飞与上海市法院、检察院和公安机关合作开发了一套"刑事案件智能辅助办案系统"（又被称为 206 工程），该系统通过机器学习算法，在大数据库的支持下不断训练，从而持续更新和完善。③ 在"206系统"首次庭审运用中，以统一网络及运行平台为基础，公安、检察院、法院之间实现了全案卷宗无纸化、数据传输无阻碍，"信息壁垒"得以突破。④其不仅具备自动推送、自动抓取、自动识别、自动转化、自动生成等功能，还能够对指控证据链条进行审查判断。然而，智慧司法是否真的能够辅助检

---

① 《最高人民法院关于加快建设智慧法院的意见》法发〔2017〕12 号。旨在深入贯彻创新驱动发展战略，全面落实《国家信息化发展战略纲要》和《"十三五"国家信息化规划》对智慧法院建设的总体要求，确保完成《人民法院信息化建设五年发展规划（2016—2020）》提出的建设任务，以信息化促进审判体系和审判能力现代化，努力让人民群众在每一个司法案件中感受到公平正义。

② 《贵州：打造智慧法院 提升案件质效》，载 http：//gz. people. com. cn/n2/2017/0523/c2 22152－30227789. html，最后访问时间：2019 年 9 月 15 日。

③ 206 工程是近年来我国人工智能技术在司法领域的集中体现，通过证据指引来引导录入证据，适用恰当的证据标准，帮助发现证明案件事实的证据链中的缺陷，从而提高案件事实认定的效率和准确度，减少错案的发生。参见魏斌、郑志峰：《刑事案件事实认定的人工智能方法》，载《刑事技术》2018 年第 6 期。

④ 《最新进展！司法人工智能"206"的打怪升级之路！》，载 http：//gov. eastday. com/node2/zzb/shzfzz2013/zfsd/fy/u1ai1473229. html，最后访问时间：2019 年 9 月 16 日。

察官依法办案、辅助法官依法审理并作出相对公正的判决？是否真的能够有效预防和避免刑事冤错案件的发生？这不啻为有待时间和历史检验的重大命题。

　　20世纪50年代，人工智能于达特茅斯会议初现端倪，约翰·麦卡锡、克劳德·香农等人提出了这一名词，旨在让机器完成一些需要人的智能才能完成的任务。今天，大数据、深度学习和云计算已经成为人工智能技术的三大基石。在决策者与研究者的逻辑中，以司法人工智能为基础的智慧法院建设是作为推进以审判为中心的诉讼制度改革的组成部分而存在的。① 然而，它真的能够契合当下中国的司法改革与司法体制改革的目标吗？司法人工智能要辅助审判、辅助作出决策、辅助生成法律文书，便必须像熟谙理论且实务技能精湛的司法者那样，了解实体法学和程序法学的相关概念、法律规定、事实、证据、法律语言、规范表达、研究方法、法律人的思维方式等许多方面的知识和体系。尽管它能够运用深度神经网络模型算法和计算机识别技术，对录入数据库中的卷宗和证据材料进行学习，但算法的本质决定了它只能帮助司法者以新的方式利用已有的信息。司法者的判断力有一定的局限性，且囿于主观经验的积累、知识体系的不完备性甚或业务技能不够娴熟，要作出公正、准确的司法裁判确实并非易事。但智能辅助办案系统真的能够脱离司法者个人的判断力，利用司法大数据作出更精确、更公正的决策或判断吗？恐怕不尽然。众所周知，系统运用算法的前提是已经做好数据的准备与录入工作，倘若司法者向计算机"投喂"的数据质量不高，甚或数据本身虚实不清、真伪难辨，那么即便算法分析得再精确，其结果的科学性与合理性依然是存疑的。更何况，实质上，司法人工智能系统的神经网络根本无法避免偏见，因为偏见就隐含在司法者提供的数据中，而软件开发者也好，程序员也罢，往往需要相当长的时间才可能识别出某种偏见，甚或根本识别不出来。因此，应当批判性地审视司法人工智能系统所作的分析、判断或结论。或许，系统辅助生成刑事裁判文书的实践或愿景只是"看起来很美"。首先，司法

----

　　① 钱大军：《司法人工智能的中国进程：功能替代与结构强化》，载《法学评论》2018年第5期。

人工智能系统所真正遵循的并非司法逻辑，而是计算机算法的逻辑。这一运行逻辑决定了其很难有效预防或遏制刑事冤错案件的发生，这意味着系统仍然可能辅助审判人员生成错误的刑事判决或裁定。其次，从操作过程来看，司法人工智能系统的运作看似精细化，实则缺乏规范化、程序化的保障，亦欠缺司法良知、理性与价值观的支撑。以"上海刑事案件智能辅助办案系统"为例，其是上海市高级人民法院研发团队运用大数据技术对上海原有 3 万余份刑事法律文书、9012 件典型案例、1695 万条司法信息资源进行比对、分析，通过人工智能的深度学习，针对梳理出的司法实践中取证环节的易发、多发、常见问题，制定了证据标准、证据规则，并把这些标准镶嵌进数据化的办案程序中，推出的人工智能系统。① 然而一个毋庸置疑的事实是，人工智能的深度学习是将系统研发者和设计者自身所能接触到的知识、信息或数据范围扩展至未知环境当中并以此约束系统形成明确的知识表示和推理的过程，这说明任务环境之于司法人工智能系统研发的重要性。司法人工智能对任务进行系统化和自动化的过程，与设计者和司法者自身智能活动的任何范畴都潜在相关。众所周知，法官的决策模式并非总能通过裁判文书呈现出来，甚或裁判文书所展示和体现的决策模式与法官内心真实的决策模式会发生悖逆与疏离。一言以蔽之，司法者的决策模式乃"内隐化"而非"外显化"的。在中国刑事裁判文书说理普遍不充分甚或几乎不说理的当下，此问题尤为突出。申言之，人工智能深度学习的是否一定是"对"的东西，是否一定是契合决策本质的知识，所学习的是否为法官秉承司法良知与理性作出的判决与裁定，所发现的又是否一定是司法实践中的"真"问题，并以此为根基制定或创建所谓的标准与规则尚待阐释与考证。

总体而言，智慧司法辅助生成刑事裁判文书的初衷是美好且良善的，笔者亦不怀疑在当下中国语境下司法人工智能的开发和运用是司法走向公开公正的助推器，当然也有可能是目前司法远未实现精细化的现实下相对最优甚或不得已的选择。在多数常规普通刑事案件中，类似于刑事案件智能辅助办

---

① 《司法进入"人工智能时代"破解"案多人少"难题》，载 https://finance.sina.com.cn/roll/2017-07-12/doc-ifyhvyie1163386.shtml，最后访问时间：2019 年 9 月 16 日。

案系统的司法人工智能确实可以起到快速准确审查证据、认定案件事实的作用，但在重大复杂刑事案件中是否能够防止出现事实认定的根本性错误、是否能够有效过滤非法取得的证据和冤错案件，继而辅助司法人员生成精准公正之裁判文书仍有待审慎地观察、考量与评估。

二、智慧司法的"博兰尼悖论"

当下，理论界与实务界之所以肯认司法大数据和智慧司法对促进司法公开、公正的影响，是因为其在相当程度上契合了话语与实践的双重需求。就话语层面而言，这与人类在科技前沿领域取得的重大突破有关，人工智能击败了世界顶尖的棋手，无人驾驶汽车上路，机器人取代工人成为传统工业生产线上的主力军，这一切都意味着智能时代已然开启，司法作为整个社会系统的一个重要组成部分，其不可避免地会受到智能革命的影响。就实践层面而言，大数据思维已经在悄然改变着法律行业乃至司法领域决策者和执法司法者的工作方式，侦查司法机关利用大数据手段获取证据；深度神经网络大大优化了机器学习的速度，使人工智能技术获得了突破性进展。[①] 人工智能植入监控系统，可以瞬间识别人脸、物品，抓取嫌疑人的影像。智能图像识别、语音识别、文献阅读检索技术的日臻成熟都为司法的智能化创造了前所未有的发展契机。

机器学习作为司法人工智能领域的主流技术，在实践中一直以技术工具的面貌出现，不同算法的应用在较好地解决司法系统中的某些问题的同时，对另外一些问题则可能一筹莫展，这是显而易见的事实。算法是被反复调教过的，如同人类将围棋的规则作为显性知识"投喂"给 AlphaGo，数据科学家则将实际已经发生过的若干场比赛和标准的情境加载到人工智能的记忆系统中，使其从中学习对弈的技能，此后，AlphaGo 在与自己无数次对弈的过程中创建起数量繁多的数据点，不断在其人工神经网络的节点中进行加权，从而最终打败人类中的顶尖高手成为世界冠军。计算机之所以能够战胜人类，

---

① 李彦宏等：《智能革命：迎接人工智能时代的社会、经济与文化变革》，中信出版集团2017年版，第87页。

是因为机器获得智能的方式和人类不同，它不是靠逻辑推理，而是靠大数据和智能算法。[①] 而法院参照算法审理案件，仰赖算法辅助作出决策、辅助生成判决结果是否显著优于完全由专业的司法者秉承逻辑和良知作出的判断尚不得而知。司法人工智能中算法是如何被调教的？司法者提供给系统的知识与规则的科学性如何？录入系统的信息、数据等学习素材的真实性、可靠性如何？辅助生成裁判文书是否逾越了算法的能力边界？是否能够彰显司法程序的价值？这一系列的疑问都悬而未决。此外，神经网络类似于人类的大脑，由一个个神经元组成，每个神经元和多个其他神经元连接，形成网状。单个神经元只会解决最简单的问题，但是组合成一个分层的整体，就可以解决复杂问题。[②] 换言之，神经网络实际上是一组组堆叠互连的层，数据从一侧输入，经过系统转换后再从另一侧输出。每层都会对数据流进行数学操作，且每层都拥有一组可以被修改的变量，每层的具体行为便由这类变量决定。计算机在神经网络中的深度学习是数百万乃至数千万个链接的共同作用，其中的每一个链接都可能对结果产生隐而不显或彰明较著的影响，人工智能系统作出决策的过程极其复杂，且无法向司法者或软件开发者阐释其结论的可信度或可靠性。故而即便软件开发者、程序员或司法者发现或意识到系统出了差错或误判，也很难甚至根本不可能对其进行纠正，二者之间的信息是严重不对称的。系统无法告诉操作者或使用者错误究竟源自何处，因为就连计算机自身也不甚清楚。这便是"博兰尼悖论"在司法人工智能系统中的体现。[③] 值得注意的是，结果或结论的不可解释性就意味着无法充分信任机器神经网络，也无法与其建立沟通。因此，司法人工智能输出的结果或作出的判断不应当不加解释就直接用于作出司法裁决或判断，而只能作为一种辅助手段，需要专业司法者进行审慎考量与参酌。故专业司法者的地位是无法撼动的。

从智慧司法的运行模式来看，尽管在司法大数据的全面支持与人工智能

---

① 吴军：《智能时代》，中信出版集团 2016 年版，前言第 11 页。
② 李彦宏等：《智能革命：迎接人工智能时代的社会、经济与文化变革》，中信出版集团 2017 年版，第 86 页。
③ "博兰尼悖论"所描述的原本是开发计算机软件的程序员无法逾越的极限：没有理论，没有规则，也就无法将知识和能力传授给计算机。

专家、法学理论家以及司法实务系统内部专家的智识支撑下，录入计算机系统的卷宗材料和证据形式上做到了规范化、全面化、系统化甚或客观化，然而证据，尤其是刑事侦查证据的产生、收集、调取、保管运输仍然呈现出侦查机关单方收集、秘密调取的特征。规范表象下隐藏的是证据内容的失真失实，全面表象下隐藏的是对无罪、罪轻证据的忽视甚至隐匿，系统化表象下掩盖的是证据的碎片化、离散化，客观化表象下隐藏的则是主观归罪、有罪推定思维，甚或人为"篡改"或"捏造"的指控证据。而这一切现象与本质，机器学习既无法甄别也不具备去伪存真的能力，亦无从排除侦查人员、审查批准逮捕人员、审查起诉人员和审判人员在认定案件事实过程中的主观因素，更缺乏有效识别证据真伪虚实的程序运作机制。侦查机关按照算法侦查，公诉机关按照算法公诉，法院仍然按照算法审判，除非算法不同，否则案件审判结果自进入系统之时，案件的是非判断就已经确定了。① 可见，智慧司法的初衷是助推以审判为中心的诉讼制度改革，提升司法质效、促进司法公正、预防冤错案件，二者的核心意旨是高度契合的，然其实际运作逻辑却与改革的路径时有悖逆。

具体而言，在数据收集、整理和录入的过程中，侦查机关、检察机关和审判机关占据了主导地位，而犯罪嫌疑人、被告人以及辩护律师则相对处于被动承受控诉证据、被动应对不利局面的境遇。尽管现行刑事诉讼法赋予犯罪嫌疑人在侦查阶段的律师辩护权，然而犯罪嫌疑人的供述在律师介入之前就已经形成的情况也时有发生，即便有律师介入，也丝毫无法撼动由侦控机关单方收集有罪证据的格局。证据收集过程封闭、单向、主观且强势，缺乏有效监督和制约，脱离了正当程序的视阈。侦控机关收集获取的证据无论虚实真伪皆被冠以法律文书的名义串联成册，固定为指控证据，自然而然地就会进入刑事诉讼的后续环节，除非有特殊情形出现，检察官和法官都会接受侦查卷宗和证据并据以认定事实，制作形成新的程序阶段的法律文书（如起诉书、公诉意见书、判决书等）。整个指控证据体系的形成过程违背了诉讼

---

① 钱大军：《司法人工智能的中国进程：功能替代与结构强化》，载《法学评论》2018 年第 5 期。

平等的原则，且缺乏对抗性，从而程序的正当性阙如、合法性存疑。实践中，收集什么证据，如何收集证据，何时向计算机录入何种证据同样是侦控机关自己说了算。整个过程难有辩护律师参与的余地和空间。辩方亦很难发挥监督作用，更遑论提出质疑与辩驳。不可否认，大数据、算法和区块链技术的变革使得证据的分析、存储和评估更加智能化①，然而，智能系统由司法办案机关单方操作和控制，证据、信息和数据亦由其单方面收集、获取、筛选和录入，此乃鲜活的事实。在中国目前的刑事诉讼构造之下，缺乏正当程序支撑的证据收集汇总和建立在片面追求有罪控诉基础上的事实认定，司法人工智能很难明辨是非曲直，更难以输出真正具有客观性、可靠性和可信度的结论。

综上所述，看起来智能的、精细的、信息化的、科学的乃至高效的智慧司法一旦缺乏真正具有正当性的程序机制的支撑，则很容易沦为错误事实认定、错误判决裁定的维护者和背书者。因此，无论如何强调办案过程的智能化和信息化，都无法弥补程序正当性不足这一根源性缺陷。

三、智慧司法语境下刑事裁判文书改革之局限

前述分析表明，智慧司法在运行逻辑和外部机制方面都存在明显缺陷，集中体现在缺乏一套公正、透明、正当的程序支撑，即数据处理过程与刑事诉讼各程序环节无法实现准确衔接与匹配。尽管智慧司法对于多数常规案件而言能够显著提高司法人员的办案效率，并能有效辅助生成法律文书，但在面对重大复杂甚或疑难案件，尤其是控辩双方观点对立，对罪与非罪的认识截然相反的案件时，很容易受控于侦控机关的指引而产生误判，并助长司法者的狭隘和偏私。尽管控辩双方激烈博弈的案件在刑事案件中占比不大，但却是刑事冤错案件发生的聚集点，办案过程是否依法，证据采纳是否合理，事实认定是否正确，说理是否充分，法院判决裁定是否公正，在相当程度上决定了刑事个案办理的质量，是刑事司法公正与否的试金石。故而，在肯认智慧司法的便利性、必要性和效率性的前提下，刑事裁判文书的改革也面临

---

① 魏斌、郑志峰：《刑事案件事实认定的人工智能方法》，载《刑事技术》2018 年第 6 期。

新的契机与挑战。基于司法人工智能的优势与短板，应当构建一种将正当程序与智慧司法融为一体的刑事裁判文书生成机制，以真正发挥智慧司法辅助过滤冤错案件、遏制司法不公的作用。

司法人工智能究竟能否辅助实现司法的价值目标，能够在多大程度上促进司法质效的提升，辅助产生准确公正的判决从而有效预防和避免冤错案件的出现，其分水岭在于司法人工智能的运作环境：环境的结构化程度越高，则司法人工智能越能够发挥积极作用；反之，则会反向阻抑个案公正、消解司法的公信力。理由在于当下司法人工智能系统的内部运行环境与其所处的外部环境（即现实的司法环境）分别属于两套不同的话语体系，彼此有交叉和融合，但更多的是疏离和分散。应当说，司法人工智能的内部运行环境是高度结构化、高度规范化的，数据信息录入后机器只需遵守既定规则进行深度学习或运行相应的算法便能输出相对合理的结果，甚或作出某种判断。而真正的司法环境则不然，其囿于既有的司法体制以及人与人之间错综复杂的关系，侦查司法人员的思维定式、主观想法和价值追求等因素的影响，呈现出高度社会化的复杂场景。刑事裁判文书赖以生成的环境亦充满了复杂性、风险性和不确定性。表面上依循法律的正式规则运行，实则暗流涌动，显性规则（正式的法律规范）与隐性规则（司法系统内部的操作习惯甚或潜规则）共生共存、相互博弈，各自遵循着不同的逻辑架构，甚或大有隐性规则占据优位，主导刑事司法的过程与裁决之势。既往已纠正的若干起重大刑事冤假错案反复验证着的朴素命题——"依法办案、依法裁判"只是说起来容易，实际操作起来可谓难上加难。

而司法人工智能开发与应用的一个预设前提乃法律是公正的，司法过程是依循法律运行的、高度规范化、流程标准化的程序。倘若司法实践的真实场景果真如此，那便是结构化的司法环境。反之，则为非结构化环境。显然，司法环境的结构化程度越高，与司法人工智能系统的契合度就越高，后者就越容易适应，也越能够起到正向积极作用。司法人工智能的目标是输出效率与公正，但该目标能否实现，并非完全取决于系统自身，其所作出的决策与判断在相当程度上是其与外部结构化环境交互作用的结果，故不可小觑现实司法环境对人工智能应用的影响。在混沌失序、不可预测的司法环境中运行与在高度结构化的司法环境中运行，其结果的可靠性与可信度大为不同，专业司法者发挥主观能动性的空间也有显著不同。故而唯有破解非结构化问题，营造高度结构化的司法环境和氛围方能让司法人工智能更加有章可循，更能为司法系统有效利用。换言之，使司法人工智能真正发挥预期效用的不是计算机本身，亦不是愈加先进成熟的人工智能技术，而是结构化程度更高的司法环境。司法者越依法、越讲规则，环境的结构化程度就越高。司法系统的规范化和透明化就越会使得人工智能系统良善运行，更好地助力司法改革总目标的实现。

此外，司法人工智能系统反馈的局限性也是一个值得关注的命题。正如上海市高级人民法院研发的"206 系统"首次庭审应用所呈现出来的场景，以统一网络及运行平台为基础，公安、检察院、法院之间实现了全案卷宗无纸化、数据传输无阻碍，"信息壁垒"得以突破。① 数据的传输与共享在公、检、法等权力机关内部进行，而刑事诉讼的构造决定了此种运行模式在刑事被追诉者的权利保障方面具有天然的劣势。内部流水线式的信息交互与办案模式，将犯罪嫌疑人、被告人封闭在系统之外，人为设置的信息藩篱将诉讼三角形结构生生演化为由"内"而"外"的线性结构，权力机关内部高度统一，掌控全部数据信息，却排除外部力量的参与和监督，继而实质性改变甚或决定着徘徊在外部的刑事被追诉者的命运。这显然违背了刑事诉讼的立法原旨和精神。相应地，系统对数据的反馈也只能在侦查司法机关内部流动，辩方无法参与数据的生成、录入、传输与共享，自然也无法对数据信息作出反馈。而权力运行的经验和惯性一再表明，仅靠权力机关内部的自我约束和监管必然存在盲点和疏漏。唯有改变司法人工智能系统由公检法等权力机关单方操作和控制的局面，让身为利益相关者的辩方也参与数据的生产、传输、共享与反馈，参与司法决策或裁判的作出，方能实现程序运行的透明化与监督的外显化，方能契合刑事诉讼的原则与法理。与此同时，鉴于司法人工智能的本质与机器学习本身并无殊异，其本质仍然在于数据信息的输入与输出

---

① 《最新进展！司法人工智能"206"的打怪升级之路！》，载 http：//gov.eastday.com/node2/zzb/shzfzz2013/zfsd/fy/u1ai1473229.html，最后访问时间：2019 年 9 月 16 日。

之间的关系，故应当对司法人工智能应用的全部流程实施监管，强调算法和程序的公开透明化与可阐释性。倘若监管被忽略或相关机制阙如，则司法人工智能输出之结果是否能够当然地作为法官撰写裁判文书之参照仍值得商榷。

刑事裁判文书的核心与精髓体现在事实的认定过程与证据采纳的说理过程。有学者认为基于贝叶斯模型的人工智能原理符合人们认识案件事实的规律，这是由于多数时候人们难以还原绝对的真相，而只能认定盖然性的概率。[①] 并认为刑事案件事实认定中的证据不是以绝对的确定性来表达的，而是一种盖然性的非绝对性的表达。而事实上贝叶斯网络本身就是一种不确定知识的表示方法，在该模型中，给定一组证据变量值的某个赋值（某个已观察时间）后，概率推理系统的任务仅仅是计算一组查询变量的后验概率分布，而计算后验概率之算法不仅极为复杂，且精确推理根本是无法操作的。刑事证明责任的分配与证明标准之设定决定了刑事案件的事实认定并非盖然性之概率，亦非通过量化计算可以实现，而是要综合证据的来源、证据制作与形成的过程（如犯罪嫌疑人、被告人供述与辩解，证人证言等），证据的发现、提取、归类、保存、管理、运输、法庭出示等全环节的审查，考量证据与待证事实之间的关系，通过证据与证据之间的链接、比对、分析与论证，达致法律层面的确然性，以最大限度地减少甚或避免对案件事实之误判。故尽管贝叶斯模型的发展已经渐趋成熟，但并不必然意味着此种看似成熟的模型可以当然适用于刑事司法场域中的案件事实认定。职是之故，笔者认为，刑事案件事实认定的人工智能方法之采用应当慎之又慎，司法者对所谓的"司法人工智能辅助认定案件事实"之说亦应保持足够的警惕。如何辅助？以何种方法辅助？辅助的科学性、合理性如何？是否经过充分的验证、检视与省思？验证方法本身是否可靠？验证过程是否严谨缜密？验证结论是否具备可阐释性？人工智能辅助认定案件事实的程度如何把握？这一系列的问题都有待理论界与实务界展开系统的研究、对话与探讨。这些是司法人工智能辅助生成裁判文书亟需理顺与澄清的前置问题，也是司法者应用人工智能系统作出裁量与判决的边界之所在。

---

① 魏斌、郑志峰：《刑事案件事实认定的人工智能方法》，载《刑事技术》2018 年第 6 期。

四、智慧司法语境下刑事裁判文书改革之前瞻

司法大数据的出现以及司法人工智能的开发和应用正在潜移默化地改变着司法者、决策者乃至司法过程参与者的工作与思维方式，亦在日复一日地将司法系统打造为数据驱动的智慧组织。大数据在呈现司法实践真实样态的同时，亦为司法机关应对人工智能带来的挑战创造了前所未有的际遇。司法人工智能系统的研发和智慧法院的建设正在逐步将司法者从繁杂冗赘的纯粹事务性工作中解救出来，使其释放出更大的脑力空间和心智潜能去应对司法最为核心、实质的那部分工作，即案件的审理与裁判。这是以审判为中心的诉讼制度改革的落脚点，也是庭审实质化的重要实现方式。于此层面而言，司法人工智能的设计、研发与应用恰逢其时，既能够有效纾解改革的压力，又能够辅助侦、检、审各机构明确目标，最大限度地契合刑事司法的价值追求。

前文已述及，当下中国的刑事司法环境结构化程度不高且较为复杂，既对司法人工智能技术的中立性形成冲击，又束缚了审判人员的职业化思维，对刑事裁判文书的改革亦形成潜在的窒碍。故不应忽视司法环境对司法者职业形象的塑造以及对审判质效与裁判文书质量的深刻影响。有鉴于此，应当以系统化的思维整体设计和构思未来的刑事裁判文书改革方案。除延续以往的"以公开促公正"的透明化举措之外，还应当直面改革的痛点，探知民众内心深处真正的痛点。倘若仔细思考和甄别，当能发现这两个"痛点"其实是高度契合的。司法是否公正，改革是否卓有成效，一个重要的衡量指标是判决的正确性，最大限度地防范冤错案件的发生；而民众内心最不能承受之痛则是自己或亲人遭遇不公正判决，继而成为冤错案件的受害者。如前所述，为防范冤错案件的发生，上海市高级人民法院研发的刑事案件智能辅助办案系统已经能够运用大数据梳理出司法实践中取证环节的易发、多发、常见问题。在此基础上司法人工智能当可再向前迈进一步，准确识别出民众迫切期待的、渴望的且尚未被满足的需求。尤其是刑事被追诉者的权利保障是否缺位，有无对控辩双方的观点予以同等关注和重视，以增强技术的中立性，而非站在司法权的立场上俯视诉讼进程。因此，将刑事司法实践中隐而不显却

亟待解决的问题纳入改革的关键环节，将能够体现出刑事裁判文书改革的核心价值。

首先，改革无法脱离具体而鲜活的实践语境展开。无论司法人工智能系统抑或刑事裁判文书的生成空间都镶嵌于真实的司法场景之中，故强化司法系统的文化建设，加速决策者与司法者的思维调整与理念更新对营造良好的司法环境与文化氛围尤为重要。

其次，还应当进一步厘清刑事裁判文书改革的主角。专业的司法者、员额制法官应成为改革当然的主角，并将其明确定位为判决"内容"的生产者。以"内容"为中心改革裁判文书的撰写与制作，其余的细枝末节当可交由司法人工智能辅助完成。这一角色设定有助于激活司法者的内在潜能，使其聚焦于裁判文书内容与结果的公正，强化释法说理，真正形塑司法办案人员的职业担当。

最后，裁判结论的形成与裁判文书的产生皆不可能通过纯粹客观的技术理性和专业智识得以实现。刑事裁判文书的改革既不是一蹴而就的，也不是一帆风顺的，当改革遭遇阻力、困境或难题时，需要一个柔性支撑系统作为依托。而法律职业伦理建设当仁不让地成为改革阻力的扫除之道、改革困境的突破之道以及改革难题的克解之法。刑事裁判如何形成正确的结论，刑事裁判文书如何输出公平与正义，当案外因素侵入司法决策或判断过程，当司法者欲公正判决而不能，甚或进退维谷之际，伦理意识便能够成为至为关键的"求助"工具，法律职业伦理提供的原则和方法，不仅能够帮助司法者走出困境，还能够支撑法官在作出判断时保持清醒和冷静，从而制作出合理公正的判决或裁定。

个案是法治的细胞，是缩微的法治。刑事裁判文书能且仅能针对个案生成，通过个案裁判输出司法的公平与正义。故与司法系统展开的其他改革不同，刑事裁判文书改革应当始终关注个案的运行程序、个案的公正处理。然而言之甚易，行之则甚难。由于个案的千差万别抑或新类型案件的渐次出现，在个案推动司法的过程中，复杂疑难甚或棘手的问题亦会层出不穷。这意味着亟待司法者作出处理的并非一成不变的旧问题，真正困扰法官公正思维的，也时常会是新的介入因素。因为影响司法决策或判断的因素，无论是技术、环境还是人，都是时刻变化着的。故而，司法者在实践中遇到的伦理问题也在不断更新。尤其是当相似的问题集中涌现，甚或难解的问题必须破解之时，就更需要参照伦理原则进行思考和判断。与此同时，随着法律的完善、社会的进步、科技的发展以及司法改革的推进，实践中还会出现更多的伦理难题，时刻挑战着司法者的传统思维、意识和观念。因此，法律职业伦理的养成与内化于心变得越来越重要。其不仅关乎刑事司法之现状，譬如法官与检察官之间的关系、法官与律师之间的关系、法官与当事人之间的关系、个案公正与刑事裁判文书改革、司法责任制改革等问题，更关乎刑事司法的未来。智慧检务与智慧法院的建设，司法人工智能的技术伦理与应用边界等等，都需要伦理原则与伦理体系的支撑。尤为重要的是，唯有司法者和决策者甚或司法人工智能系统的研发者、设计者经过反复持续地思考，让判断和决策方式形成一种共识，方能成为破解难题、走出伦理困境的真正目标。让伦理困境不再是困境，既是刑事司法的进步，也是科技与社会的进步。

在大数据技术和人工智能的驱动下，司法的运作模式乃至司法者的观念与思维都在经历着一场跃迁。镶嵌于以审判为中心的诉讼制度改革中的裁判文书改革也随之迎来了新的挑战与机遇。在当下颇具复杂性且结构化程度不高的刑事司法环境下，意欲让司法人工智能以完美的理性输出准确公正的结论或判断，在相当长的一段时间内恐难实现。故在智慧司法语境下推进刑事裁判文书改革，应当直面其难点和痛点，将问题的核心与本质聚焦于个案裁判的公正，竭尽所能避免和防范刑事冤错案件的发生。刑事裁判文书改革的前提是确立清晰的目标，继而精准地勾勒出司法权与司法人工智能系统各自的运行区间，明确二者的界限，在两股合力的交互作用之下有序展开。此外，刑事裁判文书改革的路径亦应当迥异于业已推行的司法改革与司法责任制改革，采取个案驱动改革之路径，以正面回应司法实践中亟待解决的真问题。与此同时，应当尊重和强化专业的司法者、员额制法官的裁判主体地位，不断优化裁判文书的生成空间，营造结构化、规范化的司法环境和文化氛围，以提升司法人工智能的运作质效，保障法官作出决策的自由度和透明度。不仅如此，刑事裁判文书改革的重心和关键在于"内容"的生产。决定一份刑事裁判文书之优劣的，从来都不只是法律或修辞，亦非娴熟的技巧与过硬的专业知识，而是裁判内容的说服力与结论之正确，以及文书核心内容所呈现和彰显的良善本性与公正愿景。伦理原则是法官作出一切判断的前提，唯有注重法官职业伦理的养成与内化，方能使得撰写合格乃至优秀的裁判文书成为法官的本能和追求。

智慧检务背景下量刑建议书的分析

——基于某市检察院 540 份量刑建议书的研究

◉ 陈　兰　杜淑芳*

2018 年 7 月，最高人民检察院制定印发《全国检察机关智慧检务行动指南（2018—2020 年）》，与此同时，中央政法委"以审判为中心的诉讼制度改革——刑事案件智能辅助办案系统"（本文以下简称"206 系统"）在公检法试运行，利用大数据建立公检法三家电子卷宗数据共享平台进行信息共享，实现了公安机关上传平台的数据可复制、修改、编辑、同步上传至检察机关统一业务应用系统，同时检察机关提起公诉案件也实现法检资源共享，这一方面极大提升了办案质效，同时也对检察机关在平台共享的法律文书制作提出了更高要求。近年来，为推进以审判为中心的刑事诉讼制度改革、以司法责任制为核心的司法体制改革，2018 年新的刑事诉讼法实施以来，最高人民检察院在全国检察机关大力推进量刑建议这一重点工作，取得了明显成效。在此背景下，本文依托智慧检务重要载体统一业务应用系统及"206 系统"，抽取某市两级检察机关一定数量的量刑建议书，开展调研，进行实务分析，以期指导办案实践。

一、基本情况

（一）抽查数据选取

随机抽取某市两级检察机关 10 个基层院 2019 年第三季度提起公诉的一

---

* 陈兰，山西省太原市人民检察院政策法规研究室主任；杜淑芳，山西省太原市人民检察院政策法规研究室检察官。

审公诉案件（包括未检一审公诉案件）约 50% 的案件共计 540 件进行调研。

调研事项	A 院	B 院	C 院	D 院	E 院	F 院	G 院	H 院	I 院	J 院	合计
起诉数（件）	232	238	160	45	165	48	37	8	9	24	966
抽查案件数（件）	125	122	122	21	80	23	19	5	7	16	540
占抽查比例（%）	54	51	76	47	48	48	51	63	78	67	56

（二）抽查覆盖面

抽取案件覆盖公诉业务下的所有员额制检察官，覆盖山西省高级人民法院出台的《〈关于常见犯罪的量刑指导意见〉实施细则》中所列交通肇事、故意伤害、强奸、抢劫、非法拘禁、盗窃、诈骗、抢夺、聚众斗殴、寻衅滋事、走私贩卖运输毒品等 25 个常见罪名。

（三）抽查依据

《刑事诉讼法》《刑事诉讼规则》《最高人民检察院公诉厅人民检察院开展量刑建议工作的指导意见》（本文以下简称"最高人民检察院指导意见"）及山西省高级人民法院实施细则（本文以下简称"山西省实施细则"）等法律法规，《人民检察院刑事诉讼法律文书适用指南》及统一业务应用系统量刑建议文书模板制作要求。

二、存在问题

通过对抽取的 540 份《量刑建议书》进行调查，发现《量刑建议书》的制作普遍存在不规范情形，主要体现在未按《人民检察院刑事诉讼法律文书适用指南》、统一业务应用系统中《量刑建议书》文书模板的标准要求制作，或结构不完整，或欠缺部分要素，或引用法律条文不准确，表述不规范，或提出的量刑建议内容不精准，与最高人民检察院指导意见、山西省实施细则不符，等等，具体表现如下。

（一）本院审查认定罪名阐述方式不规范

标准文书样式为："被告人（被告人姓名）涉嫌（审结案由＋审结其他案由）一案，经本院审查认为，被告人（被告人姓名）的行为已触犯《中华人民共和国刑法》……之规定，犯罪事实清楚，证据确实充分，应当以（审结案由＋审结其他案由）追究其刑事责任，其法定刑为……"部分被抽查案件《量刑建议书》在制作时，将"涉嫌""经本院审查认为"省去，直接简化为"被告人张××醉酒驾驶机动车，其行为已触犯……"或"被告人×××涉嫌×××一案，根据《中华人民共和国刑法》×××条之规定，其法定刑为……"此种表述虽然不影响意思表达，但却未突出检察权的性质、地位。

（二）未写明所犯罪名的法定刑

抽查部分案件存在此种情形，导致量刑建议书说理依据不足。

调研事项	A院	B院	C院	D院	E院	F院	G院	H院	I院	J院
未写法定刑（件）	12	0	3	1	1	0	0	0	2	3
占抽查比例（%）	9.6	0	2.5	4.8	1.3	0	0	0	28.6	18.7

（三）法定刑引用不全面

抽查案件中出现此类问题的案件数约占抽查总数的14%，主要表现为：一是引用法定刑出错，如表述"应当以传播淫秽物品罪追究其刑事责任，其法定刑为二年以下有期徒刑、拘役或者管制"，刑法规定传播淫秽物品罪法定刑"应当处三年以下有期徒刑、拘役或者管制，并处罚金"。二是引用法定刑时，引用的是建议适用的具体刑罚档次，而非法定刑中规定的全部刑种，如《量刑建议书》中表述"应当以容留他人吸毒罪追究其刑事责任，其法定刑为有期徒刑三年以下"，规范表述应为"应当以容留他人吸毒罪追究其刑事责任，其法定刑为三年以下有期徒刑、拘役或管制，并处罚金"。三是有些罪名的法定刑包含几种不同的量刑档次，《量刑建议书》在引用某种量刑幅度时，应当指明该被告人属于哪种档次，若不指明，直接抽取出该罪名法定刑其中之一档次来引用，不规范。抽查中出现引用法定刑不准确的罪名主要涉及走私、贩卖、运输、制造毒品罪，诈骗罪，盗窃罪，妨害公务罪，传播淫秽物品罪，故意伤害罪，伪造、变造、买卖身份证件罪，危险驾驶罪，容留卖淫罪等。四是引用涉及"并处罚金"的法定刑时不写"并处罚金"，如危险驾驶罪、非法吸收公众存款罪、抢劫罪、容留他人吸毒罪等。

（四）量刑情节表述省略、缺失、错误

抽查《量刑建议书》约10%存在此种情形。量刑评估应当全面考虑案件所有可能影响量刑的因素，包括从重、从轻、减轻或者免除处罚等法定情节和犯罪嫌疑人的认罪态度等酌定情节。一案中多个法定、酌定情节并存时，每个量刑情节均应得到实际评价。在抽查的文书中，量刑情节表述省略表现在：有的把文书样式中量刑情节的表述删除掉；有的把文书样式保留原样，各种情节即使没有，也不写"无"；有的只提出"有"却未表述具体情节是什么；有的情节漏写、缺失。例如，根据相关司法解释，醉驾发生在城市快速路应当从重处罚，《量刑建议书》未列出发生地情节；被告人是累犯，《量刑建议书》却未提及累犯的法定从重情节；被告人有前科，《量刑建议书》未列出有前科的酌定从重情节。还有部分《量刑建议书》情节划分类别错误。如将"坦白"本应为"法定量刑情节"的写为"酌定从轻处罚情节"。部分《量刑建议书》表述情节错误，如A院办理的韩××妨害公务案，被告人有前科（量刑情节漏写）无立功，《量刑建议书》中却列出了立功的法定从轻、减轻或者免除处罚情节。

（五）量刑建议幅度与最高人民检察院指导意见相比不精准

量刑建议幅度超过最高人民检察院指导意见的162件，占抽查案件的30%。最高人民检察院指导意见第5条规定，"（二）建议判处有期徒刑的，一般应当提出一个相对明确的量刑幅度，法定刑的幅度小于三年（含三年）的，建议幅度一般不超过一年；法定刑的幅度大于三年小于五年（含五年）的，建议幅度一般不超过两年；法定刑的幅度大于五年的，建议幅度一般不超过三年。根据案件具体情况，如确有必要，也可以提出确定刑期的建议。……（三）建议判处管制的，幅度一般不超过三个月。（四）建议判处拘役的，幅度一般不超过一个月"。抽查发现，《量刑建议书》普遍存在建议量刑幅度超过最高人民检察院指导意见的幅度，有的将法定刑直接变为量刑建议，没有进行幅度的调节。例如，J院办理的杨××、李××敲诈勒索案，《量刑建议书》中的量刑建议直接引用法条"建议判处被告人杨某某、李××三年以下有期徒刑、拘役或者管制，并处或者单处罚金"。抽查的部分涉嫌危险驾驶罪的案件在量刑建议时，直接把该罪法定刑的"拘役六个月以下并处罚金"作为建议，没有调节幅度。此种量刑建议等同于没有提出量刑建议。还有一些《量刑建议书》虽然调节了幅度，但幅度依然过宽，不太合理。如 A 院办理的席××涉嫌盗窃罪一案，检察官建议判处被告人两年以下有期徒刑并处罚金，而根据山西省实施细则，该案应当在一年以下有期徒刑、拘役幅度内确定量刑起点，结合案情，也没有其他增加基准刑的情形，导致法院不采纳量刑建议的后果。抽查出此类问题的《量刑建议书》占抽查总数的 29.9%，占比较大，应引起重视。

调研事项	A 院	B 院	C 院	D 院	E 院	F 院	G 院	H 院	I 院	J 院
建议幅度过宽（件）	58	11	45	5	17	4	11	0	2	9
占抽查比例（%）	46	9	37	24	21	17	58	0	29	56

（六）量刑建议兼跨两种以上主刑，不符合法律规定

根据最高人民检察院指导意见第 5 条之规定，"除有减轻处罚情节外，量刑建议应当在法定量刑幅度内提出，不得兼跨两种以上主刑"。经抽查，除有减轻处罚情节外，建议兼跨两种以上主刑的，一些基层院占比较高，应引起重视。

调研事项	A 院	B 院	C 院	D 院	E 院	F 院	G 院	H 院	I 院	J 院
兼跨两种以上主刑（件）	4	2	0	0	0	0	2	0	0	5
占抽查比例（%）	3.2	1.6	0	0	0	0	10.5	0	0	31.3

（七）建议内容与法定刑不一致

抽查中有 97 件，占比约 18%。该项问题主要表现在建议内容未提及并处罚金。有的《量刑建议书》在表述法定刑时，将并处罚金遗漏，在建议结论时，也将并处罚金遗漏。罚金虽然是附加刑，也属规定的法定刑，应当予以建议适用，罚金金额可以由法院裁量。

调研事项	A院	B院	C院	D院	E院	F院	G院	H院	I院	J院
建议内容与法定刑不一致（件）	10	65	4	7	4	5	0	1	0	1
占抽查比例（%）	8	53.3	3.3	33.3	5	21.7	0	20	0	6.3

（八）建议的法律依据未表述

抽查文书此种情形占比约9%。根据《人民检察院刑事诉讼法律文书适用指南》中《量刑建议书》的制作说明，建议的法律依据包括刑法、相关立法和司法解释，有的《量刑建议书》建议依据使用"故根据规定""综上"等表述，极不规范。

（九）文书中引用相关文件的书名号不规范

抽查文书此种情形占比约13%。大多表现为将单书名号用在双书名号的外部，或者书名号缺失。

（十）个案中的不规范问题

主要体现在：有些共同犯罪案件，由于累犯、前科、赔偿被害人等情形不一致，量刑建议应当分别进行，但《量刑建议书》中只写了同一条建议。有些《量刑建议书》依据只写条款，不写出自哪部法律法规。有些《量刑建议书》中未写明建议的主刑类型，只写幅度。有些《量刑建议书》将罪名写错，如将定性为"抢夺、毁灭国家机关公文罪"的罪名错写为"伪造公司印章罪"。

三、原因分析及改进建议

随着智慧检务的不断推进，公开透明逐渐成为司法办案的常态，规范的《量刑建议书》对当前检察机关认罪认罚从宽制度的扎实开展有着极大助推作用，就目前对《量刑建议书》的抽查情况来看，该文书的制作及使用仍亟待规范，故笔者作出如下原因分析及改进建议。

（一）原因分析

《量刑建议书》中存在的诸多不规范问题，究其原因，一是对量刑建议的重视程度不够。二是仍然存在"重定罪、轻量刑"的倾向，认为检察机关只要定罪准确即可，没有把量刑建议作为公诉权的重要组成部分，有的提起公诉时不提量刑建议，有的即使提了建议，也没有认真学习或根本不了解最高人民检察院量刑指导意见和山西省实施细则，导致提出的建议不规范、不精准。三是检察机关内部监督职责发挥不够，未及时发现予以纠正。

（二）改进建议

为提高量刑建议质量及精准度，规范《量刑建议书》的制作，提出以下改进建议：

一是要提高对量刑建议工作重要性的认识。《刑事诉讼法》规定，犯罪嫌疑人认罪认罚的，人民检察院应当就主刑、附加刑、是否适用缓刑等提出量刑建议；对于认罪认罚案件，人民法院依法作出判决时，一般应当采纳人民检察院指控的罪名和量刑建议。提出精准量刑建议是检察官在刑事诉讼中发挥主导作用的重要体现，张军检察长多次在全国检察工作会议上强调作为认罪认罚从宽制度重要环节的量刑建议工作，在认罪认罚案件庭审上的主导地位，要求提高量刑建议的精准度和采纳率。在当前检察工作背景下，规范的《量刑建议书》有着重要的意义。

二是要加强《量刑建议书》制作的规范性。要按照《人民检察院刑事诉讼法律文书适用指南》、统一业务应用系统中《量刑建议书》文书模板的标准要求制作，结构完整，要素齐全，引用法律条文准确，对被告人的法定和酌定量刑情节完整记录、不遗漏、不错写，将法定和酌定情节区分清楚。建议内容要载明建议人民法院对被告人处以刑罚的种类、刑罚幅度。要加强文书的释法说理，对量刑主张充分说明事实依据、法律依据、政策依据及其理由，以理服人。

三是要加强对《量刑建议书》规范的监督把关。对拟制的《量刑建议书》，一方面，承办案件的员额制检察官应自我把关、部门负责人应文核法核、院领导审批应核阅，确保文书使用规范。另一方面，案件管理部门要充分发挥执法办案内部监督制约作用，对《量刑建议书》进行重点监督，在流程监控中及时发现问题，同步进行提醒纠正，必要时予以通报。

智慧司法下法律文书改革的困境与出路

◎ 江蓝天　谢　晖*

一、智慧司法的应用现状

近年来，人工智能与大数据等技术正在深入与司法实务的合作，其中以智慧司法为典型代表，在效率等价值追求下，智慧司法改革得到了较为全面的推广应用，这为工作模式的升级、司法管理的优化、法律互动的繁荣产生了积极的影响。

（一）工作模式的升级

快速发展的社会需要更为便利、快捷的司法服务，智慧司法开拓线上立案途径、创新线下程序指导方式，使得司法工作模式得到升级，在保障当事人诉讼权利的同时也缓解了司法人员的工作压力。立案庭的"门庭若市"表明人们法律意识的增强，但随之而来的却是"立案难"的问题，网上立案程序的运用有效解决了这一问题。公民能运用"互联网＋"技术，通过大数据互通以及电子扫描等新技术达到不出门就能轻松立案的效果。例如，上海市第二中级人民法院通过网上立案（以法律关系简单、证据单一的民商事案件和知识产权案件为主），使得工作人员在 5 个工作日内为符合立案条件的当事人直接办理立案手续，大大减少了当事人往返多次的尴尬局面。笔者在某基层人民法院实习的过程中，发现许多当事人无法独立操作应由其完成诉讼程序，而立案庭繁忙的工作人员和法院内有限的公益律师，又无法及时给予当事人"一对一"的指导，这种缺乏程序服务的情况难免引起当事人的负面情

---

* 江蓝天，湖北文理学院政法学院法学 2017 级学生；谢晖，湖北文理学院政法学院副教授。

绪，云南法院设置的"优有 U50"导诉机器人，利用人脸识别、声控识别、情绪识别等技术为当事人提供程序上的引导，有效缓解了司法人员的工作压力。

（二）司法管理的优化

司法管理是各司法部门、司法机关之间信息互换、任务交接的协调机制，智慧司法下的司法管理，在简化法律文书制作以及送达流程、卷宗电子化方面取得了明显成效。法律文书的创作与送达是司法活动中重要的一环。在法律文书制作方面，面对不同的司法职能部门而设立的不同办公软件提供了个性化服务，法律文书的自动生成甚至能让使用者只需简单填空便完成一份高质量的法律文书。而在法律文书送达方面，电子送达的稳定性与快捷性深受长期被"送达难"所困扰的司法工作人员的青睐。卷宗电子化早已全面推广并成为对于各级法院的硬性要求。案卷的扫描上传为提高部门工作沟通以及上下级之间的监督与建议提供了良好的信息平台。此外，案卷大数据的建设正在不断完善，以 2014 年最高人民法院号召建立的裁判文书网为例，原则上除涉及国家安全以及经过当事人申请不予上传公开的案件外，其他案件一律上网发布，这实现了司法活动的有迹可循。此外，大数据与分析机制相衔接，推动了法律法规与类案的推送等配套设施的发展，实现了面向法律工作者的专业化服务这一目标。

（三）法律互动的繁荣

法律互动的良性发展是建立透明司法的重要保障之一，线上的开庭审理以及庭审观摩更新了公民与司法之间的互动方式。线下的开庭模式往往因为当事人一方因合理事由的缺席而延期审理，这拖延了诉讼进程，浪费了诉法资源。此外，由于公民观摩庭审需要携带身份证并亲自去法院旁听，使得人们参与监督庭审的积极性一直没有得到有效的提高。智慧司法破除地域间隔的障碍，近年来，网上开庭的新型模式正在一定范围内展开，当事人免去了路程上的艰辛，只需一台电脑和运作稳定的网络就能不出家门走完庭审流程。而另一方面，庭审直播公开网也扩充了公民监督司法运作的途径，巩固了司法的公信力。

二、应用智慧司法服务法律文书改革的必要性

（一）加快司法流程的需要

在智慧司法的促进下，法律文书的制作流程更加简便，且保证了法律文书的基本质量要求。人工智能分为"弱人工智能""强人工智能""超人工智能"①，弱人工智能已经在智慧司法中被广泛运用，通过简单的逻辑运算，在众多数据中进行机械的共性提炼，有效减少了重复性的工作。在一个普通的案件中，各种不同类、同类的法律文书烦琐多样但相互又存在着关联。这种关联表现在两个方面：首先，抽象法律文书基本格式的关联，例如，在基本的讯问笔录制作过程中，核对身份信息以及告知诉讼权利就是法律文书中抽象关联的部分；其次，关联性还表现在具体的案件中，例如，诉讼案件中大部分法律文书都包括事实以及证据部分的描述，而这些板块具有极高的关联性，有时甚至只需要进行一些机械的增减删除就能完成工作任务。这种关联性为减轻司法工作人员的工作开辟了无限可能。

（二）"同案同判"的需要

公正司法需要形式以及实质意义上的同案同判，智能化的法律文书能够推动"同案同判"这一公平原则的发展。传统判决书的写作往往是法官在象牙塔中的孤独创作，除了最高人民法院发布的指导性案例外，法官往往无法有效了解同一群体对某一问题的具体判断，因而容易作出同案却不同裁判的情况，这对司法的稳定性造成了消极影响。而在现有的大数据技术的运用下，数字软件可以将所有的法律文书在汇总的同时进行有逻辑的分类，为法律文书的制作者提供全面且真实的参考，当法官制作判决书时，其可以事先通过全国裁判文书网或者内部法律文书软件进行案件的检索，发现同类案件中的不同点，并进行对照与理性的分析，最终作出符合法律法规的正义判决。司法裁判要求严谨以及公平，在多数判决与自己结论不一致时，大部分法官往往会谨言慎行，最后选择最为保险的道路，这客观上推动了同一案件同一裁

---

① 杨婕：《全球人工智能发展的趋势及挑战》，载《世界电信》2017 年第 2 期。

判公正原则的充分践行。

（三）全面监督的需要

权利的监督是司法良性运行的关键，如果缺少监督，那么别有用心或漫不经心会污染公正司法的大环境，而数据共享将过去孤立的各种法律文书连成了一个整体，形成良好的监督关系。一般而言，监督方式可以分为外部监督和内部监督。就内部监督而言，将法律文书上传至内部共享平台，有利于促进人民法院、人民检察院；就外部监督而言，法律文书的公开上传为公民参与司法以及监督司法开放了便利的通道，这种提高司法活动透明度的"智慧"间接巩固了司法公信力。此外，通过法院内部办公软件的实时聊天通知系统和公民举报监督网上窗口的设立，可以及时传达双方所需要的信息，形成监督与改进的良性流程。

（四）司法形式统一的需要

司法形式的统一促进司法制度的统一，"统一"意味着工作的专业化以及简便化，当前法律文书的制作中存在着格式以及语言运用不统一的问题，而智慧司法的实施则着手解决这一问题。不同的法律文书有着不同的基本格式，格式是框架，也是一切必备要素的有机排序，它能反映一份法律文书的基本脉络，使写作者将自己的思维清晰地表达出来，也能使法律文书的阅览者在阅读时一目了然。因此，格式的重要性毋庸置疑。目前，由于地域以及层级不同，各方法律文书的格式存在着一些差异，使得司法工作人员在跨领域、区域协调案件时出现要素缺失以及信息理解不对称等问题，智慧司法通过结构和措辞的统一编排，将不同种类的法律文书自动生成，进而巩固司法语言的统一性，减少信息理解的不对称，同时客观上维护了程序公正。

三、当前智慧司法服务法律文书改革遇到的困境

智慧司法下的法律文书改革正在如火如荼地进行，毋庸置疑的是，改革带来机遇的同时也带来了挑战，以下分别从智慧司法服务法律文书的开发、引进与更新、适用、监督阶段分别阐述改革的困境。

（一）开发阶段的疑虑与落后的基础建设

将法律文书工作融入智慧司法是一项具有极高专业性的工作，这项成果的内部呈现复杂性，而外部则展现简便性，程序设计人员与使用者之间的知识鸿沟常常产生信任危机。一方面，在现实司法环境中，构建智慧司法的参与者可以分为三类，他们分别是拥有新兴技术技能的专业人员、拥有娴熟法律职业技能的专业人员、一小批前两者技能都具备的复合型人才。他们通过软件产品的复杂编程来建设高科技的法律文书程序。另一方面，智慧司法的服务主体主要是法律工作者或普通的老百姓，为了使法律文书软件能够快速投入司法活动，智慧司法的产品被要求利用尽可能简单的操作来满足使用者独特的服务需求。因此，智慧司法便捷的操作使用形式与高、精、尖的复杂内部结构形成鲜明对比，人们往往会对于自己难以理解的事物产生怀疑，同样，外部的司法工作者和普通百姓对于内部的专业人员或多或少也会产生一定的疑虑，软件的开发者是否拥有良好的职业道德？计算机的算法中是否带有个人的价值取向？归根结底，现阶段的人工智能是被人所控制的工具，即使在编写代码的过程中，程序员没有刻意地引导算法，但开发者的意识很有可能在潜移默化中对特定的程序进行了情感叠加，这尤其对于那些凸显制作者价值判断的说理部分会产生一定的影响。因此，开发阶段的疑虑阻碍了智慧司法下法律文书的改革。基础数据的不全面会造成后续法律文书分析决策的偏差。由于智慧司法处于发展的初级阶段，弱人工智能下的法律文书存在着数据不真实、不完整等问题，例如，裁判文书网的建设工作在2016年《最高人民法院关于人民法院在互联网公布裁判文书的规定》出台后的次年才开始启动，裁判文书的低上传率以及久远实体裁判文书的缺失等问题为数据库的构建带来了挑战，此外，不合理的搜索模式也带来了数据分析的狭隘性，法律文书制作者往往无法获得最有说服力的统计数据，因此难免出现决策上的失误。

（二）引进阶段的思维守旧与认识程度的不统一

迷恋现有的稳定环境而过度保守的思维模式阻碍了更新法律文书的进程。"对司法大数据服务裁判法律文书改革认识程度不统一，尽管在信息化、标准化进程日益加快的情况下，法官对规范化、标准化建设予以接受，但主观上仍存在着可有可无、无所谓、怕麻烦、增加了工作量等抵触情绪。"① 大数据等技术是新事物，其发展必然受到旧事物的阻挠，同样，在法律文书更新改革的过程中，新兴技术的引进打破了法律文书的传统运作方式，人们习惯于传统模式下法律文书制作的原因在于固有的行为方式已经非常成熟，熟练的模式能为自己的工作增强信心，而智慧司法毕竟处于开发阶段，难免存在一些问题。此外，许多司法工作人员认为这种改革为其所带来的利益不容易预见，且无法在短期内实现。智慧司法下的法律文书需要花费一定的人力、物力来支撑它的接纳压力，而在高强度的工作量以及高昂成本的投入下，司法工作者们往往难以接受这种新模式的推广与应用。

（三）适用阶段的过分依赖与责任分配的模糊

智慧司法下的法律文书制作者在使用过程中会产生过度依赖的情绪，这是法律文书改革中容易陷入的困境。智能技术的从属性是智慧司法的重要特征，而智慧司法的根本落脚点依旧在于传统司法活动的价值追求，也就是公平与效率之间的有机平衡。而人的惰性又是挥之不去的陋习，在自动粘贴、自动检索、自动生成等工具的帮助下，人们往往会过度关注技术而超过司法意义本身，这种惰性最明显的体现就在于法律文书说理部分的表达。说理部分的阐述是司法工作者价值取向的展现，它尤其需要法官在内心进行烦琐复杂的推理，这是一份裁判书中耗费精力最多、最重要的一个部分。一方面通过简便的智能工具，从数据库中分析出共性的价值取向可能符合社会共性规律，但人们普遍认可某一事物并不能充分表明它的正确性。另一方面，人工智能可以通过收集与对比找到相似的案件，但复杂多变的客观世界又告诉我们没有连细枝末节都完全一致的案件，现实司法活动中，往往一个地理位置的变化就会带来经济、习惯、政策等多种因素的蝴蝶效应，如果人们忽略这一差别而进行机械的复制粘贴，就会导致法律文书内容不符合实质公平正义。这种对工具的滥用不利于司法工作者们批判性思维的养成，阻碍法律文书的实质发展。智能司法的推广和系统内的认可，促使司法工作者应当去接受和

---

① 刘黎明：《司法大数据如何促进法律文书改革》，载 http://www.cermn.com/art345883.aspx。

信任智慧司法下的法律文书服务，但外部角色的介入以及内部法律文书创作背景的不同又带来了责任承担的模糊，导致法律文书制作发生错误后不易归咎责任。

（四）监督阶段的专业缺失和监督权力的被剥夺

监督阶段是保证法律文书技术合法运用的一环，但依旧存在谁来监督"监督者"这一难题，现有制度对于雏形中的智慧司法缺少专业化的监管。智慧司法下的法律文书是服务的提供者，同时也是司法人员工作的监督者，它能实时监测法律文书的内容状态，为程序的监督功能和屏幕后的监督者提供便利。但事实上，屏幕后的监督者，也就是"人"，依旧通过计算机系统来履行自己的监督职能，这种系统外部操作便利，内部的构成却专业复杂，在缺乏复合型人才以及对智慧司法过度信任的情况下，外部的监督者往往受内部软件所捆绑，甚至被程序制作者牵引，致使监督权力被剥夺。此外，智慧法律文书的监督阶段与开发阶段一样，在专业跨度大的两方之间由于能力的不足，往往无法进行有效的交流配合，监督阶段的缺失显而易见。

四、利用智慧司法服务法律文书改革的设想

针对智慧司法中法律文书改革出现的难题，我们可以结合智慧司法的性质以及法律文书的要求来分析未来的改革方向。

（一）培养复合型人才

复合型人才是沟通内外部之间不同领域的重要枢纽，发挥着打破疑虑、破除固有守旧观念的作用。法律文书智能化改革已经成为未来的发展趋势，在不同专业领域频繁交流的社会中，我们往往需要一座桥梁将跨度极大的二者相连，而复合型人才就是这座桥梁的建造者。国家应当大力培养具有高素质法律知识以及智能技术的人才，并推出相应的政策鼓励这些专业人员的发展，为将来智慧司法的进一步发展提供智力支持。在司法工作中，我们可以参考刑事侦查中技术侦查部门的建设方案，广纳具有信息科学专业并兼修法学专业的人才，并伴随智能法律文书开发、引入、使用、监督、退出过程专业化、集中化、合理化配置相应的工作岗位，使他们常伴司法工作者左右，

为他们及时解决疑难问题，避免阻碍的进一步扩大。

（二）获取多方支持

利用智慧司法服务法律文书是一项浩大长远的工程，需要不同力量的支持，包括实质性的人力、物力支持以及市场优胜劣汰的竞争机制的支持。首先，政府应当更为细致地分析不同区域的改革情况，供给资金支持与技术支持，这是最本质的支持。而最为灵活的支持就是利用市场优胜劣汰的竞争优势，引入市场在资源配置中的作用，将效率低下、成本高昂的一方踢出合作范围。一方面这种手段能够降低改革成本，另一方面利用政府的公信力能够积极吸引社会优质资源的涌入，拓宽多种资金技术渠道的同时增加了选择对象。例如，我们可以参考云南法院系统与紫光云技术有限公司的合作。法院通过与多家私营企业的紧密洽谈，最终选择引入"优友 U50 类人型商用机器人"为当事人提供导诉服务，而事实证明导诉机器人的应用大大提高了立案效果，受到了一致的好评。

（三）加强职业培训

智慧司法下的法律文书在追求便利性的同时，使用者也应当主动与新技术磨合，因此应当适当加强对使用者的培训，鼓励法律文书的制作者使用这一项技术，同时引入奖惩机制。智慧司法下法律文书的改革使我们的司法活动焕然一新是毋庸置疑的，但一项新的技术如果没有推广使用，或者说仅仅躺在不显眼的角落里布满灰尘，那么这项技术前期大量的投入就是无用功。因此，为了减少智能法律文书的接纳成本，在软件设计时应当进一步强化其外在简便性，使改革后的法律文书能够投入更少的时间成本，迅速进入预期阶段。此外，司法机关应当鼓励使用更新后的法律文书，避免保守思想的出现阻碍应用的推广。同时，我们要注意避免"虚假推广"，建立智能法律文书考察机制，并纳入考核范围，对没有达到办公标准的工作人员除批评外，还要适当增加其额外的培训教育时间，定期抽查，以此做到真正的应用意义上的推广。

（四）完善数据储备

评断事物的前提是对事物的全面了解，因此我们要提高数据资源的真实性、完整性、规范性，在此基础之上，推动法律文书分析功能的全面发展。完善数据储备是为了更好地进行分类归纳、简化法律文书制作者的检索工作。在法律文书经典三段论推理部分中，适当的借鉴参考有利于公平的实现，但借鉴的基础，也就是数据的完善这一基础工作常常被人忽略，导致检索结果存在偏差。因此，司法机关应当加快法律文书网上发布工作，对那些超过合理时间，应当上传、可以上传而不上传的工作人员加以问责。此外，我们需要完善"申请不上传"的审核机制，例如，《最高人民法院裁判文书上网公布暂行办法》中关于当事人认为案件涉及个人隐私或商业秘密请求不公布的审核。拥有完整的数据储备后，合理的评测检索工具成为产品价值的重要体现。目前，在传统的法律文书检索中，存在着关键字设置不合理，模糊检索功能过于抽象的问题。相比较之下，"私人企业的技术优势得以凸显，迄今为止公私合作研发智慧司法系统逐渐成为摆脱技术桎梏的最佳途径"①，因此，应如上一部分笔者所论述的引入市场支持一样，发挥竞争优势，不断更新检索工具。而对于模糊检索而言，检索程序中可以增加更为细化、具体的检索栏，如设置案件发生地的民族习惯、经济发展情况、当事人身份关系等因素，给予更多的条件选择来提高检索出的案件的相似度。

（五）强化说理责任

在智慧司法的背景下，我们需要强化法律文书制作者的说理责任，破除机械形式上的同案同判，保持司法公正的初心。如前文所述，一份法律文书是否完美，关键在于说理部分是否有理有据，是否符合司法的标准。灵动的价值判断更能展现司法温情的魅力，推理过程的阐述是检验法律文书制作者能力的重要体现，为了摆脱过于依赖智能法律文书，我们要强调说理工作的重要性并明确责任承担。具体方法可以参考论文查重的方式，设置重复率门槛，当查重率超过一定标准时，应当要求法律文书制作者进一步释明，如果案件相似程度极高，可以适当降低重复率门槛，但重要的是门槛的高度如何把握，以达成公正与效率的最佳平衡。

---

① 廖旋：《智慧法院：人工智能介入司法的隐忧与展望》，载《湖南第一师范学院学报》2019年第2期。

司法中运用大数据、算法、
人工智能的若干问题探讨

◎ 冯　娟[*]

2018 年 2 月，专门从事法律人工智能产品开发的 LawGeex 公司与斯坦福、杜克和南加州大学的法学教授们合作进行了一项新的研究，让 20 名有经验的律师与训练好的法律智能算法竞赛，在 4 小时之内审查 5 份保密协议，找出包括保密关系、保密范围、仲裁、赔偿在内的 30 个法律问题点，以界定法律问题的准确和明晰程度作为得分点。律师平均花费 92 分钟完成了任务，准确率是 85%，而人工智能系统仅用 26 秒就完成任务，准确率高达 95%。[①]尽管参赛律师表示比赛内容多为律师日常工作中的重复性项目，但这无疑激起法律行业对人工智能的期待。在此背景下，大数据与司法之讨论与实践也顺势兴起。

一、大数据、算法、人工智能与司法

（一）技术祛魅：大数据、算法、人工智能

1. 大数据

大数据是什么？Gartner 在 2001 年最早提出关于大数据的 3V 定义，即 Volume（数据规模大）、Velocity（数据流转快速）和 Variety（数据多样）。此后其他业界人士又增添了 2V，即 Value（数据有价值）和 Veracity（数据

---

* 冯娟，河北省邯郸市中级人民法院法官。
① 《斯坦福等高校的 AI 打败顶级律师，26 秒内完成合同审查》，载 http://www.sohu.com/a/224682390_114877，最后访问时间：2018 年 6 月 24 日。

真实性）。①

2. 算法

大数据的核心是算法。如何理解算法？算法是一个以统计学方法为基础的数据科学的问题，这里面有回归分析，也有在回归分析之上、之外的深度学习、机器学习。而司法领域的算法是对行政裁量和司法裁量的模拟，其功能主要为预测和解决纠纷。

3. 人工智能

人工智能是以大数据为前提和基础，依据强大运算能力和深度学习模式等技术支撑实现对大数据信息的系统化、升级化和逻辑化，从而为人脑所要解决的问题提供最佳的路径选择，这也是当今人工智能的工作原理。正如人工智能创始人之一马文·明斯基（Marvin Minsky）曾概括，人工智能研究的实质是让机器从事需要人的智能工作的科学。在司法领域，布坎南（Buchanan）与亨德里克（Hendrick）1970 年发表的《关于人工智能和法律推理若干问题的考察》一文拉开了司法裁判领域人工智能研究的序幕。

（二）司法裁判性质再审视

1. 司法裁判的公权力属性

与和解、仲裁、调解相比，司法裁判是一种典型的公力救济活动。代表国家行使司法权的裁判者通过对争端解决过程的参与，在充分听取双方意见和审查相关证据的基础上，依据法律和相关事实相对独立地作出裁判，因此具有相当程度的"非合意性"和"最终性"②。尽管争议各方可以尽力对裁判者的结论施加自己的影响，以促使裁判结论朝有利于自己的方向发展，但他们并不能完全决定裁判结论的内容，因为有权制作出裁判的只能是行使司法权的裁判者，这一权力作为国家公权力的一种，具有神圣性、专属性，专属于司法机关，不得让渡和转移。

2. 司法裁判应具有正当性

尽管学界对司法权与行政权的划分还存在较大争议。但司法权作为公权

---

① 张克平、陈曙东主编：《大数据与智慧社会：数据驱动变革、构建未来世界》，人民邮电出版社 2017 年版，第 2 – 3 页。

② 陈瑞华：《司法权的性质——以刑事司法为范例的分析》，载《法学研究》2000 年第 5 期。

力的一种，司法裁判作为国家公权力行使行为应具有正当性。这一正当性除了来源于制定法本身的效力和内容之外，也来源于对正当程序的遵守。随着社会发展和法治进步，最早从司法程序中产生的正当程序原则早已扩展到行政权和立法权等权力的行使过程中①，成为重要的法律原则之一。

3. 司法裁判的价值属性

司法裁判是一种复杂的专业化活动，既需要专门的法律专业知识，也需要裁判者的认知和情感能力。司法适用中的许多关键概念，如"正义""合理的注意""意思表示"等，都深植于人类丰富多彩的生活之中。司法推理需要多样化的认知技术，除了评估事实外，也需要解释法律文本、进行归纳和类推、参与论辩等，这些不仅需要裁判者的经验作为基础，更需要价值判断。

（三）大数据在司法领域之应用

1. 大数据与犯罪防控

大数据能够实现对犯罪防控模式的改变。众所周知，以往的犯罪防控模式是建立在对已经发生的犯罪类型和数量控制的基础上，并通过运用严厉的刑罚手段实现对同类犯罪的一般威慑，即所谓的重刑威慑模式。而通过大数据研究已经发生的犯罪类型、数量与其影响因素之间的关系，在此基础上通过改进相应的社会治理机制，可以有效地预防犯罪。

2. 大数据与智慧法院

在2017年的全国法院信息化工作会议上，周强院长给智慧法院做了如下定义："智慧法院是依托现代人工智能，围绕司法为民、公正司法，坚持司法规律、体制改革与技术变革相融合，以高度信息化方式支持司法审判、诉讼服务和司法管理，实现全业务网上办理、全流程依法公开、全方位智能服务的人民法院组织、建设、运行和管理形态。"例如，北京法院新一代审判智能辅助系统"睿法官"，基于电子卷宗等司法审判数据资源、行为分析的智能学习和法律逻辑的知识图谱技术，为法官审理复杂案件时，精准推送办案规范、法律法规、相似案例等信息，梳理法律关系，聚焦争议焦点，提出

① 肖进中：《正当法律程序制度价值探析》，载《山东工商学院学报》2010年第24期。

裁判建议，生成裁判文书等智能服务。北京市高级人民法院副院长吉罗洪介绍说，仅西城区人民法院刑事审判团队就使用这一系统审理案件 1000 多件，有效地支持了法官快速智能办案，并确保了司法裁判尺度统一。①

3. 大数据与法律监督

针对现实中同案不同判、贪污腐败、司法权威遭受质疑等严峻问题，大数据或者算法可以借由类案推送、对同类案件适用统一的算法模型来保证判决结果的一致性，即诸多学者所主张的技术主义的司法改革。技术主义的司法改革可以在技术和程序上隔断影响法官裁决的干扰项，这也是降低司法监督成本的有效路径。②

二、大数据应用于司法中的问题

（一）实体问题

1. 责任承担问题

关于人工智能的技术定位，多数学者认为其只能是司法裁判辅助工具，因而裁判错误的责任主体为法院和法官。理由大致可概括为以下几点：一是出于对数据样本的质疑，认为大数据或算法所依赖的数据样本具有个别性、不完全正确性、差异性，因而可能难以得出适当的结论。周光权教授就认为，在当下中国开发人工智能系统真正的困难在于司法机关提供和积累的素材很可疑。以刑法领域来讲，过去曾把大量的正当防卫判成故意伤害罪以及总体判刑过重，而根据这些数据进行大数据分析得出的结论显然也是有问题的。二是准确性质疑，由于技术和发展阶段限制，人工智能产品的计算偏差难以避免。虽然人工智能作为一种计算产品应用于多个领域，理论上应允许偏差存在，但司法裁判是公权力行使活动，事关法治权威与公平正义，其属性决定了理论上应坚持零偏差立场。因此，对于因人工智能导致的裁判错误，有些学者主张参照医疗领域的医疗器械产品责任，由法官先承担责任，再向产

① 《"智慧法院"像网店一样方便》，载 http://legal.people.com.cn/n1/2018/0502/c42510 - 2995 9627.html，最后访问时间：2018 年 6 月 24 日。
② 《技术主义的司法改革可以走多远》，载 http://opinion.caixin.com/2016 - 03 - 25/100924753.html，最后访问时间：2018 年 6 月 24 日。

品设计者追偿的主张是完全不适宜的。其实质是完全混淆了司法权的公权力性质，或者说某种程度上承认了公权私有化，即不仅是技术外包，也是责任外包，作为公平正义象征的行使国家公权力的司法机关完全成为中介和中转站。而司法权作为公权力的一种，具有不可转让、不可放弃等特性。因此，人工智能的准确性问题与司法权的特性导致了其无法作为责任主体。三是基于法律的特性所提出的质疑，正如霍姆斯大法官所说，法律的生命在于经验而不在于逻辑，认为一些案件处于罪与非罪的边缘，能否定罪并不是证据本身的问题，而是法律适用和价值判断的问题。

2. 算法黑箱问题

关于算法黑箱问题，最有名的例子便是威斯康星州的 Eric Loomis 案件，该案中，法官根据 COMPAS（一种人工智能软件）判处犯有偷窃罪的 Eric Loomis 监禁 6 年，因为该智能评估显示，被告人对公共安全具有较高的危害性。随后，Eric Loomis 上诉到威斯康星州最高法院，该州最高法院最终判决被告人有罪，并表示即使没有该人工智能报告，被告人也会获得同样的刑罚。判决后，被告人认为法院的做法有违正当程序，因为他和代理人都无法对人工智能的量刑建议进行审查或对质。这份量刑建议报告是由一家软件公司研发并销售给法院。法律人士表示，该软件好比司法体系的"黑匣子"，必须强力抵制。司法判决必须建立在信息透明和可检验的基础上。和所有的技术一样，人工智能也将植入发明者的价值观。芝加哥大学犯罪研究中心路德维格（Jens Ludwig）教授也指出，人工智能在打击犯罪的同时，也错误地将黑人和西班牙裔押入监狱。①

此外，正如哥伦比亚大学法学院教授、中国法律研究中心研究主任李本（Benjamin L. Liebman）所言，公众对司法的信任建立在司法透明的基础上，如果这些算法继续保持神秘并且 AI 发展的重心始终围绕着公司的利润而非公正与平等，那么 AI 将很难取得公众对其在司法中运用的信任。这一信任不仅关乎 AI 的成功发展，同时也关乎司法体系长期、健康地运行。② 可以说算法

---

① 陈邦达：《人工智能在美国司法实践中的运用》，载《中国社会科学报》2018 年第 4 期。
② 李本：《美国司法实践中的人工智能：问题与挑战》，载《中国法律评论》2018 年第 2 期。

黑箱问题表面上是程序问题，即关于算法公开的问题，其实质是实体问题，是公众对于算法模型正当性的质疑，或者说算法黑箱既涉及实体问题也涉及程序问题。此处笔者认为其更侧重实体问题，故放到实体问题部分。

3. 自由裁量权替代之问题

尽管说法律的生命在于经验而不在于逻辑，但在成文法传统下，审判实践多采用涵摄技术，满足于法律依据的找寻，然后进行演绎推理并对法律未规定、法律规定不足、法律不适宜规定及法律技术达不到以致规定不足之处，借由司法解释及法官个案中的自由裁量权补足。因此法官裁量权在成文法背景下有其正当性，因为法律有相对稳定性，而社会却在不断地发展变化。为此，就必须引入相关因素以模拟法官的自由裁量。然而，一方面，作为对自由裁量的替代而引入受教育程度、经济状况、居住地、性别、肤色、家庭或家族人员的犯罪记录等因素，并对每种因素分别设置 1 到 10 的危险数值，通过输入相关因素得出结论的模拟是非常机械的。例如，非营利新闻社 ProPublica 运用 COMPAS 软件对黑人女孩 Brisha Borden 和白人大叔 Vernon Parter 进行计算。两者均因为盗窃罪被捕，都被控窃取价值 80 美元的东西，女孩之前有过 4 次行为不当，没有入狱经历；而大叔有过两次持枪抢劫，还曾经坐过 5 年牢。结果女孩被 COMPAS 判断的危险指数是 8，属于"高危"，而大叔的指数却是 3，属于"一般危险"。[①] 另一方面，这些因素是否应纳入考量本身也是有争议的。在中国，根据行政法学上的公平原则认为行政机关只能考虑法定相关因素，不能考虑不相关因素。因此，出警时利用所谓的预测性侦查得到的关于性别和经济状况所导致的危险性差异不属于法定相关因素。在美国，COMPAS 软件因为将肤色、种族、经济状况等因素纳入裁判依据中而被指控违反种族歧视法令并饱受争议。在法国，行政法上的一个重要原则是行政机关在作出行政决定时必须进行个案审查，不能够运用算法预测得出结论，因为犯罪是个体的。总之，人工智能的自由裁量权替代举措存在许多问题。

---

① 《这是真的！他偷辆车就被人工智能评估重判 8 年》，载 http：//news.ifeng.com/a/20170530/51181648_0.shtml，最后访问时间：2018 年 6 月 24 日。

（二）程序问题

1. 控辩失衡问题

对法律条文的解释不专属于法官个体，而是应在法庭审判中，通过控辩双方对抗完成。这也符合当前大力倡导以审判为中心的诉讼制度改革。[①] 关于大数据或算法所导致的程序问题，有学者认为由于政府通过大数据等技术可搜集更多、更广的资料因而更具优势，因此有违控辩平等对抗原则，控辩对抗将失衡。对此有两种不同的观点：一种观点认为法官有义务查明事实真相。大数据有利于对证据的搜集因而有利于查明事实真相。例如，即使是注重个人信息保护的美国也认可经过司法程序来研究相关嫌疑人的地址和电子信息等数据。其背后的逻辑是根据利益衡量原则，社会安全利益显然高于嫌疑人的个人信息保护，而且政府对个人信息的调取也不是毫无限制，而是要遵循必要性、正当程序等原则。另一种观点更注重人权保障，认为公诉人要维护国家和社会利益，辩护人则主要维护犯罪嫌疑人、被告人利益，两种利益没有优劣之分，其背后的逻辑是无个体即无集体，反对虚无的集体利益保障说。例如，欧盟就采第二种观点并对此有严格规定。

2. 审判形式化问题

当前倡导的审判为中心的司法体制改革，大致内容可分为两点：一是从刑事诉讼的源头开始，就应当统一按照能经得起控辩双方质证辩论、经得起审判特别是庭审标准的检验，依法开展调查取证、公诉指控等诉讼活动，从而"确保侦查、审查起诉案件的事实证据经得起法律的检验"。二是审判程序具有终局性。侦查、审查起诉工作是否符合法律规定、是否达到法定标准，不是由哪个人或哪个部门说了算，最终需要通过也只能通过公开、公正的审判加以检验和确认。[②] 然而虽然大数据或人工智能有利于确立统一的实践标准，使得侦查、起诉、审判的标准同一，但却很可能导致其他问题。例如，在侦查阶段由于过于依赖或信赖通过大数据等手段搜集到的证据，忽视数据

---

① 《最高人民法院关于全面推进以审判为中心的刑事诉讼制度改革的实施意见》中提出要以庭审实质化改革为核心，以强化证人、鉴定人、侦查人员出庭作证和律师辩护为重点。

② 沈德咏：《论以审判为中心的诉讼制度改革》，载《中国法学》2015 年第 3 期。

错误、证据错误、技术失败、算法错误的可能性而造成侦查阶段主导其后的起诉和审判阶段。又如在审判阶段，过于信赖电脑量刑的结果而对犯罪嫌疑人、辩护人提出的证据和质疑不够重视而导致庭审虚化。上文提到的 Eric Loomis 一案就是例证。

3. 审级与算法监督程序

2018 年 6 月 19 日，最高人民法院在司法改革会议上提出要把上海、贵州的人工智能辅助工具推向全国。[①] 传统上是以审级来对司法裁判活动进行监督，如果各级法院均采用大数据技术，那么审级监督的作用如何实现？或者说在大数据用技术来监督人的背景下，谁来监督技术呢？如上文提到的技术设计者也会将其主观判断纳入其中。尤其在当前懂法律的不懂技术，懂技术的不懂法律，对算法的监督就更成问题。

（三）对裁判推理过程的影响

1. 传统裁判推理模式：涵摄式裁判与自由裁量权结合

在成文法传统下，审判实践多采用涵摄技术，满足于法律依据的找寻，然后进行演绎推理并对法律未规定、法律规定不足、法律不适宜规定及法律技术达不到以致规定不足之处，借由司法解释及法官个案中的自由裁量权补足。现下，这种裁判方式已遭到诸多批评，学者多认为在此种裁判方式下，法官只注重与立法者进行对话，而不是与整个法律共同体进行对话，表现在裁判文书的判决部分则是对法律条文的简单罗列，说理不充分、不清晰[②]，不仅无助于法官养成类案对比、衡平类案裁判尺度的操作习惯，也无助于整个法律体系的进步。

2. 未来裁判推理发展方向：案例指导制度

在因法律规定不足，导致司法适用混乱的背景下，学者们倡导仿照普通

---

① 《周强在最高人民法院司法改革领导小组会议上强调：加强督察　切实推进司法改革落地见效》，载 http://www.legaldaily.com.cn/leader/content/2018－06/19/content_7572930.htm，最后访问时间：2020 年 3 月 16 日。

② 《全国法院 2014 年上网裁判文书评查情况的通报》评查结果反映：多数文书说理不充分，不严谨或根本没有说理，正当性、妥当性不清晰。具体表现在：（1）法理分析不透彻，法理依据不明确；（2）对依据的法律不加解释，没有说理法律根据与案件事实之间的逻辑关系。

法系的判例法制度，建立指导性案例制度，期望通过对指导性案例或类似案例的参照来建立及时的、高质量的规则供给，以强化论证力度、精确法律适用，解决同案不同判问题，由此推动了案例指导制度的改革。党的十八届四中全会首次提出"加强和规范司法解释和案例指导，统一法律适用标准"。2005 年，最高人民法院提出了建立案例指导制度的司法改革任务。2010 年 11 月 26 日和 2015 年 4 月 27 日，最高人民法院相继发布了《关于案例指导工作的规定》和《〈关于案例指导工作的规定〉实施细则》；同时自 2011 年 12 月 20 日最高人民法院陆续发布了诸多指导案例，用以指导法官判案，更好地解决重大疑难等案件的判决问题。尽管目前尚有指导案例的效力存疑、指导案例供给不足等方面的问题，但对于快速变化的社会和相对稳定的法律之间的冲突，指导案例确实能够起到很大的缓冲作用。同时指导案例制度通过借助归纳、类比式的裁判方式能够有效地弥补现行制定法规定模糊、规定不足等缺陷，限制法官自由裁量权行使的肆意性，加强裁判说理的充分性，是司法裁判走向精细化的有效途径。

3. 大数据下的裁判推理

大数据下的裁判推理模式主要是通过算法实现的。不同于传统的在法律分析框架内进行的以演绎、归纳、类比、可辩驳为主要手段的法律推理过程，关于算法模型所采用的裁判推理模式，正如美国康奈尔大学法学院讲席教授於兴中学 2018 年 6 月 8 日在北京大学凯原楼"大数据与法律新时代"的讲座上所言，是法律解析或者法律数据分析式的裁判推理。这样的一种推理模式除了要面临算法模型中数据选取、数据解析、相关因素选取、相关因素在算法模型中的权重设计等合理性和正当性的问题，也面临法律解释问题，正如上海交通大学法学院院长季卫东教授所说：在当下法律不完善，"应该"和"必须""合理的""可预期的"等不同表述充斥于法律条文之中，但其含义却未被明确的情形下，电脑量刑的核心是法律推理系统的构建，判决自动生成技术的前提是与法律解释和法律沟通兼容。① 相较于案例指导制度以具体案例而化解成文法的僵硬性、以创造性方式来解释法律的做法，现阶段大数

---

① 季卫东：《人工智能时代的司法权之变》，载《东方法学》2018 年第 1 期。

据所采的算法模型则采数据实验的方式来解释法律。而这一解释方式以及裁判推理体系的正当性、准确性、合理性、有效性显然有待实践检验。因此，人工智能未来具体能够在司法裁判中发挥什么样的作用、在多大程度上发挥作用，很大程度上也依赖于司法数据研究、司法裁判理论研究的水平。有什么样的司法裁判理论，就有什么样的人工智能与司法推理的模式。正如最高人民法院信息技术中心主任所言，有多大的"人工"，就有多大的"智能"。这里的人工指的不仅是"技术性人工"，即设计出更精确的编程算法和计算机推理模式，也包括"理论性人工"，即为司法裁判活动（包括它的各个方面：规则推理、案例推理、逻辑建模、法律知识数据库构造等）提供更加精致和深厚的法学理论。[①] 人工智能与司法裁判研究的未来，必然也有法学者的一席之地。

虽然人工智能介入司法领域是必然之举，但由此产生的问题也不可忽视。在实体上会产生责任承担等问题，在程序上会与审判既有模式产生冲突。此外，也会对传统的裁判推理模式产生冲击。这些问题的产生一方面与司法自身的特性相关，包括公权力属性、经验性、判断性、程序性等；另一方面也与人工智能或者说大数据的发展阶段有关。因此，加强法律和技术研究，培养既懂法律又懂技术的人才无疑为大势所趋。

[①]　冯洁：《人工智能对司法裁判理论的挑战：回应及其限度》，载《华东政法大学学报》2018年第2期。

人工智能司法应用的审思与定位

◉ 何 志 王雪霜*

引言

"智慧法院的建设，顺应了新一轮的科技革命浪潮，是深化司法改革的重要支撑。"最高人民法院院长周强在全国第四次信息化工作会议上强调。2016 年 12 月 15 日，国务院印发的《"十三五"国家信息化规划》提出，支持智慧法院建设，推行电子诉讼，建设完善公正司法信息化工程。[①] 智慧法院建设要求人工智能与司法紧密结合，随着改革的推进，人工智能接入司法的程度已经从内部司法行政管理体系扩展到外部审判活动[②]，学者们开始关注人工智能给司法改革、司法原则等带来的冲击。如何准确定位司法人工智能，是确保智慧法院建设取得预期效果的重中之重。本文以当前人工智能应用层面为样本，借鉴西方社会学理论中的默顿功能分析范式，重构司法人工智能的发展理念。

一、样本透析：人工智能司法应用的实证考察

（一）发展逻辑：依赖市场利益驱动与官方改革管理的双重逻辑

2016—2017 年司法人工智能在中国迅速火爆起来，多地法院与科技公司合作，多款案件审判智能系统开发使用，甚至一些法院引入智能机器人设备。

---

* 何志，河南省南阳市高新区人民法院党组书记、院长，全国首届审判专家；王雪霜，河南省南阳市桐柏县人民法院，法官助理。

① 国务院《关于印发"十三五"国家信息化规划的通知》。

② 王福华：《电子法院：从内部到外部的构建》，载《当代法学》2016 年第 5 期。

可以说 2017 年似乎已经成为中国科技司法的元年。司法人工智能的兴盛依赖于市场利益驱动与官方改革管理的双重逻辑（见图1）。

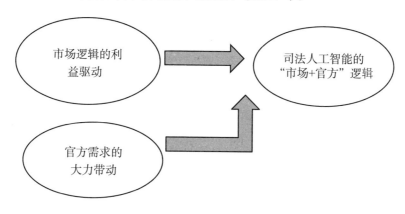

图1 司法人工智能的双重逻辑

市场逻辑的利益驱动：在现代社会，市场在资源配置中起决定性作用，是经济、文化、教育等领域得以发展的重要途径，由于利益的驱动，社会各个相对独立的领域都有被市场化的倾向。市场经济的逻辑是通过一系列规则界定与扩大市场主体的选择空间与自由，引导人们在预期规则内行为，在获得个人利益的同时也扩大了公共利益，让个人选择与公共选择融合，降低交易费用，提高资源配置效率，促进经济社会发展。通俗来说就是，市场有效的原因是通过让消费者获得利益的方式，来获得利益并促进社会的发展。司法人工智能的开发与利用就是在市场的逻辑下，为满足消费者降低法律服务成本、扩大市场占有率和创建品牌的需求，公司、律师事务所、科研机构、法律专家等基于利益驱动加入市场运作，推动了司法人工智能企业数量迅速增长。

官方需求的大力带动：在新一轮的司法体制改革中，在全国范围内"让数据多跑路，群众少跑腿"的改革浪潮下，司法主动拥抱人工智能是顺势而为。在国家政策层面，2016 年 7 月由中办国办印发的《国家信息化发展战略纲要》中指出，"智慧法院"建设成为国家信息化发展战略的重要组成部分："建设智慧法院，提高案件受理、审判、执行、监督等各环节信息化水平，推动执法司法信息公开，促进司法公平正义"；在司法顶级系统层面，最高人民法院制定了本系统的人工智能战略，描绘出了战略实现的蓝图和路线，"2017年总体建成、2020年深化完善人民法院信息化3.0版"。① 因此说，虽然市场与资本驱动了人工智能产业的发展，但是最高国家机关和司法顶层系统的推动，是促使人工智能快速融入司法决定力量。很大程度上来说，司法人工智能的兴起符合"官方+市场"模式，即官方与市场的相互配合与努力使司法人工智能能够快速发展。

（二）现实图景：我国人工智能司法主要的应用图景

周强院长在不同场合多次强调，"信息化建设和司法改革是人民法院工作的车之两轮、鸟之两翼"。这个重要论断在一定程度上诠释了官方大力推动人工智能进入司法系统的原因，是要实现审判体系和审判能力的现代化，建设能够全面覆盖法院各项工作，并与其他国家治理方式和手段互联互通、应用简单快捷、安全高效、智能化的法院工作系统。各地法院积极响应中央和最高人民法院号召，积极主动进行了多方探索。综观全国法院，人工智能在法院工作中应用的路径主要有三大平台、六个方面（见图2、表1）。

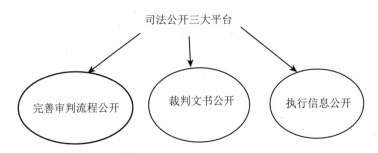

图2 司法公开三大平台

表1 司法公开六个方面

应用层面		实现功能	典型实例
审判	庭审	①庭审智能语音识别、语音同步采集转录；②辅助判断证据标准和证据能力	浙江省的智能语音识别系统；上海高院的智能辅助办案系统

① 《最高人民法院关于加快建设智慧法院的意见》法发〔2017〕12号。

续表

应用层面		实现功能	典型实例
审判	裁判	①审判知识和案件关联信息支持：参考案例、类似案例、类似裁判文书、法律法规、计算工具等精准推送；②刑事量刑辅助分析；③裁判文书的辅助生成	最高人民法院"法信"平台中的两个大数据引擎：裁判剖析大数据引擎（LD）和同案智推大数据引擎（SP）①；北京法院的"睿法官"智能研判系统；上海法院的刑事案件智能辅助办案系统
执行		①建立了与金融机构、土地和房产管理部门、工商管理部门、公安机关等执行协助部门的沟通机制；②查控软件无须人工全天候全覆盖查询	江苏法院的"江苏法务云"；福建法院的司法查控自动系统
诉讼服务		①用人工智能咨询系统代替简单案件立案审查、诉前辅导、风险咨询等诉前服务；②诉讼文书收取、扫描及传递等服务	上海市浦东法院的二维码自助立案系统；杭州法院的互联网法院
司法公开		裁判文书公开；庭审直播	
行政管理		对庭审录像进行自动检查监督；审判全流程监督、工作绩效智能评估	河北等部分地区法院的庭审自动巡检系统；辽宁法院的司法辅助系统
决策服务		参与地方治理和决策：大数据分析社会多发性问题，提示、预警；海量数据分析发现审判规律，司法预判和应急响应	

可以看出，各地法院在前期信息化建设的成果之上，一定程度地引入了大数据和云计算工具，在审判辅助、执行协同、司法公开、行政管理、诉讼服务等方面进行了人工智能尝试。但是不难发现，司法人工智能还未到成熟落地的程度。

---

① LD 大数据引擎对裁判文书本身进行多维度的组合和剖析，借助演绎逻辑，对法律知识和规则进行推送，SP 引擎则利用大数据的聚类分析和智能排序功能，以实现法律事实的比对、法律关系的匹配、法律依据的核校以及裁判量刑的参照。

1. 地方性试点的意义有限

囿于地区经济发展水平不同，试点多在省市发达地区，但省级数据量虽然相当大，但是仍然在指数意义上限制了试点的意义和效果。特别是在司法改革者颇重视的法律统一适用、法院资源合理配置、省际司法协作等问题，无法得到有益尝试和有效检验。

2. 数据化基础还不坚实

从大数据特点分析，大数据基础具有大容量、多样性、精确性、共享性等特征，但是我国智慧法院的数据化基础不坚实。一方面是收集的已公开数据精芜不分，影响数据质量，另一方面是仅法院系统内部就沉淀着大量数据化的信息，例如，在裁判文书网上虽已上传了 2000 万份，可还不到全国法院系统两年案件的总量。[①] 司法人工智能等类案推送、审判智能辅助等功能也是建立在不完备的数据集之上，这将严重影响智慧法院的有效性和准确性。

3. 应用深度各有不同

对于适用司法人工智能的深浅、广度也大有差别，有的主要用于审执绩效指标的监控，有的则相对深度用于法官审判决策；有的主要应用在全国法院三大平台，有的则自主研发、先行先试用于全流程数据服务，这些为今后建立统一人工智能平台留下难题。

二、理论镜鉴：默顿功能分析范式的本土嵌入

（一）宏观架构：默顿功能主义的分析模型

罗伯特金默顿是"偏差行为理论"的创始人，创建的功能分析范式和中层理论，是社会问题研究的较为成熟、主流方法论，运用功能分析范式的具体步骤如下：（1）确定功能分析事项，重点是制度化行动模式的客观后果；（2）客观功能，脱离社会主体的主观意向，侧重认清客观后果的多重性，尤其关注尚未发生的潜在后果（显性功能与隐性功能）；（3）确定功能性质，也叫效果分析（正功能与负功能），确定问题所在；（4）认清不同类型社会中功能替代的可能性，通过"结构制约因素"解释替代过程。

---

① 徐骏：《智慧法院的法理审思》，载《法学》2011 年第 3 期。

从默顿功能分析方法的角度看，在司法系统决策者逻辑中，司法人工智能能够助益于司法体制改革，这就是所谓的功能意图。如果官方功能意图与既有的司法结构及其镶嵌于其中的社会机构产生的现实需求具有一致性，功能预期往往会转变为现实的客观功能，可问题是，基于技术在司法中的优势而作出的决策，虽然按照"官方＋官场"逻辑充分运转起来，但是一定能够产生正的净均衡值（正功能）吗？

（二）微观嵌入：司法人工智能应用的功能评价

1. 司法人工智能应用的正功能

有助于提高司法人员的认知判断能力。人工智能可运用大数据搜集与查找出现事实认定错误的数据逻辑关联，根据算法智能化，辅助法官进行事实认定，并且提醒、校验、把关、监督法官对事实的认定，避免认定错误乃至预防冤假错案的发生，还可以将法律规则适用典型化、规范化，避免法官对法律理解与选定错误，客观上提高法官的认知能力。

有助于限制法官不当行使裁量权力。尤其在中国立法中采用的粗放型、原则型策略条件下，法律语言追求抽象化，法官裁判文书说理也缺少监督。而人工智能裁判辅助系统能限制与监督意图枉法裁判的法官的裁量权。如刑事量刑规范化模型，就很可能解决法定与酌定情节认定不一的难题，而且压缩了司法腐败空间。

有助于提高司法效率。我国已进入"诉讼社会"，大量纠纷涌入法院，法官员额制改革使案多人少矛盾愈发突出。模式化的人工智能系统既可以节省整个诉讼流程与法官研讨案件的实践，也可以让当事人根据案件结果预测选择快捷的纠纷解决方式。

有助于规范下级法院审执行为。相对于传统上由法官申报、庭室与所在法院统计并逐级上报进行考核，人工智能机器在审判辅助系统的协助下能够全方位、迅捷、客观地对法官审判进行考核监督，如果法官怠于工作、故意歪曲事实枉法裁判，就会被系统识别，掌控者能够及时发现。

有助于提高当事人的应诉能力。当事人参与诉讼需要花费一定的诉讼成本，但是由于当事人经济条件、律师执业能力等的区别，导致巨大诉讼成本下的维权效果并不明显，而司法人工智能可以提供标准化、自动化、低廉化的法律服务，消除法律资源不对称。

2. 司法人工智能应用的显性负功能

司法人工智能在经济发达地区和城市发展较快，部分试点法院也取得了成果，但在全国范围内呈现发展不平衡、不充分，特别是技术上存在偏差。

硬件设备与地域发展的偏差。法院人工智能的建设程度与地区经济发展程度直接挂钩，北京、上海、江苏、浙江等发达地区建立了各具特色的智慧应用，但青海、西藏等经济落后地区尚未完全实现网络互通，信息化基础设施尚不健全。而且最高人民法院虽对智慧法院建设进行了顶层设计，但没有建立统一的技术标准，各地根据自身需要与不同科技公司合作，技术的差异性为日后建立统一的技术平台留下难题。

软件开发与法律实务的偏差。法院信息化应用软件的开发者懂技术但不懂法律，法官懂法但不懂技术，导致软件某些设置不符合司法实务，降低了审判效率。例如，离婚诉讼中调解和好案件，实践操作是制作笔录双方签字即可，但审判流程网中结案要求必须制作法律文书，出现技术与审判不兼容问题，还有诉讼费用退费问题，实际退费时间与结案时间会有时间延迟，如何录入诉讼费用票号等技术问题，等等。

公民权利与技术灰色的偏差。以浙江法院与阿里巴巴合作建设智慧法院为例，在司法文书送达节点，对于当事人故意隐匿地址的，阿里巴巴利用当事人在该平台的"数据痕迹"，分析确定当事人常用收货电话和地址，阿里巴巴有无提供数据的法律基础，法院是否有权在民事诉讼中行使通信信息调查权，公民的通信信息是否被侵犯，[①] 这些方面引发了学者的争议和担忧。

3. 司法人工智能应用的隐性负功能

工具理性对司法本意的冲击。技术是人类改造客体世界的可操作性手段、程序和方法，与理性具有天然的契合性，技术理性是理性思维与工具效率的融合，是综合逻辑分析、预测功能以及权衡利弊后的理智选择能力，但缺乏创造性和价值判断是工具理性饱受诟病的重要原因。霍姆斯在《普通法》中

---

① 吴涛、陈曼：《论智慧法院的建设：价值取向与制度设计》，载《社会科学》2019 年第 5 期。

提出"法律的生命不在于逻辑，而在于经验"，法官是要通过裁决，将符合时代要求的价值判断、道德体系和正义理念注入社会生活之中，引导并重塑社会主流价值观。如果人工智能有朝一日在很大程度上替代法官的工作，那么法官就会沦为法律的自动贩卖机，法院裁决也会被贬值为廉价的应用软件。

智慧管理对司法自主的削弱。科技哲学认为，技术具有（隐性）操纵性等综合特征。法兰克福学派代表人物马尔库塞就认为，科学技术同意识形态一样，具有明显的工具性与奴役性，具有统治人和奴役人的社会功能。① 法官越是依赖技术就越有可能被技术操纵。以证据统一化为例，部分法院通过对海量卷宗的挖掘构建刑事案件证据模型，把统一的证据标准嵌入数据化程序中，系统会自动预警证据中存在的瑕疵，此时，法官的决策权已部分让渡给人工智能；再如，旨在为法官提供办案参考的类案推送功能，法官为避免当事人与相关监督主体的质疑，会照搬类案结果以规避司法风险。

智能应用对司法平等的分化。提供个性化、差异化、智能化的司法服务是人工智能的技术优势，但却掩盖了"诉讼权利平等"的司法准则。这一潜在风险是由司法大数据与人工智能技术应用技术特征与时代特征共同衍生的单一性、建构性与潜在性决定的。② 人工智能会提前给诉讼参与人"画像"，如征信记录、经济状况、诉讼记录等，在对犯罪人再犯概率预测的技术应用过程中，意外地产生了对特色种族、肤色、性别人员的算法歧视。③

技术外包对司法公信的威胁。算法是决定系统运算结果的关键所在，不同的算法生成的结果大相径庭。前述浙江省高级人民法院与阿里巴巴的合作就引发了公众的担忧：如果阿里巴巴在浙江成为被告，由于阿里巴巴在证据和诉讼策略上的优势地位，会不会对对方当事人造成不公平？甚至有人设想，技术公司有足够的动机去隐藏、伪造或篡改相关数据。毕竟近年来，各类挖掘主体与校准结果持有者肆意垄断数据仓库与分析技术，通过篡改测评数据、

---

① 陈爱华：《哈贝马斯科技伦理观述——评哈贝马斯〈作为"意识形态"的技术与科学〉解读》，载《伦理学研究》2007 年第 3 期。

② 庄友刚：《风险社会中的科技伦理：问题与出路》，载《自然辩证法研究》2005 年第 6 期。

③ 王禄生：《司法大数据与人工智能技术应用的风险及伦理规制》，载《法学争鸣》2019 年第 2 期。

运算法则或结论以干预第三方决策的事件时有发生。[①]

三、理念建构：人工智能助力司法应用的必要规制

当前，人工智能技术的应用尚处于初级阶段，技术对司法的影响主要以正面形式呈现，技术对司法的确有辅助法官裁判和司法改革的功能。但如前文所述，中国司法人工智能是在市场逻辑、资本运作与政治逻辑三力推动的产物，但司法作为特殊领域，市场化、政治化不是司法发展的全部逻辑，法治化才是其发展的核心逻辑前提，所以，必须要对人工智能给予必要规制，关键是进行理念建构。

（一）终极目标：保障司法固有特征

司法人工智能应充分尊重司法的被动性。根据诉权理论，当事人在权益受到侵犯时，有权寻求法院救济，也有权选择法院通过何种方式救济，智慧诉讼作为一种诉讼方式，当然可以成为被选择的对象。在心理学意义上，对司法活动的认同是人民感受到公平正义的心理基础，从而将复杂而烦琐的法律问题简化为信任问题。从现实角度考虑，受技术和知识制约，一些诉讼参与人不会使用信息手段，如果强迫他们使用，显然不公平。故此，应当尊重当事人的程序利益，在选择智慧诉讼时给当事人以必要的程序选择权。

司法人工智能应尊重司法的透明性。司法裁判活动应当具有公开性和透明性，司法透明性是公众对司法信任的基础。人工智能应用的核心是算法，算法由研发者设计，普通人包括法官往往难以理解算法的原理和机制，如果算法继续保持神秘，那么司法人工智能就难以取得公众的信任，因此需要设定技术规则增强算法的透明性、要将人工智能模拟的决策过程以公众可以理解的方式可视化地呈现出来。

司法人工智能应尊重司法的公信力。公私合作可能会降低司法公信力，因为法院的权威性源自公民授权、宪法和法律的拟制同意。所以，法官应该提高自身的研发能力，掌握数据的主控权，重点是增强法院的数据收集、整理和存储的能力，摆脱对私人企业数据保密技术的过度依赖，并且要与技术

---

① 蒋洁等：《大数据集成的权益危机与价值回归》，载《科技管理研究》2016 年第 2 期。

开发商约定数据安保义务，设立数据等级保护体系。

（二）根本出发点：强化法官主体地位

第一，司法人工智能应当尊重法官的独立性。本轮司法改革的中心任务是让审理者裁判，让裁判者负责，还原法官的主体地位，人工智能应最大限度地为实现法官的审判地位提供保障和支持。法官将人工智能裁量结果作为"参考"依据，如果采纳了人工智能的裁量结果作为裁判依据，必须要论证裁量结果的正当性，避免机械套用。上下级法院监督范围和监督权限不能逾越法院独立审判原则的限制。

第二，司法人工智能应当尊重法官的亲历性。凡是涉及处理人的纠纷都是因利益需求不同而产生的矛盾。要定分止争，除了法律专业知识之外，也要储备非专业知识，如涉及经济、政治、哲学等领域，还要对事态人心具有深刻的洞察力。法官亲自经历裁判的全过程，就是启动各种知识的过程，而人工智能无法具备或复制其中的非专业知识、经验。因此，在运用决策类人工智能时，应以法官亲历性为原则，充分尊重法官对核心事项的决策权。

（三）功能定位：坚持技术的工具主义

司法人工智能要充分回避技术盲区。人工智能还难以应付人类主观意识影响的社会文化和意识领域的各类问题。[1] 人工智能技术难以洞察纠纷中常见的利益和人情，而且对不同地域内、个别案件间的利益平衡和公平判断非工具理性可以处理，为了防止走上纯粹"技治主义"，导致陷入唯数据主义和片面技术理性主义，对司法改革中的复杂难题不能片面依靠技术建立简单的模型化来解决。

司法人工智能要警惕技术渗透。在很多人看来，技术是中立的、可靠的、无价值的，所以司法人工智能可能更有利于实现司法公正，但是技术的价值取决于技术的掌控者，技术的掌控者既可以以人为目的来运用技术及驱动世界，也可以以人权为名消解人的主体地位。所以，应当根据现行法律法规在引用人工智能时给予必要限制，探索司法审查算法制度、建立完善第三方评

---

[1] 吴月辉：《人工智能会取代人类吗》，载《人民日报》2017年7月7日第20版。

估平台等，确保人工智能在可控范围内合法合理运行。

　　人工智能应用于司法是大势所趋，法院应以包容心态主动拥抱人工智能。但人工智能发展在我国还处于初级阶段，作为新兴技术，未来发展趋势需要给予必要限制，按照先行先试、审慎包容的改革逻辑，正确的理念引领至关重要，因为"思路决定出路"，我们必须警惕技术对司法本性的异化，不能轻易踏入技术陷阱的泥沼，要理性厘定人工智能与司法体制改革的关系，确定其使用的限度，合理加载其担负的功能。

浅析人工智能在服务审判中的作用及前景

——"人工智能法官助理"的构建

◎ 蒋勤雷*

在20世纪60年代，有科学家曾经预测，电脑将有一天能够预测司法判决的结果。而现在，一项英美科学家的开创性研究告诉我们，人工智能确实可以用来预测法院裁判结果了。科学家将近600件人权诉讼案的资料输入这款机器人的程序中，其判案结果和人工判案结果的一致率达79%。也就是说，未来，法官不仅要担心自己的工作会被机器人抢走，普通民众还要担心自己会被机器人送进监狱。或许一切皆有可能。但可以肯定的是，机器人大法官绝无可能。人工智能服务于审判领域的最终目标，是为了以更加开放的姿态、更加先进的技术和更加国际化的视野，通过对司法大数据的深入研究、联通、共享和应用，推进"智慧法院"建设，努力让人民群众在每一个司法案件中感受到公平，而不是让机器人取代法官当庭裁判。让人类做人类擅长的事，让机器做机器擅长的事。

一、人工智能的内涵和外延

（一）什么是人工智能

"人工智能"一词最早是在1956年被提出。关于人工智能的一个比较流行的定义，也是该领域较早的定义，是由约翰·麦卡锡在1956年的达特茅斯会议上提出的：人工智能就是要让机器的行为看起来就像是人所表现出的智

---

* 蒋勤雷，浙江省温岭市人民法院。

能行为一样。

著名的美国斯坦福大学人工智能研究中心尼尔逊教授对人工智能下了这样一个定义："人工智能是关于知识的学科——怎样表示知识以及怎样获得知识并使用知识的科学。"而美国麻省理工学院的温斯顿教授认为："人工智能就是研究如何使计算机去做过去只有人才能做的智能工作。"①

这些说法反映了人工智能学科的基本思想和基本内容，即人工智能是研究人类智能活动的规律，构造具有一定智能的人工系统，研究如何让计算机完成以往需要人的智力才能胜任的工作，也就是研究如何应用计算机的软硬件来模拟人类某些智能行为的基本理论、方法和技术。它是研究、开发用于模拟、延伸和扩展人的智能的理论、方法、技术及应用系统的一门新的技术科学。人工智能是计算机科学的一个分支，它企图了解智能的实质，并生产出一种新的能以人类智能相似的方式做出反应的智能机器，该领域的研究包括机器人、语言识别、图像识别、自然语言处理和专家系统等。

总而言之，人工智能是一种现代的高效的方法。

（二）审判领域的人工智能

作为一种现代的高效的方法，自出现以来，人工智能便逐渐渗透到社会的各个领域，在极大地提高生产效率的同时，大量的职业也逐步被机器所取代。作为法律人，最直观的感受就是，越来越多的律师事务所已经转向运用人工智能，用以完成海量法律数据工作。

法律是人类社会创造出来的一种规则，只是复杂了一点，并且其中掺杂了一部分人类的价值判断。计算机是有学习能力的，人工智能不会受贿，甚至能比读心者更细致准确地分析人类的表情、动作等。也就是说，它不缺乏表象判断力，它可以更广博地分析案例，忠实于法律和指导案例。它的效率更是人类所不能比拟的，不仅通过技术控制可以防止出现重大失误，也可以通过上诉机制防止误判。

利用信息系统和智能化服务，实现网上立案、办案、执行和网上办公；

---

① 《为什么人工智能（AI）如此难以预测？》，载 http：//tech. qq. com/a/20141229/006887. htm，最后访问时间：2017 年 5 月 5 日。

实现数据的实时统计、实时更新和互联互通，推进电子卷宗、诉讼材料等自动生成；研发庭审语音识别系统，既方便当事人诉讼，又方便法官办案，并能极大提升审判效率；建成审判流程公开、庭审活动公开、裁判文书公开、执行信息公开四大平台，增加审判工作透明度，保障社会公众对司法的知情权，倒逼法官提升司法能力；创新审判管理，实现对审判、执行工作全程监督、全程留痕，促进司法廉洁。这些，都可以由人工智能完成。

二、人工智能之于审判领域的应用

正是考虑到人工智能在审判领域有着很强的应用性，各地都在尝试引进各种人工智能辅助审判。

（一）北京市高级人民法院的"睿法官"

"睿法官"系统依托北京法院智汇云，立足于法官办案的核心需求，运用大数据、云计算、人工智能等新兴技术，通过智能机器学习、多维度数据支持、全流程数据服务，实现为案情"画像"，为法官判案提供统一、全面的审理支持。

该系统主要针对二审案件，当案件进入到二审审理阶段后，"睿法官"会自动对案情初步"画像"，为法官提供该案件的前审案件情况、案件当事人涉及的相关案件情况、全市法院办理的此类案件情况、法官本人曾办理过的此类案件情况等智能分析内容。同时，"睿法官"对一审判决书、上诉状等材料先期进行分析，采集案件的多元信息，识别出影响案件定罪量刑的相关要素及当事人上诉的理由。例如，被害人受伤的部位为面部，受伤程度为重伤，当事人上诉理由为认为自己属于正当防卫，认为被害人受伤程度未达到重伤等信息。法官接到案件就可以结合上述信息及案情，对识别出来的案情要素进行认定、不认定、待定的初步判断。在庭前准备阶段，"睿法官"还会自动梳理出待审事实，生成庭审提纲，并推送到庭审系统中，方便法官庭审时借鉴。庭审结束后，结合庭审提纲和庭审笔录，"睿法官"会对案情要素进行进一步提取，根据法官进一步认定的内容，给其推送更为精准的相似案例、裁判尺度、法律法规等服务，最终帮助法官完成裁判文书撰写。①

（二）苏州市中级人民法院的"智慧审判新模式"

为破解人少案多矛盾，苏州市中级人民法院启动智慧审判试点，该模式以"电子卷宗随案同步生成及深度应用 + 庭审及办公语音识别系统"为核心，通过引入国内智能语音领军企业科大讯飞，将人工智能引入庭审环节。同时，联合相关单位研发了"诉讼材料收发中心管理系统""纸质文档智能管理云平台——云柜系统""智慧办案系统"和"电子质证系统"，构建了智慧审判一体化集成解决方案。

通过运用人工智能，使庭审语音转换成文字，经庭审实际应用，笔录完整度达到100%，个案学习后对疑难复杂案件的语音识别正确率超过95%，庭审时间平均缩短20%—30%，复杂庭审时间缩短超过50%。集成解决方案上线后，苏州市中级人民法院实现了电子卷宗随案同步生成及深度应用，革新了庭审及办公文字录入方式，开发了电子质证系统，重构诉讼材料数字化传递流程，做到了"全流程介入、全主体覆盖、全过程智能、全信息公开、全节点留痕"，更好地服务法官办案、服务群众需求、服务司法管理。②

（三）贵州省高级人民法院的"执行阿尔法 GO"

贵州省高级人民法院的"执行阿尔法 GO"是一个拥有自主学习能力、能够辅助法官办案的"执行大数据应用分析系统"。它由执行智库 + 资深法官库 + 机器人工智能自主学习等功能组成，运用人工智能与大数据技术将各个系统进行深度融合，形成独具特色的、具有自主学习能力、通过大数据辅助执行法官决策的系统。

当执行法官遇到疑难案件，"执行阿尔法 GO"可以自动从执行智库调用类似案例和专家指导意见，生成可供选择的两个以上执行方案推送给法官，执行案件的37个流程节点都可以实现案例、法律法规、执行工作规范、专家

① 高珊珊：《大数据时代，法院办案同样"上云端"》，载《京郊日报》2016年12月15日第3版。

② 顾敏：《江苏推广智慧审判苏州模式，提高案件审判效率》，载 http://mini.eastday.com/a/160802173303771.html，最后访问时间：2017年5月1日。

建议、视频等信息的自动推送，实现智能服务，从而帮助法官快速解决实际问题，提高执行效率。

三、"人工智能法官助理"的前景分析

未来，人工智能如何发展演变仍未可知。但是有一点可以明确，计算机可以延伸人类能力，尤其是辅助审判方面。

(一) 彻底告别人工统计时代

司法统计是法院的日常工作。每年全国两会上，最高人民法院院长向大会报告工作时，都会涉及大量司法数据。过去，司法统计一直采用人工模式。最高人民法院建成的数据集中管理平台首次实现了对全国四级法院案件信息的集中管理和审判态势实时生成，实现了延续近 70 年的人工司法统计模式向全自动司法统计模式的转变。

从理论上讲，目前大数据管理和服务平台所归纳的数据只要与司法统计的准确性达到一个量级，司法统计完全可以应用大数据管理和服务平台自动收集生成的数据，从而形成 136 张司法统计报表。由此，我们完全可以期待，随着人工智能的发展，从基层法院到最高人民法院，中国法院将彻底告别人工统计时代，完全进入大数据自动统计、自动生成统计报表时代。

(二) 高效服务于司法研究

在司法研究方面，完成一份专题研究报告，往往需要派人赶赴多省，开展专项调研，最少需要半年时间。但随着司法大数据资源的深度引用，人工智能发展的同时也为司法研究提供了便利。

例如，对民间借贷司法解释的评估，就是人工智能服务于司法研究的一个典型事例。2015 年 9 月 1 日，《最高人民法院关于审理民间借贷案件适用法律若干问题的规定》正式施行，施行效果如何？有哪些规定可以为今后立法提供借鉴？最高人民法院通过数据集中管理平台，汇聚民间借贷一审判决书 31.79 万份，发现其中 6.6 万份文书引用了此司法解释，占比为 20.74%。[1] 这些数字

---

[1] 徐隽：《大数据，如何让司法更智慧》，载 http://news.xinhuanet.com/legal/2016-11/02/c_1119832189.htm，最后访问时间：2017 年 5 月 7 日。

有力地说明了新司法解释的实施效果，为相关法律制定提供了参考。

我们完全可以期待，通过不断充实完善数据平台，只要输入自定义条件，人工智能就可以即时生成专项分析报告，为法律法规制定完善提供有效支撑。

（三）大幅度提高审判效率

人工智能可以方便快捷地处理大量数据，快速整合资源，这些都毋庸置疑。事实上，它还能实质性提高法官的审判效率。

例如，类案的批量处理。这对于基层法院来说尤其重要。笔者在办案过程中发现，基层法院的法官其实大概有50%到60%以上的时间和精力是在处理同类型的案件，如果类案批量处理的方法被挖掘出来，并且被互联网化，就会大大提高基层法官的工作效率。

再例如，对案例精要的检索。在实践中，法官们会碰到很多个性化的疑难案例，但其实，这类案子至少有一半以上是能够找到先例的，其他法院很可能曾经处理过类似的案件。但问题是案件浩如烟海，就算能找到很多类案，要把这些案件都通读一遍，再判断是否跟目前办理的这个案件类似，是一件极为劳力劳心的事情。如果人工智能可以代为归纳提要，将可以节省法官阅读案例的时间精力，从而提高审判效率。

（四）机器人保证审判精确度

法院一直在强调同案同判，这是完全正确的抓办案质量的好思路，但问题是，每个法院每天都在处理大量案件，而且随着主审法官制的推行，不再有审判长联席会，副庭长、庭长审批这样的对整个业务庭曾经办理过的案件十分了解的人来把关的程序了，加上目前法官的法学素养参差不齐，部分法官的办案效率较低，这对实现同案同判是极大的考验。但我们可以假设，可以通过对大数据的分析和模拟，让计算机帮助法官作出"客观"的结论。

事实上早在2006年，山东省淄博市淄川区人民法院就研制了一套"电脑量刑"软件系统，法官在认定被告人构成犯罪后，只需将被告人的犯罪情节输入电脑程序中，计算机就会根据储存的法律条文，对被告人作出适当的量刑，量刑结果可以精确到日，从而实现了量刑的数字化精确化。① 人工智能技术想方设法让机器更像人，而我们想方设法让人更像机器。因为公众对审判质量的高要求需要法官们的判决结果越来越精确。

四、构建一站式"人工智能法官助理"体系

所谓"人工智能法官助理"体系，就是以确保司法公正高效、提升司法公信力为目标，在立案、庭审、判决、归档以及信息公开等各个环节中，充分运用互联网、云计算、大数据、人工智能等技术，建成以大数据分析为基础，智能辅助系统为核心的技术体系，从而促进审判体系与审判能力现代化。

（一）高效公正助力立案环节

受理立案是法院对外的第一道关卡，无论对当事人还是法官，这都是一个漫长的等待过程。《最高人民法院关于全面深化人民法院改革的意见》变立案审查制为立案登记制，要求法院接到当事人提交的民事、行政起诉状时，对符合法定条件的起诉，应当登记立案，做到有案必立、有诉必理，保障当事人诉权。

但是，随着立案登记制极大方便当事人立案的同时，也导致了案件井喷，大多数基层法院，新受理的案件排期都到了两个月以后。我们经常可以看到立案大厅里排起长队的情形，当事人抱怨登记立案依然很烦琐的同时，法院工作人员也倍感压力。无论是信息登记、资料整理还是文书送达，都牵扯了大量的时间和人力。因此，在立案环节引入"人工智能"，建立诉讼服务自助终端系统，实现网上立案、电子送达、远程接访、诉讼卷宗数字化等一系列庭审前准备工作，就显得非常有必要。

当事人可以通过法院互联网站的"网上立案"栏目提交申请立案有关的文书和材料，立案法官经审查，材料齐全符合立案条件后即予立案受理。当事人在收到"可以立案"的通知后，再到法院办理缴费、确认立案材料手续，一次性办理所有立案手续，不必为立案材料不全多次往返法院。在诉讼服务自助终端上，当事人可以通过刷身份证或者输入验证码信息，方便快捷

---

① 罗裕聪：《"电脑量刑"探析》，载《北京人民警察学院学报》2007 年第 2 期。

地了解自己案件的开庭时间、审理法官、裁判文书等相关信息。添加视频和语音功能，还能实现视频通话和语音留言，法院和法官可以实时接收到当事人的反馈信息。

诉讼服务自助终端系统还可以与律师服务平台绑定，为律师提供材料提交、缴纳诉费、获取案号等"一条龙"服务，做到"足不出所完成立案"。甚至可以开通网上阅卷、网上申请延期开庭、诉讼保全、调查令等功能，实现网上质证、网上调解。

此外，可利用邮箱、短信、微信甚至远程视频等方式送达法律文书，利用远程技术打通涉诉涉访群众与各级法院接访领导的沟通渠道，达到"面对面"交流的目的，从而有效提高送达效率，降低信访人上访成本，提升司法公信力。

（二）全程服务庭审办案环节

庭审作为案件办理的核心环节，过程的公正、详细与否，直接关系到法官的裁决，也影响着司法公信度。但因为书记员录入速度慢，庭审效率很难得到提升，如何通过技术创新手段，提高审判质量和效率，破解案多人少难题的同时提升司法透明度，便成为近年来司法改革的方向之一。

2010年最高人民法院就出台了《关于庭审活动录音录像的若干规定》，要求对庭审过程进行全面的录音录像。党的十八届三中全会通过的《中共中央关于全面深化改革若干重大问题的决定》也提出要"推进审判公开、检务公开，录制并保留全程庭审资料"。最近，最高人民法院颁布实施了新的《关于人民法院庭审录音录像的若干规定》，对庭审录音录像的标准、功能、作用都提出了新的要求。对庭审全过程进行录音录像，在全面确保庭审过程公开透明的同时，也对庭审笔录的生成提出了更高要求。

对此，新的规定基于人工智能的未来发展，提出了"同步转换生成文字记录"的要求，即"人民法院应当在法庭内配备固定或者移动的录音设备，有条件的人民法院可以在法庭内安装智能语音识别同步转换文字系统"，"通过智能语音识别同步转换成的庭审文字记录，经审判人员、书记员、诉讼参与人核对签字后，作为法庭笔录管理和使用"。

从人工笔头记录到人工电脑输入，再到机器自动输入；从传统法庭到科技法庭，再到智慧法庭，科技巨大变革的同时，也带来了人力的极大解放。

未来的"人工智能法官助理"将具备完美的人工智能语音识别、庭审语音实时转录等功能，并能利用语音分析技术，最终形成庭审笔录。针对不同类型案件、不同地域口音通过机器自我学习，实现智能庭审过程中法言法语的有效识别。声纹识别系统可以智能化区分原告、被告、审判员，实现角色自动标注，使笔录文本与说话人身份相绑定。利用语义分析技术辅助人工适时修订真实还原庭审现场，原原本本生成庭审笔录，解决庭审效率瓶颈。

（三）帮助生成参考性裁判文书

"同案不同判"是司法实践中面临的一个难题，而理想状态的"人工智能法官助理"则可以有效解决这一问题。其中主要包括裁判文书自动生成系统、"大数据"优秀裁判文书库以及电子签章及打印系统。

裁判文书自动生成系统。法官只需要导入案件庭审笔录，即可自动提取当事人、诉辩情况、诉请部分等信息要素。系统根据法官是否支持当事人诉讼请求的裁判意见，提供常见裁判理由、裁判结果，供法官作为文书制作的基础，自动生成参考性裁判文书。文书生成时还会与审判流程信息、庭审笔录信息进行数据比对，对差异加以提醒。

自动生成的文书格式完整、条理清晰，整合了诉讼费计算器、期限计算器等办案工具，不会遗漏证据、当事人信息等琐碎内容，省去了法官查阅笔录、法条的时间，大大提高了制作裁判文书的效率。与优秀裁判文书库对接，还可以随时查阅其他同类型典型判例的裁判理由，并借鉴其说理思路，提升法官业务能力、拓展法律视野，从而使判决书的质量得到提升。

电子签章与打印系统。在裁判文书生成之后，法院工作人员可以通过局域网发出打印指令，即可统一纳入法院文印系统打印工作序列，实现打印、盖章、加密、归档一步到位，将使法院告别判决书加盖实体院印的历史，彻底消除使用实体院印耗费人力、等待时间长、用章规范难、存在泄密风险等问题。

（四）"大数据"管理促进"阳光司法"

推进审判流程公开平台、裁判文书公开平台和执行信息公开平台"三大平台"工程，充分发挥三大平台在资讯提供、意见搜集和信息反馈方面的作用，提升互动服务效能，并根据平台提出的意见和建议，为审判管理、审判监督、纪检监察和改进工作提供依据，这是新时代"阳光司法"的要求。

目前，人工智能以及网络科技已经实现了立审分离、审执分离、审监分离以及流程控制权与审判权的分离，为实现"公正与效率"提供了最重要的技术保障。人工智能在审判领域的运用极大地调动了广大法官学习新知识、新技术的热情，促进了法官思维方式、办案理念的转变和综合素质的稳步提高。

为充分发挥司法大数据资源对审判执行业务的支持，推进"阳光司法"，"人工智能法官助理"体系可以以案件为中心，多维度整合审判关联信息，可以将案件的前审后续、当事人涉诉情况、征信情况、法条适用情况、类案量刑情况等信息进行关联整合，为案件审理提供一体化支持。这对于法官掌握审理案件当事人的涉诉情况，评估虚假诉讼、关联诉讼以及当事人信用等具有重要作用，为法官提供更为丰富、全面的审判信息支持。与此同时，相关信息的公开也将更及时、更全面，从而倒逼法官提高自身素质，提升说理水平。

面对人工智能技术的高速发展，未来技术的走向着实很难预测，但是通过开发相关技术将其应用于司法审判，无疑是符合社会发展潮流的。但并非让机器去审判，而是让机器去辅助法官进行审判。有一句古老的法谚谓之："正义不仅要实现，而且应当以人们看得见的方式加以实现"。不论是检索海量的案件、法律规则、司法判决，还是分析归纳案件要点，计算机通过强大的分析和处理能力，确实能够极大分担法官的工作。

我们可以假设这样一个场景：2020年的某一天，一位法官正在主持一场普通的借贷案件。庭审现场没有噼噼啪啪的打字记录声，一台全程直录的庭审记录仪将庭审现场的点点滴滴都转化成文字和图像。原被告双方都没有出现，法官则对着一个远程可视电话，走完了整个庭审程序。借贷事实成立，证据无异议，双方达成分期付款的调解协议，被告通过电子笔，当场签下了调解协议。随后，法官步伐轻快地离开法庭，转身投入与机器人的"约会"。输入案由、情节等案件事实，机器人自动弹出适用法条，然后"输出"结果。同时，该机器人还"送"来相似案例的调解书。在法官确认后，调解书便"一键生成"。再之后，一切变得更为简单，而法官已经可以开始下一个案件的审理了。

民事裁判文书撰写的人工智能应用探析

——以格式化规范有效合理的内容要素分类填充方法为基础

◉ 杨　超　杨永安　刘夏莲*

一、裁判文书撰写的人工智能辅助应用方法探寻

（一）法院裁判文书撰写水准提升的重要性

司法改革和立案登记制实施及当前社会大环境下，呈现出各类案件数量激增，法官工作劳累程度增大，法院劳动力密集程度增加，法院人力资源短缺的三增一缺现象。同时，各方各界对人民法院有效化解社会矛盾纠纷，提升法院司法工作效能的要求又越来越高。人民法院的工作面临前所未有的严峻形势。虽然通过人民法院工作人员的不懈奋斗，以及社会各界各阶层的通力协作，近年来，我国社会的法治建设水平又有了长足的进展。但是，我国社会法治工作的能力和水平距离党和广大人民的期望仍有一定差距。其中，法院系统的司法公信力不足、司法裁判的服判息诉率不高的问题，仍是我国社会法治建设一道未越过的门槛，成为影响我国建设公正、高效、权威的社会主义司法制度目标达成的主要影响因素之一。

面对日益严峻的纠纷案件处理形势与任务，我们亟须统一、专业、规范地总结、归纳、分析、整理，出台科学的具有前瞻性及普遍适用性的、行之有效的司法裁判方法、措施或意见。在此基础上，逐步形成成熟且完善的立法建议，期待以司法实践的系统总结推动司法理论的长足进展，并将科学的

---

* 杨超，河南省邓州市人民法院法官助理；杨永安，员额法官、河南省南阳市中级人民法院研究室主任；刘夏莲，河南省邓州市人民法院员额法官、审委会委员、审管办暨研究室主任。

理论构造上升为立法规则的有效规制，以便实事求是地提高司法审判权运行的效率和效果，促进社会更加和谐有序地正向演进，造福民生。

关于裁判文书的制作，通过阅读书籍并深研法律及司法裁判的发展历史和规律可知，按照司法裁判的流程设置及司法过程公平、公正、公开、高效、权威的目的追求，法官承办司法案件所作出的裁判文书是针对案件本身的事实认定和法律适用唯一有效且正式的具备裁判结果释法析理功能的国家权力机关公文，且被国家法律明文赋予相应的法律效力。因此，法院裁判文书的功用不可小视。具体纠纷事实的司法裁量又直接关乎案件当事人的实际命运。由此，笔者认为，对于案件服判息诉率不高的问题之解决，裁判文书的制作水平是否先进、科学、合理、有效，至关重要。

笔者认为，人民法院有效提升当前司法工作中裁判文书的撰写水平，可谓是提升纠纷案件裁判结果服判息诉率的切实路径。[①] 一方面，裁判文书撰写水平的提升可以促进纠纷案件所涉及社会矛盾的有效化解；另一方面，裁判文书撰写水平的提升可以倒逼纠纷案件审理与裁判的公正、高效、权威。

（二）裁判文书结构内容、撰写要素与裁判过程的对应关系

经笔者深入分析得出，裁判文书的结构内容及撰写要素均与裁判过程的程序设置事项，存在一一对应的客观规律决定的必然联系，如表1所示。

表1　裁判文书结构内容与裁判过程的对应关系

首部	基本案情、诉讼流程说明	纠纷案件当事人身份查明
		纠纷案件审理经过查明

[①] 党的十八届三中全会通过了《中共中央关于全面深化改革若干重大问题的决定》，其中提到"增强法律文书说理性，推动公开法院生效裁判文书"。由此，最高人民法院公布了《关于人民法院在互联网公布裁判文书的规定》，从2014年1月1日起，"人民法院的生效裁判文书应当在互联网公布"。此举可谓以司法公开倒逼裁判文书加强说理。党的十八届四中全会决定提出了"加强法律文书释法说理"的改革要求；不仅如此，2018年6月12日，最高人民法院发布了《关于加强和规范裁判文书释法说理的指导意见》为推进裁判文书释法说理改革迈出了关键性的一步，是司法改革中的重磅举措。2012年修改后的我国《民事诉讼法》明确规定"判决书应当写明判决结果和作出该判决的理由"。

续表

中部	原、被告双方的 诉辩理由及事实说明	原告起诉意见及诉讼请求
		被告答辩意见及可能的反诉
	争议事实的评析、 论证、判断、叙述	原告举证证据事实列示
		被告举证证据事实列示
		诉讼请求相关的案件事实查明
尾部	裁判主文的叙说与定论	裁判意见及依据的阐释
		裁判结果的宣告

　　裁判文书的结构可以大致区分为首部、中部和尾部三部分。裁判文书的结构内容与裁判过程存在对应关系：首先，裁判文书首部的基本案情、案件诉讼流程说明，相对应于裁判过程中的纠纷案件当事人身份查明和纠纷案件审理经过查明；其次，裁判文书中部的原、被告双方的诉辩理由及事实说明，相对应于裁判过程中的原告起诉意见及诉讼请求和被告答辩意见及可能的反诉；再次，裁判文书中部争议事实的评析、论证、判断、叙述，相对应于裁判过程中的原告举证证据事实列示和被告举证证据列示，以及诉讼请求相关的案件事实查明；最后，裁判文书尾部裁判主文的叙说与定论，相对应于裁判意见及依据的阐释和裁判结果的宣告。由此可知，裁判文书结构的构成与裁判过程的实际事项存在一一对应的紧密关联关系，此一表现是因为裁判文书内容即是由裁判过程中的程序事项及相关事项的结果一一提炼、分析、判断、总结而作出。如此现象也是司法规律应用的必然效果所致，属于不可主观篡改的客观现象。所以，我们在撰写裁判文书的过程中一定要正确认识该现象及其背后的规律并加以运用。

　　不仅如此，由上述裁判文书的结构内容与裁判过程的对应关系规律所决定，裁判文书撰写要素与裁判过程亦存在相应的对应关系（见表2）。之所以如此，是因为上述裁判文书首部需撰写的基本案情及诉讼流程说明，可谓是案件审理事实叙述的撰写要素；上述裁判文书中部的原、被告双方的诉辩理由及事实说明，可谓是案件诉讼事实叙述的撰写要素；上述裁判文书中部的争议事实的评析、论证、判断、叙述，可谓是案件事实认定论证与案件查明事实叙述的撰写要素的结合；上述裁判文书尾部裁判主文的叙说与定论，可谓是案件裁判释法析理的撰写要素。基于以上的对应关系的分述，经过总结可以得出：裁判文书撰写的要素可以大致分为三类要素，即案件事实叙述要素、案件事实认定要素、案件释法析理要素。

表 2　裁判文书撰写要素与裁判过程的对应关系

首部	案件审理事实叙述	纠纷案件当事人身份查明
		纠纷案件审理经过查明
中部	案件诉讼事实叙述	原告起诉意见及诉讼请求
		被告答辩意见及可能的反诉
	案件事实认定论证	原告举证的证据事实列示
		被告举证的证据事实列示
	案件查明事实叙述	诉讼请求相关的案件事实查明
尾部	案件裁判释法析理	裁判意见及依据的阐释
		裁判结果的宣告

（三）裁判文书内容要素需求水准与人工智能功能对应关系

笔者认为，根据以上裁判文书撰写内容的三大要素的划定，我们要使裁判文书的撰写达到前述先进、科学、合理、有效的裁判文书撰写水准，则必须运用相应格式化的表述方法、规范有效的论述方法和多样多元的合理说理方法，并通过具体问题具体分析，选择调配使用最符合实际情况的应用方法。究其原因：（1）裁判文书本身即是一种具备严格格式要求的司法机关公文，类似于机关文件，但又与机关文件的表述特色不同。参阅最高人民法院公布的《法院诉讼文书格式样本》，可知法律文书，尤其是裁判文书均具有一定程度的整齐划一的标准格式的语言表述特色，即大力提倡的法言法语的表述方法，以及体现法律思维思辨性和司法工作要求的语言习惯。所以，裁判文书事实叙述内容要素应当达到正当格式化的表达需求。（2）案件事实认定内容要素需要运用逻辑论证方法，而逻辑论证方法有效与否，对于案件事实认定结果的正确与否，联系密切且关系重大。现实中对逻辑论证方法有效与否起到决定作用的乃是逻辑论证是否正式规范，即该逻辑论证方法是否符合逻辑思维规律中事实分析的客观推理运用而不是主观判断或者主观臆测的推测。（3）案件释法析理内容要素需要运用合理充分的说理方式，而说理方式是否合理且理由充分确实，则必须深研说理方式的种类及运用的科学方法。只有说理的方法科学且选择的说理方式种类正确适当，才能够取得理想的释法析理效果。因此，裁判文书撰写的各项内容要素的需求水准要求：案件事实叙述对应于正当格式化的表达需求；案件事实认定对应于正式规范有效的论证需求；案件释法析理对应于合理充分的说理需求。

值得说明的是，在此按照裁判文书内容要素的撰写需求水准的分项对应排列的基础上，考量各项要素撰写需求水准与人工智能功能应用的关系，可以得出：正当格式化的表达需求涉及言辞语句和结构段落的正确性，因此可以应用人工智能的纠错功能；正式规范有效的论证需求涉及符合逻辑思维规律的客观推理运用，因此可以应用人工智能的辅助功能；合理充分的说理需求涉及说理方式的科学选择和理由的充分说明，因此可以应用人工智能的提示功能。上述裁判文书内容要素的撰写需求与人工智能功能应用的关系，如表3所示。

表3　裁判文书内容要素的撰写需求与人工智能功能应用的关系

案件事实叙述	正当格式化的表达需求	人工智能纠错应用
案件事实认定	正式规范有效的论证需求	人工智能辅助应用
案件释法析理	合理充分的说理需求	人工智能提示应用

二、非格式化、不具备规范有效性及不合理的文书内容缺陷

（一）裁判文书事实叙述中非格式化语言表述的缺陷分析

如上所述，所谓的"非格式化"语言表述即是指不符合裁判文书撰写所应当具备的法言法语的表述方法或不能体现法律思维思辨性和司法工作要求的语言习惯。

通过笔者对随机抽取的本院所在省级市地区基层法院800份一审民事裁判文书样本（其中：债权文书200份；物权文书200份；侵权文书200份；

家事文书 200 份）的机器质检及人工质检，发现各种"非格式化"的不良现象存在且数量较多。

譬如：（1）裁判文书中存在错别字现象（现象一：179 份）；（2）裁判文书中存在时间、日期、数字的使用不明确、不准确的现象（现象二：232 份）；（3）裁判文书中存在用语混淆或错乱的现象（现象三：359 份）；（4）裁判文书中存在使用口语、俗语的现象（现象四：436 份）；（5）裁判文书中存在语句结构不完整、不连贯的现象（现象五：455 份）；（6）裁判文书中存在条理不清、纲目不明的现象（现象六：386 份）；（7）裁判文书中存在逻辑结构参差不齐、行文顺序不当的现象（现象七：359 份）；（8）裁判文书中存在表述拖沓、冗杂或其他不符合特定的语言习惯和语气表达的现象（现象八：465 份）（见图 1）。这些"非格式化"的达不到严格格式的表述方法和语言习惯的裁判文书撰写失误和错误，不仅影响到人民群众对裁判结果公正、高效、权威的合理期待和良好观感，而且降低了人民法院司法工作的公信力，不同程度地造成一些负面的社会评价。

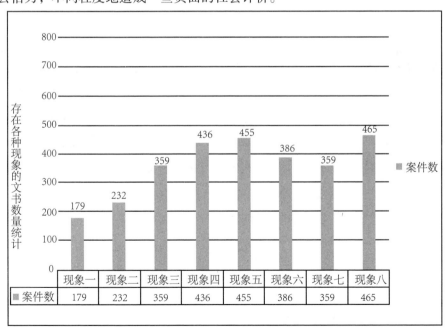

图 1 文书样本中所存在的"非格式化"表述现象

（二）裁判文书事实认定中非规范有效论断的缺陷分析

缺乏规范有效的论述即所撰写的裁判文书的证据评定和事实认定的论述达不到符合司法工作正式要求的规范标准，从而达不到保障裁判文书事实认定论证结果正确有效的内容实质和外在形式。具体而言，主要存在以下不良特征：

（1）裁判文书中的证据和事实的论述不够中立平实，主观臆断的叙述方式和主观评析成分较多，容易给他人造成未能始终保持客观立场论述的不良印象（特征一：326份）；（2）裁判文书中的证据认定未根据证据的客观性、关联性及合法性的"三性"进行审查、确定及排除无效证据，存在一定程度的武断臆测或简单粗劣的认定，容易给他人造成部分证据认定模糊或漏判的不良印象（特征二：267份）；（3）裁判文书中未严格遵从"三段论"的逻辑推理方式，依法据实地进行事实认定的论证，或形式上缺乏事实根据、法律依据的论述支撑，容易给他人造成论证不充分、不确切的不良印象（特征三：396份）；（4）裁判文书中对疑点、争点和焦点的归纳总结不全面、不透彻，或未能够较好地运用演绎推理的方法对双方的观点、意见或诉讼主张进行逻辑判断，容易给他人造成当事人责任划分不清晰、不明确，类似于给他人以裁判者作出将原、被告双方均按大致相同的责任比例打板子的"和稀泥"式处理的不良印象（特征四：238份）；（5）裁判文书中事实论述仅以个人总结为步骤，未能将归纳、演绎、三段论的方法结合运用，分阶段层层递进，不断演进地论述，容易给他人造成论述不严谨或整体无序的不良印象（特征五：412份）；（6）裁判文书中对事实的归纳总结不清晰、不明确，或过于简短，容易给他人造成事实认定的叙述不细致不到位的不良印象（特征六：433份）；（7）裁判文书中对关键问题的证明标准理解不透，把握不清，或未能运用高度概然性的民事证明标准对复杂疑难的案件事实进行演绎判断，容易给他人造成仅凭自由心证猜度并定性案件结果的不良印象（特征七：322份）。笔者随机抽取的本院800份民事裁判文书样本中各种"非规范有效"论证的不良特征统计结果如图2所示。

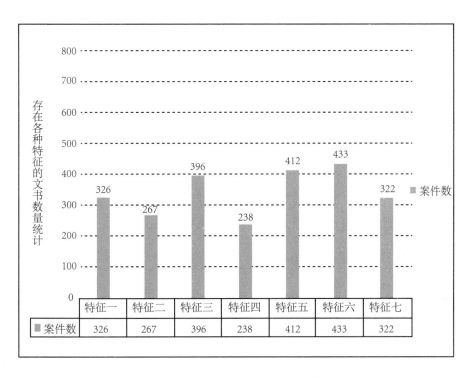

图2 文书样本中所存在的非规范有效论述特征

（三）裁判文书释法析理中不合理或者理由不充分的缺陷分析

说理缺陷在大多数的家事裁判文书中均不同程度地存在。因为说理方式的合理、丰富和有效，取决于法院工作人员的逻辑思维是否严密谨慎，对法律规定的运用能力是否娴熟，其本人是否富有感情和道德理性，是否深谙世理人情，以及其本人对于社会主义核心价值观的认同程度。加之某些裁判文书，比如家事裁判文书相对于一般裁判文书的说理难度更大。因此，良好和精准地应用各种说理技巧和表达方式，并未被大多数的法院工作人员所掌握。抑或其本人通晓若干种类型的说理方法，但却不愿用、怠于用、不敢随意用。故而，现实中裁判文书的说理表现形式往往呈现单纯追求结果的方便、快速、有效、走捷径、重数量而不重质量。裁判者往往不选择使用各种深刻、复杂同时更高效、更有质量的裁判文书说理方法。由此造成相当数量的纠纷案件裁判文书在释法析理方面存在不同程度的缺陷。问题裁判文书的说理有可能虽长篇大论但不着重点，抑或虽简短而"惜墨如金"却缺少有效的理性点评和劝告。例如，某些家事裁判文书中的说理缺陷的表现为：文书最后的说理部分不存在任何具体说理方式，甚至没有事实查明或法律适用的评析，仅一句话或者三五句话的结论性评价便宣告了裁判的结果。譬如某些表述："婚姻家庭生活以夫妻双方的感情为基础，鉴于'原、被告当事人双方已长期分居生活长达两年以上。'或'原、被告当事人双方之间的夫妻感情已完全破裂，无法弥补。'因此，原告请求离婚，本院予以支持……"此类表述仅寥寥数语，缺乏说理。但其却决定了纠纷案件当事人双方婚姻关系的解除。笔者对随机抽取的本院 800 份民事裁判文书进行人工质检，所抽取裁判文书的说理成分缺陷状况的调查结果简单统计如表 4 所示。

表 4　随机抽取的 800 份民事裁判文书样本中说理成分的内容要素统计

存在较多的说理成分		存在较少的说理成分	
说理方式丰富	说理方式单一	较概括的说理	主观总结，不说理
11%	38%	36%	15%

三、裁判文书事实叙述中格式化内容要素与人工智能纠错应用

（一）裁判文书内容表述的法言法语方式

法言法语是法院工作人员开展司法裁判工作所必须具备的特殊语言表达能力。法院工作人员在工作中应当不断提高使用法言法语表达意见、主张及解决现实问题的能力。法言法语的语言表达能力与法院工作人员所掌握的法律知识、法律素养、法律思维的水平密切相关，可谓是法院工作人员的基本技能之一，甚至是撰写裁判文书极为关键的技能。法院工作人员在撰写裁判文书的过程中尤其要重视自身运用法言法语表述问题的实际效能。这也是习近平总书记所提出的要努力让人民群众在每一个司法案件中都感受到公平正义的切实要求。一些纠纷案件的既烦琐又纠结的情形与当事人之间的严重矛盾对立状况，对法院工作人员撰写裁判文书提出更高的要求。所以法院工作人员在裁判文书中一定要学会用牢、用实、用好法言法语的表述，方能提升解决纠纷问题的实际能力。法院工作人员运用法言法语撰写裁判文书及解决

具体法律问题,具有以下优点:(1)可以有效避免言词语句的错误、重复、谬误;(2)可以使语言表达更加完整、具体、准确;(3)贴近法律规定的表述和严格格式的规范表达可以使实际问题的分析、阐述和说明更加高质量、高效率且易于被他人认同。

(二)裁判文书内容阐述的分条列项、纲举目张形式

裁判文书撰写的"格式化"语言要求的内容之一即是文书的内容应当采用严格格式的结构化阐述形式。首先,裁判文书撰写所应具备的标准结构化阐述形式即是分条列项的语句形式。裁判文书中当事人所主张理由的叙述;诉讼证据列明及分析认定;诉、辩意见的叙述;纠纷疑点、争点、焦点的总结归纳均需要借助分条列项的阐述形式,从而达到条理清晰、简洁明了的阐述目的。其次,裁判文书撰写所应具备的标准结构化阐述形式即是纲举目张的段落排列形式。裁判文书中事实情况的叙述必须区分主要和次要、中心和边缘。从而运用标准格式的段落排列结构确定各部分事实叙述的适当位置。如此这般,可以使各项事实的叙述按部就班地位于正确合理的文章布局之中,从而达到纲举目张的阐述效果。裁判文书中分条列项、纲举目张的结构化阐述形式具有以下优点:(1)条理清晰,结构科学,表述清楚;(2)避免重复、冗杂、烦琐或者遗漏;(3)方便他人阅读、理解裁判文书内容。

(三)裁判文书行文顺序的区分确定

一些裁判文书的撰写缺乏严格、正当、合理的行文顺序。殊不知对于纠纷案件的审理与裁判,作为程序法的诉讼法规定了相当细致入微的步骤和措施。就法院一审案件的审理而言,可以用下述诉讼程序设置及裁判文书撰写行文顺序对应规律举例说明:诉讼程序中的法庭审理首先是法庭调查,即原告宣读起诉意见和事实理由,被告答辩;其次是原告举证,被告进行质证;再次是被告举证,原告进行质证;又次是法庭辩论,即原、被告双方相互轮番辩论或者相互轮番发问;最后是各方表态,发表简短最终陈述意见。由此可见,案件审理存在严格顺序要求。裁判文书的撰写按照相关规定及指导意见和实践要求,也存在相应正式严格的行文顺序。最高人民法院公布的《法院诉讼文书格式样本》中各种裁判文书的标准格式的参照样本虽然简略,但

依然可以从中得出对于裁判文书撰写的行文顺序存在明确对照于审理程序的特定要求。① 结合笔者对最高人民法院审判管理办公室所编《全国法院优秀裁判文书》一书中所收录文书样本的考察②，法院一审裁判文书的行文顺序必然存在以下的区分与确定：首先是当事人基本信息；之后是案件审理经过；其后是原、被告举证环节；再后是证据的分析与认定；又后是查明事实的叙述；最后是法院对于事实根据、法律依据的评析、说理和判定。各类裁判文书撰写的行文应当严格遵照此标准样式的叙述顺序。由此可见，裁判文书的行文顺序必然对照贴合于案件审理的诉讼程序设置，不可随意而为。所以，法官若要撰写出高质量的裁判文书必须深谙此理。笔者调阅多份各类纠纷案件裁判文书，发现较大比例的裁判文书虽然是简单、便捷的撰写方法，但基本能够遵循上述正式严格的行文顺序。不过，其中少量的存在反诉的案件及案情较为复杂的案件或者存在多方多个当事人的纠纷案件文书中，则易出现行文顺序混乱的问题。笔者认为，裁判者对于特殊情形的纠纷案件裁判文书撰写，应当更加慎重考究诉讼法的程序设置并结合《法院诉讼文书格式样本》中裁判文书的标准格式的参照样本，并深研特殊纠纷案件的审判规律，以达到避免在裁判文书撰写行文顺序方面存在不应有的失误或谬误，给他人造成裁判文书行文顺序混乱、毫无章法的观感体验，以追求严谨求实的司法效能，塑造人民法院优良工作形象。

（四）裁判文书公正、高效、权威的言辞运用

出于坚持和强调党的统一正确领导之必然取向和保持人民法院司法工作站位政治高度的应然需求，国家法律、法规、政策规定和最高人民法院关于司法工作所制定的指导意见均提倡法院工作人员自觉树立与维护公正、高效、权威的司法形象。因此，法院工作人员于裁判文书撰写中当然要学会运用公正、高效、权威的语汇。即裁判文书的撰写要正确、合理、适当地理解使用特定的政治语句和特定的司法工作专用语，包括前述法言法语的理解使用。

---

① 《人民法院民事裁判文书制作规范》《民事诉讼文书样式》，最高人民法院2016年7月5日发布，于2016年8月1日实施。
② 最高人民法院审判管理办公室编：《全国法院优秀裁判文书》，法律出版社2017年版。

例如，裁判文书撰写中"本院"不能写作"我院"；"本院认为"不能写作"本院以为"；以及叙述主观因果关系的"因此"与叙述客观因果关系的"故此"不能混淆使用；裁判文书的撰写不能对最高人民法院公布的《法院诉讼文书格式样本》中固定样式表述进行不合理的变动和更改。裁判文书中对于涉及国家政治和上级指示精神的言辞语句不能篡改使用或者变相使用，如裁判文书中应用"中国特色"表述的不能用"中国本土特色"或"中国传统"替代；裁判文书说理中须引用社会主义核心价值观或者社会主义法治理念时必须表述得符合统一标准，不得随意更改相关字词。

（五）裁判文书标点符号和数字的正确使用

标点符号和数字的正确使用属于语言文学的常识性技能。但是，现实司法实践中，由于法院案件业务量日益增大与人力资源日益短缺之间的固有矛盾的不断升级，当前法院系统内部的多数简单民事纠纷案件的裁判文书实际出自法院系统内部的法官助理或书记员之手。我们不能认定这些勇于担当，积极向上，辛勤分担法院繁重工作任务的有志青年们全都草率且水平不高，但是他们毕竟受限于经验不足，或者所学习的法律专业知识不丰富不全面，个人素养、技能有所欠缺，时常造成法院出具的裁判文书中标点符号的使用不够严格，数字计算和日期亦容易出现草率的计算错误和标注失误。特别是笔者发现在本院某些庭长、副庭长所办理的案件中，书记员马虎粗心，而员额法官亦粗心大意，一些纠纷案件的裁判文书甚至出现一"逗"到底，即通篇大段内容中均是逗号，少见句号与分号及其他标点符号的使用；再者某些纠纷案件的裁判文书或者审理报告中出现案号错误、年号错误、日期错误，更有甚者出现了数字计算错误。这些错误虽小，却是不应有的失误和错误。可见司法工作者于平时的裁判文书撰写中严格把关、仔细认真、杜绝错误的重要性。笔者认为，越是这样的一些不符合语言使用标准的小失误和小错误，越容易造成一些不应有的不良影响，必须予以重视，才能使裁判文书的撰写达到格式化的应然水准。

（六）各种非格式化现象的人工智能纠错应用方法说明

上述裁判文书内容表述的法言法语方式，可谓是案件事实叙述合乎法律语境的必然选择；上述裁判文书内容阐述的分条列项、纲举目张形式，可谓是案件事实叙述合乎事实经过的必然选择；上述裁判文书行文顺序的区分确定，可谓是案件事实叙述合乎审判规律的必然选择；上述裁判文书公正、高效、权威的言辞运用，可谓是案件事实叙述合乎特别要求的必然选择；上述裁判文书标点符号的正确使用，可谓是案件事实叙述合乎语言标准的必然选择。由此，考虑到人工智能的功能发挥，对于上述五项裁判文书事实叙述部分撰写的要素需求，可以采用人工智能的纠错应用（见图3）。举例说明即为：如若裁判者在撰写裁判文书的过程中的事实叙述不符合上述五项裁判文书撰写的要素需求，则可以利用电脑程序的自动识别对个别字词语句排列进行显示，并由电脑程序自动给出合乎要素需求的正确合格的字词语句，提供给裁判文书的撰写者，由其进行最终的甄别、取舍。当今的 WORD、WPS 等文字处理软件均已经集成了字词语句错误等的自动识别、纠错应用程序，相信在此基础之上按照上述五项要素需求，制造出一款专门应用于裁判文书非格式化字词语句的纠错程序，应该不是一件特别困难的事情。

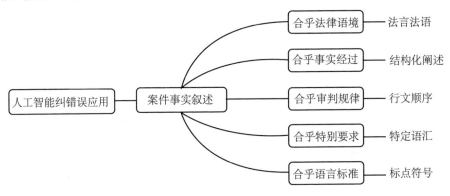

图3　人工智能纠错应用

四、裁判文书事实认定中规范有效内容要素与人工智能辅助应用

（一）裁判文书事实认定的中立客观论证立场

法院机关的司法工作不同于行政机关的执法工作也不同于检察机关的司法工作。首先，行政机关执法工作是行政主体与行政相对人之间的双方工作

机制；检察机关的司法工作是相对立的控辩双方之间的双方工作机制；而法院机关的司法工作是原告诉被告，法院居中审理裁判的三方工作机制。法律规范是公认的最低程度的道德。法院机关的司法工作即被称为"社会公平正义的最后一道防线"。罗马百科全书编纂者塞尔苏斯即认为"法乃善良公正之术"。法律本身与公平、正义存在密切联系。法院司法工作的目的即是要实现法律所规定的公平、正义的价值目标。无论实体法抑或程序法的规定均明确强调司法过程公平、公正的价值追求。由此，公平、公正的价值追求和法院居中审理裁判的三方工作机制决定了法院工作人员在日常司法工作过程中应当始终毫不动摇地坚持不偏不倚的客观立场。法院工作人员撰写的裁判文书中应当体现上述立场而自觉运用平实中立的语言论述方法。相当数量的纠纷案件中，双方当事人的矛盾对立情绪易于严重激化，且纠纷牵涉到较多的道德、感情、心理因素纠葛。因而，纠纷的处理和裁判文书的撰写，应当更加规范有效地运用平实中立的语言论述方法。法院工作人员要努力地在各类纠纷案件的审理中均坚持客观立场，做到不偏不倚，方能使双方当事人均对裁判结果心服口服，息事宁人，同时实现司法结果的公平、正义。

（二）裁判文书事实认定中根据证据"三性"的排除法论证

裁判文书事实认定部分的撰写不仅要强调规范有效的客观立场及运用平实中立的语言论述方法，而且裁判文书的撰写存在相当的专业性和技术性要求。法院工作人员撰写裁判文书进行裁判活动必须具备适格于裁判的专业水准和技术水准。裁判文书事实认定部分中的证据审查与认定是必然的关键环节。对于证据三性的认识与理解以及掌握，及基于证据三性的排除式证据认定方法，是裁判者在证据审查与认定过程中必须熟练运用的规范有效的技能和方法。所谓证据的三性，是指我国《民事诉讼法》及最高人民法院司法解释《民事诉讼证据规定》已经确立的诉讼证据能够对相关案件事实存在证明效力，从而起到证明作用，所必须具备的客观性、关联性、合法性。诉讼证据能够作为有效证据使用，必须完全具备客观性、关联性、合法性，三者缺一不可。由于证据三性对于某项诉讼证据是否能够达到其证明目的不可或缺。因而裁判者可以在诉讼证据的认定过程中优先对该诉讼证据是否具备证据三性进行审查判断。如若一项诉讼证据不符合完全具备证据三性的条件，该诉讼证据即不存在作为法定有效证据使用的可能性，裁判者可立即将该诉讼证据予以排除而不予采信。此举可谓非常简单易行而又规范有效的一种裁判活动中证据认定的应用方法。

（三）裁判文书事实认定中归纳与演绎的逻辑论证技巧

归纳推理和演绎推理均是逻辑学的基本调查研究与论证方法。归纳推理和演绎推理的辩证关系是：归纳推理是认识个别事物推及认识一般事物；演绎推理是从认识一般事物进而推及认识个别事物。归纳推理与演绎推理的逻辑技巧在司法裁判事实认定部分中的具体运用为：（1）对于原、被告双方的事实、证据和理由、主张的归纳总结；（2）对于原、被告双方的诉辩疑点、争点、焦点的归纳总结；（3）对于诉讼证据中间接证据是否能够串联成为一个完整、具体且直接有效的能够证明案件事实的证据链条的演绎判断；（4）对于原、被告双方的意见、主张是否合理合法的演绎判断；（5）案件事实的证明是否已经达到民事诉讼高度盖然性的证明标准的演绎判断。归纳和演绎属于纠纷裁判事实认定部分所应当掌握运用的规范有效的逻辑技巧。如上所述，一者归纳推理可以应用于总结概括；二者演绎推理可以应用于具体判定。笔者认为，上述归纳与演绎的推理方法，属于裁判活动中具备现实性与可行性的规范有效的常备应用方法。裁判者应当熟练掌握并运用归纳和演绎两种逻辑技巧，此举将有效提升其审理纠纷以及撰写裁判文书的技能水平。相反，如若裁判者未能熟练掌握并运用上述两种常备应用方法，将会使其所撰写的裁判文书达不到规范有效的论述水平和标准。

（四）裁判文书事实认定中"三段论"论证方法

三段论推理属于演绎推理中的一种通过简单的三段式判断得出结论的逻辑推理方式。这种推理方式由明确的三部分结构组成：首先是一个大前提，其后是一个小前提，最后是一个可以得出的结论。三段论的推理方式在法学学科和法律行业的应用非常广泛。三段论推理甚至普遍地被大多数的法律行业工作人员认同为法律行业工作的主要论证方法或第一论证方法。之所以如此，是因为诚如我国法制所属的大陆法系所制定的成文法法律规定中绝大多数法律条文均含有行为判定式或结果判定式语汇。因此，这些法律条文几乎可以"天然"地成为一个三段论逻辑推理的大前提。所谓含有行为判定式语汇的法律条文，是指其条文的叙述中包含有"可以""应当""必须""不得"等语汇的课以当事人特定法律行为义务的法律条文。所谓含有结果判定式语汇的法律条文，是指其条文的叙述中包含有"有效""无效""生效""合法""违法"等语汇的直接规定特定法律效果的法律条文。上述两种类型的法律条文均可作为三段论逻辑推理的大前提予以适用。三段论推理的小前提即是对具体的事实认定的完整条件式表述。三段论推理方式的结论即为集合大前提和小前提的联言判断式结论。笔者认为，如上所述的三段论的逻辑推理方法在司法裁判领域的重要地位和作用不言而喻。裁判者在裁判文书的撰写中娴熟运用三段论推理方法进行论述的范围和程度，甚至可以代表裁判者撰写裁判文书的实际能力和工作水平。

（五）各种规范有效论断方式的人工智能辅助应用方法说明

上述裁判文书事实认定的中立客观论证立场，可谓是确保案件事实认定论证立场正确的必然选择；上述裁判文书事实认定中根据证据"三性"的排除法论证，可谓是案件事实认定毋庸置疑的优先论证方法；上述裁判文书事实认定中归纳与演绎的逻辑论证技巧，可谓是案件事实认定的通用论证方法；上述裁判文书事实认定中"三段论"论证方法，可谓是案件事实认定的专门论证方法。由此，考虑到人工智能的功能发挥，对于上述四项裁判文书事实认定部分撰写的要素需求，可以采用人工智能的辅助应用（见图4）。举例说明即为：如若裁判者在撰写裁判文书的过程中的事实认定不符合上述四项裁判文书撰写的要素需求，则可以利用电脑程序的自动识别事实认定部分的步骤顺序，进行显示，并由电脑程序自动给出合乎要素需求的正确推理论证的立场、示例观点集合以及论证方法运用的逻辑方式参考，提供给裁判文书的撰写者，由其进行最终的甄别、取舍。此处，对于优先、通用和专门论证方法的选择和取舍可以加之以人工智能方式提供案例文书、优秀文书的实际论证方法参考的方式，给予撰写者以案件事实认定的论证辅助。

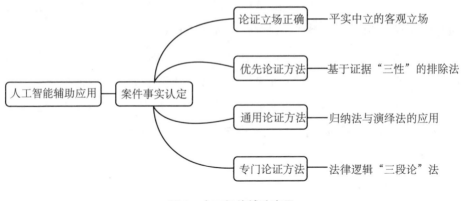

图4　人工智能辅助应用

五、裁判文书释法析理中合理充分内容要素与人工智能提示应用

（一）裁判文书释法析理中六种典型说理方式的运用方法

笔者认为，裁判文书极为重要的作用即在于通过裁判文书的内容向当事人释法析理。因而，裁判文书的撰写应当格外重视说理的有效运用。裁判文书说理部分的合理的应用方法可以从"六理"的角度予以评析：其一法理；其二事理；其三常理；其四德理；其五情理；其六心理。对于某一具体纠纷案件的处理而言，上述六种说理方法可以由法院工作人员在撰写裁判文书的过程中自主地予以适当的选择适用。在此需要讲解的应当是"六理"中各种"理"的说理方法分别如何运用。笔者举例说明各种应用方法的基本特征如下。

1. 法理，即依法说理

依法说理的方法运用例如，我国某部法律有明文规定，当事人某甲的行为明显与法律的规定相悖离，故此相对方当事人某乙针对某甲的上述违法行为所提出的由某甲承担相应责任的诉讼主张，依法应予以支持。

2. 事理，即就事论理

就事论理的方法运用例如，当事人某甲辩称其对某事完全不知情，相对方当事人或其他相关当事人亦未告知。但其实际上直接或间接地参与了某事的全部或部分过程。即使对方当事人或其他相关当事人未告知，出于一般人的注意义务之限定，其本人亦不可能对该事完全不知情。故此，当事人某甲的辩解不成立。

3. 常理，即用常识讲理

常识又可称为世理，世理可谓是具有社会一般正常水平的辨识和区分能力的正常人均可知晓的道理或现象。用常识讲理的方法运用例如，当事人某甲对其知晓某事实或现象的发生或者存在予以否认。但依据一般社会常识的共性判断，其本人作为正常的完全民事行为能力人，对某事实或现象的发生或者存在不可能不知晓。故此，当事人某甲的辩解不成立。

4. 德理，即以德服人，用道德感化教育他人

以德服人的说理方法可简单阐释为晓之以善恶，明之以是非，喻之以天下之大德而教化之。用道德说理的方法运用例如，当事人某甲的某一行为表现，明显地不符合公民的日常道德行为规范和公序良俗。将其行为表现与道德高尚的某一人或某一事相比较，可让其感同身受。从而以德育教化其内心。

5. 情理，即以情感人，用情感的力量去感化他人

即常言所道的晓之以理，动之以情，精诚所至，金石为开。值得一提的是，在家事纠纷的处理方面，善于在裁判文书中说理的大多数法官均选择了以情感人的说理方法。婚姻家庭生活主要以其成员之间的感情维系为基础。故此，以情感人的方法较为有效且易于施行。以情感人的方法运用例如，一些流行的网红裁判文书中的感人至深的以情动人的说理方式。由于以情感人的说理方法应用往往在说理的言辞语句方面使用较多的类似于文学语言方式的感性词汇。因此，较难简单举例说明其适用方法。但更加详细的举例说明可调阅参见：山东省平度市法院李培亮法官的离婚判决书中以情动人的说理方式。①

6. 心理，用心理关怀感化治愈他人

可以描述为以耐心、热心、爱心多方劝解之，尽量使当事人知错能改，识大体，顾大局。由于心理学是一种学科专业知识，所以心理关怀的专门方

---

① 《90 后夫妻刚生完孩子就要离婚，没想到判决书成了网红!》，载 http：//news. sina. com. cn/o/2017－12－15/doc-ifyptfcn0837910. shtml，最后访问时间：2019 年 8 月 21 日。

法并不为绝大多数人包括普通的法院工作人员所掌握和能够运用到位。所以笔者仅提倡在裁判文书的撰写中尽量学会使用一些简单的心理学技巧（比如上述的拥有耐心、热心、爱心的"三心工作法"）去劝解当事人，而不要求普通法院工作人员必须能够掌握和熟练运用心理学的专业知识去说理。

（二）各种合理说理方式的人工智能提示应用方法说明

上述"六理"的说理方式，可谓均是裁判文书释法析理的典型说理运用方式。由此，考虑到人工智能的功能发挥，对于上述六项裁判文书释法析理部分撰写的要素需求，可以采用人工智能的提示应用（见图5）。举例说明即为：如若裁判者在撰写裁判文书过程中的释法析理部分，未能充分有效地释法析理，即不说理、少说理、乱说理，则可以由电脑程序结合上述六项裁判文书撰写的要素需求，利用电脑程序的自动识别功能，提示撰写者裁判文书的释法析理部分说理不到位，不充分，并由电脑程序自动给出合乎裁判文书释法析理要素需求的正确说理方式的举例或实例参考，提供给撰写者，由其进行最终的甄别、取舍、模仿，提醒其应当采取充分且有效的说理方式。此处，对于说理的具体提示举例和实例如何甄选，笔者认为可以参考上述列举的"六理"说理方式。

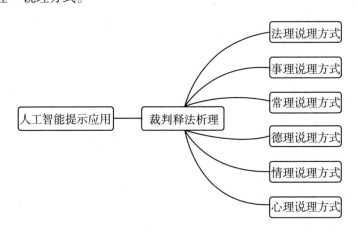

图5 人工智能提示应用

司法大数据对民事判决书改革的影响机理

——以争议焦点的归纳和论证为切入

◎ 李瑞宾*

智慧法院建设的一项重要成果就是司法大数据的信息公开化、共享便捷化，尤其是监测常态化。而作为司法裁判的具体承载即裁判文书成为信息公开化的重要聚焦对象。在"互联网＋"的作用之下，从法院公布个案裁判结果到裁判文书成为社会共享资源，从法院单向度向社会展示其司法过程及结果到裁判文书被社会主体与法院双向利用，从向社会寻求对司法行为的监督和评判到裁判文书成为对后续司法行为的"反制性约束"，所有这些都是裁判文书上网作为司法公开举措的溢出效应①，也对民事判决书的改革产生了重要影响。理解司法大数据对民事判决书改革的影响机理，有必要明确几个前提问题。司法大数据具有多方面深层次内涵，但是，就对民事判决书改革的影响而言，至少应从公开、结果、过程、智慧资源挖掘等方面理解司法大数据。公开是基础，结果是评判参照，过程体现着完善的立体空间，智慧资源挖掘有利于推动审判质效一体化进程。

本文以民事判决书争议焦点的归纳和论证为分析切入，具体研究司法大数据对民事判决书改革产生了什么样的影响，或者说司法大数据对民事判决书改革的影响有哪些特殊之处？影响之处的关键点体现为什么？民事判决书改革如何回应这样的影响？民事判决理由如何获致普遍的可

---

* 李瑞宾，河北省馆陶县人民法院法官兼研究室负责人。

① 顾培东：《判例自发性运用现象的生成与效应》，载《法学研究》2018 年第 2 期。

接受性?① 回应的机制如何构建完善? 如何更好地激发民事判决书改革的内生动力?

一、司法大数据对民事判决书改革的影响

司法大数据对民事判决书的影响体现在多个方面, 比如说相同案由的裁判理由差异问题、类似纠纷的不同结案方式问题等。但究其影响的根本层面而论, 司法大数据对民事判决书的影响主要体现在以下方面, 即民事判决书争议焦点的全面性、论证的层次性、说理的通透性、技术理性等。

（一）争议焦点的全面性

在司法大数据背景下, 对民事判决书的获取、查找、比较、分析更为便捷。通过对民事判决书的比对, 第一个直观比较的问题就是诉讼请求反映的问题、双方争执的焦点是否在判决书中得到体现。争议焦点是否得以全面体现是衡量对案情全貌认识把握程度的重要标尺。争议焦点的全面性主要体现在三个方面: 争议焦点的初始度——对原告诉讼请求的回应; 争议焦点的涵盖度——对双方争执焦点的总结回应程度; 争议焦点之间的关联度——争议焦点是否足以构成焦点体系, 体现出论证问题的针对性。

1. 争议焦点的初始度——对原告诉讼请求的回应

原告在起诉时所提交的民事起诉状诉讼请求部分, 既体现了原告通过诉讼想达至的直接追求, 也或多或少、或概括或具体、或详或略地反映了原告对一些问题的直接感知态度或判断, 甚至会显示出"形象大于思想"的特点。而理性的焦点归纳或是对问题的解释, 在形象的直觉感悟面前都往往显得简单、枯燥和拙劣。尽管如此, 对争议焦点的归纳往往仍构成了论证和说理的重要起点, 通过对原告诉求及事实与理由部分的分析、"追问"与归纳, 可以使那些不明确的、也许是一闪即逝的感触得以明确和确定。② 而如何实现"从形象到思想""从要说法到从焦点说"这样的过度或理智的解释或归

① 王合静:《论民事判决理由的可接受性》, 载《法学评论》2012 年第 4 期。该文认为, 判决理由固然是对判决结果的说明和阐释, 但其更深层级的意义则在于能够获得说服各受众主体之效益, 使得社会共同体能够理解和接受司法者对民事纠纷的裁断, 以实现其预设的各种功效。

② 苏力:《法治及其本土资源》(修订版), 中国政法大学出版社 2004 年版, 第 26 页。

纳成为司法大数据背景下应面对的一个突出问题。

2. 争议焦点的涵盖度——对双方争执焦点的总结回应程度

在民事案件中，双方争议的焦点可以概括为双方直接对立的主张观点冲突、支持各自主张的基础观点。其中，支持各自主张的基础观点，虽然从形式表现看冲突对抗的激烈程度或许不够激烈，但这些观点的成立与否往往对民事案件事实的认定具有直接甚至根本性的影响。在许多情况下，可以把焦点划分为前提焦点和内容焦点。比如，一起民间借贷纠纷，被告在向原告出具借条后，双方仍有大量资金往来，而双方对此又说法不一，原告主张系被告归还其他借款，被告主张双方系合作关系，但均未提交相应证据予以证实。在这种情况下仅依据原告提供的流水及陈述认定借款事实及欠款数额就不妥。进一步分析，在这起案件中可以把焦点分为两个方面，前提焦点：是否系合伙关系；内容焦点：借款数额、已偿还数额等。双方系合伙关系或者不是合伙关系，对后续内容事实的认定将会存在深层次认知程度的不同。①

3. 争议焦点之间的关联度——争议焦点是否足以构成焦点体系，体现出论证问题的针对性

原、被告之间就焦点的争执在许多情况下是多回合的，如果把多回合的过程用"平行线"概括，可以发现多条"平行线"看似都有道理，仅从表面分析，对事实的认定似乎回到了原点，但实则相反。这种情况的存在加大了对争议焦点归纳的难度。比如一起房屋买卖合同纠纷，原告已将房屋过户给被告接近两年之久，房管部门已为被告办理过户手续并颁发了房屋所有权证。原告以购房款未付为由主张该房屋买卖合同未实际履行。但综观双方买卖合同履行的过程，房屋过户经过了房管部门，被告已将房管部门监管的 30 万元汇入了房管部门，在此前提下房管部门方予办理了过户手续，此后房管部门将该 30 万元交付给原告，至此已说明双方各自履行了买卖合同的义务，房屋

---

① 类似的情形还可参见：一起民间借贷纠纷，原告起诉时提供了其 2014 年 4 月 11 日向被告转款的银行证明，但其提交的"某合作社成员出资单"显示时间却为 2015 年 2 月 14 日。被告提供了自 2014 年 4 月 11 日开始的注明户名为原告的"某合作社成员出资单"及相关分红凭单，并主张有原告的爱人刘某签字，以证明原告系向某养殖专业合作社出资，而非原告与被告之间的借贷关系。鉴于以上事实，应对原告与被告之间是否存在借贷关系继续查证。在本案中，可以认为前提焦点是一审原告是否向合作社出资；内容焦点主要为如果存在借贷关系，如何确定借贷的数额。

买卖所有手续已经完成，被告已合法取得了房屋所有权。诉讼中，原告以该30万元又退还给被告为由，主张房款未付，被告主张购买该房屋系以原告借被告之母的借款抵顶购房款予以抗辩。通过分析不难发现，对争议焦点的归纳存在这样几条"平行线"：一条"平行线"是"房屋过户经过了房管部门，被告已将房管部门监管的30万元汇入了房管部门，在此前提下房管部门方予办理了过户手续，此后房管部门将该30万元交付给原告"；另一条"平行线"是"原告以该30万元又退还给被告为由，主张房款未付"；还有一条"平行线"是"被告主张购买该房屋系以原告借被告之母的借款抵顶购房款予以抗辩"。通过对这几条"平行线"的对比分析，可以从中发现对案情有重大影响的关键节点甚或焦点，增强焦点之间的关联度，完善焦点体系，提升论证的针对性，有助于认定案件事实。

(二) 论证的层次性

司法大数据对论证的影响主要体现为对论证层次性的要求。在论证过程中，论证的层次性主要体现在三个方面：论证的对应性——对争议焦点的逐一回应；论证的支撑性——基础关键焦点的深度侧重；论证的明确性——逻辑严密性的自然延展。

论证的对应性要求围绕争议焦点涉及的具体问题展开论述，而不是概括地进行简要综述，进一步而言，论证的对应性要求从面对面、面对点深化、细化、精化到点对点。论证的支撑性，不是仅论证认定案件事实后应如何适用法律或者只论证通过法律适用得出明确的判决结果。论证的支撑性要求关注多个支撑面、支撑点，不仅论证事实、法律适用，而且还要论证有哪些证据没有采信？为什么没有采信？如何以认定的证据认定案件事实？在认定案件事实部分，认定了哪些事实？与案件事实有关联的事实如何处理？在论证法律适用过程中，适用了哪些法律，没有适用哪些法律，没有适用的理由是什么？采用一些标准的依据是什么？另外，论证的支撑性也需关注司法大数据背景下案例的重要意义。一些案例中的裁判要点、相关法条、基本案情、裁判理由等要素均是法官在待决案件中论证一个法律命题的重要参阅。在论证的过程中，思考如何进行案件的相似性判断？又如何通过相似性判断对个案进行精准裁判？[1] 论证的明确性要求论证的过程及论证的结果是明确的而不是含糊的。论证的组织结构、结构之间的关系、结构之间稳定性科学性评估等都成为论证明确性的重要基础参照。论证的明确性不仅仅是论证语言的明确性，还包括论证结构的明确性、论证方法的明确性、论证过程的明确性、论证实效评估监测的明确性等。论证的明确性也需对论证的"表面"问题有清楚的认识。法律论证通过"表面的"说理甚至可以将非理性的决定以看得见的方式理性化，从而使公众得以评判法律决定的正当性，促进法律决定的一致性。[2]

（三）说理的通透性

司法大数据对说理的影响主要体现为对说理通透性的要求。说理的通透性主要体现在三个方面：说理的聚焦性——深化对焦点问题的全面认知；说理的具体性——围绕案件特殊性展开；说理的弥合性——增强文书论证的力量。

在司法大数据背景下，通过对数据的分析、整理、提炼、总结，既为待裁判案件的说理提供强有力的支持，也对说理提出新的更高要求。说理当然要围绕争议焦点展开，但是说理的聚焦性更关注对焦点实质内核的关注。说理关注点、说理切入点、说理转折点等会有很多，也相应的会有多样的说理备选方案。说理的过程也是对案件认识理解更加深化的过程。在说理过程中，围绕案件的具体情况，因案制宜、因时制宜、因事制宜的说理显得比较重要。说理是一个具体化、详细化的过程，同时也是一个围绕案件的特殊性展开的过程。判决书的功能不只是宣告某一案件的判决结果，判决书说理的目的也不只是为判决结果提供支撑材料。必须看到，判决书中的理由还有可能成为普遍性的裁判规范。[3] 说理的弥合性主要是指，说理的过程应是说理协调性、实效性、逻辑性、逻辑与经验支撑性不断增强的过程；通过多角度深度细致的说理，各方面说理之间的支撑性不断增强

---

① 王彬：《案例指导制度下的法律论证》，载《法制与社会发展》2017年第3期。
② 杨贝：《法庭意见、论据与论证》，载《环球法律评论》2014年第4期。
③ 杨贝：《法庭意见、论据与论证》，载《环球法律评论》2014年第4期。

而不是相互削弱；通过合理运用说理规则、说理方法、说理技巧，对案件事实判断与价值判断的认识不断深化，法理、推理与情理不断融合。

（四）技术理性的影响

探讨司法大数据对民事判决书改革的影响，需关注司法大数据技术，而对技术的关注又不可避免地涉及技术理性。对技术理性的深刻认知有助于分析司法大数据对民事判决书改革影响机理的深层次问题。

司法大数据需要以信息及人工智能技术为支撑，但信息及人工智能技术不是司法大数据的全部。技术是科学理论的应用，是通过这种应用取得某种实际效用的行为。技术具有直接现实性，是非至上的。彰显人文精神、尊崇科学理性、对非理性的技术行为进行约束，是保证科学技术合理性的要求。① 司法不仅追求高效，更追求公正。技术在司法领域的广泛运用，丰富了实现司法效率手段的多样性，加速了司法效率实现的进程，使得公正与高效的有机统一有了更好的技术保障载体，为民事判决书改革提供了重要的数据支撑。但技术、功能的合理性并不必然导致民事判决书论证的严密性、说理的精准性，这是由技术理性的特点决定的。技术理性指的是围绕技术实践所形成的目的合理的行为方式。技术理性以经验主义、唯理主义、实证主义与分析哲学为哲学上的支持，追求有效性思维，以数学式的思维方式作为了解和解释自然的重要工具。技术理性从功能、效率、手段与程序来说是充分合理的，但却失去了对终极价值的依托，因为摆脱了价值理性的支配。② 另外，还需要克服信息及智能技术可能的被异化。与科学相比较，技术并没有什么自主性。异化意味着原初追求的目标与实际达到的结果相悖。技术异化的实质在于人们预设的技术目的和实际达到的技术功能之间发生了背离。③ 克服信息及智能技术可能的被异化，需关注价值理性、责任理性。

---

① 蔡曙山：《论技术行为、科学理性与人文精神》，载《中国社会科学》2002 年第 2 期。

② 高亮华：《技术理性问题探讨》，载《哲学研究》1993 年第 2 期。

③ 王大洲、关士续：《技术哲学、技术实践与技术理性》，载《哲学研究》2004 年第 11 期。

二、民事判决书改革对司法大数据的回应

面对司法大数据对民事判决书改革的争议焦点全面性、论证层次性、说理通透性等方面的影响，民事判决书改革应着力从争议焦点归纳的一体性、论证的逻辑性、说理的精准性等方面予以回应。

（一）争议焦点归纳的一体性

争议焦点归纳的一体性主要体现在三个方面，即争议焦点归纳的基准化、焦点比对筛选的便捷化、争议焦点归纳备选方案的绩优化。在司法大数据背景下，通过对不同案由的海量数据提炼，可以总结争议焦点归纳的一些基准问题。以民间借贷纠纷为例，焦点归纳的基准化涉及如下问题：谁是出借人？谁是借款人？借款本金多少？利率怎么约定的？利息如何计算？借款用途？债务人怎么确定？是保证还是债务加入？再以租赁合同纠纷为例，焦点归纳的基准化涉及如下问题：租赁合同是否成立？合同的具体内容是什么？租赁期限是合同约定的定期还是不定期？不定期的期限怎么合理确定？租金的交付方式怎么确定？在具体案件中如何确定租赁合同的效力？是否存在可解除租赁合同的情形？[①] 由于司法大数据的特点，在撰写民事判决书过程中，对焦点归纳的确定性有了高效的比对平台，以这一平台为基础，比对的项目和比对的精准性有了实质提升，进一步拓展了选择争议焦点归纳方案的广度。焦点比对筛选的便捷化、争议焦点归纳备选方案的绩优化都可以以矛盾分析法为基础，发现前后矛盾之处，准确认定案件焦点，选择确定备选方案，破

[①] 可参见一起租赁合同纠纷，原告称被告应当支付 2016 年 10 月 4 日至 2017 年 4 月 4 日半年的租赁费 27500 元并支付自 2017 年 4 月 5 日至交付房屋之日期间的租金的问题。2013 年 3 月 12 日，原告与被告签订房屋租赁协议期满后，双方未签订书面租赁合同。被告仍按照合同约定提前支付了原告 2015 年 4 月 5 日到 2016 年 10 月 4 日一年半的租赁费，原告并未提出异议，原合同继续有效，但租赁合同的租赁期限为不定期，双方均可以随时解除合同。到 2016 年 10 月 5 日租赁期满后，被告未再支付租金，按照双方签订的房屋租赁协议第 3 条的约定，租金交付方式为提前交付。被告未提前支付租金，原告应当在合理的期限内要求被告支付租金或解除合同，并且证人刘某作证证明，租赁期满，原告知道租赁物的钥匙在刘某处，原告应当知道被告不再承租其房屋。原告应当要求被告在 3 个月合理期限内继续支付租赁费或者解除合同，故被告应当支付原告租赁合同期满后 3 个月的租金 13750 元。在该案中，不定期租赁合同的认定及合理期限的确定成为争议焦点归纳基准化应考虑的主要问题。

解案件难题，提高民事判决书的质量。①

（二）论证的逻辑性

论证的逻辑性主要体现在三个方面，即论证识别的严密性、论证结构的有效性、论证结论的可接受性。争议焦点归纳的基准化、焦点比对筛选的便捷化、争议焦点归纳备选方案的绩优化为论证识别的严密性提供了重要基础。论证结构的有效性既应关注内部机构的有效性，亦应关注论证的关系结构的有效性。评估论证的内部结构关注的是如何得到论证或命题的强度。论证的关系结构评估关注的是如何得到论证的证成度。证成度反映的是考虑攻击论证影响下的论证的可接受程度。论证的强度直接来源于人们的初始信念，而证成度则表达的是论证在受到攻击时其论证强度得到修正后的概念。② 论证结论的有效性涉及众多问题，在司法大数据背景下，类比论证对论证结论的有效性发挥着或明显或潜在的影响。有观点认为，类比论证是指导性案例法律适用的基本结构形式，在这一结构形式中，既包含了对指导性案例事实构成要素和待决案件事实要素相关相似性的逻辑判断，又包含了对其"决定相似性"标准进行证成的实质论证。③ 论证的可接受性既应考虑论证结论的法律效果，也应关注论证结论的社会效果。

以对证据的论证为例探讨论证的逻辑性。在认定案件事实过程中，经常会发现证据证明的基础方向是相异的。比如原告提出诉讼请求，而被告却提出证据证明原告提起的诉讼请求已过诉讼时效；原告提出证据证明被告欠款

---

① 以一起民间借贷纠纷为例：原告诉称已向被告支付了 500000 元，被告均否认收到 500000 元借款，则由此产生的举证责任应该由原告来承担，原告仅有一张借条，并无资金交付的证据。原告虽然提供了李某的证人证言，但该证言不能作为定案依据，理由是李某于 2016 年 11 月 2 日向法院提交的《证明》中证实案涉抵押车辆在 2015 年 9 月交易价格为 148000 元，其中 78000 元用于偿还原告借款。但法院调取的证据显示，2015 年 9 月 25 日该车交易价格为 15800 元，价格悬殊，故李某所作证言不足以采信。原告在法庭上所作陈述亦有多处矛盾，其先是陈述出借的 500000 元系向朋友借来的，后又陈述款项来源于自己的工程款和向别人的小部分借款，对出借款项来源陈述前后矛盾。在本案中，"原告仅有一张借条，并无资金交付的证据。原告对出借款项来源陈述前后矛盾。"对焦点如何比对及争议焦点归纳备选方案绩优化如何评价将产生重要影响。

② 梁庆寅、魏斌：《论证结构的逻辑分析》，载《哲学研究》2013 年第 10 期。

③ 王彬：《案例指导制度下的法律论证》，载《法制与社会发展》2017 年第 3 期。

不还，而被告提出证据证明欠款已还或者已偿还一部分。以一起民间借贷纠纷①为例，在本案中，证据的相异性突出体现在：原告要求被告还款，而被告提出证据证明已偿还借款的数额，原告又提出证据证明被告的证据对本案没有证明力。论证识别的严密性要求论证的展开亦应考虑如上的证据焦点；论证结构既应考虑原告提出证据的初始证明内容，亦应考虑之后原、被告所提出证据的证明力乃至于证明的强度问题。②

（三）说理的精准性

说理的精准性主要体现在三个方面，即说理的针对性、说理的简洁性、说理的协调性。民事判决书的说理应注重繁简分流，结合普通程序、简易程序等的区分，突出说理的可接受性。说理的可接受性既应考虑说理的法律效果，也应考虑说理的社会效果。同时，说理不仅仅体现在说理结果的可接受性方面，说理应注重与庭审过程紧密关联，对合法与合理的关系保持必要的警觉，理性分辨并因案制宜、因事制宜科学统一逻辑与经验，既讲法理尤其是概念分析、价值判断，也讲推理与情理，深度分析并理性权衡判决所涉利益。民事判决书的说理应正确处理证据、事实与法律之间的关系，总结凝练并适度运用说理规则、说理技巧等，克服说理过程中证据处理过于简化、事实分析过于概化、法律分析单一偏重实体法或程序法等不太科学的做法。

---

①　被告刘某、刘某某于 2016 年 2 月 4 日向原告出具的借条，能够证明双方之间存在民间借贷关系，原告通过账户向刘某转款共计 1040000 元的事实能够证明原告已履行了出借义务，故双方借贷关系成立并已生效。虽然刘某提交了其分别于 2015 年 12 月 29 日、2016 年 1 月 2 日、1 月 5 日、1 月 7 日、1 月 8 日、1 月 9 日、1 月 11 日、1 月 13 日、1 月 18 日、1 月 22 日、1 月 27 日、1 月 28 日、1 月 31 日向梁某还款 13 笔共计 1311800 元的相关证据，但原告针对刘某提交的上述 13 笔还款情况一一对应地提交了相关的反驳证据和理由，且上述 13 笔还款均发生于刘某、刘某某出具借条之前，依交易习惯为先还款后对账，再出具借条，故上述 13 笔还款不能认定为对本案借条中债务的清偿。

②　对证据焦点问题的论证，不仅涉及对单独证据的审查判断或是对证据体系的审查判断，在认定案件事实过程中，也需要运用逻辑推理和日常生活经验法则对证据的证明力进行判断，甚至还需要进一步合理分配举证责任。比如一起民间借贷纠纷，原告为证明自己的主张，提交的履行证据为某贸易有限公司向杨某和王某账户转款 35 万元的交易明细，被告认可收到了该款项，但辩称该款项系某贸易有限公司法定代表人偿还自己的款项。对此，应合理分配举证责任，由负有举证证明责任的一方提供证据证明其主张，否则应承担不利后果；朱某的银行账户交易明细显示，2015 年 5 月 25 日被告转入朱某账户 8680 元，原告称该 8680 元为 70 万元本金一个月的利息，而被告否认系其偿还的利息，对该款项的性质应予查明认定。在本案中，为进一步认定案件事实，需合理分配举证责任，并对证据的证明力进行论证判断。

说理应重视逻辑推理和日常生活经验法则的运用。在认定案件事实过程中，逻辑推理和日常生活经验法则的恰当运用有助于提高认定案件事实的速率及审理质效。以一起产品质量财产损害赔偿纠纷①为例，在该起案件中，就运用逻辑推理和日常生活经验法则，对当事人提交的证据有无证明力和证明力大小进行判断，依法确认本案事实。② 另外，说理亦应重视对交易习惯和方式的判断。对交易习惯和方式的正确理解、判断有助于深入分析案情，细化影响认定案件事实过程中的焦点，增强说理的精准性。③

（四）价值理性的回应

技术的运用有助于提高办案过程的可视性、可感知性，但却无法真正实现办案过程的社会性、过程性、公正性。而撰写民事判决书的过程也是对办案过程性、公正性认识不断深化的过程。民事判决书改革质量的深化提高需要激发内生动力，提高民事判决书改革的自觉，而司法大数据技术对反思能力提升的实效有赖于多方面条件的成就，即技术的广泛运用并不必然导致反

---

① 原告为证明自己的主张，提交的证据有购酒收据、POS 机小票及盖有某烟酒食品店发票专用章的酒箱。现有证据证明刘某（一审被告为某商行，刘某系该商行的经营者）的丈夫高某曾刻制过某烟酒食品店发票专用章，如果原告提交的购酒收据和酒箱上的印章与公安机关备案的某酒食品店发票专用章系同一枚，基于刘某与高某的夫妻关系，购酒收据和酒箱上的印章由刘某加盖具有高度可能性。刘某辩称 2015 年 5 月 11 日有人在其门市套现 7100 元，刘某对此负有举证责任，在其不能证明原告提交的 POS 机小票即为套现的情况下，应认定原告在 2015 年 5 月 11 日在刘某经营的某商行进行了消费。

② 类似的情形还可参见一起房屋买卖合同纠纷：被告与原告签订房屋买卖合同之后，因给付房款时间问题发生争议，被告要求将给付房款的具体时间明确在合同中，合情合法，只有将给付房款的具体时间明确在买卖房屋的合同中，才便于其后合同的实际履行，没有房款的具体给付时间，属于合同的主要内容约定不明，被告请求将给付房款的履行时间明确在合同中并无过错。在被告、原告、中介公司三方协商过程中，原告不辞而别，擅自离开现场，对于本案所涉及的房屋买卖合同最终没有达成一致意见，应负相应的责任。被告应当返还原告购房款定金 3 万元较为合理。在这起案件中，"被告要求将给付房款的具体时间明确在合同中，合情合法，只有将给付房款的具体时间明确在买卖房屋的合同中，才便于随后合同的实际履行，没有房款的具体给付时间，属于合同的主要内容约定不明，一审被告请求将给付房款的履行时间明确在合同中并无过错。"明显体现出在说理过程中运用逻辑推理和日常生活经验法则的特点。

③ 以一起物权保护纠纷为例：原告与被告就涉案房屋的买卖达成了口头协议，原告将涉案房屋交付给被告，被告接受，故双方的口头房屋买卖合同成立。原告的诉讼请求是判令被告返还房屋，其依据的事实和理由之一为 2016 年 11 月 7 日向被告发出了解除合同通知书，故应查明解除合同通知书被告是否收到，以确认合同是否已经解除。在该起案件中，说理需结合交易习惯对口头协议的效力进行认定。

思能力的提升，而反思能力是自觉的重要基础。[1]

司法大数据难以全面满足民事判决书评价、导向目标的实现。价值理性具有主体性与客体性相统一、事实性与价值性相统一、现实性与超越性相统一、目的性与手段性相统一的特征。[2] 民事判决书是追求公正司法的重要载体，而公正司法的实现需要以正规化、专业化、职业化能力建设的扎实实效为重要依托。司法大数据的运用对提升正规化、专业化、职业化能力具有直接现实推动性，那么这样的直接现实推动性如何在动态过程中推动民事判决书的改革？民事判决书改革的实效如何评价？

司法大数据的运用对复杂疑难案件民事判决书撰写的参考借鉴价值是需要进一步探讨的。复杂疑难案件往往具有多重的事实交错与价值碰撞。针对复杂疑难案件，只有技术是不充分的。在掌握了强有力的工具后，如若没有价值的引导，或许会在关键时刻不知所措。[3] 复杂疑难的案件，既涉及对复杂法律关系的抽丝剥茧式梳理，也涉及对不同价值内容甚或是同一价值目标不同价值规则之间的暂时区隔、综合判断。在这一过程中，如何认知价值理性就显得尤为重要。

三、民事判决书改革的动力机制

民事判决书改革是一个系统过程。在这一过程中，激发民事判决书改革的内生动力，无疑是基础的，也是关键的。建立完善民事判决书改革的动力机制，应着力做好如下方面：模板智能推送机制——基于海量数据的支持；预判纠错机制——基础底线的保障；绩效考评机制——发挥激励导向的功能；发改焦点指引——监督实效的侧重；健全责任机制——兼及责任理性的分析。

（一）模板智能推送机制——基于海量数据的支持

在基于大数据的知识发现中，数据是作为一种资源来开发的，数据本身多为已大量累积或不断动态产生的，而且其形成可能与新的知识发现的目的

---

① 杜维明：《以良知理性重建价值》，载《道德与文明》2016 年第 2 期。
② 王岩、邓伯军：《试论政治哲学视域中的价值理性》，载《哲学研究》2009 年第 6 期。
③ 翟振明：《价值理性的恢复》，载《哲学研究》2002 年第 5 期。

并无必然的联系。基于大数据的知识发现通常称为数据挖掘，作为挖掘对象的"矿"的产生与挖掘是两个相对独立的过程。[①] 模板智能推送旨在解决类案信息查找过程中面临的精准性问题，辅助快速构建案件的语义画像，并基于语义画像从海量历史案件中发现相似案件，面向法官提供专业、智能的类案精准推荐服务。夯实民事案件的数据链动态实时更新的支持与保障，将模板智能推送作为辅助审判的基础手段和基本媒介，加强基于大数据的类案查询与推送，增强对民事判决书的可视化分析水平，从而有助于提升民事审判质效。

（二）预判纠错机制——基础底线的保障

预判纠错机制应关注两个方面：首先是对法官的能力进行科学评估，这是增强预判纠错机制精准性的重要基础。其次是完善智能纠错系统。可以根据每名法官的结案数量、结案率、结案周期、卷宗册数、案由类型、文书说理占比、起诉书与判决书比较的偏离程度等多个维度对每位法官的能力情况进行立体展示。通过对法官作为裁判主体的主体数据挖掘和定位分析，推进法官尤其是一审法官队伍建设的精细化、精准化、专家化成长。以对法官能力的评估为基础完善智能纠错系统，围绕争议焦点的归纳、论证、说理等展开评估筛查，增强智能纠错的辅助性、针对性、实效性，扩充智能纠错的范围，而不仅仅是语法、错别字或是诉讼费计算等的测算筛查提醒，增强智能纠错的论证占比、说理占比，提高民事判决书说理的逻辑性、可接受性。

（三）绩效考评机制——发挥激励导向的功能

把民事判决书质量作为评价办案绩效的一项重要内容，适当提高撰写民事判决书质量在法官业绩考评系统中的占比，建立健全民事判决书改革的激励机制。需注意的是，长期以来，由于绩效考核工作未得到应有重视，各级法院法官考评委员会未能充分发挥作用，有的法院甚至未设立法官考评委员会。[②] 理解法官业绩考评的绩效特征，应理性认识信息技术对完善业绩考评

---

① 段伟文：《大数据知识发现的本体论追问》，载《哲学研究》2015 年第 11 期。

② 何帆：《完善绩效考核办法　实现员额"有进有出"》，载《人民法院报》2017 年 5 月 26 日第 2 版。

组织的影响。① 问题的关键在于如何建立激励的传导机制，经过科学严密的业绩考评程序，将考评结果传导转换成切实提高民事判决书质量的实效。

（四）发改焦点指引——监督实效的侧重

数据存在的形式刚开始可能是一份份笔录、证言、书证、物证，最终经过办案人员整理，形成终结性的办案文书，载明上述数据的内容和明细，同时将相关数据进行结构化处理，输入或者上传至办案系统，从而在实体和线上都留存了相应数据。在降低不应有的改判、发回重审的目标导向下，将一审案件的存在形态和基本内容进行数据化转换与解析，通过对发改焦点进行归纳，提高监督实效，并切实推动提高一审民事判决书的焦点归纳质量。

（五）健全责任机制——兼及责任理性的分析

民事判决书改革应力避责任被空洞化。从责任理性出发，责任如果就对象而言主要可分为两大类别：一类是行为责任即法律责任，另一类是任务责任。法律责任是指对行为本身负责，特别是指对行为的过失承担责任。责任是外在任务的内在化，能够成为责任的任务只是任务中的极少部分；可一旦任务变成了责任，对于主体来说，它就具有了内在的强制性，在主体的内心深处，它们常常被视为非做不可的事情。任何责任最终只会具体地落实到具体的个人身上，承担责任往往是个体性行为。② 在民事判决书改革过程中，如果运用司法大数据是一种责任，那么承担这种责任的理由是什么？需不需要进行责任的细致划分？运用司法大数据的责任与已有的责任规定如何进一步衔接融合？责任是对人的一种挑战，承担责任即意味着愿意担负起与责任相联的风险与压力。必须在强调承担责任这个大前提下运作一些思想观念。③ 发挥司法大数据对执法办案的重要支持作用，强化、细化责任，有助于增强民事判决书论证的逻辑性、说理的精准性，提升民事判决书的质量。

---

① 邱泽奇：《技术与组织的互构》，载《社会学研究》2005 年第 2 期，第 32—37 页。该文关于技术与组织的互构的论述可以为思考绩效考核组织提供些许启发。

② 欧阳英：《责任的误读与责任理性的恢复》，载《哲学动态》2005 年第 3 期。

③ 欧阳英：《责任的误读与责任理性的恢复》，载《哲学动态》2005 年第 3 期。

司法大数据时代离婚判决书的类型化表述

◉ 肖新征[*]

离婚案件往往涉及夫妻双方感情纠葛，夹杂人身、财产关系等复杂因素，法院在审理时许多事实真伪往往难以查明，再加之存在"劝和不劝离"的传统思路，对于初次提出离婚的，如不符合法定感情破裂条件的，一般判决不准离婚。这就导致裁判文书在表述上不能、不愿过多陈述查明事实，在说理上要么过于简单，要么过于滥情，难以体现应有之度。大数据时代，海量的信息使一切事物都以网状呈现在世人面前。面对离婚判决书写的随意和困窘，笔者在人民法院内网类案检索系统和法信网上，从2018年最高人民法院表彰的全国法院家事审判工作先进集体中，选择北京、上海、广东、江苏、河南等地的先进基层单位近5年的离婚判决书进行了检索整理，经剔除类案重复样本，共检索有价值文书658案。从总体上看，各地离婚判决具有较为明显的地域特色，如广东省深圳市宝安区法院离婚判决查明事实部分基本都是要素式，整体表述简约，北京等地离婚判决书写相对传统、复杂。同时，几乎所有样本文书都存在模板化书写的情况，同样的说理对于类似案件大量存在，有的连续达几十例，甚至在事实部分也只是简要修改下结婚时间、生育情况，其他表述完全一致。离婚案件由于涉及隐私，判决书写受到诸多限制，这反而给模板类型化书写带来了空间，也获得了当事人的接受。通过大数据对这些判决书的表述进行分析，有助于我们更深刻地锤炼表达，更准确地查明案件事实，更适当地处理家事纠纷，促进案结事了。

---

* 肖新征，河南省南阳高新技术产业开发区人民法院党组副书记、副院长。

一、案件事实：简约而无遗漏

（一）争议焦点的归纳

离婚判决书在陈述原被告的意见后，首先出现的分歧就是争议焦点的归纳，检索到的文书有相当一部分未归纳争议焦点，归纳有争议焦点的有两种情况：

第一种表述："本案争议焦点为：原被告夫妻感情是否破裂，应否准予原被告离婚。"

第二种表述："本案争议焦点为：1. 夫妻感情是否确已破裂；2. 如若夫妻感情确已破裂，子女应如何抚养，财产应如何分割，债务如何承担。"

就这两种争议焦点而言，第一种表述显然表述不够完整，容易被当事人认为法官先入为主地认为案件应倾向于不离婚，人为产生矛盾。当然，基于长期的实践，法官包括各方当事人一般都认为初次离婚不会被准许，故法官对第一次离婚诉讼不想投入过多的无效劳动，无意在财产等问题上耗费时间而有意无意缩小了争议的范围。但不论如何，在法律上这种焦点难以站得住脚，这似乎解释了为什么相当多的文书未归纳争议焦点，其实也基于第一种表述的考虑，避免采用第二种表述反而把当事人对立情绪都引导上来而难以调和，这也是一种无奈的选择。

（二）举证质证的表述

这方面的表述，根据文书样式改革的要求，也形成了两大类型化表述：

第一种表述："为支持自己的诉讼主张，原告向本院提交了如下书面证据：……本院认为，原告提交的第 × 号证据来源合法，客观真实且被告予以认可，故予以采信。"

第二种表述："（不单独将证据列举，直接表述查明事实后表述）……本院所确认的上述事实有原、被告陈述，原告提供结婚证等证据材料载卷为凭，并经庭审质证和本院审查，可以采信。"

第一种是传统的叙述顺序，逐项列举原被告的举证、质证内容，这里面存在的问题是，如果裁判倾向于认为感情尚未破裂，拟判不离，还需要长篇大论地列举各方的共同财产、债权债务等以及分割争执吗？而且，如果判决不离婚，举证的证据往往也非常简单，只有结婚证、户籍表等，且双方对这些证据也没有争议。如果拟判离婚，而财产过于琐碎，且夫妻间对于财产举证有所欠缺，在举证质证方面大量引用原被告自称，而后认证，那么势必会与文书后部的本院查明、认为部分有所重叠。因此，从总体上应该采用第二种表述，这种表述事实上简化、浓缩举证、质证和认证内容，书写相对方便同时逻辑上也比较通顺。因为文书中表述简单，因此需要注意的是要在卷宗中将相关证据标识得更为明确。

（三）拟判不离婚的基本事实表述

经检索比较，笔者提炼了拟判不离的基本事实类型化表述模板："经过庭审举证、质证及认证，本院确定本案如下法律事实：潘某与张某1于×××年××月经人介绍相识，×××年××月××日登记结婚，双方于×××年××月××日生育女儿张某2，于×××年××月××日生育儿子张某3。婚后共同生活期间，原被告多次因家庭琐事发生矛盾。2018年4月，原被告因生活琐事发生争执后，开始分居生活至今。"

这一类型化表述基本没有感情判断，体现的是一种时间经历的客观性。其中，"原被告多次因家庭琐事发生矛盾"等可根据双方的自述，如果矛盾有偶发性，可表述为"曾因家庭琐事发生矛盾"，如均认可某一时期感情状况，可增加表述内容："婚前感情基础较好，婚后感情尚可，后因家庭琐事致夫妻感情不睦。"

有的判决书上还把起诉、诉讼的情况写入查明事实，表述多为："原告×××年××月××日向本院提起诉讼"，并把诉讼请求进行了摘引。笔者认为这些内容在判决前部都出现过，在这里叙述有所重复，如果十分在意表述的完整，可简要表述为"现原告起诉离婚，被告不同意离婚"。还有的文书对调解也进行了表述，如"本案经调解，双方不能达成协议"，这表明法院依法进行了调解，双方分歧较大的事实。

对于拟判不离的案件，实践中一些判决基于前期查明事项也表述了财产事项，一般表述为："另查明，原、被告在婚姻关系存续期间无共同债权债务，共同财产有位于镇××路××厂住宅××单元××楼西套房屋一套（产权证号：新建字第××号，面积62平方米）。"

笔者认为，拟判不离的案件一般应尽量避免涉及财产认定，因为没有实质意义，反而会使婚姻双方因财产状况对立情绪加大。当然，有时双方当事人对于自己举证、质证的内容较为在意，希望能在文书中予以体现，为避免当事人产生不必要的猜疑，也可以对双方无争议的财产进行适当表述，对有争议的财产，表述时应重在陈述双方各自意见，可不予评价。如下面这种表述："对于收入情况，原告称其月收入3500元左右，被告称其月收入3000元左右，但双方均未提交相关证据予以证实。对于双方的共同财产情况，原告述称双方有位于××区××小区房产一处。被告辩称该房产系其婚前父母买的登记在其名下的个人财产。"

在涉及拟判不离的案件如果有举证、质证单列内容时，也应对认证财产谨慎处理，因为拟判不离，对财产问题调查强度有时难以达到确信的标准，因此可表述为："对双方无异议或对真实性无异议的证据，确认其真实性。对有异议的证据，将结合其他证据进行综合认定。"不宜用比较明确的话语直接表述为确认其真实性、合法性、关联性。

（四）拟判离婚的基本事实表述

拟判离婚的判决基本事实前部与判不离婚的内容相同，在事实后部添加了感情破裂的情形，一般有三种情况。

第一种表述（同意离婚但抚养、财产等问题达不成一致）："在本案审理期间，经本院主持调解，原、被告均一致同意离婚。对于女儿的抚养，原、被告均要求随各自共同生活且不需要对方给付抚养费。因原、被告对此意见不一，致本院调解不成。"

第二种表述（二次要求离婚）："本院判决后，原被告的婚姻关系并未改善，双方依旧无交流并一直分居。现原告以上述理由起诉要求离婚。"

第三种表述（重大过错导致感情破裂）："被告与婚外女性生育子女，对婚姻不忠；根据公安调解笔录及相关辅证，足以认定被告近期曾实施家庭暴力。"

这三种表述依然沿袭了基本事实表述简约风格，不夹杂感情色彩，较为适当。其后，就是对财产分割等事项的表述，较好的表述方法是：一是对涉及的共同财产、债权债务等，以序号逐项列举，较为清晰；二是在事实查明部分中对财产及各方对财产的处理意见作出表述。对各方意见采纳与否，有的判决书紧跟其后直接评析，然后在本院认为部分简要表述"前已认证，不再赘述"。笔者认为，这样虽然表述较为集中，但是一方面会使说理部分较为单薄，另一方面没有在整体上就财产处理等进行明快、全面的评判，建议对这些还是放到说理部分评析较为适当。

事实部分的类型化表述可以区分双方有异议、无异议的财产，无异议财产还可以区分归属意见一致和归属有争议两类。具体表述可以是："审理过程中，原、被告对如下财产分割达成一致意见：1. 床一张，衣柜一个，装饰橱归原告，红木床一张、沙发一套、八仙桌一只归被告所有。2. 沪 NR××× 车辆（带牌）价格 9.5 万元。原、被告争议财产：1. 上海市××区××号××室房屋，原告主张该房屋每平方米单价 2.2 万元，并要求该房屋归原告所有；被告主张该房屋每平方米单价 3 万元，并要求该房屋归被告所有。2. 被告主张原告在上海某银行银行卡中相关钱款，2013 年至 2015 年期间取现 297000 元、借款 15 万元、消费 50.25 万元均为夫妻共同财产，要求依法分割。原告认为，该卡在做工程时用于支付材料款、工人工资，15 万元用于归还借款，故该银行卡中无共同财产分割。"

二、案件说理：教化而又克制

对于离婚判决，说理一直广受关注，众多批评者认为大多数文书说理简单，千人一面，要求进一步增进伦理等教化内容。还有个别判决书在教化方面又走得过远，整体说理煽情太滥，个别引用圣经名言也与文书规范不太吻合，因此其度的把握尤为重要。总体来说，离婚判决文书不同于其他裁判文书，它有着较强的隐私性，它的社会教化、引导功能总体受限，在我国传统文化影响下，依靠离婚判决书表述来挽回感情难度很大，还容易因为一些表述的不确切使语义产生理解上的歧义，引发各方当事人不必要的误解。如果需要较大自主性的表述，不妨用法官后语或附信等方式来实现。因此，笔者通过检索，发现对大部分判决书说理都采取了一种相对克制的态度，也体现出较强的类型化表述。

（一）不准予离婚的说理

经过检索比较，基本的类型化表述可以设定为："本院认为，原、被告系自主恋爱、自主婚姻，婚姻基础较好，双方应珍惜彼此间的感情。在共同生活中，原、被告对婚姻的认识和遇到的困难没有足够了解，缺乏必要的沟通和交流，导致夫妻关系不睦，但夫妻感情尚未破裂。相信在今后的生活中双方若互谅互让，互敬互爱，夫妻关系是可以改善的。本案考虑原、被告夫妻感情尚未破裂，故对原告要求与被告离婚的诉讼请求，本院难予支持。"

如果想在理论上对双方离婚自由予以适当限制进行解释说理，可以在前部增加表述："《婚姻法》规定了婚姻自由但反对草率结婚和轻率离婚；提倡建立平等、和睦、文明的婚姻家庭关系，反对不负责任、不予担当的婚姻自由主义。"或进一步明确对初次离婚的一般态度："原告首次提出离婚，故本院认为再给双方一次机会为宜，双方也再给对方一次机会，双方在各方亲属真诚帮助下，今后仍有和好的可能。"

这一基本说理大致分为五步分析：第一步分析感情基础，双方结婚必然曾有感情，感情表征就是相识、结婚时间和生育子女，因此可根据情况表述为："原、被告系相识多年后自愿登记结婚，婚后共同生活并生育女儿，具有较深的感情基础。"

第二步分析对子女的担当，婚姻不只涉及双方，对孩子的影响亦非常重要。这里可以表述为："目前双方的婚生女××正处于成长、受教育阶段，其健康成长亦需要完整和谐的家庭及父母的共同照顾。"

第三步分析对矛盾进行客观分析，指出应正常面对，具体表述为："双方在处理家庭事务时，缺乏必要的理解和沟通，以致产生了一些矛盾，属正常现象，这并不能说明夫妻感情已破裂。"或者可以稍作延伸表述，更为具体，更能让人信服。"从双方当事人在庭审中的陈述来看，双方的争执、矛盾都是因家庭琐事引起的，不存在根本性、不可调和的矛盾。在家庭生活中，夫妻因为生活琐事产生不同意见、发生矛盾是不可避免的，双方只是缺乏交流、沟通。"

第四步积极面对解决矛盾。这一步可以对各方提出希望、提醒、注意。这里表述最为多样，也是最能发挥写作说理的，笔者按照感情抒发的限度，从内敛到张扬分为三种表述。

第一种（客观谨慎的表述）："在矛盾和危机面前，原、被告均应体谅对方的处境，互相信任，给予双方机会真诚沟通，审慎考虑感情和婚姻问题。"

第二种（有限情绪的表述）："婚姻不易，希望原、被告应珍惜家庭，加强沟通，互敬互爱，互谅互让，增进彼此之间的理解与信任，消除误解与偏见，共同经营婚姻，维系良好的家庭关系。"

第三种（张扬情感的表述）："当婚姻出现裂痕，陷于危机的时刻，男女双方均应该努力挽救，而不是轻言放弃，本院极不情愿目睹劳燕分飞之哀景，遂给出一段时间，以冀望恶化的夫妻关系随时间流逝得以缓和，双方静下心来，考虑对方的付出与艰辛，互相理解与支持，用积极的态度交流和沟通，用智慧和真爱去化解矛盾，用理智和情感去解决问题，不能以自我为中心，更不能轻言放弃婚姻和家庭，珍惜身边人，彼此尊重与信任，重归于好。"这一表述也曾在网上引发了热议，虽然总体上该表述仍比较克制，整体话语没有漏洞，但与法律文书整体风格稍显不符。

如果对原被告个人情况较为了解，可以表述得更有针对性，如以下表述："原告应珍惜现在的婚姻，慎重考虑双方的感情问题，多体恤对方的不易，多想想未成年的孩子，相信孩子未来的成长之路也希望有双亲的陪伴。被告作为不同意离婚的一方，在今后的共同生活中，在有争取和好意愿的同时，要提出更有利于夫妻生活和家庭和睦的措施。"

相对感性的表述，都需要针对具体的当事人来写作，不应成为笼统的类型化模板，如诗意的表达，适合一时冲动的年轻情侣，容易被理想唤醒。对原被告的具体表述，适合原被告的确有所牵挂，有所改进的具体表示。但总体上，在实践中存在"言多必失"的现象，表述内容的增多，必然增加了话语不周延的概率，如这些表述中出现了"以自我为中心""体恤对方的不易"等话语，容易使较真的当事人把其与个人情况相联系，认为其不存在这种情况，反而引发不满。因此，对饱含感情的表述需要格外谨慎，还需要在大数据的类型化提炼中进一步细化、规范。

第五步对重大过错等导致感情破裂不能认定的表述，一般从举证不充分的角度来评析，避免武断。总体上可表述为："原告主张双方感情彻底破裂，被告不予认可，原告亦未能提供充分的证据证实其主张。本着维护稳定、和谐的婚姻关系的原则，在原告关于双方感情破裂依据不足的情况下，对原告要求解除婚姻关系的主张，本院不予支持。"

涉及重大过错，主要是出轨和家暴，一般证据较为单薄的，不予以认定，可表述为："原告主张被告存在出轨行为，但仅凭其提交的微信截图，并不足以证明被告存在出轨的行为。""对于家庭暴力，经查，原、被告之间的确发生过冲突，被告及其亲属在冲突中受伤，但该次冲突不能证明一方对另一方实施家庭暴力，也并非夫妻感情破裂的表现，这是原、被告在处理家庭矛盾时不能保持冷静导致的后果。"

（二）准予离婚的说理

与上述拟判处离婚的事实认定相似，简单引述后，可评析为："夫妻感情确已破裂，故对原告要求离婚的诉讼请求，本院予以支持。"其重点在于抚养权和财产分割问题。

抚养权问题一般表述模式为："至于未成年子女的抚养权问题，从有利于未成年子女健康成长方面考虑，并参考子女的随住意愿，本院酌定由原告抚养，被告依法支付部分抚养费用，依法行使探视权。"

如双方未能就抚养费用标准及探视次数等达成一致，同时未提供收入证据，可表述为："由于原、被告均未提供证据证明被告目前收入情况，则本院根据乙某所在的××市实际生活水平，参照××市上一年度职工平均工资标准，酌定为每月负担抚养费1000元。"

共同财产分割问题相对复杂，具体来说有以下类别：

第一类是房产，对于经过房产登记能够予以分割，但价格难以达成一致的，可以竞价，表述为"原、被告均主张该房屋，双方在竞价过程中，被告所确认的房屋单价高于原告，故该房屋可归被告所有，被告按每平方米3万元支付原告房屋折价款。"

对于手续不齐的房产，原则上不予处理，可表述为："关于被告王甲某要求的门面房，双方既未提供相应建房手续（如农村宅基地使用证、准建证等），亦无证据证明诉争的房屋属夫妻共同所建，无法确定该房屋的所有权、使用权，双方取得相关证据后，可另行解决。"

第二类是存款。货币财产如果存在异议，举证相对困难，如果一方要求调取银行明细，法院可以依职权调取财务流水明细，但对其是否拥有共同消费需综合判定，一般而言掌握标准要相对严格，不轻易认定为需返还财产。对于认同合理消费的可表述为："对上述款项，原告一一作出解释'用于信用卡的还款及购物消费'，而且所涉及的支出款项金额并不大，本院认为被告上述每一笔支出并无不合理之处。被告要求分割上述款项，本院不予支持。"

对于不认同合理消费的可表述为："因被告对该笔款项的去向作出的解释也不足以使本院采信，尚不足以证明系其合理消费，故被告应返还原告 6 万元的一半，即 3 万元应作为夫妻财产予以分割。"

对于存在分居情况的财务流水，对分居后的相关消费认定可稍宽松，可以参考的表述为："由于原、被告于 2017 年 2 月分居生活，故被告要求从双方结婚开始对原告所有的银行账户金额等作为夫妻共同财产分割的意见，本院不予支持，本院对双方夫妻共同财产的分割时间酌情从 2017 年 3 月 1 日起开始计算。另考虑到双方在分居后日常生活中均需要必要的生活开销，且被告又要抚养女儿，故对双方分居期间各自账户中哪些款项可作为夫妻共同财产进行分割，本院认为可从金额大小、双方争议的款项及双方提供的证据等方面综合认定。"其中，还可以参考双方各自的消费情况，对相关情况表述为："原告分居期间扣除房贷还款后，与被告每月平均支出相差不远，不宜认定为恶意转移存款。"

第三类是债权与债务。因为这些都涉及第三人，一般如果第三人不参加诉讼很难查清，而参加诉讼又影响离婚案件进程，一般情况下不予处理，具体表述为："双方所述夫妻共同债权，无司法途径或公证途径确认，涉及第三人，应另循法律途径处理。""被告主张共同债务 35000 元，原告不予认可，被告可待案外债权人通过法律途径确认债权债务后另诉分割。"

同时，债务是否用于家庭共同生活，也难以查证，一般不予支持也可表述为："原告主张的借款未提供相应的证据证明用于家庭共同生活支出，故本院不予支持。"

第四类是赔偿金和经济帮助。对于存在重大过错的，可由法院酌定予以赔偿，一般表述伤害内容，酌定损害赔偿金××元。

对于经济帮助项目，一般患有疾病，在表述时也要注意克制，建议表述为："依照法律的规定，离婚时，如一方生活困难，另一方应从其住房等个人财产中给予适当帮助。考虑到被告患有××疾病的实际情况，本院酌情确定被告一次性补偿原告××元。"

总之，通过大数据得出的裁判文书类型化表述，一般而言，剔除了个案的一些特殊色彩，在表述上更加规范，更富有涵盖性，虽然它有千篇一律之嫌，但它通过将案件事实、说理的最本质内容予以体现，事实上体现了裁判的精度与克制，每一个合格的裁判者可以此为参考，从这里起步，再根据各自的案情逐步放松表述的范围，在这样一个由严到松的逻辑中逐步通过文书书写实现最大限度的正义。

检察机关再审检察建议运行实证研究

——以 G 省再审检察建议为例

◎ 王克权　金　石　常　乐*

作为《中华人民共和国民事诉讼法》（以下简称《民事诉讼法》）、《中华人民共和国行政诉讼法》（以下简称《行政诉讼法》）规定的再审启动的方式之一，再审检察建议是检察机关落实对民事、行政审判监督的重要途径。2012 年修订的民事诉讼法强化了检察机关启动再审程序的权力、规定了对再审案件的调查取证权，明确了同级检察机关提出再审检察建议①的权力。但在司法实践中，再审检察建议机制性建设仍有较大空白，存在适用程序繁复、采纳率低等问题，需要检察机关进一步规范完善。

一、再审检察建议的运行概况和特点②

表1　2013—2017 年 G 省再审检察建议、抗诉概况

年份	再审检察建议数（件）	再建采纳数（件）	再建采纳率（%）	民事抗诉数（件）	抗诉采纳数（件）	抗诉采纳率（%）	下级院提请抗诉数（件）	上级院办理抗诉数（件）
2013	141	55	39	90	77	85	170	49

---

　*　王克权，甘肃省人民检察院法律政策研究室检察官；金石，甘肃省人民检察院研究室主任，全国检察业务专家；常乐，甘肃省人民检察院办公室干部。

　①　再审检察建议制度涉及民事检察监督和行政检察监督，司法实践中，受行政案件数量、政府执法水平提高和群众懒诉意识的限制，行政检察监督的场景远远少于民事检察监督，故本文以下讨论再审检察建议特指民事再审检察建议。

　②　本文采用 2013 年至 2017 年 G 省再审检察建议、抗诉等办案数据，主要考虑民事诉讼法修改后，G省人民检察院再审检察建议与抗诉工作在新规定新体制下已经得到验证，以其为样本，相关数据具有稳定性，采用数据来自案件年度通报或者统一办案软件系统，确保样本数据具有广泛性、代表性、真实性。

年份	再审检察建议数（件）	再建采纳数（件）	再建采纳率（%）	民事抗诉数（件）	抗诉采纳数（件）	抗诉采纳率（%）	下级院提请抗诉数（件）	上级院办理抗诉数（件）
2014	99	49	49	72	74	102	145	36
2015	33	15	45	70	28	40	116	25
2016	46	7	15.2	63	50	79.3	37	49
2017	35	14	40	56	39	69	49	35

分析表1数据，G省再审检察建议有以下特点与趋势。

一是检察机关发出再审检察建议和民事抗诉数量、下级检察院提请上级检察院抗诉的数量都呈现出下降的趋势，生效民事判决、裁定、调解书的监督总数从2013年全省发出再审检察建议141件逐渐下降至2017年的35件，2013年民事抗诉数90件下降至2017年的56件，2013年下级检察院提抗数量170件下降至2017年的49件。笔者认为，2012年民事诉讼法实施后，严格限制了民事监督案件受理条件，能够进入检察机关的案件数量下降。同时，伴随G省民事检察考核办法的不断优化调整和对办案质量的重视，办案数量不再是考核监督成效的核心。此外不容忽视的因素是，法院在司法改革落实员额制法官责任制，提高审判质量方面确有提升。

二是从法院对再审检察建议和抗诉案件的采纳率分析，对再审检察建议而言，自2013年以来，采纳率并没有随着办案数量的下降而降低，相反，从2013年的39%上升到2014年、2015年的49%、45%。2016年有所下降，但2017年又上升到40%。与再审检察建议相对应，民事抗诉案件采纳率除了2015年45%外，始终保持在65%—85%。司法实践反映，当事人受教育和生活环境的影响，对法律的理解程度有比较大的差异，往往缠诉缠访的当事人就是出于对公平正义的朴素理解和对法律规定的片面领会而持续申诉，检察机关在受理的案件中大概有70%—80%的案件作不支持监督处理，对于20%左右的案件需要进一步审查，在案件数量下降的大背景下，检察监督的采纳率长期维持稳定，可以说明检察机关在监督力度、监督质量方面大有提升。同时，也从一个侧面说明，审判机关在事实认定、法律适用方面确有待加强的环节，民事检察监督有长期存在的必要。

三是从抗诉案件与再审检察建议的数量对比看，2013年两者数量比为90∶141，2017年为35∶56，始终维持在3∶5左右的范围内，在司法实践的不断深化下，再审检察建议与抗诉从不同侧面发挥了检察监督的职能，检察机关通过再审检察建议案件的办理，发挥了维护社会公平正义，化解矛盾纠纷、定分止争的重要作用，但是同级监督乏力的问题始终制约着民事检察监督，对于再审检察建议法院不采纳、不受理、难沟通的问题始终没有办法解决，严重制约再审检察建议的办理数量，持续推高检察机关案件办理"倒三角"的问题。从2013年至2017年的上级检察院抗诉数量看，省级检察院始终保持办案数量的高位运行，并保持了一定的稳定性。相反，省级检察院再审检察建议数量显著低于基层检察院，虽然省级检察院办案人员和办案种类少于基层检察院，但是也能在一定程度说明随着审级的升高，再审检察建议适用的环境在恶化，随着审级的提升，检法两院的沟通性、协商性在下降。在同时存在抗诉和再审检察建议的场合，抗诉的监督手段更加直观有效，其采纳率始终高于再审检察建议。

二、再审检察建议存在的问题和原因分析

司法实践中，再审检察建议并未按照立法者意愿对同级民事审判监督产生变革性的影响力。究其原因，有其认识和实践基础。

一是再审检察建议与抗诉的界限不明确，从再审检察建议适用的情形看，《民事诉讼法》第208条第2款规定"发现有本法第二百条规定情形之一的，可以向同级人民法院提出检察建议"，《人民检察院民事诉讼监督规则》（以下简称《监督规则》）第83条进一步细化规定为除了法律适用确有错误和审判人员审理该案时有贪污受贿、徇私舞弊等严重问题外，《民事诉讼法》第200条规定的情形都可以提出再审检察建议。

对于抗诉案件而言，符合《民事诉讼法》第200条第1项至第5项规定的监督情形，上级法院可以向下级法院移交，这与检察机关依据相同事由向同级法院发再审检察的效果一致，但是再审检察建议的适用范围还有审判组

织不合法、剥夺当事人辩论权利等程序性错误的情形，民事诉讼法规定中的这一法律间隙可能造成对当事人诉讼自主性的侵害。

二是法检两院对再审检察建议沟通机制不足。再审检察建议案件具有启动再审程序的非强制性，因此检法两院的沟通不可或缺。人民法院不采纳再审检察建议常有以下两种情况，法院认为再审检察建议不符合受理条件，作不予受理决定；向检察机关的再审检察建议发出回复函，进行一定的说理，对再审检察建议不予采纳。例如，兰州市检察机关向兰州市中级人民法院提出的欣庆环保科技有限公司与兰州新区汇银小额贷款公司担保合同纠纷案，检察机关认为原审判决应当参加诉讼的当事人，因不能归责于本人的事由，未经传票传唤缺席判决，建议兰州市院再审。兰州市院回复，本案依照《最高人民法院关于适用〈中华人民共和国民事诉讼法〉若干问题的解释》第416条第2款规定，对检察机关的再审检察建议不予支持。再如天水市检察院作出的杨震与麦积区石佛隆兴石料厂企业承包经营合同纠纷案，检察机关认为认定事实不清，建议天水市中级人民法院再审，天水市中级人民法院复函，认为在法院作出原审判决后，原被告均未提出上诉，且证人杨利的证言前后矛盾。司法实践中，再审检察建议在发出后，法检两院对再审检察建议实际是一种各自行事的状态，沟通不足导致再审检察建议的效果不佳。

三是再审检察建议与抗诉的转化机制不健全。有观点认为应当加强再审检察建议的监督"刚性"，笔者认为不妥，再审检察建议的非强制性特点是其与抗诉的重要区别，且依据民事诉讼法"上抗下"的原则，如果模糊了再审检察建议的"非强制性"特点，就是直接赋予基层检察院以抗诉权，显然违背诉讼法监督的原则。

依据现有制度设计，检察机关的再审检察建议向抗诉转变，主要有两种方式，一种是监督规则第117条的规定，对此情形可以提请上级人民检察院监督，即提请抗诉。另一种是基于再审检察建议备案制度，上级人民检察院认为向同级提出抗诉更为适宜的，上级检察院可以要求下级检察院终结再审检察建议程序，直接向同级法院提出抗诉。

但在司法实践中，对于同级法院未予采纳的再审检察建议，监督规则第

117 条规定的跟进监督过于笼统，对于法院的复函意见是否正确、在何种错误情形下必须提请上级院抗诉、在何种情形下不再提出抗诉等关于监督效果的问题，现行法律并没有进一步的规定，同时，省市两级检察院受人员所限，只能对备案的再审检察建议进行形式审查，通过备案制度发现而启动抗诉案件不切实际。

四是法院对再审检察建议审查不当。再审检察建议在法院系统内部的运行与法院的组织架构有很大关联，有些地区取消了立案庭和审监庭的界限，对再审检察建议形式审查与实体审查合一，再审案件全部纳入民庭审理，比如北京、河北地区审判机关，有些地区依然是对再审案件和当事人申请同样对待，再审案件需要经过立案庭形式审核和审监庭实体审查，比如天水、金昌等地法院。

笔者认为，在司法实践中，主要的问题出在第二种方式中。对于检察机关监督的绝大部分情形，即《民事诉讼法》第 209 条第 1 款第 1、2 项所述的情形，《最高人民法院关于适用〈中华人民共和国民事诉讼法〉若干问题的解释》第 416 条规定了审查条件，要求再审检察建议具备文书材料、过程性程序的要求，符合对建议再审判决、裁定范围的限制（即该解释第 414 条规定）和《民事诉讼法》第 200 条规定的监督情形的限制。就是说，对于同级检察机关检委会已经审核过的案件，法院立案庭认为不符合受理条件，依然可以不予受理。

依据《人民检察院检察委员会组织条例》《人民检察院检察委员会议事和工作规则》，检察机关检委会对应同级审判机关审委会，主要职责是对重大疑难复杂案件审查把关，通过检委会决议的执行体现检察监督和法律权威，实践中，遵照《监督规则》第 88 条规定，检察机关提出再审检察建议都"应当经本院检察委员会决定"，提出再审检察建议已经是检委会审查决定的事项，部分地区却存在法院立案庭通过简单的形式审查否决同级检察机关检委会决议的情况，严重违反检法两院同级对等原则。

五是再审检察建议中调查取证权的限制使用。依据《民事诉讼法》第 210 条的规定，人民检察院因履行法律监督职责提出检察建议或者抗诉的需要，可以向当事人或者案外人调查核实有关情况。但是《监督规则》第 66

条又规定，人民检察院调查核实，不得采取限制人身自由和查封、扣押、冻结财产等强制性措施。在检察机关具有侦查权的时代，如果允许检察机关采取强制措施，那么用刑事侦查的手段调取的证据可能完全打破民事诉讼等腰三角形的诉讼构造，让一方当事人处于证据劣势地位。但是，当前，虚假诉讼、恶意诉讼问题呈弥漫之势，在法院审理环节，当事人发现虚假诉讼或者让当事人自行提供虚假诉讼的证据，几乎没有可能性，公安机关对虚假诉讼的态度依然是严守"公安机关不介入经济纠纷"规定，在国家监察体制改革以前，检察机关虽不能在调查取证中采取强制措施，但是侦查机关在办案中如发现相关案件线索，可以通过一体化办案机制移送民事检察部门。在司法体制改革后检察机关没有侦查权的情况下，赋予检察机关一定范围强制措施的调查取证权，符合群众诉讼意愿也符合司法规律，也是社会经济发展的新要求新需要。比如，最高人民检察院公布典型案例大连保税区再生资源加工中心有限公司与王洪波、郝秀丽借款纠纷虚假诉讼监督案，雷刚与巢小平、雷彩霞民间借贷纠纷虚假诉讼监督案中，检察机关就是充分运用了调查取证权，取得当事人虚构资金往来的事实，错误判决最终才被法院改判。①

三、再审检察建议的制度设计建议

（一）转化检察实践经验，强化法检两院再审检察建议的制度运行构架

建议民事诉讼法对民事再审检察建议的适用情形范围统一规定，将上级检察院可以发回下级检察院再审的范围固定在与检察机关能够发出再审检察建议的范围一致，统一办案法院。建议进一步严密制度安排，对通过检察机关检委会讨论的案件，法院应当直接受理，减少法院在立案受理环节对再审检察建议处理的随意性，同时增加法院对再审检察建议答复内容说理性要求的规定。

建议民事诉讼法明确再审检察建议适用中检察机关再审启动者地位，检

---

① 最高人民检察院民事行政检察厅：《人民检察院民事行政检察案例选》，中国检察出版社2018年版，第134页。

察机关可以参加再审审理并对再审进行现场监督，提升检察权的尊荣感，向社会宣示检察机关法治权力。建议民事诉讼法明确当事人在收到驳回再审裁定或者再审作出判决后，向检察机关申请检察监督的时效确定为在审判机关作出驳回当事人再审申请的两年内。

（二）适应司法体制改革需要，完善再审检察建议程序性、沟通性、保障性机制

一是建议弱化对再审检察建议的程序要求，对一定数额以内或者不涉及重大利益纠纷、法院重大审判错误的案件，赋予员额检察官直接发出再审检察建议的权力。同时加强检委会委员"最后把关人"的专家论证作用，对需要上检委会讨论案件的范围作明确规定，减轻检委会对不必要案件的讨论压力。

二是完善检法两院法官、检察官沟通协调机制，建议将再审检察建议制度与法院院长发现机制结合起来设置程序，对再审案件的处理结果，应当听取检察机关相关办案人的意见，在程序设置上留出检法两院法官与检察官沟通的空间。

建议确立再审检察建议的检察官回访制度。基于检察监督权的需要，对于发出的再审检察建议，检察机关既可以通过电话等形式与法官取得联系，也可以以回访的形式对再审检察建议进行跟踪，防止再审检察建议流于形式。

三是建议对于人民法院未予采纳的再审检察建议案件，检察机关依然认为存在《民事诉讼法》第200条规定的错误的，应当向上一级检察机关提请抗诉，确保检察监督质量。建议检察机关可以要求法院对超出期限或者临近超期的案件进行说明，杜绝审判机关对再审检察建议久拖不决、不闻不问等问题。建议加强对基于再审启动权的调查取证权予以加强，在调查虚假诉讼、恶意诉讼，涉及社会公共利益、国家利益等案件中的调查取证，相关义务人有逃避责任可能的，经批准，检察机关可以采取查封、扣押等相应的措施。

（三）加强在"互联网＋"时代再审检察建议的制度完善

互联网大数据不仅为新的经济发展业态提供了技术支撑，也应当是检察监督不断完善的新契机。就再审检察建议而言，建立从当事人、律师案件源

头的信息来源机制，与法院系统共同的案例指导网络和案卷审阅系统，在提高办案效率的同时规范检法两院的法律认知统一，减少因为不同法律认识造成的司法资源的浪费。

（四）增强内生动力，加强检察机关内部案件管理建设

检察权的布局设置中，除了法律监督的功能外，还有防止司法专断的权力制衡作用。审判机关应当主动适应和接受检察机关全方位的监督，检察机关也不应当将抗诉、再审检察建议数量、改变率作为评判案件成效的单一标准。建议最高人民检察院民事厅在全国民行领域通报数据中，综合考虑各地经济社会发展水平，通过引入检法两院办案数量对比量、案件办理社会效果参考量等考核因素，综合评价各地办案质效。

专题二

智慧司法背景下法律文书说理问题

智慧司法背景下裁判文书说理的质量要求

◉ 赵朝琴*

党的十八届三中全会提出，增强法律文书说理性，推动公开法院生效裁判文书。党的十八届四中全会提出，加强法律文书释法说理，建立生效法律文书统一上网和公开查询制度。人民法院信息化建设步伐在加快，智慧司法对裁判文书说理的影响无疑是巨大的。正如文书格式不必要也不可能解决裁判文书说理的所有问题一样，智慧司法也不可能完全替代个案裁判文书说理，但是又会给裁判文书说理带来新的变化、机遇和挑战。本文尝试探索智慧司法背景下裁判文书说理一个重要而具体的问题——说理的质量要求。

一、文本分析

（一）分析文本

无锡市中级人民法院（2014）锡民终字第 01235 号民事判决书（以下简称"冷冻胚胎案判决书"），是在依照规范格式进行写作的前提下，对裁判文书进行个性化表达的优秀范例。该文书的说理部分，以"保护公民合法的民事权益"为大前提，从"伦理""情感""特殊利益保护"三个角度出发，展开三个层次的论述。

结合本案实际，应考虑以下因素以确定涉案胚胎的相关权利归属：一是伦理。施行体外受精—胚胎移植手术过程中产生的受精胚胎，具有潜在的生命特质，不仅含有沈杰、刘曦的 DNA 等遗传物质，而且含有双方父母两个家

* 赵朝琴，河南财经政法大学教授，法学博士，中国法学会法律文书学研究会副会长。本文为国家社科基金一般项目"司法改革背景下的裁判文书公开说理研究"（项目批准号 14BFX058）的阶段性成果。

族的遗传信息，双方父母与涉案胚胎亦具有生命伦理上的密切关联性。二是情感。白发人送黑发人，乃人生至悲之事，更何况暮年遽丧独子、独女！沈杰、刘曦意外死亡，其父母承欢膝下、纵享天伦之乐不再，"失独"之痛，非常人所能体味。而沈杰、刘曦遗留下来的胚胎，则成为双方家族血脉的唯一载体，承载着哀思寄托、精神慰藉、情感抚慰等人格利益。涉案胚胎由双方父母监管和处置，既合乎人伦，亦可适度减轻其丧子失女之痛楚。三是特殊利益保护。胚胎是介于人与物之间的过渡存在，具有孕育成生命的潜质，比非生命体具有更高的道德地位，应受到特殊尊重与保护。在沈杰、刘曦意外死亡后，其父母不但是世界上唯一关心胚胎命运的主体，而且亦应当是胚胎之最近、最大和最密切倾向性利益的享有者。综上，判决沈杰、刘曦父母享有涉案胚胎的监管权和处置权于情于理是恰当的。①

可以看出，上述案例中，每一层分析结束句的目标指向，都是双方父母对涉案胚胎有没有监管权和处置权。判决书理由论述站位高，每一层都有如下相似的结构：（1）每一层的开始，都是一个关键词，分别为"伦理""情感""特殊利益保护"。（2）接着就是具体理由的表述，分别从 DNA 物质、独生子女家庭、特殊利益保护等方面展开论证，这一层也为下一步的分论点总结做好了过渡。（3）最后一层是分论点的归纳，论述收回来的落脚点非常精准。三层论述之后，判决书把胚胎属性解释为"过渡存在"——系该判决书说理精彩之笔，最后得出双方父母是胚胎"最近""最大""最密切倾向性利益""享有者"的结论。这段情、理、法高度融合的说理，入情入理，直抵人心，说服力很强，让我们从鲜活的司法案例中看到了法官对案件的全面理解、对法律规定的生动诠释。

（二）观察立场

读懂优秀裁判文书说理高质量的密码，不仅需要学习文本，还需要深入思考：裁判文书说理有哪些基本要素？能否分解为基本的写作单元即写作要素？既然写好这些要素是提升裁判文书说理质量的必要条件，我们应当怎么认识和掌握这些条件？怎么完善说理机制，以发挥制度普遍的指引

---

① 无锡市中级人民法院（2014）锡民终字第 01235 号民事判决书。

和督促作用？

总体上看，裁判文书说理的基本要素包括"证据评断""事实认定""法律适用"。在具体文书中，还会有"情理论证"等方面的内容。说理的这些基本要素并非在每一份裁判文书中同等程度地展现，而是因案而异，反映出具体案件说理的个性色彩。上述冷冻胚胎案判决书，是以胚胎属性为关键点，以情理分析为特色，重点就当事人是否享有对涉案胚胎监管权与处置权展开论述。至于案件基本事实和证据等要素的分析，则是采用概述的方法。说理基本要素是评价说理质量的重要指标，这样的观察立场，既不单单是实体法的立场，也不单单是程序法的立场；既不单单是理论法学的立场，也不单单是部门法学的立场；既不单单是法学的立场，也不单单是写作学的立场……一言以蔽之，这个立场是属于裁判文书乃至法律文书说理的立场，这一认识对理解和确立裁判文书说理的质量标准，具有重要的方法论意义。

需要说明的是，并非所有裁判文书都需要像上述案例那样说理，繁简分流也是裁判文书说理的基本原则。智慧司法可以助力繁简分流原则更好地实施，对说理中那些具有共性的、规范化的内容进行抽取和研究，制定出可以重复使用的模板或系统，将法官从简单重复的劳动中解放出来，提高说理的效率。另外，基于案件千变万化，裁判文书说理总会有需要面对的现实难题，像如何将法律规定准确适用于疑难案件，如何有效连接证据与事实、事实与法律，如何融贯法律属性于说理之中，等等，则非裁判文书写作系统或写作模板可以代替。

（三）认识规律

反映法律规定或者法律精神，是裁判文书说理的灵魂。离开了法律规定或者法律精神，裁判文书说理将无从写起。追求裁判文书说理的高质量，既要写清基本要素，又要将基本要素放在一起进行整体性考虑，反映这些要素之间的内在联系。如果说理过程中，发现无法建立起来可信的、具有说服力的逻辑关系，则需要反思审判过程中是否存在问题。这个时候，裁判文书说理就会对整个案件处理产生良好的反作用力，这也是为什么会把裁判文书说理改革称之为"倒逼"司法改革"柳叶刀式"措施的理由。也就是说，规范裁判文书写作，加强裁判文书说理，会促使法官更高质量地审理案件，进一步促进司法公正。

正义是裁判文书说理的核心价值，研究说理的高线与底线目标，离不开对正义价值的理解。关于正义，《法学总论——法学阶梯》中这样说："正义是给予每个人他应得的部分的这种坚定而恒久的愿望。"① 从上述个案分析获得的知识，提醒我们对裁判文书说理质量要有一个理性的认知。裁判文书说理的正义价值，不仅包括实体正义，还包括程序正义。裁判文书说理的正义价值目标，既包括实体正义目标，又包括程序正义目标。评价裁判文书说理正义的质量标准，既包括实体正义标准，又包括程序正义标准。基于裁判文书说理的内在规定性，本文以说理正义为指引，分别从高线与底线两个维度探讨裁判文书说理的质量要求。

二、裁判文书说理的高线目标

（一）说理实体正义

裁判文书说理的实体正义，是指诉讼程序运行中说理的实体正义，又可称为"结果正义"或"结果公正"。在裁判文书中，说理实体正义具体体现在"证据评断""事实认定""法律适用"等部分，最终体现在"裁判结论"部分。

证据评断是裁判文书说理的重要组成部分。在裁判文书中，法官需要针对各方当事人关于证据方面的主张与存在的异议进行分析评判，阐明认定证据的具体理由。裁判文书中评断证据是法律本身的要求，具体文书在说理时会呈现复杂的面相。例如某自诉案件，同样一组证据，诉辩审三方的写作目的和论证方法各不相同，诉方取证和当庭展示该组证据，目的是证明己方主张；辩方的质证，目的是证明该证据没有证明力；而法官的认证，则运用了以子之矛攻子之盾的方法，论证该组证据恰恰证明诉方有责任。我们当然无法预估司法实践中分析证据评断多姿多彩的情形，但是透过现象可以发现，无论实际情况如何变化，都属于针对证据说理的范畴，目的是证明案件事实。

---

① ［罗马］查士丁尼：《法学总论——法学阶梯》，张企泰译，商务印书馆 1997 年版，第 5 页。

实践中，需要重点考虑的是，如何恰当运用说理方法，有针对性地评价判断证据。

事实认定即就事论理，揭示案件的事理。裁判文书的事理，是指法官需要阐明认定事实的道理。事理蕴含于事实之中。对裁判文书而言，分析事理既要从查明的事实入手，又要结合相关法律规定进行论证，从而将案件事实定位于某种法律事实。事实认定的过程，实际上已经是间接反映法律规定（精神）的过程了。① 具体来说，事实认定要以相关的法律规定为依据，分析评定案件性质，区分责任的有无及判定责任的大小，从而为公正裁判提供事实依据。事实认定还要针对各方当事人主张的事实及存在的异议进行分析评判，以明辨是非对错。如一审刑事判决书样式，既区分了诉方意见和辩方意见的表达层次，又区分了法院意见的具体表达次序，更加重视法院意见中对诉辩双方有异议的事实、证据和适用法律意见的回应。②

法律适用，这里指的是适用实体法，是理由中非常重要、比较难写的内容。言其重要，是因为法律适用乃体现裁判文书法律属性的必要手段，离开了法律适用，裁判结论就难以立足。言其困难，是因为法律适用是衔接案件事实与裁判结论的桥梁，将具有普遍性、概括性的法律条文运用于具体的个案，本身就是一件极其复杂的事情，其难度可想而知。法律适用的关键，是要在案件事实和裁判结论之间建立起来一个可以接受的、值得相信的关系，通过文书说理展现法官的思维过程。裁判文书展现法官的这一思维过程，通常是处理前理解与裁判理由之间紧张关系的思维过程，当这个紧张关系舒缓到妥适的程度，法官才能借助法律方法作出理由充分的判决。

（二）实体正义是说理的高线目标

说理实体正义目标，与证据评断标准、事实认定标准和法律适用标准有直接联系，要求做到：证据评断有力、事实认定清楚、法律适用准确。裁判文书说理必须依法进行，将实现最高限度的实体正义作为追求目标。这一目

---

① 杜福磊、赵朝琴主编：《法律文书写作教程》，高等教育出版社2013年版，第9页。
② 最高人民法院审判委员会：《法院刑事诉讼文书样式（样本）》。详见样式1："一审公诉案件适用普通程序用刑事判决书"。

标之所以是高线目标，是因为人的认识能力、思维水平、表达能力、制度设计等方面存在客观局限性，裁判文书说理的最高标准，只可能无限接近审判过程的认识结论（裁判结论），而不可能超越审判过程。从社会学角度看，裁判文书说理与审判过程的契合性问题一直都是现实的存在，裁判文书说理只可能无限地接近实体正义的高线，但不可能百分之百地实现，更不可能超越。

在说理实体正义高线目标的视域内，案件性质不同，实体正义的具体目标也会不同，需要透过案件事实分析案件性质，揭示蕴含其中的法律精神，完成对案件事实的理性认识及法律升华，使案件事实与法律规定紧密地结合起来，为证明裁判结论提供有力的依据。具体来说，刑事案件，说理要根据案件事实，围绕定罪、量刑等方面展开论证，回答被告人是否构成犯罪、构成何种罪名、如何承担刑事责任。民事、行政案件，说理要理顺当事人之间的法律关系，根据法院查明认定的事实和证据，围绕纠纷的实质进行分析，依法辨明是非，分清责任。另外，还需要针对各方当事人争议的问题进行分析评说，表明是否予以采纳，并说明理由。

（三）说理实体正义的评价标准

裁判文书说理实体正义的评价标准，与庭审的实体性内容息息相关。从实体正义角度审视裁判文书说理，可以将"如实"作为具体的说理标准。法官只要能够"如实"阐述审判阶段对案件证据、事实和适用法律的具体意见，就应认为是履行了实体意义上的说理义务，符合了裁判文书说理的实体正义标准。

评价裁判文书说理实体正义，可以分为"合格""良好""优秀"三个标准。

合格标准即基本标准。要求：事实认定概括，证据评断简单，法律适用准确，证据与事实之间具有一致性，认定事实与适用法律具有一定契合度，基本要素齐备，表述基本完整。例如，"被告人以非法占有为目的，采用秘密手段窃取财物，数额较大，其行为已构成盗窃罪。公诉机关的指控成立，本院予以支持。对于辩护人提出的……本院不予采信"。

良好标准即较高标准。要求：事实认定比较清楚，证据评断比较充分，法律适用准确，证据与事实之间具有较高的一致性，认定事实与适用法律的契合度比较高，要素齐备，逻辑结构比较严谨，表述比较完整。例如，"……证明被告人具有非法占有目的……体现出被告人采用了秘密手段，本案被告人盗窃数额共……已达到数额较大标准。依照《中华人民共和国刑法》第 246 条规定，被告人×××的行为构成盗窃罪。公诉机关指控被告人的事实清楚，证据确实充分，予以支持。对于辩护人提出的……本院不予采信"。

优秀标准即高标准。要求：事实认定清楚，证据评断确实充分，法律适用准确，证据与事实之间具有高度一致性，认定事实与适用法律的契合度很高，表述完整，语言精确，繁简适当，情理法融合统一。例如，"……证明被告人具有非法占有的目的……体现出被告人采用了秘密手段，本案被告人盗窃数额共……已达到数额较大的标准。依照《中华人民共和国刑法》第 246 条规定，被告人×××的行为构成盗窃罪。公诉机关指控被告人的事实清楚，证据确实充分，予以支持，对于辩护人提出的……本院不予采信，理由是……；对于辩护人提出的……本院不予采信，理由是……；对于辩护人提出的……本院不予采信，理由是……"

三、裁判文书说理的底线要求

（一）说理程序正义

裁判文书说理的程序正义，是指说理中那些来自于程序本身的、使人感到满意的东西。程序正义是裁判文书说理的内在价值，属于过程价值。说理的程序性内容包括程序事实、程序事项、审判过程、回应诉辩意见、归纳争议焦点、说理程度等方面，是展示程序正义的重要和必要环节。受"重实体、轻程序"传统观念的影响，说理程序正义价值容易被忽视。深化司法改革背景下，说理程序正义价值越来越受到重视。

说理程序内容有以下特点：一是说理内容由法律或制度规定；二是说理基本模式与结构框架已被事先确定，程式化特征显著；三是说理要素固定，类型化特征明显。例如，《最高人民法院五五纲要》规定："进一步完善道路交通事故等纠纷网上数据一体化处理机制"，就是对道路交通事故等纠纷的裁判文书类型化说理提出的明确要求。① 说理程序正义主要体现为以下几个方面的价值目标：一是程序事实清楚，程序事项明确；二是再现举证、质证和法院认证过程；三是平等对待诉辩双方意见；四是分析说理充分。

（二）程序正义是说理的底线要求

程序正义被称为"看得见的正义"，有其自身的独立价值。作为一种"过程价值"，程序正义主要体现在裁判结论的产生过程中。强调说理程序正义是指，不仅要努力实现裁判结论的实体正义，也要确保证明裁判结论的过程是正义的。刑事案件中，办案人员通过刑讯逼供获得犯罪嫌疑人口供，进而侦破案件。假定由此得到的证据能够证明案件事实、与客观事实相符，行为人得到了应有制裁，但是程序正义已遭到破坏，无法避免因刑讯逼供而导致更多冤假错案的发生，程序正义价值并未实现。

裁判文书说理的程序正义标准需要与特定时代和特定社会的政治、经济、文化等状况相适应，尽管不能提出一个普遍的最高的程序正义要求，却仍可以根据人类的共同心理要求，提出可适用于所有现代文明社会的最低限度程序正义标准。这种标准之所以是最低的，是因为它仅是确保程序正义得以实现的必要条件，而非充分条件。因为，"一项刑事审判程序即使坚持了这些最低标准，也不能完全抑制不公正的现象发生。但如果法官的刑事审判不符合这些标准中的任何一个，那么审判程序都是不公正的、不合理的。正因为这些标准是最低的，它们才可以被人们普遍地接受和采纳"。②

（三）说理程序正义的评价标准

裁判文书说理的程序正义标准，与庭审程序进程的再现和说理要素的充分表达息息相关，是尊重说理程序法律属性的应有之义，是说理的底线要求。法官应当再现裁判结论何以得出的程序进程，应当充分表达说理要素。如果

① 最高人民法院：《最高人民法院关于深化人民法院司法体制综合配套改革的意见——人民法院第五个五年改革纲要（2019—2023）》，法发〔2019〕8号。
② 陈瑞华：《刑事审判程序价值论》，载《政法论坛》1995年第5期。

法官没有再现裁判结论何以得出的程序进程和充分表达说理要素，即应当认定没有尽到程序意义上的说理义务，没有达到裁判文书说理的程序正义标准。

评价裁判文书说理程序正义，可以分为"合格""良好""优秀"三个标准。

合格标准即基本标准。要求：基本要素具备，说理基本完整。例如，"被告承认原告部分诉讼请求"。

良好标准即较高标准。要求：要素齐备，逻辑结构比较严谨，说理比较完整。例如，"被告承认原告部分诉讼请求，即……"

优秀标准即高标准。要求：要素完备，逻辑结构严谨，说理完整，语言精确，繁简适当，情理法融合统一。例如，"被告承认原告部分诉讼请求，即……鉴于双方的纠纷是因为……所引起，原告负有一定的责任……可以适当降低被告的赔偿数额"。

四、智慧司法语境下的裁判文书说理质量评价

（一）明确说理要素，为智慧司法奠定基础

智慧司法不可能单独进行，必须以遵循司法规律为前提。[①] 将智慧司法理念引入裁判文书说理，必须以遵循说理规律为前提。裁判文书说理质量评价需要标准，但裁判文书说理质量标准是一个相对的提法，说理质量标准是从裁判结论出发进行考察的，本身就具有相对性。应当站在尊重裁判文书属性、反映程序理性、彰显正义价值、把握和运用裁判文书写作规律的立场，去考察裁判文书说理，评价说理质量。具体来说，应当根据说理正义的高线与底线要求，评价说理内容对裁判结论的支撑度，设计具体的说理质量评价标准。前文提到，裁判文书说理结构内部存在三个支撑裁判结论的说理要素——"证据评断""事实认定""法律适用"。"证据评断""事实认定""法律适用"三者之间有着内在的逻辑关系，没有证据评断就没有事实认定，

[①] "智慧法院"的建设具有重要价值，也大有可为。但是，如果更进一步，让人工智能超出辅助性手段的范畴而全面应用于审判案件，甚至在很大程度上取代法官的判断，那就很有可能把司法权引入歧途。参见季卫东：《司法人工智能不可本末倒置》，载《北京日报》2019 年 9 月 17 日第 15 版。

法律适用需要以事实认定为基础，在事实认定和法律适用之间还存在不断往返的关系。明确说理质量评价要素，需要从这三个方面及其关系的角度展开。智慧司法可以此为基础，将说理要求中具有共性的内容进行归纳梳理，为科学评价说理内容提供操作规范，节约审判管理和说理质量评价的成本，减轻法院的工作压力和负担。

（二）坚持统筹兼顾，为裁判说理留足空间

裁判文书说理具有鲜明的个性色彩，但智慧司法也并非完全无能为力。倡导智慧司法，建立法律推理的形式模型，研发法律文本的自动总结应用程序，可以普遍提升论证挖掘深度，并确保论证挖掘质量的稳定性和评估的客观性。[①] 智慧司法不是要让人工智能取代法官的判断，人工智能也不可能取代法官的判断，因为案件是千变万化的，是人工智能无法完全预知和评估的。智慧司法应当结合裁判文书说理模式，从整体上考量和设计说理质量评价标准体系。

模式，是指作为标准的结构或样式。[②] 裁判文书说理模式，是指作为裁判文书说理标准的结构或样式。总体上看，裁判文书说理模式已经相对成熟和稳定，说理结构属于主从分明、多线交织的复线形态，其中法院意见是主线，诉辩意见是辅线。说理不仅要针对法院意见进行，还要分析评判诉辩意见。三段论是裁判文书说理的基本逻辑公式，但仅有三段论还不够，还需要综合运用法律解释、漏洞补充、情理分析、道德考量等方法进行说理，以更好地建构裁判的大小前提，支撑起裁判结论。

裁判文书说理是共性和个性的统一体。其中，共性决定个性，个性是共性的必要补充，两者相辅相成。智慧司法可以在尊重裁判文书说理共性特征的基础上有所作为，以程序正义价值实现为标准（底线要求），探索如何在保障说理质量的前提下提高写作效率。与此同时，通过智慧司法建立法律推理形式模型等系统，要以尊重说理个性为前提，不能把普通程序、简易程序的划分标准简单套用到说理质量评价中，应为裁判文书个性化说理留足空间，

① 熊明辉：《法律人工智能的十大前沿问题》，载《光明日报》2019 年 8 月 6 日第 11 版。
② 李行健：《现代汉语规范字典》，外语教学与研究出版社、语文出版社 2004 年版，第 920 页。

研究如何在创新说理模式基础上实现裁判文书的实体正义价值（高线目标）。

（三）助力繁简说理，为优化效果提供指引

毋庸置疑，裁判文书说理应当繁简分流，当繁则繁，当简则简，这与裁判文书说理的程序正义要求并不矛盾，而且在本质上是一致的。实践中，繁简说理的具体表现具有不确定性，案件性质不同、审判程序不同、复杂程度不同、社会影响不同，其繁简说理及其程度会呈现不同变化，有的案件在繁简说理之间还会发生转化，但是其内在的精神是一致的，体现的繁简分流原则是不变的。

在依据繁简分流原则说理方面，智慧司法有不少发挥作用的空间。互联网法院的诞生，标志着智慧司法进入了一个快速发展的时期。互联网审判实现了司法审判的"互联网表达"[①]，当庭宣判的案件也可"立等可取"拿到裁判文书。[②] 智慧司法应当与繁简说理深度融合，在保障说理质量的同时，大幅提升说理效率，享受到科技创新发展的红利。具体来说，说理繁简分流的过程，可以借助司法智慧，将能够规范化、程式化的说理内容进行梳理、归纳，将能够固定或者局部固定的说理表达要素进行类型化处理，并通过研发具有针对性的说理程序（如交通事故纠纷案件判决书说理程序），为法官规范化说理（共性说理）提供具体的技术指引。这样，不仅节约了说理成本，法官还能将宝贵的时间集中于个性化说理内容，进一步优化说理的质效。

（四）完善评价机制，为提升质量保驾护航

智慧司法离开完善的说理质量评价机制，很难实现良好的说理效果。其实，包括现行法律、司法解释、《最高人民法院关于加强和规范裁判文书释法说理的指导意见》（以下简称《意见》）和裁判文书格式在内的说理规范性

---

① 李万祥：《北京互联网法院启动"在线智慧诉讼服务中心"》，载《经济日报》2019年7月3日第14版。

② 刘一荻：《人民法院信息化3.0版主体框架确立　法官可利用移动终端办案》，载 https：//finance. sina. com. cn/roll/2019－03－01/doc-ihrfqzkc0393856. shtml，最后访问时间：2019年3月2日。

条文和个性化要求①，不仅说明裁判文书理由具有很强的包容性（兼顾共性与个性内容），同时也为智慧司法与说理实践有机融合提供了广阔的舞台和空间。如最高人民法院《意见》关于释法说理的规定即具有鲜明的系统性特征，可以此为指引，从以下方面完善说理评价机制：一是要将裁判文书双重核心的基本理论融贯在说理评价机制的具体内容中；二是既要有适合裁判文书说理的共性规则，又要有针对不同类型案件说理的个性要求；三是借助智慧司法，将刑事、民事、行政裁判文书具有共性的部分进行归纳，予以总体性和规范化的程序设计，将其个性化的部分进行分类，提出针对性和个别化的具体要求。

裁判文书是被依法放在审判程序特定节点的书面文件，程序理性对裁判文书具有决定性作用和影响，裁判文书说理当然不得违反审判程序的规定和精神。程序理性作为裁判文书说理的内在规定性，应在说理质量评价机制中得到遵循。② 在总体指标设计上，应着重考察裁判文书是否依照法律规定和具体要求进行说理，是否围绕裁判结论、针对案件争议焦点进行说理，这些反映说理质量的关键指标，也是通过质量评价体系和质量评价行为引导规范说理、高质量说理的关键指标。在分类指标设计上，应当综合考虑文书格式、审理程序、诉辩意见归纳情况、证据评断、事实认定、法律适用和裁判结果等方面。关于文书格式，要求说理要素准确、齐全、清晰、有序。关于审理程序，要求内容具体、全面，程序问题概括集中、准确。关于诉辩意见，要求客观、如实、完整归纳诉辩各方意见。关于证据评断，要求围绕证据的关联性、合法性和真实性，再现审查判断证据的过程和理由，分析评判各方争议焦点。关于事实认定，要求论证认定事实的过程和理由，分析评判各方争

---

① 最高人民法院《意见》明确规定，"十七、人民法院应当将裁判文书的制作和释法说理作为考核法官业务能力和审判质效的必备内容，确立为法官业绩考核的重要指标，纳入法官业绩档案。十八、最高人民法院建立符合裁判文书释法说理规律的统一裁判文书质量评估体系和评价机制，定期组织裁判文书释法说理评查活动，评选发布全国性的优秀裁判文书，通报批评瑕疵裁判文书，并作为监督指导地方各级人民法院审判工作的重要内容。十九、地方各级人民法院应当将裁判文书释法说理作为裁判文书质量评查的重要内容，纳入年度常规性工作之中，推动建立第三方开展裁判文书质量评价活动。"参见《最高人民法院关于加强和规范裁判文书释法说理的指导意见》，法发〔2018〕10号。

② 赵朝琴、邵新：《裁判文书说理制度体系的构建与完善——法发〔2018〕10号引发的思考》，载《法律适用》2018年第21期。

议焦点。关于法律适用，要求阐释裁判依据的法律规范以及适用法律的具体理由，分析评判各方争议焦点。关于裁判结果即主文，要求表述准确、规范、完整，无歧义。

改革开放四十年来，最高人民法院和地方各级人民法院一直没有停止探索和完善裁判文书写作制度尤其是说理制度的脚步，并将其作为全面深化司法改革的一个关键节点予以重点关注，采取了一系列行之有效的措施。2018年6月13日，最高人民法院《意见》作为一个系统化的说理制度开始实施，就是司法改革精准性一个非常重要的体现，其标志性意义体现在，以制度回应社会关切，循规律规范释法说理。《意见》的实施，将包括裁判文书说理在内的裁判文书写作带入一个新时期。贯彻实施《意见》需要配套制度的衔接与完善，智慧司法为提升裁判文书的说理质效营造了非常有利的外部环境和条件。以说理高线和底线为目标要求，下一步需要进一步完善说理内外部机制，研究和制定说理质量评价系统，为裁判文书说理提供具体的制度支撑和技术指引，激励法官说理积极性，提升法官说理的能力和水平，促进裁判文书高质量发展，让人民群众透过高质量说理感受司法的公平和正义。

论智慧司法对民事裁判文书
说理带来的挑战与机遇

◉ 刘金华[*]

一、智慧司法的功能与价值

司法信息化是实现司法现代化的必由之路，"智慧司法"是司法信息化建设的关键。人工智能技术的发展不仅改变了人类社会的经济形态和社会交往模式，也对传统的法律结构提出了挑战和带来了机遇。为了贯彻和落实习近平总书记的网络强国战略思想，司法部门运用云计算、大数据和人工智能等新技术开展"数字法治、智慧司法"信息化体系建设，以提升全面推进依法治国实践的能力和水平。智慧司法的功能和价值主要体现在以下两个方面。

（一）实现司法公正

习近平总书记指出，"没有信息化就没有现代化"。云计算、大数据、人工智能，这些新兴的互联网技术，正在重塑法律服务的形态，网络化、智能化的智慧法院建设已经在全国各地稳步推进。最高人民法院审委会专职委员刘贵祥指出："智慧法院决不仅限于建设一些网络设施、应用一批业务系统、提供几种智能服务，更在于利用先进的网络信息技术推动整个法院审判执行方式的全局性变革，借助人工智能技术极大地辅助法官和办案人员提高公正司法和司法为民质效。"[①]

---

[*] 刘金华，中国政法大学教授，法学博士，硕士生导师。

[①] 叶子：《"智慧司法"开启法律服务新时代》，载《人民日报（海外版）》2018年1月26日第8版。

从裁判文书看，2010年11月21日，最高人民法院出台了《关于人民法院在互联网公布裁判文书的规定》，施行裁判文书公开上网，此后几经改革完善，2016年7月25日，最高人民法院审判委员会第1689次会议通过了《关于人民法院在互联网公布裁判文书的规定》（以下简称2016年《公布裁判文书的规定》），自2016年10月1日起施行。该规定对裁判文书上网进一步作出了规范性的规定，包括扩大裁判文书上网公布的范围、明确不予公布的例外情形等，使裁判文书上网更加制度化、规范化。据官方报告，截至2018年5月，中国裁判文书网共公布全国各级法院生效裁判文书4490余万篇，访问量突破149亿人次，访客来自全球210多个国家和地区，已经成为全球最大的裁判文书网；中国执行信息公开网累计公布执行案件3706万余件、被执行人信息5365万条、失信被执行人信息1045万余条，为凝聚全社会力量推动解决"执行难"问题起到了积极作用。[①] 上述报告说明，裁判文书上网公开已经制度化，打造"透明法院"、实行"阳光司法"的目标，至少在裁判文书公开领域正在快速接近。

"智慧司法"的"网络化"与"阳光化"可以说是一枚硬币的两面。互联网诉讼平台的建立对于推动法律服务信息公开大有裨益，电子卷宗随案同步生成和深度应用，也便利了信息的存储和公开。[②] 司法大数据为裁判文书公开创造了条件，也提出了挑战，对裁判文书制作质量提出了更高的要求。"说理"是裁判文书的精髓，体现了裁判过程，彰显了法官智慧，承载了司法文明，对于服判息诉、定分止争具有至关重要的作用，唯有具有针对性、充分性、逻辑性的说理，才能让实现正义的过程以看得见的方式呈现，才能"让人民群众在每一个司法案件中感受到公平正义"。[③] 从裁判文书制作说理的角度看，智慧司法的功能和价值在于，通过社会公众的网络监督，倒逼案件裁判者明理释法，公开裁判结果形成的心证过程，促进司法公正的实现。

---

① 徐隽：《司法大数据让公平正义看得见》，载《人民日报》2018年5月2日第9版。

② 叶子：《"智慧司法"开启法律服务新时代》，载《人民日报（海外版）》2018年1月26日第8版。

③ 朱新林：《裁判文书说理的几个着力点》，载《人民法院报》2017年5月26日第6版。

（二）提高诉讼效率

从目前情况看，近年来，人工智能在我国司法领域得到了快速的应用。概括起来，主要体现在以下几个方面：一是司法信息数据化。运用技术手段将纸质卷宗等数据化，为进一步推动人工智能在司法领域的应用打下数据基础。二是文书制作智能化。实现裁判文书中当事人信息、诉讼请求等固定格式内容一键生成，并按法律要素对法律文书进行结构化管理，辅助法官完成法律文书撰写，提高办案效率。三是辅助裁判智能化。法官办案时，智能辅助系统依托自身的审判信息资源库，自动推送案情分析、法律条款、相似案例、判决参考等信息，为法官提供统一、全面的审理规范和办案指引。同时，当法官的判决结果与同类案件判决发生重大偏离时，系统会自动预警，起到智能化监督效果。[①]

据此，从裁判文书角度看，智慧司法中人工智能的应用主要体现在以下两个方面：一是运用大数据、云计算、人工智能等新兴技术，立足于法官办案的核心需求，创新构建服务统一裁判尺度的裁判文书自动生成系统。二是通过对司法大数据的分析，找出裁判法律文书的规律，发现一些应当改进的节点，找出应当填补的裁判文书的漏洞，省去一些不必要的环节，使裁判文书的制作更加规范化。[②] 从上述司法大数据技术的具体应用看，一方面，建立裁判文书自动生成系统，对案件实现智能审判，根据不同的案件类型，自动提取信息，生成裁判文书，经过法官复核确认，可以实现案件的繁简分流。另一方面，通过对司法大数据的分析，找出裁判文书制作的规律，查漏补缺，可以省去不必要的环节。上述智慧司法功能，不仅有利于规范司法，而且有利于提高诉讼效率。

二、智慧司法对裁判文书说理提出的挑战

裁判文书应当加强说理已经成为社会共识，为了进一步加强和规范人民法院裁判文书释法说理工作，提高释法说理水平和裁判文书质量，最高人民

---

① 左卫民：《司法人工智能尚需实践探索》，载《中国司法》2018 年第 8 期。
② 金晓丹：《科技使司法之路更平坦》，载《人民法院报》2010 年 11 月 5 日第 7-8 版。

法院于 2018 年 6 月 1 日印发了《关于加强和规范裁判文书释法说理的指导意见》（以下简称《说理意见》），自 2018 年 6 月 13 日起施行。《说理意见》的核心内容主要体现在以下几个方面：一是说理目的。裁判文书释法说理的目的，是通过阐明裁判结论的形成过程和正当性理由，提高裁判的可接受性，实现法律效果和社会效果的有机统一。二是说理内容。裁判文书释法说理，要阐明事理、释明法理、讲明情理和讲究文理，并从审查判断证据说理、认定事实说理、适用法律说理、行使自由裁量权的说理等方面提出了具体的要求。三是说理规范。具体包括遵循文书样式、合法地引用规范性法律文件、使用符合国家通用语言文字规范和标准的语言、行文规范等。四是说理方式。要根据案件社会影响、审判程序、诉讼阶段等不同情况进行繁简适度的说理，简案略说，繁案精说，力求恰到好处①，并对"应当加强释法说理"和"可以简化释法说理"的具体情形作出了明确的规定。《说理意见》的施行，对规范裁判文书说理无疑具有较为重要的意义。

从传统的审判模式看，虽然裁判文书说理至关重要，司法机关也一直倡导裁判文书制作应当释法明理，但在司法实践施行中效果并非尽如人意，原因是多方面的，其中的两个因素不容忽略：一是我国是成文法国家，在裁判文书说理上与判例法国家的法官相比，法官的积极性可能不会很高。因为施行判例法的国家，法官判案说理即可成为法律，说理有积极性；我国裁判文书的说理并没有这一效用。二是"诉讼爆炸""案多人少"。多年来，我国多元化纠纷解决机制虽然已经确立，但是并不完善，社会上大量案件涌入法院，法官审案负担重、压力大，难以腾出较多的精力和时间对案件充分说理。因此，规范裁判文书说理是一方面，另一方面还需要从外部创造条件，为裁判文书说理提供便利。

裁判文书上网公开，弥补了成文法文书制作法官成就感的缺失，智力成果在网上得到了充分的展示。另外，科学技术的发展对裁判文书说理提出了

---

① 《说理意见》第 14 条规定，为便于释法说理，裁判文书可以选择采用下列适当的表达方式：案情复杂的，采用列明裁判要点的方式；案件事实或数额计算复杂的，采用附表的方式；裁判内容用附图方式更容易表达清楚的，采用附图的方式；证据过多的，采用附录的方式呈现构成证据链的全案证据或证据目录；采用其他附件方式。

挑战，即说理需要公开，需要经得起推敲和检验。同时，也为裁判文书说理创造了条件。从外部条件看，解决裁判文书说理的方法有两个：一是制度层面的；二是技术层面的。从制度层面看，应当完善多元化纠纷解决机制，在诉讼前解决纠纷，实现案件分流；应当完善民事诉讼中的审前准备程序；应当进行案件的繁简分流，使法官有更多的时间和精力，在重大复杂疑难的案件上充分说理。从技术层面看，就是运用日新月异的大数据技术，施行智慧司法，充分运用科学技术手段，使裁判文书的说理打破传统方式的制约，使大数据技术应用为裁判文书说理带来便利。

从目前情况看，智慧司法的运用还存在较多的问题。例如，对于智慧司法的理解还比较模糊，如何发挥智慧司法在裁判文书说理上的效用还需具体研究和明确。再如，将科学技术手段与司法相衔接，还存在技术手段和方法的完善，适用技术手段人员的掌握和适应问题。总之，智慧司法在裁判文书适用中存在的诸多问题还需要进行深入细致的研究。但是，有一点是明确的，现代化科学技术的运用只是一种方法和手段，最终目的是通过技术手段的合理运用，使法官做到针对不同类型的案件采用不同的说理方式，让当事人息诉服判，让社会公众在每一个司法案件的审理中都能感受到公平正义，使司法公正得到真正的维护。

三、智慧司法为裁判文书说理带来的机遇

说理是裁判文书的灵魂，是对法官制作裁判文书的基本要求。裁判文书说理的价值，是为了增强裁判行为的公正度、透明度，规范审判权的行使，提升司法公信力和司法权威，发挥裁判的定分止争和价值引领作用，切实维护诉讼当事人合法权益，促进社会的和谐稳定。智慧司法为裁判文书说理创造了条件，裁判文书说理应当充分利用现代科学技术手段，完善大数据的人工自动生成系统，实现说理的繁简分流，为法官说理创造条件，提供便利，以进一步促进司法公正，提高诉讼效率。

（一）强化裁判文书说理

西方法谚曰："正义不仅要实现，而且要以人们看得见的方式实现。"法

律的价值在于公平、公正，法律要给人以公平、公正，就要证明公平、公正在何处，这就要求法官承担起说理的责任，讲出令人信服的理由。法官充分说理不仅有利于司法公正的实现，而且有利于当事人服判息讼。如果裁判文书能够做到认定事实清楚、理由阐述充分，使当事人尽可能地了解案件事实认定和法律适用的过程，当事人就会减少对法官裁决公正性的怀疑，服判息讼。因此，裁判文书说理至关重要。需要注意的是，裁判文书需要说理，但应当注意繁简分流，以将裁判理由阐述清楚为限。根据《说理意见》第8条的规定，涉及下列案件裁判文书的制作，应当强化释法说理，即疑难、复杂案件；诉讼各方争议较大的案件；社会关注度较高、影响较大的案件；新类型或者可能成为指导性案例的案件；抗诉案件；二审改判或者发回重审的案件；重审案件；再审案件；其他需要强化说理的案件。需要强化说理的案件类型明确了，关键是如何强化裁判文书说理。

多年来，为了强化裁判文书的说理，无论是理论界还是实务界都作出了较大的努力，诸多学者著书立说，最高人民法院也施行了《说理意见》，对说理规范作出了规定，即裁判文书释法说理，要立场正确、内容合法、程序正当，符合社会主义核心价值观的精神和要求；要围绕证据审查判断、事实认定、法律适用进行说理，反映推理过程，做到层次分明；要针对诉讼主张和诉讼争点、结合庭审情况进行说理，做到有的放矢；要根据案件社会影响、审判程序、诉讼阶段等不同情况进行繁简适度的说理，简案略说，繁案精说，力求恰到好处。同时，对证据的认定和调查核实的说理亦作出了具体规定，裁判文书说理的制度规范基本形成，为法官制作裁判文书说理提供了依据。

制度规范的理论需要在司法实践中具体贯彻落实。涉及规范的具体适用，在强化法官个人职业素质的同时，需要注意以下两个问题：一是转变观念，与时俱进。强化文书说理，不仅与文书制作者的综合能力相关，随着法治建设的不断完善，有些固有的观念也需要不断调整和改变。例如，在法律执业共同体职能作用发挥上，裁判理由阐述观念的改变。在裁判文书理由的阐述中，诸多学者曾抨击过将律师代理意见直接纳入裁判文书的做法。实际上，从法律职业共同体的角度看，各法律职业人员虽然分工和职责不同，但价值目标是一致的，即追求司法公正。① 因此，在裁判文书制作中，如果代理律师阐述的代理意见有理有据、理由充分，法官是可以直接将其纳入裁判文书的。② 二是充分利用现代化科学技术。现代化科学技术的应用，为提高文书制作效率提供了可能，计算机的运用与传统的手书相比，既快捷又方便，还易于裁判文书文字的修改和内容的完善。同时，通过对司法大数据的分析，还可以找出裁判文书说理的规律，发现一些应当改进的节点，使裁判文书的说理更具有针对性。因此，对于复杂、疑难、当事人争议较大的案件等，裁判文书说理应当力争详细、具体、充分。

（二）简化裁判文书说理

裁判文书需要说理，但并不意味着都需要长篇大论，对于重大疑难复杂的案件，以及争议较大的案件，应当充分说理；对于事实清楚，权利义务关系明确的简单案件则可以简化裁判文书。关于裁判文书的简化，2015 年最高人民法院施行的《关于适用〈中华人民共和国民事诉讼法〉若干问题的解释》已有规定③，《说理意见》第 9 条亦规定，下列案件裁判文书，可以简化释法说理，即适用民事简易程序、小额诉讼程序审理的案件；适用民事特别程序、督促程序及公示催告程序审理的案件；适用普通程序审理但是诉讼各方争议不大的案件；其他适宜简化说理的案件。从上述规定可见，最高人民法院的司法解释对于裁判文书简化以及裁判文书说理的简化已有规定，施行了裁判文书说理的繁简分流。

简化裁判文书说理需要注意以下几个问题：一是只有法定可以适当简化

---

① 法律职业共同体，是指法官、检察官、律师、法学家为核心的法律职业人员所组成的特殊社会群体。

② 律师撰写的代理词属于智力成果，享有知识产权，但是法官撰写裁判文书时适用应属于例外情形。

③ 2015 年，最高人民法院施行的《关于适用中华人民共和国〈民事诉讼法〉若干问题的解释》（本文简称《民事诉讼法解释》）第 270 条规定：适用简易程序审理的案件，有下列情形之一的，人民法院在制作判决书、裁定书、调解书时，对认定事实或者裁判理由部分可以适当简化：（一）当事人达成调解协议并需要制作民事调解书的；（二）一方当事人明确表示承认对方全部或者部分诉讼请求的；（三）涉及商业秘密、个人隐私的案件，当事人一方要求简化裁判文书中的相关内容，人民法院认为理由正当的；（四）当事人双方同意简化的。第 282 条规定：小额诉讼案件的裁判文书可以简化，主要记载当事人基本信息、诉讼请求、裁判主文等内容。

说理的案件情形，制作裁判文书才能适当简化说理。二是简化说理并不是不说理，只不过要求说理应当适当的简明扼要，实际上对文书制作者说理提出了更高的要求。三是简化说理应当"适当"，切莫将简化说理理解为可以不说理。因为即使是适用简易程序审理的案件，也可能存在错误，当事人也享有上诉权。通过调解达成协议的案件，当事人签收调解协议后，虽然不能上诉，但是在存在法定情形的情况下可以申请再审。适用小额诉讼程序审理的案件虽然实行一审终审，当事人不能上诉，但是法律规定可以申请再审。如果法院作出裁判时不适当说理，当事人行使权利时可能会产生障碍。《关于适用中华人民共和国〈民事诉讼法〉若干问题的解释》与《说理意见》的规定相比较而言，显然前者的规定比后者的规定慎重得多。从适用简易程序审理案件说理适当简化看，《关于适用中华人民共和国〈民事诉讼法〉若干问题的解释》采用列举的方式，对案件类型规定详细得具体，《说理意见》规定得较为粗糙，不仅没有"适当"二字，而且规定所有适用简易程序审理的案件都可以简化释法说理，前后不一致的规定，放宽了简化释法说理的案件范围，可能会导致释法说理的倒退。[①]

实际上，法官审理案件除了制作裁判文书外，还需撰写审理报告。据有学者的实证研究，法院审理报告说理部分的篇幅一般更长，整体字数更多，说理内容也更翔实。例如，研究者随机抽取了 20 个案件的裁判文书和审理报告，裁判文书与相应审理报告的说理部分字数比例是 1∶1.2，在某些裁判中甚至更突出。大部分法官认为审理报告制作比裁判文书耗时更多。[②] 上述研究表明，法官审案是说理的，只不过有内外之分，施行智慧司法，现代化科学技术的应用，为审理报告与裁判文书的相互转换创造了条件，在电脑上动动手指即可完成对裁判文书的修改，案件审理报告就可以瘦身，因此切记裁判文书适当简化说理并不是不说理，而是对文书制作者提出了更高的要求，即说理应简明扼要。

[①] 司法实践中法院适用简称程序审理的案件占有相当数量。

[②] 裁判文书和审理报告说理均围绕争议焦点进行，但审理报告还会对判决书中不能引用、不能阐述、不宜公开的事项进行说明，往往写在"需要说明的问题"部分。参见夏克勤：《民事裁判文书说理实证调查》，载《中国应用法学》2018 年第 2 期。

（三）省略裁判文书说理

据报道，2019 年 3 月，根据苏州市中级人民法院的工作部署，苏州工业园区人民法院制定出台了《关于实施"分离式判决书"试点工作的规定》，启动了"分离式裁判"改革试点工作。适用分离式裁判的案件类型为：全部小额诉讼程序和适用简易程序审理、双方当事人到庭的道赔纠纷、劳动争议、物业纠纷等类型案件，以及其他标的在 20 万元以下、案情简单、事实争议不大的案件。适用分离式裁判的文书，裁判事实理由与裁判主文相分离，事实理由于当庭宣判时释明，只载明裁判结果。这样一来，原来冗长的裁判文书实现了"瘦身"，原来需要 1—2 个小时撰写的文书在 15 分钟内即可制作完成。① 从上述报道可以看出，苏州法院在文书制作说理改革方面又向前迈进了一步。

实际上，要求裁判文书说理，主要是为了实现诉讼公正与效率，这才是最终目的。科学技术的发展，智慧司法为省略裁判文书说理提供了可能，从具体改革运行模式看，送达给当事人的裁判文书省略了说理的内容，并不是法院的裁判不说理，只是说理的方式发生了转换，即通过庭审笔录予以体现。现代化的科学技术亦为改革提供了可能。据报道，在进行"分离式裁判"时，法庭摆设也有不同。法官和原、被告的桌上除了电脑显示器，还各放置了一个收音麦克风，法官、当事人和律师说的话同步转换成文字。庭审语音转换系统的使用保障了庭审笔录的规范性和完整性，100% 记录庭审中答辩、质证、辩论等流程，并翔实记录了法官当庭归纳的查明事实、裁判理由及对当事人的当庭释法。② 由此可见，现代化科学技术的运用不容忽视。

司法改革带来的成效不容忽视，随着科学技术的发展改革的步伐亦会加大。在肯定成绩的同时，重点是注意可能产生的问题。"分离式裁判"改革需要注意以下几个问题：一是"分离式裁判"是说理的，只不过是形式发生了改变，由文书说理变为法官庭上释法说理和将说理记入笔录，对法官提出

---

① 赵淑雯、何洁：《苏州法院全省首创"分离式裁判"》，载《现代快报》2019 年 5 月 24 日第 A4 版。

② 赵淑雯、何寅平：《苏州在全省首创"分离式裁判"法院判决书立等可取》，载 http://www.js.xinhuanet.com/2019 – 05/21/c_1124523176.htm，最后访问时间：2019 年 8 月 2 日。

了更高的要求。二是尊重当事人的意愿，弱化法院职权主义色彩，如果当事人要求法院制作的裁判文书载明理由，法院应当遵从当事人的意愿，在裁判文书中释法说理。三是严格案件审理程序。"分离式裁判"改革，说理主要通过笔录体现，笔录又被法官掌握，考虑到电子生成文字容易伪造、篡改的特性，应当严格遵循各项程序的规定，尤其是签字确认程序，以保证笔录的真实性，防止产生争议。因此，省略裁判文书说理，只是形式的省略而非实质的省略，说理仍然不可忽略。

总之，制作民事裁判文书重在说理，说理是文书的灵魂，智能司法对裁判文书说理提出了挑战，也带来了机遇，在民事裁判文书制作过程中，应当趋利避害，充分运用现代化的科学技术手段，为裁判文书说理创造条件。需要明确的是，无论说理形式如何变化，说理目的是不变的，即围绕裁判结果阐述裁判过程，保证司法公正。

民事行政检察文书释法说理的困境与突围

◎ 邓晓静　王冰寒[*]

在检察机关内部，较长时间以来，民事行政检察业务一直偏于"小众"，比之刑事检察业务，其受重视程度与关注度较轻。这在一定程度上造成了民事行政检察业务积弱偏软，检察机关的法律监督权发展不平衡的局面。自渎职和贪污贿赂案件的侦查权移转至监察委员会之后，检察机关的民事行政检察业务迎来了新的发展机遇，办理的案件量有了明显的提升（见图1）。2018年全年，全国检察机关共提起民事抗诉3933件，提出再审检察建议4087件；对选择性执行、超范围查封扣押等违法情形提出检察建议23814件。对认为确有错误的行政判决、裁定提起抗诉117件；提出再审检察建议90件；开展行政非诉执行专项监督，督促行政机关依法申请强制执行，监督法院依法审查办理，提出检察建议6528件。[①] 当然，总体而言，相比起检察机关所办理的刑事诉讼案件，民事行政检察案件占比依然不大，但是民事行政检察监督涉及民事、行政两大类型，其监督的案件类型复杂、范围广泛、方式多样，既有对案件的监督，也有对人员的监督；既包括对实体的监督，也包括对程序的监督；采取的方式有支持起诉、提出检察建议、提起抗诉等。

---

* 邓晓静，中南财经政法大学国家级法学实验教学中心秘书长、武汉市江汉区人民检察院副检察长；王冰寒，武汉市江汉区人民检察院助理检察官。
① 数据来源：2019年《最高人民检察院工作报告》。

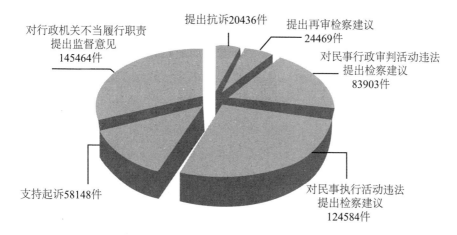

图1　2013—2017年全国检察机关民事行政诉讼监督事项分类图示①

此外，2017年，全国人大常委会修改民事诉讼法、行政诉讼法，正式赋予了检察机关提起公益诉讼的职能。紧接着，全国检察机关逐步开始推进内设机构改革，基层检察机关原先设立的民事行政检察部（科）相继更名，其职责范围也由原来的民事、行政检察向公益诉讼扩展，部门的检察人员全面负责办理传统的民事行政诉讼业务与公益诉讼业务。2019年初，在全国检察长工作会议上，最高人民检察院张军检察长强调，要主动适应形势发展变化，深化内设机构改革，推动"四大检察"全面协调充分发展。通过检察机关内设机构系统性、整体性、重塑性的改革，检察机关法律监督的总体布局实现了刑事、民事、行政、公益诉讼检察并行，检察机关法律监督职能的行使得以进一步优化。

这一发展变化既为民事行政检察业务带来了生机，也使其面临着新的挑战。正是在这样的态势下，由于事项复杂、范围广泛而又案多人少，凸显了民事行政检察文书的释法说理相对滞后、无法满足现实需要的状况，从而引发了诸多的问题。

---

① 数据来源：2018年《最高人民检察院工作报告（文字实录）》"2013—2017年全国检察机关强化民事行政诉讼监督"。对认为确有错误的民事行政生效裁判、调解书提出抗诉2万余件、再审检察建议2.4万件，对审判程序中的违法情形提出检察建议8.3万件，对民事执行活动提出检察建议12.4万件。

一、民事行政检察文书释法说理的现状

在办案过程中，检察机关需要进行释法说理的民事行政检察文书主要包括案件审查终结报告、终结审查决定书、不支持监督申请决定书、检察建议书、支持起诉书、公益诉讼起诉书等，种类繁多。在论及人民法院的裁判文书时，曾有学者指出，释法说理是"公开司法人员被说服的过程，包括公开各种影响心证的主、客观因素——常识、经验、演绎、推理、反证……表明司法人员在认定事实方面的自由裁量受证据规则的约束从而使裁判获得正当性。"① 毋庸讳言，检察文书的释法说理同样也反映了案件承办人的逻辑思路、法学素养，是对认定事实和处理结果的理性分析，也是检察文书不可或缺的重要组成部分。

（一）对民事行政检察文书释法说理的规制

2011年最高人民检察院印发了《关于加强法律文书说理工作的意见（试行）》，指出民事行政检察文书释法说理的重点在于"作出不予受理、不立案、终止审查、不提请抗诉决定、不提出检察建议等"。不过，该规定并非是对检察文书释法说理的强制性要求，也没有覆盖民事行政检察业务中所有的叙议类文书。如此一来，民事行政检察文书的释法说理就成为一项可做可不做、少说少错的工作，处境略显尴尬。而同期的法律中对人民法院裁判文书释法说理的要求则极为明晰和严格，如《中华人民共和国民事诉讼法》第152条规定，判决书"应当"写明"作出该判决的理由"；第154条规定，裁定书"应当"写明"作出该裁定的理由"。两相比较不免让人产生检察文书不太注重说理之感，也影响了检察文书的制作质量。

此后，最高人民检察院分别制定了《人民检察院民事诉讼监督规则（试行）》（以下简称《民事诉讼监督规则》）《人民检察院行政诉讼监督规则（试行）》来保障和规范人民检察院依法履行民事、行政检察监督的职能。其中《民事诉讼监督规则》第53条规定："案件应当经集体讨论，参加集体讨论的人员应当对案件事实、适用法律、处理建议等发表明确意见并说明理由。

---

① 傅郁林：《民事裁判文书的功能与风格》，载《中国社会科学》2000年第4期。

集体讨论意见应当在全面、客观地归纳讨论意见的基础上形成。集体讨论形成的处理意见，由民事检察部门负责人提出审核意见后报检察长批准。检察长认为必要的，可以提请检察委员会讨论决定。"这一条文是两个规则中唯一涉及案件释法说理内容的规定，其余关于检察文书的条文仅是对民事行政检察部门在何种情况下应当作出何种文书、发送给何种对象等作出的规制。

伴随着检察监督具体职能的变化与转换，2017年6月28日，最高人民检察院专门印发了《关于实行检察官以案释法制度的规定》，旗帜鲜明地要求：检察官在办理案件过程中或者办结案件后，通过检察法律文书或者书面、口头说明等方式向诉讼参与人、利益相关人等与案件有关的人员和单位进行释法说理。其中，还对释法说理的内容、要求、方式等较之以前作出了更加直接而细致的规定。

2017年7月20日，最高人民检察院又印发《关于加强检察法律文书说理工作的意见》，进一步强调加强释法说理工作，建立检察法律文书说理质量评析通报制度。意见要求，民事行政检察案件中"对当事人及其法定代理人申请监督的案件，决定不予受理、不支持监督申请或者作出终结审查决定的；向人民法院提出检察建议的；提请上级人民检察院抗诉的；对涉及国家利益、社会公共利益的民事、行政案件提出检察建议或者提起公益诉讼的"应当着重说理。

（二）民事行政检察文书释法说理中存在的问题

实际上，民事行政检察文书中需要进行释法说理的种类较多，而且不同文书的责任人、适用对象、查阅权限、制作目的均存在区别，这些差异决定了种类不同的民事行政检察文书的释法说理应该完备且有所差别。目前，民事行政检察文书的释法说理主要存在以下问题。

1. 民事行政检察文书释法说理不足

这种不足比较突出地体现在以下三个方面。

（1）在事实认定上，法律事实的认定是带有检察人员主观能动性认识的非任意性活动，应当拥有充分的证据证明和严密的逻辑根据，可是实践中不少民事行政检察文书的制作者并没有阐明这种认识的形成过程和产生认识的具体依据。阅读者无法据此了解检察人员对案件事实予以认定的心证历程，故而也会对其事实认定有所质疑。

（2）在适用法律上，众所周知，法条皆蕴含法理，非经阐释，难以为普通的当事人乃至社会公众所理解。而实务中民事行政检察文书却较为普遍地存在仅简单罗列法条，而不作分析解释的情况。这往往使当事人及社会公众心生疑虑。

（3）在作出判断上，部分民事行政检察文书对形成结论的判断作出得较为武断，没有或很少有对结论的阐释和论证，有的也只是对人民法院裁判文书中相关内容的简单复述，而没有从自己的观点出发深入地进行说理，径直表明诸如"不符合监督申请条件"的结果，常常不为当事人所接受。

2. 不同类型的民事行政检察文书说理方式趋同

现有民事行政检察文书的说理未体现出差异性。释法说理应当根据案件的性质特点、复杂程度、社会关注度等，结合说理对象的实际需求有针对性地展开。同时，还应当综合考虑说理对象的年龄阶段、文化程度、心理特征等具体情况，采用其易于理解和接受的方式方法进行。检察机关制作各种文书想要实现的目的与达到的效果也不一样，甚至与文书接收对象的相互关系也存在差别。上述种种不同倘若不能在文书的释法说理中得以体现，则其效果也会大打折扣。

3. 民事行政检察文书释法说理的规范尚待细化

前已述及，最高人民检察院对检察文书释法说理工作的完善已经提出了明确的要求，但这其中依然存在标准模糊、失之粗略的问题，诸如检察文书释法说理的繁简、释法说理的尺度、能否以附页或其他形式的文书补充释法说理等尚未明晰。或许这些方面暂时难以详细地加以规范，不妨通过民事行政检察人员在办案过程中不断探索，积累有益的经验，从而总结出一些行之有效的规律加以推广。

（三）民事行政检察文书释法说理现状之成因

1. 对民事行政检察文书释法说理进行规制的时间尚短

现状表明，民事行政检察文书释法说理缺少规则规制，检察人员的认知在观念上尚未达成一致，并且形成文书需要详细释法说理氛围的时间也较短。在 2017 年之前，虽然各地检察机关也在探索民事行政检察文书释法说理的工作，且典型案件的文书也偶尔见之于报刊网络，然因缺乏强制性的规定，因此在全国范围内，并未蔚然成风。2017 年之后，最高人民检察院提出"应当"说理的要求之后，检察机关又正经历着大规模的机构改革和人员变动，民事行政检察文书释法说理工作缺乏时间的积累沉淀，优秀的释法说理文书范本的收集与介绍工作还没来得及全面铺开。

2. 民事行政检察人员对文书释法说理重要性的认识有待加强

在传统的司法工作思维中，案件的实体公正是审查的最终目标。在繁重的工作压力之下，一线检察人员难免会牺牲锤炼文书释法说理内容的时间来保障案件的实体公正。正如"英国最高法院前任院长廖伯嘉勋爵曾言：没有理由的判决是非正义的，甚至都不成其为判决。"① 其实，释法说理的过程也是让"老百姓在每一个司法案件中感受到公平正义"的过程，论证审查结论如何形成、为何成立，从而体现司法的公正性与权威性，正是检察人员的职责之所在。

3. 民事行政检察人员缺乏书面释法说理的经验

在 2017 年以前，大量民事行政检察案件的释法说理工作主要采取口头的形式。口头说理是一种对话式说理，大多是在送达文书的过程中以问答的方式进行的。这种说理方式与书面说理虽然在本质上一样，但是口语化的说理逻辑和说理尺度以及语言规范，较之书面形式不可同日而语，其在规范性、全面性及庄重性等方面均有所不及。而一旦要求通过书面方式释法说理，检察人员难免不适应，缺乏有效的经验积累。

二、民事行政检察文书释法说理的必要性与面临的困境

（一）民事行政检察文书释法说理的必要性

1. 提高民事行政检察人员业务水平的有效途径

全国民事行政检察案件的办理数量是一个倒三角的结构。由于大量案件

---

① 潘自强、邵新：《裁判文书说理：内涵界定与原则遵循》，载《法治研究》2018 年第 4 期。

是在二审生效，因此基层检察机关的民事行政检察案件量相对较少，与基层人民法院的受案量相比，基层检察机关每年办理的案件数如九牛一毛。案件数量少、检察官缺乏历练制约了民事检察监督水平的提高。没有一定办案量的积累很难实现质的提升。

况且，负责民事行政检察工作的检察人员需要对除刑事以外的各种类型的案件进行实体或者程序上的监督，这就对民事行政检察人员的业务水平提出了更高的要求。

详尽的释法说理是检察人员法律职业素质、语言表达能力、分析论证能力等全方位素养的体现。认真做好此项工作，有助于促进检察人员对法律和事实问题的深入思考和学习，从而提高自身的业务水平。同时，加强检察文书的说理性，就要详细阐述对事实的认定过程和原因，以及审查结论的推理。在这个过程中，案件的疏漏及错误更容易被察觉，因此民事行政检察人员必须对案件进行细致严密而全面的考量和分析论证，才能够切实提高案件质量。在案件办理数量相对稳定的情况下，精查精办每一个案件，在释法说理方面锤炼功夫，是另一条提高民事行政检察人员业务水平的途径。

2. 履行法律监督职责、化解社会矛盾的必然要求

民事行政检察人员对案件的审查结论和相关决定，必须以当事人和社会的理解、认可与接受为归宿，否则就难以收到良好的实际效果。法院裁判文书的说理，是要细致详尽地阐释对各种证据的判断、取舍，对事实的认定依据，以及适用相关法条的根据和理由。民事行政检察文书的释法说理不仅要具备上述内容，还要对法院的裁判结果及司法程序是否合理合法进行二次说理。这种说理不是模糊抽象的"事实清楚，证据确实充分"所能够概括的。如果释法说理不够充分，很容易让当事人产生检察院与法院"官官相护"的错觉，甚至还会加剧当事人对司法体制的怀疑和不信任。详尽的释法说理显然能够增添说服力、公信力，使检察意见易于被当事人认可和接受，从而缓解和消除双方当事人的怀疑和不信任情绪，以达到化解社会矛盾，防止缠访闹访现象发生，促进社会和谐的目的。

3. 增强检察监督效果、避免矛盾隔阂的必要手段

民事行政检察法律文书释法说理的对象不仅有诉讼参与人，还有司法机

关和行政机关，通常表现为检察建议的形式。检察建议大多数情况下是对司法机关和行政机关的工作或决定提出不同意见、观点，难免会受到有关机关和人员不同程度的抵触和不满。释法不清、说理不当的检察建议容易引发不必要的隔阂与矛盾。民事行政检察人员只有对自己提出建议的根据和理由进行充分的论证，让对方心悦诚服地认可其正确性，才能促使其接受监督，进而纠正错误或改进工作。检察建议也会因为释法说理过程的公正性、公开性而获得充分的正当性。

4. 普法释法、提升检察机关公信力的有效途径

民事行政检察文书是人民检察院代表国家行使法律监督权的载体，其质量是人民检察院司法能力、司法水平和监督效果的集中体现，它也是检察业务质量水平的最直观表现，而检察业务质量的高低又直接关系到检察权行使的公信力。释法说理属世界通例，在一定程度上被视为"自然正义"或"最低限度的程序正义"的组成部分，是司法理性原则的重要体现，反映了司法裁判的本质特征——依法判断和理性判断，即摒弃任意的、专横的司法判断。[①] 同样，民事行政检察文书作为联系检察机关和社会公众的桥梁，将深奥的法律规定正确适用于鲜活而纷繁复杂的现实案件，将法律的精神和规范融入具体的适用之中，使得法、理、情能够和谐交织，完美共融，让社会公众更能理解和认可。因此，检察法律文书说理是提升和实现检察公信力的最好途径。[②]

民事行政检察业务涉及的案件中相当一部分具有信访风险，前文已经提到，释法说理得当的民事行政检察文书可以起到化解社会矛盾，减少缠访、闹访事件发生的作用。实际上，大量的当事人在经过检察人员反复的释法说理之后，依旧长期缠闹，甚至将案件信息片面地曝光给媒体，希望通过舆论施压，以达到自己未必合法合理的目的。在这种情况下，检察机关必须主动地向社会大众公开地通过检察文书进行释法说理，以表明其意见与观点的正

---

① 熊秋红：《裁判文书释法说理改革的中国意蕴》，载《人民法院报》2018 年 7 月 17 日第 2 版。

② 周天京：《检察法律文书说理的公信力价值研究》，载《2015 年贵州省社会科学学术年会论文集》2016 年 4 月 1 日。

当性、合理性。

在许多社会热点案件发酵的过程中，媒体都会转载司法机关制作的相关文书。社会公众最为关注的就是文书的释法说理部分。因此，将释法说理放到网络上接受几亿人的检阅，是对司法工作水平与办案质量的严峻考验，同时也是建设法治社会、普及法治思维的有效途径。民事行政检察案件在办理的过程中，很容易出现敏感的社会新闻，触动到社会的痛点，对于社会公众来说，法治社会的口号太过虚无缥缈，如何确认检察机关是否依法履行法律监督职责、是否公平公正，检察文书是"司法公正"最直观的载体。于是，民事行政检察文书严格规范、合法得当的释法说理就成为不断完善检察公信力建设的要点所在。

（二）民事行政检察文书释法说理面临的困境

1. 案件类型的多样性

民事行政检察监督的对象广泛，而且个案差异较大，需要有针对性的精准说理，无法简单地套用整齐划一的模板。就承办人个人而言，很难有重复办理某种案件从而获得提升释法说理能力的机会。最高人民检察院每年虽然会发布一些典型案例，但是与民事行政检察业务相关的案例占比不大，民事行政检察人员对不同类型的案件的释法说理比较欠缺学习参照的规范样本。

2. 监督工作的全面性

民事行政检察监督是对当事人申请案件的全面监督，在案件的办理过程中，案件承办人对案件应当进行全面审查，"全面审查是指人民检察院在审查当事人申请监督的案件中审查范围不限于当事人申请监督的请求范围，而是应当对全案中人民法院或者行政机关的职务行为是否合法进行审查。"[1] 例如，诉讼监督中，要求对人民法院的全部审判与执行活动是否合法进行监督；在督促履行职责案件中，应当对案件涉及的行政机关的全部执法行为是否合法进行监督。全面审查的要求使得民事行政检察文书释法说理的过程中面临"点多面广"的困境，制作时就需要斟酌行文，既增加了案件办理的难度，

---

[1] 湖南省人民检察院组织编写：《民事行政检察岗位用操作规程》，中国检察出版社 2016 年版，第 18 页。

也会影响案件办理的效率。

3. 适用对象的广泛性

民事行政检察文书的适用对象较为广泛，不仅有法院，还有诉讼参与人及行政机关。

对于当事人而言，一旦其提出的申请符合监督条件，检察机关应当支持当事人的监督请求，作出再审检察建议，那么案件承办人需要十分详尽地予以释法说理，对案件实体及程序问题进行鞭挞入里的分析，否则无法说服法院启动再审程序，当事人的权利也就无法获得救济。如果当事人的申请不符合监督条件，那检察人员释法说理工作的难度更大。根据司法公开的要求，检察机关应当向当事人说明不支持监督申请的事实和法律依据，并结合具体案情开展释法说理工作。许多当事人在长期的诉讼过程中，对法律和事实的认知多半有着自己的、较为顽固的理解逻辑，说服难度较大，息诉的难度也相当之大。

由于再审检察建议及抗诉书的释法说理对象是人民法院，检察机关可在专业领域内使用专业的词汇、术语甚至各种法学理论对自己的观点进行阐述论证。但是，不支持监督申请决定书的对象是普通的诉讼参与人，承办人在文书中的释法说理必须既满足专业法律文书对法言法语的要求，又要尽量通俗易懂。检察建议的释法说理对象除了司法机关还有行政机关，针对行政机关的检察建议，民事行政检察文书又要立足行政检察监督的角度予以说理，既要彰显监督的权威性又要把握说理的尺度。凡此种种都增加了其释法说理的难度。

4. 程序阶段的终局性

对当事人来说，民事行政检察处在一个十分微妙的地位，它是当事人寻求法律救济的终点站，也是信访的起点站。在一审、二审、再审之后，案件已经经历了相当漫长的诉讼过程，当事人到检察机关申请监督，在心理上已经对司法系统存在着负面的评价，甚至抵触的情绪。如果检察机关不支持当事人的监督申请，当事人寻求法律途径解决纠纷的道路也许会就此终结，相当一部分当事人就此走上信访之路。在这个过程中，民事行政检察机关承担的释法说理工作是相当艰巨的。从制度本身来说，民事行政检察监督是广义上"把信访纳入法治化轨道"的一种路径，制度设计初衷即内含化解社会矛盾、构建法治社会等社会功能。当检察机关作出不支持监督申请决定时，该程序的法理功能即已实现，但是如果就此结束程序，视检察监督为司法上最后救济程序的当事人显然难以接受。这时就需要释法说理，通过息诉工作实现社会功能，同时也可以避免给当事人以"轻率对待、随意打发"的印象，有助于当事人息诉服判，在检察工作环节化解涉诉信访风险。① 民事行政检察文书的释法说理必须满足此种需要，正确而有力，彰显其正义性。这无疑也加大了其制作的难度。

三、完善民事行政检察文书释法说理的路径

（一）民事行政检察案件实行繁简分流、分类说理

民事行政检察案件的复杂性决定了文书说理的多样性、灵活性，不同的案件不应该使用雷同的说理方式，"而应有选择、有重点地开展，繁简分流、抓住关键。要根据法律决定性质、案情复杂程度以及社会公众的实际要求来决定是否需要说理，以什么形式说理"。② 从应然的角度说，所有的叙议性民事行政检察文书都应当充分说理，以此来说服当事人、司法机关、行政机关乃至社会公众。在司法实践中，这种应然是一种带有机动差别的应然，而不是千篇一律的应然。

民事行政检察文书繁简分类说理主要包含以下三层意思。

1. 简案简说，难案详说

对于有些案件需要从实体到程序进行全面的释法说理，而另一些案件却仅需要就程序或某一个实体问题进行重点说理；有些案件需要系统、细致的释法说理，而有的则只需要简单的释法说理。在不需要详细说理之处花费太多时间和笔墨，本质上是对司法资源的浪费，而在需要说理的地方说理不清，则会影响案件办理的法律效果和社会效果。

---

① 李旻：《民事诉讼检察监督功能的廓清与实现》，载《北京理工大学学报（社会科学版）》2017 年第 6 期。

② 张际枫、邢永杰、侯晓焱：《检察执法环节释法说理的正当性、路径及限度》，载《云南大学学报（法学版）》2011 年第 2 期。

2. 重点细说，其余略说

在制作民事行政检察文书时应分清主次，首先是针对案件焦点问题进行说理。检察人员应当因案而异地抓住焦点问题，对存在较大争议的事实、性质、证据、法律适用以及程序问题等作详细的论证分析，而对争议不大的则简述。其次是针对公众疑惑的问题进行释法。对于热点的案件或者问题，审查时未在民事行政检察法律文书中予以回应，即使在后续的发酵过程中进行释法说理，仍然会降低司法公信力，因此民事行政检察人员在办案过程中要有一定的敏锐性，对于公众疑惑的问题，应当在检察法律文书中亮明观点并说明理由，解答公众的疑问，为树立检察公信力创造良好的社会环境。①

3. 文书主说，口头辅说

口头释法说理可以减轻书面释法说理的写作压力，民事行政检察文书受文书篇幅和法言法语的限制，在很多问题上可以口头释法说理作为补充，并不一定必须在检察文书中进行表述。在一些民事行政检察案件中，当事人提出的监督申请事项未必都适宜写入民事行政检察文书，强行写入文书可能会影响文书的整体结构和行文逻辑，这时就可以采用口头说理予以辅助。

（二）充分发挥检察官联席会议的作用

检察官联席会议是集体议事机制在检察官办案中的一种主要表现形式。"检察机关议事机制，主要指的是针对检察办案过程中出现的重大、疑难、复杂案件，汇集相关检察办案业务专家，针对疑难杂案进行集体讨论、分析和研判的一种工作机制。所谓'议'，是指议论、商议等，这就必须要求两人以上参与才能够形成议论、商议的格局，检察机关的议事机制在本质上是一种集体性的议事形式，这种机制也是凝聚集体智慧来指导实践办案的工作模式。"② 在日常的民事行政案件办理中，需要承办人独立完成审查任务，但

① 王新清：《刑事裁判文书繁简分流问题研究》，载《法学家》2017 年第 5 期。
② 赵培显、李思远：《集体议事机制在检察办案中的功能定位与完善》，载《河南大学学报（社会科学版）》2018 年第 6 期。

当遇到较为棘手且情况复杂的案件，就必须适当依靠集体的智慧和力量来加以解决。对于民事行政检察文书的释法说理，检察官联席会议的作用主要表现在以下四个方面。

1. 充分论证释法说理内容的合理性

在检察官联席会议上，案件承办人往往要对案件的证据采信、事实认定、法律适用、处理意见等进行论证和说理，直接反映承办人行使法律监督权的状况。在案件讨论机制中，参与讨论的人员可以对承办人的意见及其论证和说理是否充分进行监督，从而为释法说理的合法合理性增添一份保障。

2. 防止检察官自由裁量权的滥用

在司法责任制改革背景下，独任检察官的地位更加凸显，检察官自由裁量权也就有了发挥的空间。在案件讨论过程中，检察官联席会议可以发挥团队优势对承办检察官予以监督，避免出现自由裁量权滥用的情况。

3. 积累释法说理的经验

前文提到，由于基层检察机关的检察人员办理民事行政检察案件较少，检察官缺乏锻炼，因此制约了民事行政检察监督水平的提高。举行检察官联席会议可以让部门的检察人员接触到自己承办案件以外的案件并参与讨论说理，从而丰富其阅历，对积累办案经验有所裨益。

4. 在全院范围内统一法律的适用

近年来，民事行政法律大量修改，司法解释密集颁布，司法过程中仍有大量疑难复杂的新问题层出不穷，即使是一线办案人员也很难及时掌握所有的法律法规的更新情况。检察官联席会议讨论案件的过程、研究释法说理的过程也是民行检察官们学习法律、讨论法律适用的过程。这有助于在全院范围内法律适用的统一，避免在同一个区域内相似的案件出现完全不同的释法说理的情况。

（三）以"智慧检务"推动检察文书释法说理

现代科技是检察机关提高司法办案能力、强化司法办案属性和提升司法办案质效的重要支撑。"智慧检务不是从来就有的，是在解决全面推进依法治国面临的新问题、新任务、新风险中产生的解决方案，符合新一轮司法体制改革的精神，以及推动司法顽疾治理由治标向治本转变的迫切需要。深化智慧检务的核心，是依托现代科技手段，解决传统方式无法解决或不易解决的检察工作面临的各种问题。"① 民事行政业务释法说理问题在全国范围内广泛存在，如果说以"人工智能"推动释法说理还较为遥远，那在技术层面解决释法说理面临的一些困境则是完全可行的。

1. 构建民事行政检察文书智能辅助系统

民事行政检察文书不单有释法说理部分，民事行政检察人员还要对诉讼过程和法院历次审理情况在文书中进行详细的梳理，这种梳理往往会占据检察人员大量的工作时间，从而加重办案压力。当事人提供的判决书、裁定书大多数是纸质文书，而中国裁判文书网又无法在检察院内网上直接访问，民事行政检察人员就要通过各种方式获取案涉法律文书的电子文档，然后导入内网保密电脑，这种琐碎的工作完全可以通过技术手段解决。"智慧检务"的构建过程中经常提到大数据研究，从某种意义上讲，中国的法律大数据肇始于裁判文书统一集中上网，在裁判文书上网之前，中国并没有法律大数据研究。② 在"智慧检务"日益深化的过程中，还是应该回归大数据，重视实践的需要，构建民事行政检察文书智能辅助系统，减轻民事行政检察人员制作文书的压力，减少不必要的时间消耗，帮助民事行政检察人员将更多的精力投入对案件的焦点问题研究、释法说理的展开上。

2. 添加系统模块，分类查阅检察文书的释法说理

利用现有技术，可添加统一软件系统模块，利用大数据，分类全国检察机关已办结的民事行政案件，授予各级检察院查阅一部分释法说理检察文书的权限，推送相似案件，实现全国检察院内部相互学习的机制。这种技术在法院系统内已经有类似先例：北京法院的"睿法官"系统便是依托北京三级法院统一的审判信息资源库，运用大数据与云计算充分挖掘分析数据资源，并依托法律规则库和语义分析模型，在法官办案过程中自动推

---

① 赵志刚、金鸿浩：《传统检察信息化迈向智慧检务的必由之路——兼论智慧检务的认知导向、问题导向、实践导向》，载《人民检察》2017 年第 12 期。

② 左卫民：《迈向大数据法律研究》，载《法学研究》2018 年第 4 期。

送案情分析、法律条款、相似案例、判决参考等信息，为法官判案提供统一、全面的审理规范和办案指引。[①] 这种技术一方面可以为民事行政检察人员提供更多可供学习的类似案例，避免因为缺乏办案经验造成释法说理单薄的情况；另一方面还可以减轻一些民事行政检察力量比较薄弱地区检察人员的办案压力。

---

① 左卫民：《关于法律人工智能在中国运用前景的若干思考》，载《清华法学》2018 年第 2 期。

刑事裁判文书量刑说理：有理亦应成理

——基于100份刑事判决书

◎ 孙清武[*]

党的第十八届三中全会通过的《中共中央关于全面深化改革若干重大问题的决定》明确指出："建设法治中国，必须坚持依法治国、依法执政、依法行政共同推进，坚持法治国家、法治政府、法制社会一体建设。深化司法体制改革，加快建设公正高效权威的社会主义司法制度，维护人民权益，让人民群众在每一个司法案件中都感受到公平正义"。其中，审判公开成为重要环节。"推进审判公开、检务公开、录制并保留全程庭审资料。增强法律文书说理性，推动公开法院生效判决文书。"因此只有规范刑事判决书的量刑说理部分，通过记录量刑过程，论证量刑理由，才能消除刑事判决结果与公众预期之间差距的猜忌，增强公众对量刑结论的信仰，提高司法公信力。

一、问题发现："不患寡而患不均"——量刑说理不充分影响司法公信力

笔者随机抽取中国裁判文书网的100件刑事判决书，发现定罪说理充分的77件，部分说理的15件，没有说理的8件。而量刑部分说理充分的19件，部分说理的14件，没有说理的67件，如图1所示。

---

* 孙清武，江西省永丰县人民法院。

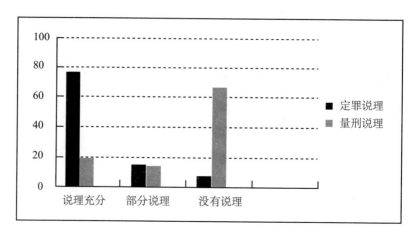

图1　100 份刑事判决书定罪量刑说理情况

　　司法权威是成就法治大厦的基石，建设社会主义法治国家要求司法必须具有公信力，而目前司法公信力的匮乏已成为当下中国法治进程中的重要问题。不具有公信力的司法无法发挥其基本作用，更无法树立至高无上的权威，甚至带来诸多负面影响。有关研究表明，"公正感"乃是一种基本的心理需求和法律情感，一切法律制度及司法程序的基本功能就是要满足这种需求。中部某基层法院对服刑和刑释人员共 80 人进行问卷调查的结果显示，80 名被调查人员中对法院定罪认为不公的只有 20% 左右，但对量刑认为不公的占76%（另外 4% 没有任何意见）。查阅 100 个二审刑事案卷发现，89% 的上诉人以量刑过重或过轻为理由提起上诉，只有 11% 的人以定罪有误等其他理由提起上诉。[①] 一直以来，我国司法领域对于司法是否公正的定义局限在定罪是否正确公正，"重定罪轻量刑"成为刑事司法领域的惯性力量。这种惯性力量反映在刑事判决文书中，就是定罪说理比较翔实，而量刑说理的文字却较粗略。

　　在司法实务中，由于一些裁判文书量刑理由不充分，往往给人"同案不同判"的错觉，引起公众的不满与质疑，甚至频繁申诉和上访，严重影响了司法公信力和权威。裁判文书不仅解决个案问题，而且还具有一定的社会功

---

　　① 丁耀芬、肖建国：《程序正义图景下的量刑重构》，载《海峡两岸法学论坛文集》，江西人民出版社 2010 年版。

能，如苏力教授所言"要为纠纷之解决提供一个合理化的证明以及在可能的情况下为后来类似案件处理提供一种导引"①，"裁判文书作为审判程序的载体，展现的是程序公正，作为审判结果的载体，展现的是裁判理性。在一定程度上说，裁判文书是司法公信力的最终载体和结果"。②

二、现状剖析：量刑说理不充分的成因

（一）外部制度因素

1. 大陆法系法律传统思想的影响

作为中国特色社会主义法律体系，我国借鉴的是大陆法系的法律传统，因此是成文法国家。在这种传统的背景下，我国的刑事判决书依照《法院刑事诉讼文书样式（样本）》将刑事判决书分为首部、事实、理由、判决结果和尾部五个部分。而此种判决书的结构有违惯常的量刑思维，明显不利于量刑的说理。在理由部分，刑事判决书样式未明确区分定罪理由和量刑理由，在"重定罪轻量刑"的思维模式下，这种将定罪理由与量刑理由杂糅在一起的判决书结构为定罪理由占据主导地位提供了先天条件，导致裁判主体在制作刑事判决书时往往忽略了量刑说理的内容。在刑事诉讼程序的设计中，并未设计专门的量刑程序，量刑自始至终只是作为定罪程序中可有可无的一个环节，并被"湮没在定罪的整个程序当中"。③

2. 司法行政化的影响

审判独立作为司法独立的核心，要求法院独立审理案件，不受行政机关、社会团体和个人的干涉。然而司法实务中，党委政府批示、上级政府指示情况或多或少存在，且案件承办法官之上有副庭长、庭长、分管副院长、院长，案件的审批制度使得案件的量刑结果与承办人或合议庭的预期结果不同，这就使得刑事案件量刑结果会有"审而不判，判而不审"现象出现，量刑不说理也成为这种情况下的无奈选择。

---

① 苏力：《判决书的背后》，载《法学研究》2001 年第 3 期。
② 曾娇艳、谢红丹：《让正义以看得见的方式实现》，载《北京邮电大学学报》2006 年第 4 期。
③ 虞平：《量刑与刑的量化——兼论"电脑量刑"》，载《法学家》2007 年第 2 期。

3. 舆论压力的影响

当今是自媒体时代，网民可以随时随地查阅上传的裁判文书并发表评论。如近期网民比较关注的"男子持刀杀死强奸妻子者"的案件，就因量刑过重遭到了网民的质疑。网络舆论不断发挥着独立的影响力，尤其是个别对网上裁判文书的不当评论一经炒作、发酵，形成强大的舆论攻势，会给案件承办法官、所在法院造成巨大压力。出于"趋利避害"的心理，法官更愿意模糊处理量刑说理部分，减少给网民找到"把柄"的机会。

4. 案多人少，力不从心

案多人少是基层法院不争的客观事实。波斯纳法官曾言："对于公平正义的追求，不能无视代价！"在时间、人的精力等资源恒定的情况下，采用固定格式量刑说理，大大减少了判决文书的制作时间。对于承办法官而言，翔实的说理拖延了办案效率，影响了绩效考核，降低了结案数。

（二）内部主体因素

1. 法官业务素质参差不齐

说理质量的高低往往取决于裁判主体的法律素养、逻辑思维能力和推理分析能力。而现阶段，我国法官处于青黄不接的阶段，老法官很大一部分靠经验办案，法律理论知识不强、业务素质不高，审判过程中往往机械运用法律法规，主观情感夹杂太多。新法官法律素养较高，但年龄普遍较小，社会经验和实务经验明显不足，俗称"娃娃法官"。而现阶段的高等院校法学教育中，多以基础法律知识和现代法律意识为培养内容，忽略了法律实务操作能力，更没有对判决说理方面能力的培养，必然导致部分刚出校门不久的法官说理能力较低。而在目前的法官职业培训中，通常侧重围绕法官职业意识和职业技能两条线展开，考虑到法官实际情况，培训周期往往不长，短期内要接受法官职业技能、庭审驾驭能力、诉讼调节技巧、裁判文书制作能力等方面的内容，不可能进行全面、系统的判决文书说理方面的培训。这些都导致我国法官的事实判断、法律适用以及逻辑推理能力较弱，反映到裁判文书量刑结论上，就是法官难以准确合理地作出量刑裁判，并且难以对其进行充分说理。

2. 法官"重定罪、轻量刑"思想

我国多数刑事法官存在"重定罪、轻量刑"的错误思想。在审理案件阶段，法官往往重视犯罪的定性，会把主要精力放在罪名的适用上而忽视量刑问题，导致量刑无法精细化。在刑事案件的庭审过程中，法官主要是围绕定罪展开。在法庭辩论阶段，控辩双方主要是针对被告人是否构成犯罪、构成何种犯罪进行辩论，法官几乎很少引导控辩双方就被告人的量刑问题展开辩驳。

三、路径探索：刑事裁判文书量刑说理改进

裁判的可接受性是指裁判具有被裁判受众接纳而不被裁判受众拒绝的属性。刑事判决的量刑结果涉及被告人的财产、人身自由等权利的处分。正义根植于信赖，接受一项量刑结果，必须要有信服的理由。裁判者通过量刑说理向受众展现量刑程序、量刑事实、量刑情节、法律依据等内容，能够让判决书的受众清楚看到控辩双方参与裁判制作过程以及对最后量刑结果施加的影响。一方面可以增加被告人、辩护人对裁判结果的可接受性，提高服判息诉率；另一方面在刑事判决书上传至中国裁判文书网，判决书的受众范围大大拓展了的背景下，对于那些没有参与庭审又不了解案件情况的判决书受众而言，说理部分就是检验量刑结果是否合理的最好标尺。因此笔者试图抛砖引玉，探索刑事裁判文书说理改进之路。

（一）建立独立的量刑程序

一个完整的、结果为有罪的刑事诉讼，定罪与量刑是两个同样重要的过程，同时也是不同的实体问题，存在原则、规则和审理对象的重大差别。[①]因此，定罪与量刑必须进行相应的程序化，且原则上应该相对分离，只有这样，才能克服目前我国刑事立法与司法实践中"重定罪，轻量刑"的缺陷。为此，笔者建议建立一个相对独立的量刑程序，具体可从以下四个方面着手：一是建立量刑调查报告制度。量刑调查报告制度的实行，既能够使法官考察被告人的罪责性，又能使法官在此基础上充分考量被告人的具体情况。借鉴

---

① 蒋惠岭：《构建我国相对独立量刑程序的几个难点》，载《法律适用》2008 年第 4 期。

英美国家的经验并结合我国的司法实践，量刑调查报告可以由当地司法局（所）及社区矫正机构作出，量刑调查报告的内容应当包括被告人生活工作的一贯表现、悔罪表现、犯罪对于被害人产生的经济与感情影响、罪犯的受教育情况、职业、家庭状况等其他资料。量刑报告在开庭前递交给法院，但是它对法院没有约束力，控辩双方都可以根据手中掌握的证据对其提出质疑，人民法院在参考各方意见后独立作出量刑裁判。二是健全量刑建议制度。我国当前量刑建议制度较为粗放，应向精细化方向发展，即公诉人的量刑建议不仅应提出具体的刑罚种类和相对确定的量刑幅度，还应包括"对相关量刑证据和量刑情节的说明、较为具体的刑罚建议，以及刑罚建议的理由和依据"。① 三是强化量刑答辩和辩护制度。量刑庭审程序开始前，法官在收到控方的量刑建议后，应在法定时间内将副本送达被告人及辩护人，由被告人与辩护人针对控方的起诉书与量刑建议提出量刑答辩状。在量刑程序过程中，法官应当充分保障辩护人的辩护权利。四是建立量刑听证程序。首先，明确量刑听证的适用范围，包括重大疑难的复杂案件，犯罪情节较轻，可能判处缓刑的案件，未成年人刑事犯罪案件与可能被判处死刑的案件。其次，建构量刑听证的程序规则，如规定参与听证的主体、量刑听证的步骤、量刑笔录的裁决方式等。

（二）优化刑事判决书结构，增强量刑说理

如果犯罪的结果是刑罚的话，那么刑事判决文书就是这一因果关系的纽带。量刑说理不充分，容易引发质疑，如在"男子持刀杀死强奸妻子者"案件中，因为公众对量刑的质疑，法院专门为该案作出声明详解判决理由。② 目前刑事判决文书定罪说理和量刑说理的混合形式，明显挤压了量刑说理的空间，因此应该将量刑说理和定罪说理分开，一方面，提升了量刑说理在刑事判决书上的地位；另一方面，在视觉效果上，独立的段落使结构更加清楚，有利于受众阅读量刑说理的内容。

---

① 宋英辉：《刑事诉讼法修改问题研究》，中国人民公安大学出版社 2007 年版，第 3 页。

② 《关于被告人田仁信故意杀人案的情况说明》，载 http://www.wzfy.gov.cn/system/2015/06/18/012048150.shtml，最后访问时间：2015 年 6 月 26 日。

说理布局根据案情需要而稍做调整。如案情简单适用简易程序独任审判的案件，采用规定的常规说理布局。让正义不仅以看得见的方式实现，而且能及时实现。而对于一些量刑情节较多，法定、酌定情节并存的案件，就应采用综合式，使案件涉及的情节能够清楚明白，避免疏漏。对于案件复杂、重大，适用普通程序审理的案件，采用法律法规与法律事实相嵌入，尤其是在控辩双方均对案件提出了关于量刑种类、量刑幅度的量刑意见时，这种方法能够使量刑说理层次清晰，逻辑清楚，展示法官量刑的心证过程。

（三）说理要内容丰富、详略得当

要增强刑事判决文书的说服力，就要增强量刑说理，即量刑事实和法律依据的说理。量刑事实是法官作出量刑结论的事实基础，量刑说理应当围绕证据展开论证。证据是司法审判的基础，也是认定量刑事实的依据。法官在审理案件时，应全面考虑与被告人量刑有关的所有事实。除了法规规定的可以对被告人从轻、从重、减轻或免除处罚的事实外，法官还应注意可以对被告人酌定处罚的相关事实，包括犯罪的环境和条件、被告人的犯罪动机和目的、被告人的犯罪手段、犯罪造成的后果、被告人在犯罪后的态度、被告人的个人情况等。[①] 法官可以通过控辩双方的举证、质证和法院认定的证据，全面、客观地分析、认证被告人的个人情况、量刑情节。

当然，法官还应在刑事判决书中详细阐明对量刑证据的分析与判断，尤其是对控辩双方争议的焦点问题，应结合证据将量刑事实的认定和推理过程展现出来。法官至少应阐明并论证证据的证明力，量刑裁判所依据的证据与证据之间、证据与所认定量刑事实之间是否协调一致等问题，先对证据的具体内容逐一评述，再阐明予以认定或不予认定的理由，最后对认定的证据所证明的事实加以总结。除此之外，法官也应重视和加强判决书中关于适用缓刑和附加刑的说理论证。只有这样，才能使控辩双方对法官认定的量刑事实予以认可，从而对量刑结论予以信服。

审理案件应以事实为依据，以法律为准绳。法律依据是法官作出量刑结

---

① 刘方、单民、沈宏伟：《刑法适用疑难问题及定罪量刑标准通解》（修订本），法律出版社2006 年版，第 190－191 页。

论的权威依据。根据最高人民法院公布的《法院诉讼文书格式样本》，其中明确规定法律依据的引用必须"准确、完整、具体"。因此，法官在制作刑事判决书时，所引用的法律依据不仅包括实体法，还应包括程序法；除了引用现有的法律外，还应引用相关的司法解释。当然，在法律规定不明确的情况下，法官可以根据法律的基本原则及立法精神对相关的问题作出合理解释，从而使法官进行量刑说理时所依据的法律明确具体，具有可接受性。

当然，丰富说理内容应成为完善量刑说理的重点之所在，但这并不代表量刑说理内容越多，量刑理由的质量就越高。一份复杂冗长的刑事判决书并不意味着说理就一定透彻。量刑说理要注重全面性，但也应从个案情况出发，具体问题具体分析，做到繁简有别，详略得当。一般来说，对控辩双方争议较大的或对被告人不利的量刑情节，法官在认定时应详细说明理由。当合议庭或主办法官不认可控方或者辩方的量刑主张时，这一部分内容法官也应当在判决书中重点阐述。而对于事实清楚，控辩双方争议较少的量刑情节，法官可以概述事实和证据，简化案件事实与法律适用之间的逻辑论证关系。此外，在对量刑结论进行说理时，还应论证如何确定法定刑的幅度、如何根据犯罪事实确定基准刑及如何根据各种量刑情节调节基准刑从而确定宣告刑。

（四）理论联系实际，突出个案差异

《法院诉讼文书格式样本》规定了裁判文书说理要"结合具体案情，充分摆事实、讲道理"，这样判决书的说理才具有针对性。因此，法官应改变一贯的格式化用语习惯，将法律规范和具体个案相结合。

首先，应当做到量刑情节具有针对性。法官应改变在刑事判决书中单纯列举证据或只写证据名称的做法，应在判决书中写明证据证实的具体内容，并对证据所证明的量刑事实进行分析，对争议较大的事实应当重点分析、论证。同时，对于一些量刑情节是"从轻处罚"还是"减轻处罚"，法官也应当予以释明。因为"从轻"是在法定刑幅度内对被告人量刑，而"减轻"则是在法定刑以下对被告人量刑，二者得出的量刑差异很大。如果疏忽大意，一字之差即可造成量刑上的不公平。

其次，法律依据也应具有正当性。法官除了在刑事判决书中列明所引用的法条外，还应解释为何要适用该法条。法官要依据法律、司法解释及相关的法学知识，具体分析自首、立功、累犯、犯罪未遂等从轻或从重处罚情节，而不再以"根据本案的事实、性质、情节和社会的危害程度"或"结合本案具体情况"等作为量刑的理由。

最后，增强说理的个性化，要求法官凭借逻辑思维，运用法律推理的方法分析、论证案件事实、法律适用及量刑结论之间的逻辑关系，避免空洞、乏味、格式化的言语。只有这样，才能使被告人及社会各界清晰地看出法官得出量刑结论的依据。

（五）构建说理激励机制

构建量刑说理的激励机制，通过对文书写作主体、制度模式和操作规范具体设计，促使激励功能的实现。具体而言，首先，加强裁判文书立法，将量刑说理内容作为法官刑事审判活动中必须遵守的法律规范，并在诉讼法中明确量刑说理的倒查机制，将是否说理及充分与否作为上诉的理由之一。其次，借鉴英美法系的法官助手制度，为法官配备辅助人员，由法官助手根据法官的要求查找法律资料，研究法律问题，使法官有大量精力做好法庭审理工作，有充足的时间致力于裁判文书的写作，确保刑事判决书有充分的量刑说理。最后，完善以加强裁判文书说理为核心的奖惩制度，提高法官量刑说理的积极性。各个法院可以将裁判文书说理列入法官考核的内容之一；最高人民法院可以建立制定裁判文书评查、评比制度，通过评查、评比，奖优罚劣，鼓励先进，督促鞭策落后，以有效提高法官制作裁判文书的责任心。

（六）提高法官说理技能

当前通过公务员考试，一大批法律本科生涌入基层法院，他们在学校仅仅受法学理论教育，虽经过司法考试，但对于量刑方面的知识未能涉猎，"现有的法官培训更多的是一种弥补法律专业知识不足及诉讼操作不熟的补习培训，而不是解决实际问题的能力训练和培育法治思维的人格养成"。[①] 因

---

① 张学纯：《我国合议制裁判的缺陷及完善——基于决策理论的分析》，载《法学家》2009 年第 3 期。

此，在现有的法官培训制度的基础上，应着重提升法官的逻辑思维能力和分析论证能力，使之成为能说理、会说理的法官。

（七）完善相关配套制度

1. 建立被告人人格调查制度

被告人人格调查制度也称为"社会调查制度""量刑引入社会评价""量刑调查制度"等。要保障法官思维步骤的清晰，应当建立被告人的人格调查制度。被告人的人格调查制度主要是为法官提供有关被告人量刑的所有材料，使法官在制作刑事判决书时，可就被告人的量刑作出充分的说理。我国量刑调查报告制度适用范围主要是针对未成年人犯罪案件。法官在对未成年犯判处刑罚之前，应对未成年犯的家庭情况、成长经历、社会交往、兴趣爱好及不良嗜好等方面展开调查，并将这些情况作为对未成年犯量刑的参考依据。这一制度的实施取得了积极的成效，可以将这一制度推广至普通刑事案件中。一般来说，量刑调查报告具有以下几个方面的内容：包括被告人的家庭情况、受教育程度、社会经历、一贯表现、职业及心理状态、犯罪后被告人的认罪态度、悔罪表现等方面。对被告人的人格进行调查，有助于法官正确量刑，满足刑罚裁量的个别化，特别是在对被告人是否适用缓刑等问题上，以此实现实质上的正义。当然，人格调查制度的落实，从大多数国家或地区的经验来看，一般是由社区刑罚执行机构负责，因为该机构及其工作人员根植于社区，能够及时有效地开展人格调查。①

2. 推行独立的量刑答辩制度

量刑答辩作为庭审程序的一个环节，是为了平衡被告人与公诉机关的诉讼地位，保障被告人的诉讼权利。但在我国司法实践中，由于种种原因，量刑答辩程序并没有纳入每一个刑事案件中。为改变这一状况，在法庭审理刑事案件的过程中，可以将定罪与量刑两个环节相分离，突出量刑在法庭审理中的独立地位。具体操作上可以将法庭辩论分为两个阶段：第一阶段，控辩双方可以就案件的事实、证据、定性等方面阐述各自不同的观点；第二阶段，控辩双方可以针对量刑事实、量刑情节、量刑法律适用进行辩论。

---

① 高一飞：《论量刑调查制度》，载《中国刑事法杂志》2008年第10期。

3. 强化法官的独立性，司法裁判去行政化

强化法官办案的独立性，使司法裁判去行政化，这将为法官量刑说理创造一个良好的环境。在审理刑事案件的过程中，应改变法院外部或内部行政领导对法官办案的"把关"制度，使法官拥有实质的量刑审判权，还原法官对刑事判决书说理的主体地位。

同时，法院应与地方政府适时分离，并且保障法官的职业待遇。法官应注重对案件的审判，司法之外的任务应交由行政机关去完成，这样才能使法官在进行审判工作时不为其他事所分心，为案件的审理留有充分的时间，以此制作出令当事人及社会各界所信服的判决书，保证案件的审判。

2014 年 1 月 1 日起全国法院全面实施量刑规范化改革，正当量刑规范化如火如荼开展并取得显著成效的时候，刑事判决书量刑说理与之形成鲜明对比。格式化的说理语言不能实现刑罚个别化的论证说理，刑事判决书的量刑说理制度通过公开量刑过程和量刑理由，使法官在行使自由裁量权时接受公众的监督。只有当法官详细解释量刑结论得出的依据时，方能彰显出裁判的公正性。通过公开展示量刑过程，才能让公众对刑事判决结果的公正性和合理性没有置疑，从而增强司法公信力。

裁判文书中道德论证说理的偏差与矫正

——基于 200 份判决书的研究

◉ 张慧斌*

近年来，一些援引道德话语进行论证说理的裁判文书常被冠之以"最牛""最伟大"等称号。裁判文书中的道德论证说理也成为人们关注的热点。在追求实质性纠纷解决的司法目标追求下，裁判文书的道德说理到底能发挥多大的功效有待实践的验证。道德论证说理赋予了司法另一种观察视角，但也带来了因道德论证说理不当引发的负面示范效应。因此，如何规范裁判文书的道德论证说理，寻求规范性说理与个性化说理的平衡成为当前裁判文书改革亟需解决的问题。

一、问题检视：道德论证说理的实践偏差

"法律是最低限度的道德。"这一法律格言揭示了法律与道德的内在联系。随着依法治国与以德治国相结合的国家治理体系现代化进程的加快，裁判文书说理也顺势而为，积极吸纳道德话语进行说理的个案逐年递增。笔者以"传统美德"作为"裁判理由"的关键词在中国裁判文书网上检索"判决书"，检索出 11376 个案件判决书，其中 2011 年只有 44 个，随后逐年递增，2013 年达到 474 个，2014 年跨越式增至 2284 个，2016 年、2017 年稳步上升至 2341 个、2702 个。

为正确检视道德论证说理的真实的司法实践状况，本文从 11376 个判决

---

* 张慧斌，江西省吉安市中级人民法院研究室副主任。

中挑选了 190 个，另外通过百度搜索选取了 10 个特定案例，总计 200 个作为研究对象。为了使样本更加具有代表性、广泛性，笔者对选取的 200 个判决样本进行了统计归类（见表 1）。

表 1　200 份"传统美德"判决书情况分析

案件类型	民事案件：赡养纠纷（141）；离婚纠纷（8）；继承纠纷（4）；物权纠纷（5）；生命健康权身体权纠纷（3）；名誉纠纷（1）；侵权纠纷（2）；合同纠纷（6）；保险纠纷（1）
	刑事案件：故意伤害罪（1）；故意杀人罪（1）
	行政案件：林业行政裁判行政复议（1）
审级	一审判决（148）；二审判决（37）；再审判决（15）
地域分布	华东地区（39）；华南地区（21）；华中地区（34）；华北地区（49）；西北地区（23）；西南地区（21）；东北地区（13）

通过对 200 份样本进行归类、分析、统计，发现当前道德论证说理主要存在以下问题。

（一）总体扫描：道德论证说理呈扩大化，缺乏规范性标准

1. 道德话语渊源选择扩大化，缺乏具体标准

判决正确还是不够的——它还必须是公正的、合理的，容易让人理解的。① 而道德是最容易产生共情的，易被接受的社会规范。司法实践中，法官引用道德话语的渊源选择呈扩大化趋势。法官不再局限于选择诚信信用、孝敬父母等传统美德，还援引《孝经》《论语》等儒家经典著作，古代典故、经典诗词，甚至援引《圣经》等西方宗教教义，并且影视作品台词也在援引范围内。道德话语渊源选择的扩大化，不仅影响司法判决的严肃性、权威性，也容易引发法律虚无主义风险。

2. 道德论证适用场域呈扩大化，缺乏有效甄别

理想的法律实践，司法判决只有法言法语法理，而无道德话语的存在。

① 刘莉、孙晋琪：《两大法系裁判文书说理的比较与借鉴》，载《法学论坛》2002 年总第 3 期。

为了实现案件裁判的社会效果，增加裁判说理的说服力，道德论证说理无可厚非。但当前司法实践呈现适用范围的扩大化趋势，任何场域的案件都会援引道德说理。从表1可以看出，援引道德话语说理的案件不仅仅局限于道德色彩浓厚的婚姻家庭案，已扩大至侵害人身权的侵权纠纷，财产属性明显的合同纠纷、物权纠纷，并拓展至刑事和行政案件领域。

（二）普遍问题：道德论证说理较为混乱，缺乏规范性

1. 话语渊源选择缺乏针对性

当前裁判文书说理援引道德话语渊源缺乏具体的针对性，存在空洞化、抽象化的口号式说教，缺乏对当事人之间道德义务联系的有效论证。如在200份判决中高达147份判决只是在说理中援引"孝敬父母，是中华民族的传统美德"等口号式话语，无法在当事人之间产生共鸣，难以发挥道德话语以德服人、以情感人的教化作用。

2. 表达形式缺乏规范性

道德论证说理到底在判决中以何种形式表达出来，由于缺乏规范性的指导文件，司法实践莫衷一是。最初只是作为判后寄语，表达法官情怀与道德规劝，随后演变为辅助说理。如今，道德论证说理已不局限于此，有时直接作为裁判之依据，如李××等与厉××等第三人撤销之诉案，二审法院认为一审法院裁判依据当地风俗认定房屋系父母对夫妻双方的赠与并无不当。[①]有的仅是为表明审理思路与欲弘扬的社会价值，如吴×与蔡×遗嘱继承再审案[②]，判决明确表明：援引传统美德，在于表明审理思路和引领理念。有的是为了发挥判决的价值导向功能，如司××信用卡诈骗案判决：希望世人弘扬拾金不昧传统美德，以司某某为警示。[③] 200份判决中，直接作为裁判依据的4份，判后寄语的11份，表达审理思路的6份，表明警示教育的7份，辅助说理的172份。

---

① 日照市中级人民法院（2014）日民撤字第1号判决书。
② 新疆维吾尔自治区高级人民法院生产建设兵团分院（2016）兵民再15号判决书。
③ 滑县人民法院（2018）豫0526刑初599号判决书。

3. 道德话语修辞呈现随意性

裁判说理讲究严谨、周密，多用直接的正面论证，即可从论据直接推导出结果，拒绝比喻、拟人、反问等文学性修辞。而当前，一些判决中的道德论证却恰恰喜欢比喻等间接论证，如黄×甲与王×离婚纠纷案①，这份判决被称为"最美判决"。判决中有大量的道德论证，也充斥着许多"众里寻他千百度"等诗词引用和劳燕分飞等比喻，却缺乏对离婚纠纷感情破裂这一实质标准的论证，文书说理成了法官的即兴创作，用"最美"艺术修辞压制了法律论证。

（三）差异分析：道德论证说理功能异化

1. 道德论证与法律论证缺乏契合性

道德论证说理毫无疑问丰富和拓展了判决说理的表达与形式，使得裁判文书能直抵人心，一定程度上弥补了法律精英话语与大众普通话语的差异与隔阂。但援引不当，也会割裂道德论证与法律论证，形成两张皮，难以实现道德契合性。如直接引用《圣经》的"最牛判决"②，不仅引用《圣经》，而且有大量的"很多人做了岁月的奴""正人先正己"等道德表达，与感情破裂这一离婚案判断标准南辕北辙，也违背了法律说理占主导的判决结构，冲淡法律说理论证，只见个性化表达，不见规范化说理。

2. 道德话语选取失当，缺乏正确性

裁判文书中，选择道德话语进行说理输出与论证分析，应当选取具有普遍性的社会公认道德准则规。道德话语选取不当，不仅极大影响说理效果，也难让当事人信服。以引用《圣经》的"最牛判决"为例，《圣经》教义既非公序良俗，也非我国民众认可的道德准则，对于有其他宗教信仰的人而言，还涉嫌侵犯宗教信仰自由，而无神论者并不买账。援引道德话语说理还应注意科学性。如刘×与王×、刘××赡养费纠纷案③，引用"鸦有反哺之义，羊有跪乳之恩"进行道德说理，而现代科学早已证明，羊跪乳是因为骨骼发

---

① 泰兴市人民法院（2016）苏 1283 民初 3912 号判决书。
② 重庆市巴南区人民法院（2016）渝 0113 民初 404 号判决书。
③ 北京市第三中级人民法院（2014）三中民终字第 14609 号判决书。

育不足以支撑身体站立，而乌鸦反哺不过是条件反射，并非感恩的表现。因此，应避免援引此类已经科学证伪的道德话语，以免影响说理的权威性、正确性。

二、原因剖析：道德论证说理实践偏差的透视

"欲治全身之疾，必寻共同之因。"道德论证说理的失范并非个例，法官既想追求判决严肃、权威的特质，又想发挥道德实质化解纠纷的功能，在煎熬与犹豫间，个体差异的选择自然导向不同的结果。

（一）裁判思维的差异：徘徊于"形式与实质"之间

道德话语契合大众价值认同的特性和与时俱进的丰富内涵，在法律规则空白和滞后时，能实现查缺补漏、无缝对接，定分止争，对于实质纠纷解决无疑大有裨益。而另一方面，司法的本质要求法官天生应是保守主义者，追求法律的形式合理，以确保判决的确定性、权威性、可预测性。因此，法官通常会优先遵循法条主义主导下的形式裁判思维，体现在判决上就是严格进行法律说理，排除伦理化的道德论证。通常情况下，严格按照法律条文解释与说理，于法官而言是风险最小的，因为谁也不能认为严格适用法条的案件是错误的。

但与此同时，法官也是实质正义的拥趸。尤其是当前司法强调社会效果与法律效果统一，追求纠纷的实质解决，反映在裁判结果上就是判决应具有可接受性和说服力，正如学者所说："判断比说理重要，息诉止争是裁判说理的主要目的。"[1] 司法效果主义者认为，司法并非独断式的独白，司法不仅要解纷，还兼具社会价值的整合功能，这就要求司法的最终裁判要具有较高的公认度，而道德显然符合这一特质。如在"泸州二奶遗赠案"[2]，二审法官甚至在判决中表示"公序良俗确定的道德在法律适用上有高于法律具体规则适用之效力"。

---

[1] 凌斌：《法官如何说理：中国经验与普遍原理》，载《中国法学》2015年第5期。

[2] 泸州市中级人民法院（2001）泸民一终字第621号判决书。

可见，随着社会纠纷的日益复杂，法官不得不经常在"形式与实质"之间徘徊，纠结于道德论证说理如何说，说多少，困惑于社会效果、法律效果、政治效果如何取舍，茫然于形式正义与实证正义如何选择（见图1）。

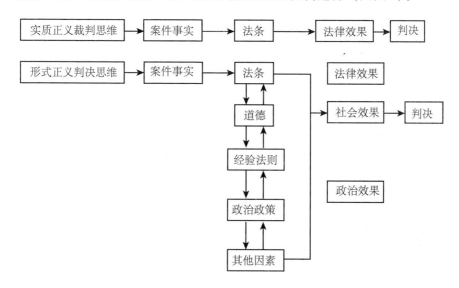

图1　形式与实质判决思维的不同效果追求与逻辑扮演

（二）风险选择的差异：纠结于"要说与不说"之间

到底要不要裁判文书说理，说多说少，怎么说，一直是法官纠结所在。本质而言，法律说理本身就是虚弱无力的。因为，判决说理终究要通过文字进行表达，而文字的表达总具有局限性，或囿于逻辑无法完美无瑕，或困于文字本身难尽全义。而且，任何精彩的法律说理，都离不开前提假设，而这些法律的前提假设又不一定会被双方当事人和社会公众接受。因此，没有绝对正确的法律说理，等于向当事人暴露判决说理瑕疵，也易引发当事人积极寻找说理漏洞进而上诉或上访的风险。而裁判本身是一种道德审判。[①] 选择道德话语进行说理，一方面可以利用道德至高的正义，掩饰和隐藏说理不足或者不说理的窘迫，且道德话语俯拾即是、上手简单，又不依赖前提假设，还能取得不错的预期效果，何乐而不为呢？但随之而来的困惑是，尽管道德

---

① 张彬：《中国传统司法中的"特色司法"》，载《时代法学》2016 年第 2 期。

具有民众普遍认可之效果，但道德之适用也会带来"公说公有理，婆说婆有理"的纷乱，还会诱发法律虚无主义和降低判决权威的多重风险。因此，无论法律还是道德论证说理，都无法避免以下风险：说得过多，与人口舌；说得过少，被批武断裁判，缺乏说理。因此在法律说理风险、道德说理风险、说多说少风险之间，法官也常常陷入纠结，选择的风险规避角度与程度不一，自然带来案件判决中"是否进行道德论证说理""道德说理怎么说，说多少"的结果差异。

（三）角色身份的差异：困惑于"积极与被动"之间

于中国的法官而言，判决说理并非法官的单向输出，而是双向互动。这不仅仅是"谁在说"的问题，还关系到"向谁说""谁在听"的问题。在我国的诉讼关系中，法官与当事人之间具有更多的积极关系，体现在诉讼过程中，就是大量的沟通调解环节，甚至必要时的纠问式审判；反映在诉讼结果上，就是判决要考虑当事人的接受程度，趋近当事人追求的结果正义。于当事人而言，他不在乎法官说了什么理，更在乎法官的说理是否契合自己的道德情感与朴素正义。正因为如此，判决就不能仅仅说法理，还要讲"公理、婆理""常理、道理"。如果法官一味讲法理，对一些当事人而言，无疑对牛弹琴。因此，在判决书中进行道德说理，将法官置于当事人的说理语境下，更容易息诉服判。

但另一方面，三角结构的诉讼构造又必然要求法官被动、消极，专注于法理与法条，这是法官角色的本质要求。而法官身为社会人的身份，又必须受社会价值与道德观念的影响，考虑案件判决的道德契合性和判决结果的社会效果。这种法官身份的二律背反，常常使得法官困惑于"积极还是被动"，反映在援引道德说理上，就常常"欲说还休"，又常常"恣意挥洒"；又或点到为止，流于形式；又或长篇累牍，不知所云。

三、偏差修正：道德论证说理的限度与规制

无论如何强调"法官是法律世界的国王，法官除了法律没有别的上司"，法律都不是一座孤岛，法官也不是独行侠。法律与法官都不可避免地会与道

德发生联系。

（一）正当性分析：道德论证说理的理论基础与现实语境

司法是法律运行的一部分，司法裁判中运用道德话语是司法运行的实际需要。[①] 不管承认与否，尽管我国司法话语体系以法治话语体系为基，但这一套法治话语体系都是舶来品。而我们日常生活的话语体系，却脱胎于几千年的道德话语体系，是道德与法治话语体系的纠结体。虽然我们依然在丰富和发展法治话语体系，但道德话语体系始终如影随形。中央也一再强调要坚持依法治国与以德治国相结合。我们所有关于法治的思考、治理，始终有道德的影子，也总是在道德的话语延伸轴上阐述。同样，我们对司法的运作也掺杂了道德因子的评价。在这个视域里，道德也是法律，"天理、国法、人情"是统一的。[②] 我国的司法实践早已不是单纯的法律实践，也裹挟了道德实践。

裁判文书作为法律话语最集中、最权威的表达，同样面临着法律话语与道德话语的统一与共进，司法判决所要输出的不仅仅是个案结果，也担负着输出社会良善价值与道德的指引。因此，裁判文书也无法回避道德话语的论证说理选择。尽管当前我国法治话语体系与道德话语体系具有高度的融合性和契合性，但并不意味着我们可以从"机械的法条主义"裁判思路这一极端，走到"法律虚无主义"的泛道德主义的另一个极端。

（二）刚与柔的衡平：以法律原则为桥，构建柔性裁判思维

机械的法条主义裁判思维"认为只要符合证据规则、举证责任规则的机械、僵硬性思维和以法律真实为首选的懒散思维，往往人为制造法律真实与客观真实失衡的后果"[③]。与此相对应的则是法律虚无主义视野下的"无规则"化裁判思维，首先以道德、伦理进行裁判，让判决更具接受性，满足个体正义，但却伤害了长久的规则秩序。因此，非常有必要在两者之间寻找一个契合点，构建柔性裁判思维，简而言之，就是通过裁判说理中道德与法律

[①]　刘畅：《论司法裁判中的道德话语》，载《人民论坛》2012 年第 36 期。

[②]　方乐：《司法如何面对道德》，载《中外法学》2010 年第 2 期。

[③]　庄绪龙：《司法裁判合理性构建的三种思维》，载《人民司法》2017 年第 28 期。

论证的共进与统一。在坚持法律论证为主，规则裁判的基础上，融合柔和的道德话语，改进法律虚无规则裁判思路的泛道德主义危险，同时削弱机械的规则主义裁判思路的刚性。

法律规则与法律原则是法律体系的两个构成要素。法律规则明确、具体，具有可预测性，是刚性的法律，排除道德话语的适用；而法律原则抽象、包容，难以预测，容纳道德评价。规则与原则的关系是统一的，任何法律规则都要符合法律原则的精神与道德正义，才具有正当性。因此，法律原则为道德在判决中的论证说理和构建柔性裁判思路提供了一个可以适用的桥梁，这主要体现在以下几个方面：（1）裁判文书说理所依赖的法律规则滞后或者空白。可以用道德正义解释法律原则作为案件裁判文书说理之依据，为司法实践提供指引。（2）裁判文书说理依据的法律规则出现歧义。用正义道德为规则之文意进行目的和体系解释，使规则符合一般法律原则内道德正义的内涵。（3）裁判文书说理依据的法律规则与道德正义相悖。此时通过道德正义解释法律原则，让法律原则修正与调整"具体规则与案件具体事实"匹配推导出的不被社会认可的结果，使之具有良善道德正义。如在"泸州二奶遗赠纠纷案"中，依据机械的法条与案件事实论证，受赠人"二奶"应当获赠财产，但法官通过公序良俗所包含的道德正义与家庭伦理等传统美德进行说理论证，对遗赠规则重新解读，实现了一个良善的价值判断与指引，也得出了一个公众认可与接受的裁判结果。

（三）理清四大关系：规制道德论证说理的边界与限度

1. 共性与个性的关系

裁判文书作为法院解决纠纷，输出司法正义的重要载体，是具有规范化、格式化、标准化的法律公文，无论是语言修辞、文体结构、逻辑论证都有统一的规范要求。裁判文书可以包容道德论证说理，但并不意味着法官可以随意发挥主观能动性，进行任性的道德说理。即使是在个别疑难案件中需要极具个性化的道德说理论证，以便充分展示法官自由心证，实现心证开示，增强裁判的可接受性，提升司法公信，但也应当遵照现有裁判文书要求的规范化标准与格式，以实现与保障裁判文书的共性要求。因此，倡导个性化的道德说理，并非否定裁判文书说理应有的共性特质，而是鼓励法官在个性说理、说有温度的理的同时，也应遵从裁判文书的规范标准，遵循判决说理中的法律解释方法、法律论证逻辑、语言文体等基本要求。

2. 深度与浅度的关系

个案不同，裁判文书说理的深与浅、长与短、繁与简自然不同。在进行道德论证说理时，也应特别注意道德论证说理的深度与浅度的问题。在进行道德论证说理时，应结合案情复杂情况、证据目录情况、法律关系层级、当事人具体情况等，选择不同的道德论证说理策略，或情真意切，以情感人，用道德阐述情理；或以德服人，充分发挥道德教化作用，充分阐述德理；或深入浅出，辅助法律说理，注重道德之于法律条文与规则的解释与佐证说理。总之，法官在进行道德论证说理时，应当根据具体案件，在深与浅之间灵活机动，到什么山头唱什么歌，发挥道德说理灵活多变的先天优势。

3. 过程与结果的关系

说理透彻到位的裁判文书一般都能清晰而完整地展现案件事实认定、证据采信、法官心证等案件裁判过程。正确的论证说理不仅能再现法官内心确信，且论证说理过程与裁判结果之间具有紧密而周延的逻辑联系。因此，道德论证说理同样不能游离于案件事实和证据采纳等案件审判过程之外，成为无根之木。道德论证说理也需在事实与证据的裁判基础上，围绕裁判结果论证分析，展现说理是裁判过程的映射，是结果的推演。

4. 专业与世俗的关系

虽然法律具有专业性，但它的终极合法性来源于民众的认可，才能不脱离生活的常识、常理、常情。[①] 毫无疑问，法律说理是专业的，但当事人和社会公作为裁判文书说理对象，是世俗化的。裁判文书需要体现专业性，也要接地气，具有伦理常情性，要具有"常识性的正义衡平感觉"[②]，其实就是符合世俗的普通民众潜意识的道德正义的判断。

---

① 李拥军：《合法律还是合道德："掏鸟窝案"背后的司法冲突与调和》，载《法学》2017 年第 11 期。

② ［日］滋贺秀三等，王亚新、梁治平编：《明清时期的民事审判与民间契约》，法律出版社 1998 年版，第 13 页。

（四）确立规范标准：明确道德论证说理的具体性规则

道德话语的论证说理，毫无疑问是司法的伦理表达与修辞，是法官追求裁判社会会效果的理性选择。其实，"在逻辑上，法律效果与社会效果本不该被区别对待，所谓社会效果，本就是法律适用自然推导出来的结果"。[①] 当前司法实践，由于缺乏可操作性的规范性准则，道德论证说理时常出现偏差与失范，带来了一定的负面影响。因此，确立一套相对具体的道德论证说理规则，增强道德论证说理的规范化、科学化、合理化迫在眉睫。

1. 把握道德论证说理的空间

道德论证说理司法场域的扩大化，容易削弱司法公信，非常有必要进行一定的限制：（1）形式上的限制。应确定道德论证说理以辅助说理为原则，直接裁判依据为例外的基本准则。道德论证说理的辅助说理地位的表现形式主要为判后寄语、辅助和增强法律说理、表明价值指引、表示裁判思路等。当道德作为直接裁判依据时，应以法律原则为桥梁，通过法律原则进行适用，前文已分析论述，不再赘述。（2）空间上的限制。一是案件适用范围上应有限制，主要适用道德色彩和人格化色彩明显的案件。其实"现代社会，人与人之间的关系越来越匿名化和非人格化，道德效用在纠纷解决的过程空间逐渐被压缩"。[②] 但在婚姻、家庭、继承、赡养、抚养等案件中，道德论证说理依然大有用武之地；侵权、人格权、相邻关系、无因管理等涉及亲、朋、师、邻等社会关系相对紧密的案件中，道德论证说理也能发挥息诉服判的良好效果。（3）说理必要性的限定。对于非道德色彩浓厚和非社会关系紧密的其他诸如合同纠纷，以道德论证说理的必要性为考量。一是当事人不能正确认识自己的道德义务。在这种情形下，当事人对自己的道德义务和法律义务没有意识，或出于不愿，或出于不知，此时正常的法律说理无法说服其承担道德和法律的义务，需要进行道德论证说理。二是正常的法律说理，当事人不会接受裁判结果。此时也需要法官佐以道德论证说理，进行道德规劝。三是进

---

① 江国华：《审判的社会效果寓于其法律效果之中》，载《湖南社会科学》2011年第4期。

② 庄绪龙：《司法裁判合理性构建的三种思维》，载《人民司法》2017年第28期。

行法律论证说理并不能实现纠纷的彻底解决。例如，亲友间的林权、土地权行政确权纠纷，虽然行政案件一般不用道德说理，但行政确认后，当事人之前很可能因为林权引发侵权等其他纠纷，发生次生诉讼，此时应当进行道德论证说理。

2. 把握道德论证说理的限度

道德论证说理应当与法律说理成为裁判文书中统一、协调的说理整体。裁判文书论证包括论题、论据、论证方法三大部分。道德论证说理显然也应当从这三部分融入法律论证：（1）论题最终指向具有同一性。裁判文书的论题具有唯一性、明确性和特定性——就是论证最终裁判结果的合法性、正当性以及合理性。因此，在裁判文书说理中，道德论证必须同法律论证的论题指向一致，不得与该论题无关，也不得与该论题背道而驰。这也意味着，在进行道德论证时，必须时刻关注该道德论证是否表达了明确而清晰的观点，这个观点是否同法律论证的观点具有同一性。这就要求"法官的眼光必须要努力穿行、往复于法律话语系统和道德话语系统之间"①，不断寻求道德话语与法律话语的契合和印证。只有道德论证说理是肯定、支持法律论证说理时，道德话语才具有论证法律说理的正确性、合理性，实现道德话语对法律话语的补强、补漏、说明、解释的证成效果。（2）论据具有统一协调性。在可以适用道德论证说理的案件中，无论是道德话语还是法律话语都可以作为论据，用于佐证论题。道德论证应在法律论证的基础上进行，居次要地位，不能喧宾夺主，用道德说理替代法律说理，且道德论证的篇幅应当小于法律论证，避免削弱裁判文书的法律性和权威性，同时，道德论证在谋篇布局上应当充分围绕法律论证。（3）论证方法具有一致性。裁判文书的论证方法一般采取直接的正面的论证方法，也就是直接表明观点，从观点直接推导判决结果的合理、合法性。因此，道德论证也应当采取正面的直接论证，杜绝采用比喻、拟人等具有文学修辞特征的间接论证方式。

---

① 姜涛：《道德话语系统与压力型司法的路径选择》，载《法律科学》2014 年第 6 期。

3. 把握道德话语选择的准度

法官在司法裁判中处理法律与道德的关系时，既不能割裂两者之间的联系，又不可实行两者的相互替代。[①] 在裁判文书中，要建立法律论证与道德论证的正确关联，道德话语选择的准度至关重要。引用道德话语进行论证说理的目的在于增加判决的说服力和可接受度。因此，道德话语选择的科学性、准确性、合理性至关重要。

（1）道德话语内容选择的准确。道德准则总是在变化发展的，不同时代，不同地域，不同行业具有不同的道德准则标准。"法律者，善良公平之艺术也。"[②] 法律是包含善良道德的社会规范。因此，道德话语的选择应当符合一定群体、一定社会、一定时间的普遍的善良之道德。避免选择陈旧的、狭隘的，不具有普遍适用性的道德话语，还应避免不具有科学性，已被科学证伪的道德话语。

（2）道德话语选择形式上的精准。应避免选择空洞化、抽象化的口号式道德话语进行论证。需要进行道德论证的纠纷，一般当事人间积怨已久，矛盾激烈，大而空的道德说教无法在双方当事人之间产生情感上的共情与心灵上的共鸣，也无法有效剖析双方的道德与法律关系。因此，应当结合具体案件，选择具体而细致的道德话语进行论证说理，让当事人置身道德与法律交织的语境中，自觉接受裁判文书确定的法律与道德义务。

（3）道德话语选择群体定位准确。每个人的道德水准并不在同一水平上，在道德话语选择上应当因人而异，如对于佛教徒不得引用其他宗教教义进行说服，对于农村地区的一些文化水平低的当事人，则不能进行艰涩的儒家道德论证。当然，强调道德话语选择的差异性，并不意味着道德话语的选择可以任意降低和拔高，毕竟判决的说理对象不仅是当事人，还包括社会公众。因此，道德话语的选择应当以一般社会公众普遍认可的标准为参照，兼顾个体差异，可以适度拔高，但不能降低至常人标准以下。

道德话语在裁判文书中的论证说理，赋予了裁判文书说理个性化说理的

---

① 李群星：《努力在司法裁决中实现法律与道德的融合》，载《人民法院报》2017 年 3 月 22 日第 5 版。

② 陈朝璧：《罗马法原理》，法律出版社 2006 年版，第 6 页。

特质。同时，道德论证说理深度融合法律论述说理，也让司法裁判更具道德契合性、人文关怀性、伦理常情性，避免了司法裁判只是僵死地适用法律。尽管当前道德论证说理存在这样那样的问题，但只要确定合理的适用标准与原则，道德话语的适用"绝不是要毁灭所有的规则，而是在个案中以每个个案以个人的正义感、以善良人的评断来作为替代"①，让司法裁判无限趋近实质正义。

---

① ［美］本杰明·卡多佐：《司法过程的性质》，苏力译，商务印书馆1998年版，第85页。

我国基层法院民事裁判文书说理的设计

——基于 S 省基层法院 235 份裁判文书的研究

◎ 肖　康[*]

一、基层法院民事裁判文书说理的现状考量

笔者对于 S 省基层法院的 235 份民事裁判文书进行实证研究，重点对于民事裁判文书的说理情况进行研究，得出以下结论。

（一）相同法院同类裁判文书千篇一律，缺乏个性

根据最高人民法院 2016 年的《民事诉讼文书样式（试行）》，裁判文书包括"原告诉称""被告辩称""本院认定如下""本院认为"和"判决如下"五个部分。这种结构的优点在于各要素分类清楚，制作规范，为统一、规范全国法院的司法行为起到良好效果。但现实中大批法官却完全照搬裁判文书的格式和内容，尤其是同一法院相同种类的裁判文书千篇一律、缺乏个性。根据笔者统计，内容千篇一律、空话套话文书有 79 件，占 33.17%；具有法官个性裁判文书有 56 件，占 23.8%。如 S 省 Y 基层法院某法官主审的 24 份离婚判决书中，判决不离婚的"本院认为"中皆出现"现夫妻关系出现不睦，主要是由于双方在日常生活中缺乏沟通和交流所致。现被告 X 某表示愿意改善夫妻关系，可见夫妻感情并未确已破裂。只要原告放弃离婚念头，珍惜已建立起的夫妻感情，双方多沟通和交流，夫妻关系是可以改善的……"字样，内容千篇一律，空话套话太多，此类裁判文书抹杀了司法实

---

* 肖康，江西省永新县人民法院办公室副主任。

践中千差万别的个性，更难以全面反映案件的举证、质证、认证过程，且容易割裂事实和证据、事实认定和法律适用之间的有机联系，造成前后脱节，条理不清，难以让当事人信服，让社会认同。

（二）部分裁判文书对争议焦点不做说理

裁判文书应当说理，尤其应当对案件争议焦点问题详细阐述，让双方当事人理解、接受法院的判决结果。[①] 根据笔者统计，对争议焦点无说理的有49份，占21%；对争议焦点有说理的有186份，占79%。然而现实中部分法官却对案件争议焦点问题一笔带过，或者含糊其词，表现出裁判文书制作者对判决结果不够自信或图省事，更让当事人及社会对判决结果产生合理怀疑。如常见的有法官对原被告双方提出的各种诉求和理由，在裁判文书中不予回应，甚至简单驳回，不讲采纳与不采纳的理由，也不论证法院作出裁判的根据。如S省J法院一判决文书在说理部分写道："原告要求被告A公司承担原告为治理××河流而产生的经济损失80余万元，被告B公司、C公司、D公司依法承担连带赔偿责任的诉讼请求，本院根据实际情况酌定，被告A公司承担各项经济损失80余万元，被告B公司在应当赔偿的款项中承担20%的连带赔偿责任，被告D公司在应当赔偿的款项中承担70%的连带赔偿责任，原告其他诉讼本院不予支持。"该裁判文书说理存在的问题是，对被告B公司、C公司、D公司承担相应责任的依据没有明确说明。原告要求四被告承担连带责任事关其利益能否实现，判决书仅仅写明被告承担责任的具体结果，但是依据什么事实、法律理由作出的判决均缺乏必要的说明。显然，当事人特别是原告拿到这份理由含糊、说理不清的判决书后，很难不产生失望和不满情绪。

（三）群众普遍关注问题规避说理，自造疑虑

部分法官对自认为敏感问题说理时有顾虑和畏难情绪，怕言多必失，怕惹麻烦，该种现象有一定的代表性。[②] S省部分基层法院民事裁判文书中，对于被告提出的没有根据的答辩理由，不敢据理驳斥，造成被告人不服裁判，

---

① 胡云腾：《论裁判文书的说理》，载《法律适用》2009年第3期。
② 胡云腾：《论裁判文书的说理》，载《法律适用》2009年第3期。

直至上诉。S省J法院中一案例，原告赵某在被告B酒店住宿，一晚23时许赵某酒后行至一楼井空置（电梯轿厢已被拆除）且未设防护装置的电梯中，随后因步入该空置电梯井而坠至井底受伤。一审法院考虑到这是原告醉酒后发生的事故，故判决原被告分别承担一定责任。但原告赵某以被告未履行合理限度的安全保障义务为由，要求重判。二审法院针对原告的这一诉求作出详细的说理，被告B酒店未对可能出现的伤害和意外情况作出明显警示，应承担一定民事赔偿责任。但原告赵某本身作为完全民事行为能力人，也应当对自己的行为尽到合理的注意义务，以确保自身的安全，原告赵某却在酒后没有照明的情况下进入事发通道步入空置电梯井，未尽到一般注意义务，与事故发生有一定关联，故根据过失相抵原则应适当减轻被告责任。二审法院敢于指出原告赵某发生的事故并非全部是被告责任的事实和理由，让原告无法反驳，果然从此息诉罢访，效果就比较好。规避说理的另一种表现是避重就轻，故意回避矛盾。对应当理直气壮说明的问题蜻蜓点水，一笔带过，让人感到似乎有难言之隐。笔者认为，在裁判文书的说理方面，对于当事人的过错，应当注意说清、说足，这样才能起到教育和警示作用。对于当事人的过错，如与案件处理结果无关可少说，但是，如果关系重大且当事人不通情达理的，说就要说到位，否则就不足以发挥司法裁判所应有的吸收当事人不满的功能。

（四）证据和事实不筛选，缺乏针对性

自从最高人民法院《关于民事诉讼证据的若干规定》要求"人民法院应当在裁判文书中阐明证据是否采纳的理由"后，实践中部分法官有一种误解，认为只有对所有证据进行罗列和分析、对案件涉及的问题做出详尽的法律论证才符合说理的要求，因此往往不是根据当事人的诉讼需求和解决纠纷的目的制作文书，而是热衷于长篇大论，实际背离了裁判文书目的。笔者观察235份裁判文书中，常见的问题有，在认定事实部分不分主次即逐个罗列和分析证据，但却缺乏对认定事实的阐述有21份，占9%；在事实认定和"本院认为"部分对证据进行重复分析的有43份，占18%；照搬照抄学术资料，理论性强，内容晦涩难懂的20份，占9%。

（五）裁判文书说理不规范

有的把理说错了，有的甚至自相矛盾。S省某基层人民法院一份人身保险合同纠纷案中，笔者阅读裁判文书中发现，该判决书在叙述被告辩称时，说"……经调查核实我公司（B保险公司）发现投保前已患病，根据相关法律规定和保险合同条款……本次事故我公司不承担保险责任并退还保险金……"但在"本院认为"部分却称"被告B保险公司虽不知其投保前已患病"，根据上下文，裁判文书的说法显然是自相矛盾的，这种矛盾的说理是一重大瑕疵。被告的辩称是案情的陈述，其实也是一个说理的过程，把基本案情讲清楚，把原告、被告各自的理由讲清楚，有助于对案情的了解和把握，这对于法院判决部分的说理起到了一个烘托、铺垫的作用。但上述判决书忽视了前面的重要事实，造成了前后矛盾的说理，这使得判决书的公信力大大降低，法官的水平和判决的公正性大大地受到质疑。另笔者了解到上述基层法院在2017年民事裁判文书专项评查中，发现民事裁判文书离裁判文书的规范要求还有一定的差距。评查的100份裁判文书中发现的差错按比率高低依次为：文书不符合技术格式要求的32份，占32%；错别字、标点符号明显错误、病句27份，占27%；法律援引不当、文书结构缺项、事实叙述混乱、主文模糊或有歧义、裁判事项缺乏基本说理、说理自相矛盾24份，占24%。

二、现行基层法院民事裁判文书说理不足的缘由

（一）裁判文书制作格式不合理

目前我国基层法院民事裁判文书说理千篇一律，空话套话比率高，原因之一便是格式规定不尽合理，拘于形式。根据最高人民法院对法院裁判文书样式的规定和说明，裁判文书分为五个部分，其中理由部分只包括对行为性质、情节、适用法律和处理方式的论证，并不包括对事实和证据的论证，事实和证据论证虽可以在事实部分进行，但不作"裁判理由"看待，对事实表述不够，对证据分析强调不深入。尤其是造成了事实证据部分与法律适用部分的脱节，缺乏逻辑推理上的严密性，让人难以信服。

按照我国裁判文书制作格式。出现的结果为：在事实认定环节，没有相

应的法律规范，这是因为格式规定在判决书的后部列举所适用的法条，而众所周知，事实认定过程本身就是事实与法律规范的交互阐释，在具体的证据、事实推导过程中必须引用相关的法条，这样后面出现的法条显得突然，与前面的事实认定衔接不上，导致事实部分的说服力不强。同样，在法律适用部分也缺少事实的证明，这部分内容完全是法律的理解和解释，不能联系个案的实际和特殊性，显得刻板和教条，总体上也影响了裁判结论的可接受性。

（二）法官的专业水平不足

笔者做过问卷调查，通过问卷调查发现，68.2%的被调查人员都认为裁判文书制作过程中论理部分最难，如裁判文书说理不规范、证据和事实不刷选、缺乏针对性等问题，其最深层次原因在于法官队伍的整体素质不高。其一是我国目前法官队伍中仍存在部分军人转业者，此部分法官大多社会阅历深、审判经验足，但大多数苦于法学理论功底不扎实、法学系统知识欠缺，无法把裁判文书说理部分深化；其二是随着基层法院年轻法官的大量增加，此类法官大多缺乏社会阅历，仅凭毕业证书及司法考试资格证上岗，造成运用所学纯法律理论知识去分析论证现实社会各类复杂案件，由于缺乏理论联系实际的论证，难以保障说理的质量。

笔者认为，裁判文书说理的好坏取决于法官法律理论水平、社会实践等的综合运用是否到位，这就需要法官具备法律理论、社会阅历等综合素质。总之，综合素质的高低不仅仅是法学理论文化高低的问题，也不是只需具备社会阅历和丰富经验就能胜任，而应当是法官的法学理论功底、审判业务实践、文字表达能力和审判作风等各项素质作用的综合体。

（三）缺乏监督对裁判文书说理的制约

目前，部分裁判文书对争议焦点不做说理，对群众普遍关注问题规避说理、自造疑虑等问题。主要原因在于我国施行司法责任制改革时间不长，主审法官自己签发文书，但相应的监督机制没有建立起来，存在监督漏洞，弱化了法官对裁判文书说理的积极性。司法责任制改革以后，在案件的审理过程中，分管院长、庭长不再对裁判文书进行审批，员额法官独立审判案件并签发裁判文书。笔者认为，缺乏对员额主审法官裁判文书的监督严重影响了主审法官对裁判文书的说理质量。这种绝对的权力类似"行政首长"负责制的裁判结果滋生了法官不负责任的作风，因为即使裁判文书不予以说理，也无人干涉，导致少数法官往往敷衍了事，文书说理则少之又少。

三、我国基层法院民事裁判文书说理的设计

通过对 S 省基层法院民事裁判文书说理现状的考察，以及对我国在裁判文书说理方面存在的问题及原因的分析，笔者认为，我国裁判文书无论在司法体制方面，还是在法官素质方面，或者是裁判文书制作技术方面，皆对裁判文书说理质量不高有重大影响。针对如何加强裁判文书说理，笔者从以下五个方面提出完善建议。

（一）调整裁判文书的制作格式

一个裁判文书的说理应当大致包括三部分，即案件事实、法律根据以及它们两者在法律上的逻辑联系。只有具体案件事实和一定法律根据在法律上的逻辑结合，才能构成一个裁判的理由。根据最高人民法院文书样式的规定和说明，事实部分与裁判理由部分分开。这种将事实证据问题的辩驳与行为法律性质方面辩驳分开处理的方式在逻辑上似有不顺：可以考虑采用主文、事实（认定案件事实）、理由（事实、证据和法理的论证与辩驳、法律适用）的行文制判方式，加强对事实和证据的论证和辩驳，但在裁判内容上，可以借鉴英美法系"对话—论证式"说理方式，增强裁判文书的说理性，克服使裁判文书流于一般化、套路化的做法，保持裁判文书适当个性，要针对具体案件的争议事实，对当事人、律师提出的各种事实争点和法律争点作出详细回应。[1]

（二）注重对证据的筛选

在 235 份判决书中，许多法官存在对证明事实的证据不充分，有的仅有事实没有证据，或只是简单地罗列证据，缺乏对证据关联性的推理、分析和判断，对主要证据的采信与否未进行分析说理，对双方争议的关键证据的认

---

[1]　刘莉、孙晋琪：《两大法系裁判文书说理的比较与借鉴》，载《法律适用》2002 年第 3 期。

定未置可否，常造成当事人主张与裁判结论的割裂，难以让当事人和社会公众信服。

笔者认为，裁判文书虽然需要载明案件证据的情况，但要记载所有的证据则既无必要，也不可能，而且对全案证据机械罗列，只会造成表述混乱，烦琐冗长，实质意义并不大。对此，笔者建议合理列举主要的争议证据，明确阐述法院认定的事实。具体而言，首先，应当以争议焦点为主线对证据进行分类，围绕争议焦点展开对相关证据的分析和认证，突出对重点争议证据的认证说理，避免证据的简单罗列和重复，对于难以通过文字表述的内容，可以通过附图、附表等适当方式予以表述，让当事人和社会明了；其次，不管如何说理，法官还都必须在文书中写明法院最终采纳的证据，以此确定案件事实，并作为裁判案件的基础。不能加以回避，模拟两可，让当事人及社会大众看不明白，否则，可以认定法官没有履行应尽的说理职责，构成程序违法。

（三）强化对事实的说理

"一份叙事清楚、说理充分的裁判书就像一面镜子，可以准确、直观地反映出审判人员的法律知识、理论功底、逻辑思维、文字水平等素质。"[①] 历史上许多流传至今的判决书，就是以其说理透彻、令人信服而成为裁判文书的范本。其中重要一点就是裁判文书事实说理透彻、清晰。裁判文书的说理不同于生活中常见的说理，它必须围绕"事实"与"法律"来具体展开，而不是借助辩论技巧和华丽辞藻来进行的语词修辞。而事实说理，主要是对案件的客观事实以及法官查证、认定的法律事实方面提出要求。也就是既包括作为案件证据的事实说明、分析，也包括诉讼过程中相关的法律事实，例如当事人所提诉讼请求的事实是否存在，本案中尚有哪些不明的事实争议等。笔者认为，事实说理充分的标准应当是使人看了裁判文书以后，感到案件事实客观、真实、可信，不产生合理怀疑，确信法院认定的法律真实就是案件的客观真实。

---

① 唐文：《法官判案如何讲理——裁判文书说理研究与应用》，人民法院出版社 2000 年版，第145 页。

笔者认为，对事实的说理要掌握三点：第一是突出对诉求和理由进行说理。裁判文书要认真回应、反驳或赞同当事人提出的诉讼请求，要针对当事人提出的诉求和理由说理，对于双方当事人都能够予以确认的事实，则只要一句话就够了，但须注明"双方当事人皆认可此事实"，而无须长篇大论，以免造成文书的烦琐，却未取得实质效果。第二要围绕案件的争议事实说理。① 裁判文书说理的主要任务，就是消除当事人或他人对裁判结果、审判过程存在的疑点或者可能产生的疑惑。所以，增强裁判文书的事实说理性，必须善于把握案件中事实的疑点和当事人的疑惑。法官对裁判文书的事实说理主要要围绕案件存在的事实疑点充分说理，要注重说理后的效果必须足以达到释疑的程度，让当事人胜败皆服，让社会信服，提升司法公信力。所以，增强对裁判文书可疑事实的说理性，必须抓住案件中的争议事实问题展开说理。第三还要针对决定案件结果的事实说理。不要纠缠细枝末节，抓住关键事实说理，有的放矢，一语中的。评价裁判文书的说理不是越长越好，越细越好，也不是越短越好，一定要善于抓住案件的关键事实进行说理，根据决定案件结果的事实来说理。笔者认为，当事人最在乎的还是裁判结果，法官务必要根据裁判结果展开详细说理，支持谁、不支持谁；支持哪些观点、不支持哪些观点；支持的具体标的及标的额是多少等，法官要做到心中有数，并针对所支持的具体结果做关键性事实说理。

（四）突出对适用法律的说理

所谓法律的说理，是对裁判适用法律方面提出要求。适用法律包括实体法和程序法两个方面。② 法律适用具体包括"找法""释法"和"涵摄法"的过程。"找法"就是"以法律为准绳"的具体表现，"找法"最基本的要做到准确；"释法"是法律规范具有普遍性和抽象性，绝大部分均需要解释后方可适用。不同的解释方法、立场、位序，有时会得出不同的结论，例如形式解释还是实质解释、客观解释论还是主观解释论、文义解释优先还是目的解释优先，均可能导致个案处理结果的不同。"释法"最基本的要做到得

---

① 胡云腾：《论裁判文书的说理》，载《法律适用》2009 年第 3 期。
② 刘树德：《增强裁判说理的当下意义》，载《人民法院报》2013 年 12 月 27 日。

当。"涵摄法"是法律事实与法律规范反复耦合，最后得出裁判结果的过程。"涵摄法"最基本的要做到正当（或公正或合理）。

一般来说，法官只要让人确信他作出的判决正确地适用了法律，说理的标准就达到了。但在实践中，有三种情况需要进一步说理，而不能仅引用条文。一是法律条文里规定了多种情形，如果案件只符合一种情形，则需要对所符合的情形具体详细阐述其符合的理由及正当性，消除当事人的疑虑，而不能简单引用条文了事。二是法律规定了多种处罚方法，法官如果只选择其中一种处罚方法，说理中则必须说明为什么选择该种方法，以及选择该种方法的合理性、正确性、合法性。否则，当事人就有可能不满意。三是法律条文本身就很模糊和抽象，甚至包容多种含义，而判决选择的是其中一种理解或含义，此种情况，裁判文书说理中就必须说清法官为何这样而不那样解释法律，以告诉当事人采纳该种理解的理由。①

（五）适用以情说理的方法

所谓"情理"，是指裁判也要顾及法律之外的道德、政治、民族、外交、民意与舆情、国民常识与情感等因素提出的要求。② 裁判所适用的法律，处在金字塔型的法系之中，始终与其他各种社会系统如政治系统、道德体系、经济制度等相互作用和影响。裁判制作的主体同样始终生活在充满复杂关系的社会之中，法官不可能成为脱离俗世的"神"。处在我国现行政治架构中的人民法院，始终不可能扮演西方法治国家法院的那种"独立"的角色。这些众多的因素均直接或者间接地影响和要求裁判文书的说理要顾及法外的"情理"，例如，邻里纠纷等普通民事纠纷考虑民间习惯，商事纠纷考虑交易习惯，涉外案件考虑外交，涉及边疆少数民族案件考虑民族团结，敏感案件考虑舆情，甚至刑事案件中亲属间盗窃应考虑亲情伦理等。例如，某基层人民法院法官针对被告人黄某一起不当得利案进行了如下说理，"被告人黄某之前的不当得利行为毫无疑义应受道德的谴责和法律的惩罚，但其接到法院的应诉通知书后不远千里将所得财物归还失主的行为，不论其是出于自身的

---

① 胡云腾：《论裁判文书的说理》，载《法律适用》2009 年第 3 期。
② 刘树德：《增强裁判说理的当下意义》，载《人民法院报》2013 年 12 月 27 日。

良知还是对法律的敬畏，均应该在道德上予以肯定和在法律上予以正面评价，值得原谅"。"法律无外乎人情"，情理是裁判文书不可不说的道理，任何道理都是通情达理的，具备情理的裁判文书才能打动人、征服人。中国人是情感最发达的民族，最符合情理的法律也是最有权威的。但司法情理的选择与运用需要具备一个标准，就是情理能否被法律所包容。如果法律中对某种程度的人情能够包容，裁判文书就应当积极把所包容的人情阐发出来，以展示法律的可亲可近之情。如不为法律所包容，则不能以情废法。

家事裁判文书说理之情、理、法的统一

——基于 4 份热门判决书的研究

◎ 王晓曼*

　　家事审判，是指"以家事案件（在我国司法统计中一般称婚姻家庭案件）为审判对象，以家事诉讼程序、家事非诉程序和家事审判机构的组成和运作为主要内容的审判活动和机制"。① 家事纠纷，也称为婚姻家庭纠纷，是一种具有复杂性质的特殊民事纠纷，它不仅涉及当事人之间的财产关系，还涉及当事人之间的身份关系；不仅涉及成年人之间的争议，还涉及未成年人特殊利益保护；不仅关涉家庭成员之间的私人利益，还关涉社会公共利益的实现；不仅涉及法律问题的适用，更加牵扯到伦理、道德、亲缘关系上的各种利益。因此，家事纠纷本身就是一种具有复合性质的特殊的民事纠纷。而家事裁判文书作为家事审判司法过程的最终结果，是呈献给争议当事人看得见、摸得着的最直观的"司法产品"，在很大程度上影响着争议各方对裁判结果的接受度。

一、缘起：家事裁判案件的特殊性

（一）案件数量大、司法资源投入多、处理难度大

　　改革开放以来，我国的婚姻家庭案件几乎呈现逐年增长的态势，近年来更是一直保持高位徘徊。2013—2016 年全国审结一审民事案件分别为 355.4 万件、522.8 万件、622.8 万件、673.8 万件，与相应年份对应的婚姻家庭类

---

　　* 王晓曼，武汉市中级人民法院法官助理。
　　① 王德新：《家事审判改革的理念革新与路径调适》，载《当代法学》2018 年第 1 期。

案件审结量分别为 161.2 万件、161.9 万件、173.3 万件、175.2 万件，婚姻家庭案件占比居高不下。[1] 根据相应的数据[2]，2018 年全年审结一审民事案件 901.7 万件，审结婚姻家庭案件更是达到了 181.4 万件，婚姻家庭案件成为民生案件重要的组成部分。

家和万事兴是老百姓最朴素的愿望，面对家事纠纷逐年增多和日趋复杂的新形势，很多法院进行了大胆创新和尝试，并进行了大量的司法投入：如 2017 年被列为广东省首批家事审判改革试点法院的江门法院，摸索出一系列颇有成效的举措："能够倾心长谈的圆桌审判庭；离婚冷静期；化解家事纠纷过程中的家事协理员、家事调查员；保护隐私又具效力的《离婚证明书》……"[3]，还有的法院设置了家事调解室、心理评估室、沙盘分析室、单面镜调查室等等，都试图用更加多元的方式"修复情感"，达到"家和"的效果。

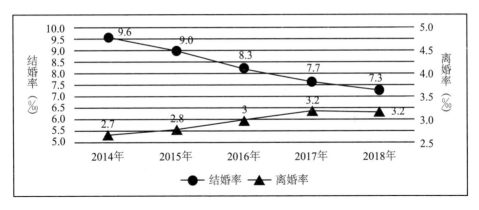

图2　2014—2018 年全国登记结婚率和离婚率[1]

通过民政部官网统计数据可以看出，从 2014 年至 2018 年，全国登记结

①　《最高人民法院工作报告》，最高人民法院公报网，载 http：//gongbao. court. gov. cn/，最后访问时间：2019 年 2 月 2 日。

②　《最高人民法院工作报告——2019 年 3 月 12 日在第十三届全国人民代表大会第二次会议上》，载最高人民法院公报网，http：//gongbao. court. gov. cn/Details/a5a0efa5a6041f6dfec0863 c84d538. html，最后访问时间：2020 年 3 月 17 日。

③　《江门：家事审判让法律更有温度》，载广东省法学会网，http：//www. gdfxh. org. cn/zdzx/zfxw/201801/t20180111_919205. htm，最后访问时间：2020 年 3 月 17 日。

④　《2018 年民政事业发展统计公报》，载民政部网站，http：//www. mca. gov. cn/article/sj/tjgb/201908/20190800018807. shtml，最后访问时间：2020 年 3 月 17 日。

婚率从 9.6‰到 7.3‰逐年下降，而包含民政部门登记离婚、诉讼离婚在内的离婚率从 2.7‰到 3.2‰呈逐年上升的趋势。2013—2018 年全国办理离婚的人数（包含在民政部门登记离婚和经过人民法院判决、调解离婚的）为：350 万对、363.7 万对、384.1 万对、415.8 万对、437.4 万对、446.1 万对。① 离婚人数逐年上升，仅 2018 年全国离婚当事人就多达近 900 万人，再加上因离婚涉及的未成年子女、双方年迈父母、需要扶助的近亲属等人员，每年因家庭解散而直接影响到的人数可以达到几千万人。这是一个可怕的数字，伴随着离婚纠纷的不断增长，必然带来因家庭破裂而导致的各类社会问题大量产生，这就对人民法院在家事审判案件中有效加强家庭建设、维护社会的稳定提出了更高要求。

（二）公益与私益不断交织

与婚姻家庭案件不断攀升对应的是亲缘关系危机、家庭破裂带来的越来越多的社会问题：缺乏父爱或母爱的未成年人相较于其他孩子容易出现更多的心理问题和冲动型犯罪、妇女的权益得不到足够的保障②、"空巢老人"面临经济和情感上的双重困顿、继承份额争议导致亲人分崩离析等社会问题层出不穷，为了有效维护社会安定、祥和，需要对家庭建设付出足够的努力。与传统民法领域中法院的中立、消极的定位不同的是，家事审判领域具有较强的政策属性，要求家事裁判文书说理过程承担更多维护家庭稳定、保护家庭成员中的弱势群体、修复和弥合社会关系的职能。③

因此，作为民事案件的分支，家事裁判案件首先具有一般民事案件中不告不理、意思自治、私权处分的私益属性，但由于家事案件承担了较多修复社会关系的公益属性，还需要强化法官的自由裁量和对当事人处分权的适当干预。

---

① 《统计公报》，载民政部网站，http://www.mca.gov.cn/article/sj/tjgb/，最后访问时间：2020 年 3 月 17 日。

② 2018 年 3 月 22 日最高人民法院发布《离婚纠纷司法大数据专题报告》显示，"在全国离婚纠纷涉及家暴的一审审结案件中，有 91.43% 的案件是男性对女性实施家暴"。

③ 最高人民法院《关于进一步深化家事审判方式和工作机制改革的意见（试行）》（法发〔2018〕12 号）规定："（要）切实转变工作方式，强化法官的职权探知、自由裁量和对当事人处分权的适当干预……"就充分体现了家事裁判案件本身的公益属性。

二、初探：家事裁判文书说理之必要性

（一）司法实践中存在说理不足

一是说理过于简单，说服力弱。"裁判文书制作过于简单，案件细节内容不能全部体现，对双方当事人的诉辩主张归纳过于简单……用罗列案件事实、证据及法律适用来代替逻辑分析，导致说理不充分，说服力不强。"[①] 二是家事裁判文书千案一面，格式化严重。"格式化裁判文书容易成为裁判文书向个性化发展的一种桎梏"。[②] 实践中，仍然存在大量的家事裁判文书根据固定的格式做"填空练习"，对"模板"稍加修改，写明了案件最终裁判结果即算制作完成，文书本身缺乏明法析理的过程，当事人看得云里雾里，并不明白这样的裁判结果是如何推理而出的。

（二）宏观层面：司法体制改革之要求

从党的十八届三中全会通过的《关于全面深化改革若干重大问题的决定》中提出要"增强法律文书说理性，推动公开法院生效裁判文书"，到党的十八届四中全会通过的《关于全面推进依法治国若干重大问题的决定》指出要"加强裁判文书释法说理，建立生效法律文书统一上网和公开查询制度"，再到《最高人民法院关于人民法院在互联网公布裁判文书的规定》明确裁判文书应当于生效后 7 日内公布于中国裁判文书网，将裁判文书上网作为司法公开的重要形式，以司法公开来加强人民群众对司法过程的监督，已经成为各界共识。值得注意的是，由于家事裁判案件的特殊性，根据最高人民法院《关于人民法院在互联网公布裁判文书的规定》（法释 2016〔19〕号）第 4、8、10 条之规定，"离婚诉讼或者涉及未成年子女抚养、监护的"不在互联网公布；人民法院在互联网公布裁判文书时，应当对下列人员的姓名做隐名处理："（一）婚姻家庭、继承纠纷中的当事人及其法定代理人……"；人民法院在互联网公布裁判文书时，应当删除如下信息："……（四）家事、人格权益等纠纷中涉及个人隐私的信息"。这也充分体现了家事裁判案件中，为

---

① 祝铭山：《关于人民法院五年改革纲要的说明》，载《最高人民法院公报》1999 年第 6 期。
② 甘霖：《关于司法改革的几个问题》，载《中国法学》1999 年第 5 期。

了保护当事人的隐私，在合理范围内有限度地公布家事裁判文书，客观上形成了以裁判文书上网制度倒逼裁判文书释法说理的态势。家事裁判文书的释法说理，是司法改革的必然要求，是审判为中心的诉讼模式和庭审实质化的必然要求，亦是增强司法公信力、维护司法权威、定分止争的必然选择。

（三）微观层面：息讼宁人之需要

如果说从立案、庭审、宣判到送达等司法过程的每一个环节都可能影响着当事人对判决结果的接受程度，那么每一位关心自己权利义务的当事人在收到法律文书之后——尤其是对裁判结果不能接受的一方——都会反复阅读，仔细推敲，家事裁判文书说理充分与否，直接影响着案涉当事人是否信服、是否服判。第一，家事纠纷处理不当，会引发大量极端刑事案件，甚至发生杀害法官的恶性案件，家事案件是最容易由民事案件转化成刑事案件的案件类型。由于家事裁判结果多涉及身份与财产双重关系，使得案件本身会融入当事人较多的情感因素，例如有离婚纠纷的当事人认为法官判决准予离婚是拆散了他的家庭，因不满裁判结果而打击、报复法官。① 家事裁判说理越充分、越能融入情、理、法，相对就越能够提高说服败诉当事人的可能性，减少甚至消灭恶性事件的发生。第二，"理不辩不明"，很多当事人可能并不是很理解简洁甚至略显"枯燥"的法律条文，法官通过裁判文书深入浅出的逻辑分析、严密的法律适用过程、感同身受的情感分析，能够让人民群众信法、学法、懂法、用法，从而减少当事人诉累，维护和谐、稳定、友善的社会关系。第三，提高当事人的服判率，也能够解决裁判文书执行难题，为法律文书的执行力奠定坚实社会基础。

三、雕琢：家事裁判文书情、理、法的统一

2018 年 7 月 18 日，最高人民法院发布《关于进一步深化家事审判方式

---

① 《广西退休法官遭报复杀害案：被告人一审获死刑》，载中国新闻网，http：//dw.chin anews.com/chinanews/content.jsp？id＝8313978&classify＝zwsp&pageSize＝6，最后访问时间：2020 年 3 月 16 日。

和工作机制改革的意见（试行）》，第 3 条明确："切实转变工作方式……力求裁判标准客观化以及裁判文书说理情理法相结合。"那么，具体到家事裁判文书，如何有效实现裁判文书情、理、法的结合呢？

（一）说理要遵循严密的应用逻辑分析

法律推理是裁判文书说理的核心，裁判文书的说理过程本质上就是法律推理（论证）的过程，这个过程就是裁判结果的正当性证明。具体到一份家事裁判文书，所涉的推理过程包括但不限于：

第一，根据当事人各方所提证据及质证意见，对证据进行取舍认定的推理过程。

第二，法官基于各方的诉辩理由、证据的认定过程、依职权查明的情况等综合考量后认定的法律事实，即反映"法律真实"的案件事实。

第三，法官对案涉争议焦点的概括及其分析推理过程。

第四，法律适用的推理过程。这个过程"强调从法律规范到案件的三段论式推演，特征是从大前提到小前提出发推到案件结论。遵循三个必要步骤：识别一个权威的大前提即基点→明确表述一个真实的小前提→推出一个可靠的结论。"[①] 在这里，"识别权威的大前提"即寻找法律规范（法律规则与法律原则）的过程，"真实的小前提"即认定的案件事实，而"案件结论"我们可以理解为裁判结果。简单说，就是通过寻找法律真实（被认定的案件事实）、寻找可以适用的法律规范，通过二者的"匹配"得出一个令人信服的最终结果，这个过程，就是体现家事裁判文书说理最核心的内容。

1. 家事裁判文书推理过程要求遵循逻辑三段论原则

（1）家事裁判文书中的形式逻辑。逻辑三段论包含形式逻辑和非形式逻辑。形式逻辑又包含同一律、矛盾律和排中律。同一律即在同一思维过程中，必须保持概念自身的同一，家事裁判文书实际论证的论点要和需要论证的论点相一致，不能混淆或偷换概念，转移或偷换论题；矛盾律即概念不能自相矛盾、判断不能自相矛盾，在家事裁判文书说理中，对事实的前后认定不能自相矛盾，对法律的适用要遵循适用规则，如上位法优于下位法、新法优于

---

① 舒国滢主编：《法理学导论》，中国政法大学出版社 2006 年版，第 214－219 页。

旧法等；排中律即两个互相矛盾的判断必有一真，如事实的查明中，法官要注意论辩过程中得出的互相矛盾的结论必有一真，裁判文书说理需要做到观点鲜明，不含含糊糊，不模棱两可。形式逻辑要求事实、理由、结果互相印证，环环相扣，"做到理由与事实一致，理由与判决结果一致"。① 一份逻辑连贯、层层递进，观点明确的家事裁判文书，不仅具有很强的美观性，裁判文书的说理性和公信力也随之凸显。

（2）家事裁判文书中的非形式逻辑。非形式逻辑的任务是：讲述日常生活中分析、解释、评价、批评和论证建构的非形式标准、尺度和程序。遵循非形式逻辑，要求家事裁判文书的说理中不得违背常识，在严格适用法律的同时，说理过程可以融入交易习惯、伦理、公理、公序良俗等社会大众普遍接受的常识判断、经验法则等，以期提高最终结论的正当性。

2. 家事裁判文书说理要做到内容合法、程序正当，遵循法律逻辑

最高人民法院《关于加强和规范裁判文书释法说理的指导意见》第 3 条规定，"裁判文书释法说理，要立场正确、内容合法、程序正当，符合社会主义核心价值观的精神和要求……要根据案件社会影响、审判程序、诉讼阶段等不同情况进行繁简适度的说理，简案略说，繁案精说，力求恰到好处。"内容合法和程序正当，要求家事裁判文书说理严格遵循实体法、程序法及各项司法解释之规定。法律逻辑则要求遵守民事裁判文书制作规范、讲究文理通顺、语言表述严谨科学、文字表达没有歧义、证据审查遵循证据规则等形式要求。

（二）说理要融入法的自由、正义、秩序等法价值

家事裁判文书的目的不是单纯确定身份关系、析分财产，还内含了维护社会公序良俗、修复家庭成员关系、抚慰情感、对被监护人的关爱和对老人的赡养与慰藉等，从而达到稳定家庭关系、维护良好社会秩序的目的。因此家事裁判文书说理不能"冷冰冰"，要充分融入社会主义核心价值观，要充分融入法的自由、正义、秩序的价值，让裁判文书合法、讲理、有"情"。

---

① 胡仕浩、刘树德：《新时代裁判文书释法说理的制度构建与规范诠释（上）》，载《法律适用》2018 年第 16 期。

1. 辨明个案差异是说理之起点——法之自由价值

自由价值是法的基本价值之一，法的自由价值也就是公民享有的法律权利，家事裁判文书说理必须以个案为出发点，以保护公民的法律权利为前提，例如符合法律规定的公民有结婚的自由，亦有离婚的自由，法官不能为了做"和事佬"或者图省事而不顾个案特点在一审程序中一概判决"不准离婚"。正如世上不存在两片完全相同的叶子一样，世上也不存在完全相同的两起案件，辨明个案差异是家事裁判文书说理的起点。在离婚纠纷中，法官固然要本着维护家庭幸福和稳定去努力挽救婚姻，但绝不意味着一律不准离婚，辨明个案差异要求法官不能在未对婚姻进行诊断和挽救的情况下，随意判决离婚。做到"注意区分婚姻危机和婚姻死亡，正确处理保护婚姻自由与维护家庭稳定的关系"。① 对于已经死亡甚至继续存续对家庭成员严重不利的婚姻，需要及时解除。

2. 通过说理扩展利益保护的内涵——法之正义价值

正义即公正、公平、公道。正义价值代表了公平、社会主流价值观，充分尊重人民群众朴素的情感和基本道德准则，在家事裁判文书说理中，除了传统裁判文书中体现出的自由、公正、效率的追求外，还有其特殊的个性化追求——实现"家庭正义"。② "家庭正义"体现了在合法的前提下，尊重公序良俗、发扬传统美德等道德义务的要求，让家庭成员中的弱势群体也能在家事裁判文书中感受到尊重和公平，让普通民众也能通过裁判文书感受到正义，才是家事裁判文书说理应当追求的司法价值。

案例一："最敬孝判决书"——北京首判子女"常回见看看"案。③

2013 年 12 月，北京首起老人诉子女"常回家看看"案宣判。在这起案件中，81 岁高龄的老人尹某将两个女儿诉至法院，要求给付赡养费并每周看望自己一次。昌平法院根据当年 7 月 1 日生效的《老年人权益保障法》，判

①《最高人民法院关于进一步深化家事审判方式和工作机制改革的意见（试行）》，2018 年 7 月 18 日发布。

② 石雷：《英国现代离婚制度研究》，群众出版社 2015 年版，第 209 页。

③《北京首例"常回家看看"案：父亲胜诉》，载中国青年报，http：//news. youth. cn/sh/201312/t20131220_4410622. htm，最后访问时间：2019 年 3 月 12 日。

决两个女儿每月到八旬老父家看望一次，每人每月需支付老人养老费、生活费等上千元。法官在裁判文书说理中阐释道，赡养父母是中华民族的传统美德，老人养老以居家为基础，家庭成员应当尊重、关心和照料老人，与老人分开居住的家庭成员，应当经常看望或问候老人。

百善孝为先。这起首例常回家看看案在当时引起了不小的波澜，一方面，法官能够根据当时最新的法律将儿女照料、看望老人的行为义务具体化，根据儿女与老人的居住地远近、实际生活情况等判令两位被诉的女儿每月看望老父亲一次；另一方面，裁判文书通过融入伦理、情理等因素，强调赡养父母不仅是子女应尽的法律义务，更是中华民族的传统美德，弘扬了优良家风，也有效提高了当事人对裁判结果的接受度。家和万事兴，家固天下稳。正如最高人民法院副院长江必新所言，在价值多元的社会环境中，符合新时代文明风尚的家风，可以正本清源，为家庭支撑国家发展、社会和谐、民族进步、提供不竭原动力。要在家事审判中积极培育和践行社会主义核心价值观，弘扬中华民族传统家庭美德和文明进步的婚姻家庭伦理观念，切实保障未成年人、妇女、老年人合法权益。要通过家事审判，推进家庭美德建设，激励人们孝老爱亲，强化家庭意识。

案例二："最释情判决书"——国内首例人体冷冻胚胎权属案。①

沈某与刘某均为独生子女，二人登记结婚后自然生育困难，于是通过人工辅助生殖方式到南京市鼓楼医院培育了多枚受精胚胎，其中4枚符合移植标准，沈某与刘某在胚胎植入母体前发生交通事故死亡，双方父母就4枚冷冻胚胎的权属产生争议，以继承纠纷诉诸法院。第三人南京市鼓楼医院认为，胚胎不具有财产的属性，无法继承；且沈某夫妇生前已与医院签署手术同意书，同意将过期胚胎丢弃；故请求法院驳回原告诉讼请求。二审法院最终判决沈某夫妇存放于南京鼓楼医院的4枚冷冻胚胎由上诉人（沈某父母）和被上诉人（刘某父母）共同监管和处置。这起轰动全国的案件被最高人民法院评为"2014年度人民法院十大民事案件"。判决书中这样写道：

①《全国首例人体冷冻胚胎权属纠纷案》，载 http：//www.sohu.com/a/281017029_117927，最后访问时间：2019年3月12日。

"在我国现行法律对胚胎的法律属性没有明确规定的情况下，结合本案实际，应考虑以下因素以确定涉案胚胎的相关权利归属：一是伦理。实施体外受精胚胎移植手术过程中产生的受精胚胎，具有潜在的生命特质，不仅含有沈某、刘某的 DNA 遗传物质，而且含有双方父母两个家庭的遗传信息，双方父母与涉案胚胎亦具有生命伦理上的密切关联性。二是情感。白发人送黑发人，乃人生至悲之事，更何况暮年丧独子、独女！沈某、刘某意外死亡，其父母承欢膝下、纵享天伦之乐不再，'失独'之痛，非常人所能体味。而沈某、刘某遗留下来的胚胎，则成为双方家族血脉的唯一载体，承载着哀思寄托、精神慰藉、情感抚慰等人格利益。涉案胚胎由双方父母监管和处置，既合乎人伦，亦可适度减轻其丧子失女之痛楚。三是特殊利益保护。胚胎是介于人与物之间的过渡存在，具有孕育生命的潜质，比非生命体具有更高的道德地位，应受到特殊尊重与保护"。①

一份高质量的裁判文书说理，应当在准确适用法律的同时，充分尊重人民群众朴素的情感和基本道德准则，这篇裁判文书不仅展现了法官说理过程中严密的逻辑推理过程，还匠心独运地将情理、法理、伦理融合为一体，不仅赋予了"高冷"的法律规定以人情的温度，得到了上诉人、被上诉人、原审第三人的认可，更是被广大网民点赞为"中国好判决"，取得了很好的社会效果。

因此，家事裁判文书说理需要在合法的范围内扩大利益保护范畴，说理内容要从财产利益、身份利益保护，扩大到家庭成员安全的需要（安全利益）、人格尊严与平等（人格利益）、人伦常情的情感需求（情感利益）等法益所保护的正当利益。正如张文显所言，"在现代社会，为了保障冲突和纠纷的公正解决，法律所提供的规则和程序包括合乎情理，即判决的内容应当有事实依据和法律依据，并为公认的正义观所支持"。②

3. "温情判决书"的背后——法之秩序价值

美国法理学家博登海默认为，秩序"意指在自然进程和社会进程中都存

---

① 江苏省无锡市中级人民法院（2014）锡民终字第 01235 号民事判决书。
② 张文显主编：《法理学》，高等教育出版社 2011 年版，第 275 页。

在着某种程度的一致性、连续性和确定性"。① 法的秩序价值意指通过法律的实施，维护良性社会关系的稳定性、连续性、确定性。家事审判关系是私法领域中最具有公共利益属性的部分，例如近年来受到广大网民点赞的"温情判决书"，不仅用充满温情和诗意的文字融化了当事人的心结，更是在释法说理的背后彰显着法所保护的秩序价值。

案例三："最温情判决书"。②

梁某和张某结婚21年后分居，2013年妻子张某胃癌做了手术，后梁某起诉离婚，张某表示在度过癌症危险期5年前不同意离婚。法官认为，双方分居多年有怄气的成分存在，且得知张某生病后梁某曾送她去医院，也曾叫张某回去住，感情并没有完全破裂，根据婚姻法规定，夫妻有互相扶助义务。于是判决不准离婚，判决书这样写道：

"繁体字'親愛'，隐藏着一句多么深挚的劝勉！'亲要见面，爱要用心'。希望双方检索一下自己的'親'，盘点一下自己的'愛'。无论有多么深的矛盾，本院真诚希望双方都能妥善化解。首先双方尽快住到一起，只有经常见面才能更好地呵护夫妻之情。相爱一辈子，争吵一辈子，忍耐一辈子，这就是夫妻。没有哪一个人的婚姻是十全十美的，家是讲情的地方，不是讲理的地方，希望双方能珍惜夫妻之情。既然被告不同意离婚，就应当做出更多和好的努力；原告也应当有更多的担当，在婚姻关系存续期间，给患有癌症的妻子以力所能及的帮助，履行婚姻法中的扶助义务。"③

案例四："最诗意判决书"。

2016年江苏泰兴市一份不予离婚的判决，写得诗意满满：

"原、被告从同学至夫妻，是一段美的历程：众里寻他千百度，蓦然回首，那人却在灯火阑珊处。令人欣赏和感动。若没有各自性格的差异，怎能擦出如此美妙的火花？然而生活平淡，相辅相成，享受婚姻的快乐与承受生

---

① ［美］博登海默：《法理学：法律哲学与法律方法》，邓正来译，中国政法大学出版社1999年版，第219页。

② 《法院判夫妻不准离婚：亲要见面，爱要用心》，载 http：//news. youth. cn/jsxw/201606/t20160625_8186154. htm，最后访问时间：2019年3月16日。

③ 江苏省南京市玄武区人民法院（2015）玄少民初字第96号民事判决书。

活的苦痛是人人必修的功课。人生如梦！当婚姻出现裂痕，陷于危机的时刻，男女双方均应该努力挽救，而不是轻言放弃，本院极不情愿目睹劳燕分飞之哀景，遂给出一段时间，以冀望恶化的夫妻关系随时间流逝得以缓和……珍惜身边人，彼此尊重与信任，重归于好。综上所述，依照《中华人民共和国婚姻法》第三十二条之规定，判决如下：不准予原告黄某与被告王某离婚。"①

当曾经举案齐眉的夫妻面临劳燕分飞的困境，当血浓于水的亲人因为矛盾而不得不选择法律途径解决问题时，原本的爱情、亲情不可避免会因此出现深深的裂痕。家庭建设和家庭美德的缺失往往是很多社会矛盾产生的肇端。案例三的"最温情判决书"，用最贴近老百姓的生活化语言阐释了婚姻的不易，通俗易懂，让人动容；案例四的"最诗意判决书"，通过旁征博引和诗意化的语言，赏心悦目，恰到好处。无论是选择温情路线，还是选择诗意方式，抑或是其他类似方式，都是在家事裁判文书的说理中充分融入了情感，娓娓道来，描述爱情、亲情的可贵与不易。这样讲人情的裁判文书，更能说服人、打动人、感化人，更能让当事人"服判"，而服判本身，不仅仅是为了息讼宁人，更是为了维护稳定的婚姻家庭关系，为了保障弱势群体（如案例一的患病的张某）的利益，为了保障和谐、良好的社会关系秩序——这就融入了法的秩序价值。

在家事裁判文书的说理中，一方面，要合理限制当事人的处分权。马克思有言："婚姻不能听从已婚者的任性，相反，已婚者的任性应该服从婚姻的本质"②，在离婚纠纷中，通过正确区分危机婚姻与死亡婚姻，对于危机婚姻要本着治病救人的心态作出最大的努力，通过不同形式的情理阐释，化解当事人之间的矛盾，如上述案例。另一方面，要专注于家事案件中处于弱势一方的正当利益。例如在抚养纠纷中，要充分保障未成年人合法权益，用司法公权力合理引导未成年人的"初步社会化"③；在赡养、继承纠纷中，通过明法析理，引导子女不仅要在经济上赡养父母，更要在情感上、时间上、行

---

① 江苏省泰兴市人民法院（2016）苏 1283 民初 3912 号民事判决书。
② 中央编译局：《马克思恩格斯全集》（第 1 卷），人民出版社 1995 年版，第 184 页。
③ 王德新：《家事审判改革的理念革新与路径调适》，载《当代法学》2018 年第 1 期。

动上赡养、扶助父母等。

4. 关于法官寄语

"法官寄语",狭义的理解就是"判后语",即法官写在裁判文书结论之后的对于该案件的评论,或发表期盼之情,或表示惋惜之意,或用温情的言语对当事人双方进行说服、感化、普法教育,目的都在于让当事人服判息讼,也能起到弘扬社会主流价值观的作用。在实践中,广义的"法官寄语"并不局限于判后语,例如有的法院为保护当事人隐私而颁发《离婚证明书》,用两三行诗意的语言表达诸如"放下过去,幸福在未来等你"的期盼,落款就是"法官寄语";还有的法院在印制的宣传物料中,也会加上若干条"法官寄语",提示广大公民在日常生活中如何保护自己的合法权益等。

作为判后语的"法官寄语"一直被认为是裁判文书说理的创新并引发了社会各界的讨论和争议,其实早在 1996 年,上海市第二中级人民法院的判决书中就出现了法官寄语。有人认为法官应当在裁判文书说理中"慎言",采用法官寄语显得裁判文书不严肃、不庄重,甚至画蛇添足;也有人认为法官寄语把道德和法律融合了起来,用通俗易懂的文字对民众普法,也通过柔性的表述增强了民众对裁判结果的接受程度。例如,重庆市开州区人民法院为了凸显"情理"在家事案件中的情感修复作用,专门试行了"法官寄语"制度,并明确了七种适用范围:"婚后感情较好的离婚案件;一方当事人情绪特别激动的家事案件;一方当事人患病等特殊原因需要对方扶助的案件;双方当事人均要求或均不要求抚养子女的案件;涉家暴、赌、黄家事案件;需要化解父母子女兄弟姐妹之间情感恩怨的案件;其他案件"。① 开州法院的"法官寄语"制度试行之后,受到了当事人和群众的充分赞誉、肯定,收到了很好的社会效果。

笔者认为,不论是写在家事裁判文书结论之后的"法官寄语",还是在裁判文书正文论证过程中采用诸如上述"最温情判决书""诗意判决书"式的说理表达,均是裁判文书中融入法价值的外在表现形式,这种形式让法律

---

① 《重庆开州:家事案件"法官寄语"彰显司法温情》,载中国法院网,https://www.chinacourt. org/article/detail/2017/01/id/2511865.shtml,最后访问时间:2019 年 3 月 16 日。

本身抹上了人文关怀的色彩，让法真正成为善良与公平的艺术。

习近平总书记强调，家庭是社会的细胞，家庭和睦则社会安定，家庭幸福则社会祥和，家庭文明则社会文明，家庭的命运与国家和民族的命运紧紧相连，我们要重视家庭文明建设，努力使千千万万个家庭成为国家发展、民族进步、社会和谐的重要基点，成为人们梦想起航的地方。在家事案件逐年攀升、由此引发的各类矛盾纷繁复杂的今天，人民法院有责任也应当有能力通过司法裁判为家庭的稳定与和谐作出更大的努力，裁判文书不仅凝聚了人民法官的良知、理性与智慧，更是人民群众能够最直观看得见、摸得着、感受得到的法律文件，家事裁判文书说理只有通过严密的应用逻辑分析，充分融入自由、正义、秩序等法价值，才能赋予"冷冰冰"的裁判文书以人情的温暖、人性的关怀，才能让人民群众接收到十足的"司法诚意"，也才能让人民群众在每一件司法案件中都能真正感受到公平与正义！

情、理、法与裁判文书说理

——以（2016）苏 1283 民初 3912 号离婚判决书为样本

◎ 韩荣翠　李　仝[*]

引言

裁判文书作为法律公正性与权威性的重要体现，同时展示了司法程序的严密性。在微观层面，裁判文书将抽象的法律规范融入具体的案件事实中，全面、直接地反映了司法活动的关键过程——审判这一环节；在宏观层面，裁判文书亦是衡量我国司法活动发展变化的重要标尺，在一定程度上体现了我国的法治发展进程。当前，我国正积极有序地推进裁判文书说理改革，以期早日实现建设社会主义现代化国家这一宏伟目标。而在此过程中，加强裁判文书说理改革便是必不可少的关键环节。党的十八届三中全会和四中全会均提出了"加强裁判文书说理"的改革要求。习近平总书记在 2019 年 1 月的中央政法工作会议上指出："法律并不是冷冰冰的条文，背后有情有义。要坚持以法为据、以理服人、以情感人，既要义正词严讲清法理，又要循循善诱讲明事理，感同身受讲透情理，让当事人胜败皆明、心服口服。"[①] 可以说，加强裁判文书说理、理清"情、理、法"三者之间的关系，乃是当前司法体制改革的大势所趋。

然而，当前我国大部分的裁判文书仍存在诸多不足，例如裁判文书说理形式化、虚化；过于注重"情理"以致释法说理不够充分等问题，使得当事

---

[*]　韩荣翠，甘肃省兰州新区人民检察院副检察长；李仝，西南政法大学硕士研究生。
[①]　王继学：《裁判文书中的法理 事理 情理》，载《人民法院报》2019 年 5 月 10 日第 6 版。

人不服判，案件的上诉率明显上升，同时，这也对我国的法治宣传工作造成了一定影响。因而，在裁判文书中梳理清楚"情、理、法"三者之间的关系，增强裁判文书说理性至关重要。

一、裁判文书说理存在的问题

最高人民法院始终重视裁判文书的说理改革，并于 2018 年 6 月 1 日发布《关于加强和规范裁判文书释法说理的指导意见》（以下简称《指导意见》）①，以进一步加强和规范裁判文书释法说理工作，提高释法说理水平和裁判工作质量。但回归审判工作的实际来看，裁判文书说理不足、说理逻辑混乱等问题，并未得到有效解决，一审上诉率仍旧保持在较高水平。这无疑说明诸多裁判文书并未做到案结事了，以致当事人不服判而不断上诉、申诉，甚至使得一些案件逐渐演化为疑案、难案。以（2016）苏 1283 民初 3912 号离婚判决书为例②，这份判决书在社会上曾被人们议论纷纷，有的人因其措辞优美、文笔雅致，而称之为"史上最美判决书"；有的人则认为该份判决书严重缺失法律应有的严肃性，而予以严厉批驳。笔者以此判决书为样本加以分析，发现诸多当今裁判文书存在的共通性问题。

（一）论证不足

1. 缺乏对证据的认定与分析

证据是进行诉讼活动的前提与基础。法官不可能通过直接感知的方式了解案件事实，只能通过法定的证明手段查明事实。③办案人员只能运用证据对案件事实加以证明，通过回溯性的证明活动，发现案件事实真相。因此，无证据则无诉讼。证据是认定案件事实、查明案件真相的必要手段，只有经过庭审质证的证据才能作为认定案件事实的根据。但在裁判文书中，对证据的分析、认定则少之又少，往往以"证据具有真实性、关联性、合法性，对其证据效力予以认定"这样的说法敷衍了事，而缺少对证据的真实性、关联

---

①　最高人民法院：《最高人民法院关于加强和规范裁判文书释法说理的指导意见》（法发〔2018〕10 号），2018 年 6 月 1 日。

②　江苏省泰兴市人民法院民事判决书（2016）苏 1283 民初 3912 号。

③　孙华璞、王利明、马来客：《裁判文书如何说理》，北京大学出版社 2016 年版，第 135 页。

性、合法性的具体阐明。此外，还有更为简略的做法，即如（2016）苏 1283 民初 3912 号离婚判决书中所述："以上事实，有原告提交的结婚证复印件及原、被告的当庭陈述在案证实，本院予以确认。"而对确认的过程，对每份证据的分析、归类，对证据证明力大小的判断却是语焉不详。由此可以看出，在诸多裁判文书中，对案件证据的分析、认定、采纳往往被法官"一句了结"，而缺乏具体的阐释，如此形成的裁判文书自然难以体现出法官心证的形成过程。

2. 缺乏对案件事实的论证

在我国，"以事实为根据，以法律为准绳"可以说是在司法活动中通用的法律原则。案件事实认定的清楚与否，往往直接影响到裁判的具体结果，关系到当事人的法律权益。司法实践中，许多案件正是由于事实"定位"不清，以致演变为了冤假错案。而在裁判文书中，对案件事实的认定则往往写在原、被告诉辩内容之后的"经审理查明"部分，以顺叙的方式表明当事人之间法律关系的产生、变更、消灭以及案件发生的经过、流程，最后再辅以几句简短的认定依据。（2016）苏 1283 民初 3912 号离婚判决书即为典例。很明显，由于缺乏证据的支持，此种表述方式对案件事实的认定，既不符合"司法三段论"的逻辑规则，也缺乏法律的严谨性，极易导致事实认定有误，从而作出不恰当，甚至是不公正的裁决。

（二）说理不当

《指导意见》第 2 条规定了裁判文书说理的维度，即包括释明法理、讲明情理和讲究文理。其中，释明法理，即要说明适用某法律规范的理由，并对该法律规范进行适当的解释、阐述；讲明情理，则要求从传统道德、风俗习惯、公序良俗等方面进行说理；讲究文理，即使用规范、文明的语言进行说理，做到切实清楚、真实准确，以提升裁判文书的说理效果。因此，裁判文书说理必须理清情、理、法三者之间的关系，做到依法判决、依据论证、依情裁判。如此，方能为当事人所真正信服。但在审判工作实践中，情、理、法三者往往难以兼得，以致裁判文书说理不全面、说理不当。这主要体现在两个方面：第一，过于注重法理，忽视情理，导致最终的裁判结果"不近人情"，尤以婚姻、继承等案件为甚。在此类案件中，相关法律法规仅仅是裁判案件的依据之一。除此之外，当事人之间的关系、社会道德风尚、对未来家庭生活的影响等因素亦应考虑在内。常言道："法不容情，但法不外乎人情。"只有兼顾人情与法理，方能使裁判文书更具"温度"。第二，过于讲究情理，简化法理，（2016）苏 1283 民初 3912 号离婚判决书即是如此。在该判决书的理由部分，引用了大量的诗词名句，以及影视剧中的经典语段，对当事人"动之以情"，字里行间可谓是"情真意切"。但在适用相关法律法规方面，却显得颇为敷衍，仅仅一句依照《中华人民共和国婚姻法》第三十二条之规定，判决不予离婚草草了事，大大降低了裁判文书的法律权威性与司法公信力。可见，情、理、法三者关系的不当处理，直接导致了说理不当的后果，以致当事人无法完全信服。

（三）缺乏对法律适用的解释、阐述

当前，裁判文书说理形式化、虚化的问题仍较普遍。诸多裁判文书仅引用法律条文，而不针对当事人的具体诉讼请求释明适用相关法律规范的理由，也不对所援引法律条文进行详细的阐明、论述。以离婚案件判决书为例，判决离婚的理由大同小异，即"双方感情已完全破裂，原告诉请离婚符合《婚姻法》第 32 条之规定，应予准许"；而判决不准离婚的理由亦是如此，十分机械僵化。而（2016）苏 1283 民初 3912 号判决书则更为简略，其直接依据《婚姻法》第 32 条的规定作出判决，却并未对《婚姻法》第 32 条项下的五种判断是否准予离婚的情形进行具体阐释。这就使得绝大部分的离婚案件判决书缺乏适当的法律解释、推理过程，仅仅依靠一条相关法律规定，即作出最终判决，不免太过草率，同时也使得裁判文书说理缺乏必要的理论支撑和逻辑严密性。

（四）裁判文书用语尚不规范

《指导意见》明确要求：裁判文书说理要讲究文理，以增强说理效果。然而，在审判实践中，部分判决书的病句、残句现象屡见不鲜，甚至有的判决书还将当地俗语、方言写入文书内，使得裁判文书有失"法律水准"。以（2016）苏 1283 民初 3912 号离婚判决书为例，承办法官在判决主文部分既运用了"蓦然回首，那人却在灯火阑珊处"的优美古词，又运用了时下最为流行的语段，同时还使用了反问、感叹等多种修辞手法，不失为一篇"佳作"。但从裁判文书用语的规范性来讲，判决书本应呈现的严谨缜密的逻辑链条被煽情感性的诗意表述所取代，以致掩盖了法律本身的庄严肃穆。故而，在一定程度上，过度的感性以及情感化的表述，并未做到裁判文书"讲究文理"的要求，反而是文书用语不规范的表现样态之一。

二、裁判文书说理不当的成因分析

（一）制度之因

1. 缺乏必要的监督、约束机制

当前，在依法治国的大背景下，加强司法监督至关重要。我国已在《民事诉讼法》《刑事诉讼法》等诸多法律中明确规定了审判公开原则，将法庭审判的各个环节置于国家机关、新闻媒体、社会公众的监督之下，其中，"裁判文书公开"即是审判公开必不可少的一环。为此，最高人民法院在2014年发布《关于人民法院在互联网公布裁判文书的规定》①，并在此规定中明确：在互联网设置"中国裁判文书网"，统一公布各级人民法院的判决、裁定等各类裁判文书。然而，从实际效果来看，裁判文书公开上网并未取得实效，上网文书的质量亦是良莠不齐。并且，对于那些质量低下、说理不清的裁判文书，有关国家机关、社会公众并未进行有效的监督，对相关承办法官也未进行及时的约束、督促。此外，针对目前裁判文书说理不当的问题，还未建立相应的具体监督机制，"文书公开上网"这一举措也存在诸多不足，使得有关机关、社会公众对裁判文书的监督仅仅浮于表面。由此可见，正是因为尚未建立起完善可行的文书监督机制，且现有"裁判文书公开上网"的举措也仅是"徒有其表"，对法官并无实质约束作用。监督体制的欠缺在很大程度上导致了裁判文书说理不当的问题难以解决。

---

① 最高人民法院：《最高人民法院关于人民法院在互联网公布裁判文书的规定》（法释〔2016〕19号），2016年8月29日。

2. 尚无明确的奖惩、激励机制

在英美法系国家，由于普遍实行判例法，坚持遵循先例的原则，因而，一份优秀的判决，很可能因其完整的逻辑性、良好的法律推理及法律解释能力，而为之后发生的类似案件所引用，甚至被确立为一项经典的法律原则，这便会在无形中带给法官荣誉和自豪感，激励其不断撰写出优秀的判决书。但在大陆法系国家，由于一直以来都遵循成文法的传统，故而判决并不会被援用，法官也不会因此而受到奖赏或得到荣誉。在我国，绝大多数法院并未将裁判文书的撰写情况纳入法官考核范围，裁判文书的质量与法官的晋升、提拔等并无密切的关联。在此种情况下，法官煞费苦心撰写的优秀判决书得不到应有的奖励，而敷衍了事、草率完成的判决书亦得不到相应的惩罚。如此一来，由于缺乏明确的奖惩制度，说理质量自然会有所下降。

3. 相关法律规定浅显粗疏

目前来看，我国有关裁判文书说理的法律规定仅有《指导意见》以及相关司法政策可供参考，且《指导意见》规定得较为笼统，仅在宏观层面提出了加强裁判文书释法说理的大致要求，而并未涉及具体的措施、方法，也并未针对案件的不同性质提出各有侧重的意见、建议。此外，该规定中的某些要求、具体概念等界定模糊，无法明确。例如，《指导意见》第7条规定："裁判文书应当集中围绕裁判内容和尺度进行释法说理。"对于其中的"尺度"，便未明确具体范围和限度。由此可见，相关法律法规的粗疏、不完善，导致裁判文书释法说理缺少必要的规范约束，说理质量不高。

4. 司法行政化以及审判权的运作相对不独立

长期以来，我国司法行政化的趋势一直存在并且渐趋加强，很大程度上影响了审判权的独立行使。行政层面的干预以及我国现行法律所确定的审判委员会制度，都在一定程度上限制了法官撰写裁判文书的空间。有时，迫于个别上级领导的施压或是上级法院的指示，承办法官的心证形成过程受到阻碍，其说理的原生动力被压制，而只能简化说理，以更为概括、简略的形式草率得出裁判结论。

（二）社会舆论之因

在"互联网＋"时代，人们表达意见的方式更加多元化，例如报纸广播、新闻电视、网络传媒等。有时，在案件尚未开始审判，而仅是在审查、起诉阶段，一些新闻媒体便开始大肆宣扬，甚至对案件发展进程进行揣测、预判，引导舆论。如此一来，既可能误报事实，也可能导致严重的民意"一边倒"现象，这样的舆论导向往往会在无形中影响，甚至是诱使法官作出不正确的判断。尤其是面对社会广泛关注的案件，法官为了避免媒体炒作，舆论针对，无奈之下，只能弱化裁判文书的释法说理，不敢直言。而司法应回应社会舆论，却不能"顺舆论而为"，法官在被舆论左右的情况下撰写出的裁判文书，尽管能够平息所谓的"民意"，但却无法彰显裁判文书的理性、法律的严肃性以及司法的公正权威性。

（三）人为因素

1. 法官专业水平、职业素养的局限性

在英美法系国家，陪审团主要负责案件的事实认定问题，法官则主要负责法律适用问题。相较之下，中国的法官既要负责案件的事实认定，也要承担起法律适用的责任。除此之外，由于案多人少，法官的办案量相当庞大，故而，对法官的要求则更为严苛。一份优秀的判决书，对法官的逻辑严密性、法律专业知识，甚至是社会实践经验、文学素养以及文字表达水平都提出了相当高的要求。此外，随着社会的发展进步，人工智能、知识产权、科技研发、生物安全等领域相继出现一些疑难复杂案件，更需要法官具备法律之外的相关专业知识加以解决，但由于年龄因素、专业限制、办案压力等诸多因素的制约，使得法官分身乏术，难以应对。因此，在某些情况下，法官"欲说理而不能"，以致裁判文书说理不当。

2. 当事人之因

审理民事案件，尤其是家事案件，其关键在于"案结事了"，故而仅仅依靠理性、依靠法律规定加以阐述，并不能达到使双方当事人服判息诉的最佳效果，有时反而会适得其反。对于家事裁判文书而言，重整双方当事人的利益格局，平复其情感纠葛往往更为重要。如果仅仅重视说理，却没有及时解决当事人之间的冲突，疏导其情感矛盾，则很有可能加剧冲突。法官不仅要定纷止争，更要注意在审前解开当事人的心结，抚慰其心灵创伤；在审后通过裁判文书的释法说理，将情、理、法三者交融在一起，做到以情动人，以理服人，给予当事人一定的精神慰藉，给予其正确的指导和感化。

（四）职权主义思想的影响

在职权主义诉讼模式下，法官居于主导地位，双方当事人（或检察院与被告人）仅处于次要的辅助地位，负责配合法官查明案件事实真相。受两千多年来封建专制制度以及大陆法系国家法律制度的影响，我国审判制度从根本上来讲，至今仍未能摆脱职权主义思想的桎梏。[①] 受此思想影响，诸多法官将自己置于高高在上的地位，认为裁判文书即是将自己的处理决定以"强硬"的方式施加给当事人，而当事人仅须按照给定的模式处理纠纷。在此过程中，法官便会忽视说理的重要性，以致裁判文书在说理层面长期存在不足。

三、增强裁判文书说理性的必要措施

为深入推动裁判文书的说理改革，将裁判文书说理落到实处，增强说理效果。笔者认为，可在提升文书自身质量、制度建构等方面采取诸多行之有效的措施，重构裁判文书说理。

（一）提高裁判文书说理质量

1. 加强证据分析及事实认定

从目前来看，欠缺对证据的分析、认定是我国裁判文书所普遍存在的问题。针对此，笔者认为，可从以下三个方面做起：第一，裁判文书中对证据的分析，并非简单地证据罗列，而是需要对证据自身证据能力、证明力进行详细的审查判断。譬如，可从某项证据的真实性、关联性、合法性对其进行具体剖析，判断其能否证明案件主要事实，证明作用如何。第二，对于某些疑难复杂案件，如果证据材料过于繁杂，则可以采取表格、逻辑思维导图等方式，按照证据的不同种类逐一加以分析。如此一来，既有利于全面分析证据，又不失条理、层次。第三，对于部分民事诉讼案件，由于当事人欠缺必

[①] 王靖：《法官"讲理"与刑事裁判文书"说理"——当前刑事裁判文书说理性不强的现状及原因分析》，载中国法院网，https://www.chinacourt.org/article/detail/2015/07/id/1663425.shtml，最后访问日期：2020年3月3日。

要的法律知识，也未委托诉讼代理人或聘请律师，以致证据材料杂乱无章，在此情况下，可由法官助理或者承办法官在正式开庭前先行进行证据的审查、分析，初步理清案件的证据情况，以便在正式开庭时不会因证据分析不清而产生阻碍。

除此之外，事实认定不清亦是裁判文书说理所存在的"通病"。对此，法官应在庭审时充分、客观地对待双方当事人的陈述，不偏听偏信，始终保持客观中立的立场，同时结合各方所提供的证据，严格按照逻辑规则进行事实推定，以确保案件事实定位精准，避免冤假错案的发生。

2. 提升说理质量

当前，我国裁判文书所存在的最为普遍、严重的问题即是说理不当。为此，必须强化裁判文书说理，做到以理服人、以情动人。

第一，裁判文书说理应注重针对性，讲究有的放矢。对于民商事案件，文书说理应主要围绕当事人的诉讼请求、案件的争议焦点进行。对于当事人诉讼请求之外的内容，在审理时则可以根据案件实际情况，适当予以简化，在撰写裁判文书时，也可予以适当省略，而主要围绕争议事实进行分析、论证；对于刑事案件，裁判文书应紧紧围绕被告是否有罪、构成何种犯罪，应当处以何种刑罚这几方面进行论证、说理，并综合考虑控辩双方在庭审时的指控或辩解，以及被告人是否存在自首等法定处罚情节，在说理时予以详细论证，以保证裁判的公信力与权威性；对于行政案件，法官在庭审时更应做到客观中立，坚决遏制一味偏袒政府一方的不良倾向，准确把握当事人的诉讼请求，并结合双方争议较大的事实进行分析、论证、推理。对于其中"有理"的内容予以大胆肯定，"无理"的内容决不采纳，说理一针见血，如此方可有效提高裁判文书说理质量。

第二，裁判文书说理应当注重逻辑严密、条理清晰。对此，《指导意见》即作出了相应要求：首先，审查判断证据。证据是认定案件事实的根基，是裁判文书说理的前提。对于证据材料，需先审查其是否具有证据资格，然后再考察证据与案件事实之间的关联性、证据的证明力等问题。在此过程中，逻辑规则、经验法则、推定及司法认知等方式均可使证据审查工作更富条理。其次，认定案件事实。《指导意见》第6条指出，进行事实论证需形成完整的证据链条及证明体系，阐释清楚论证的过程。例如，在民事诉讼中，只要达到高度盖然性的证明标准，即证据能基本证明案件事实即可。但在撰写裁判文书时，法官则应当阐明这一论证过程，将其自由心证的形成过程完整反映在文书的说理内容中，层次清晰、条理分明，方能达到服判息诉的效果。最后，适用法律规范。在准确认定案件事实后，就需运用法律规范对案件进行定性，将抽象的法律规范应用于具体的案件事实，从而得出判决结论。因此，在裁判文书说理过程中，审查证据、认定事实、适用法律三个环节不可或缺，亦不可将其随意调换顺序，更不能在说理过程中出现自相矛盾的说法，否则，将有失说理的逻辑性、条理性、层次性。

第三，裁判文书说理应当注重情、理、法兼而有之。一份优秀的裁判文书，只有做到以情动人、以理化人、以法服人，方能实现定纷止争的目的。然而，从目前的司法实践来看，有的裁判文书过于"重情"，而不"讲理"；有的裁判文书则过于"讲理"，而有失人情。对此，笔者认为，对于不同类型的案件，应当对症下药。情、理、法三要素在裁判文书中不可或缺，但却不能将三者予以量化，而应具体情形区别对待。其中，对于民事案件，尤其是家事案件，应当尤为注重以情动人，不宜过分说理。因为此类案件多涉及家庭成员之间的关系、当事人的情感修复等，应着重感化、引导，而非一味说理；但如果情感分析过甚，则会显得过犹不及。对于刑事案件，则应注重理、法分析，在裁判文书中详细论证被告是否构成犯罪以及犯罪的具体构成要件。在判处刑罚时，则可适当进行情感分析，如犯罪动机、平时表现等，但不宜过度。因此，只有在说理时恰当处理三者关系，才能及时解决民事纠纷，才能使罪犯真正服法，最终达到良好的社会效果。

3. 规范裁判文书用语

对此，《指导意见》第15条明确规定：在裁判文书中，不得使用方言、俚语、土语等以及采取不适当的修辞手法。在裁判文书说理过程中，应当规范用语，使用朴实、贴切、文明的词汇，内容上详略得当，以体现司法的严肃性。此外，在裁判文书中，可适当引经据典，以增强其文学性和可读性，但切不能在说理过程中大量引用古诗词等华丽辞藻，以弱化说理，即便是家事裁判文书亦不能如此。正如（2016）苏1283民初3912号判决书，在判决主文部分引用大量诗词名句，甚至是所谓的"网红"语体，虽然全文颇具诗意，但却因其修辞、用语等文学色彩过重，而不能称之为一篇标准规范的判决书。

4. 加强说理过程中的法律解释

在诸多裁判文书中，法官在适用法律时，鲜少对适用的法律条文加以解释、推理，相关法律规范往往以"空降"的方式出现在裁判文书中。以离婚判决书为例，法官基本都会援引《婚姻法》第 32 条的内容进行判决，但却很少对其下五种"感情破裂"的具体情形加以分析，而是直接作出准予离婚（不离婚）的裁决。法谚有云："法无解释，不得适用。"因而，必要的法律解释应对已经认定的案件事实进行充分论证，增强裁判文书的说服力与权威性，同时有助于当事人和社会公众理解法院作此判决的目的，达到定纷止争、服判息诉的社会效果。

（二）完善相关制度、规范

1. 建立相应的监督机制

当前，我国虽已基本落实裁判文书公开上网工作，但也存在诸多疏漏，譬如上网文书质量参差不齐，但却没有必要的约束、监督机制。对此，笔者建议，可采取如下措施加以规范：其一，开展上网文书审查工作。对于已经公开上网的裁判文书，各法院可以先行组织法官进行自查，查看在事实认定、证据分析方面有无疏漏，或是法律适用上有无不当之处，撰写审查报告。之后，再进行不同审判庭的交叉审查，对于确有不同意见的裁判文书，则可以召开专题会议进行讨论。其二，由院长、副院长等组成专门的裁判文书考评委员会，定期对本院的裁判文书进行随机审查，以加强对裁判文书的监督。其三，上级法院也可不定期对下级法院的文书审查工作进行抽查，以确保对裁判文书的监督、审查落到实处，而非浮于表面。如此一来，通过自查、交叉检查、上级随机审查，"三位一体"，来完善裁判文书的监督机制。

2. 建构合理的奖惩制度

从实际情况来看，我国很多法院都未将裁判文书质量纳入法官考核范围，以致法官主观上并不重视裁判文书说理。针对这一问题，笔者认为有必要将裁判文书质量与法官考核紧密联系。对于质量极佳、说理充分的裁判文书，作为法官考核的"加分项"，对其进行表彰并给予一定的物质奖励，同时，将该裁判文书附在法院的官方网站，以便其他法官学习、观摩；而对于质量低下、说理不当的裁判文书，则应对该法官进行一定的批评、惩罚，在对其考核时，作为必要的"减分项"，并总结其不足之处，在法官会议上予以批评，让其他法官引以为戒。只有"赏罚分明"，方能激起法官撰写裁判文书的内在动力，以提高裁判文书说理质量。

3. 制定裁判文书说理的具体规范要求

目前有关裁判文书说理的官方文件仅有《指导意见》这一部规范，且由于其规定得较为笼统，并不适于具体实践。对此，笔者建议，地方各级法院可根据本院实际情况，在以《指导意见》为基础的前提下，制定符合法院现实情况的规范文件，并做到具体详细，有针对性地对裁判文书说理提出切实、易操作的要求，以加强裁判文书说理。

（三）提高法官专业水平及职业素养

为提高裁判文书质量，加强裁判文书说理，有必要对法官进行职业培训，抬高职业门槛，以避免过去法官来源多样化的现象。对于员额法官，则需进一步提高其法律专业水平，例如开展定期的专业知识培训等，使法官在办案过程中也能了解相关理论热点及前沿知识。除此之外，由于职权主义思想根深蒂固，法官往往会将自己置于高高在上的地位，故而"不愿说理"。对此，加强法官的职业素质至关重要，在法官群体中强调"司法为民"的理念，强调裁判文书应着重说理，让当事人和社会公众能够透过裁判文书知理、明理，并最终服理，而非仅仅给出一个判决即草率了事。

四、结语

对于裁判文书而言，情、理、法三者乃是其必备构成要素。在裁判文书说理过程中，情、理、法应当并重。在遵循基本法律原则的前提下，除阐述法理外，还应注重情理，将社会伦理、世间常理、传统道德融入裁判文书中，正确、灵活地处理情、理、法三者之间的关系。只有裁判文书摆正了法理、事理、情理之间的关系，使当事人不仅知其然，而且知其所以然，使败诉者心服口服，则势必会减少当事人的抵触情绪，不仅有利于当事人服判息诉，而且能增加法院的自动履行率。① 对此，最高人民法院于 2018 年 6 月下发的《指导意见》对裁判文书的说理作了全面的规定。虽然《指导意见》的效力定位有待清晰②，但这并不影响继续深入推进裁判文书说理改革。笔者以（2016）苏 1283 民初 3912 号离婚判决书为样本，对裁判文书说理存在的普遍问题进行了探讨，并从制度建构、社会舆论、人为因素、思想影响四个方面深入剖析了裁判文书说理不足的原因。对于如何加强裁判文书说理，笔者认为：在文书质量、制度建设、法官职业素养方面均可采取行之有效的措施加以应对。除此之外，还可借助大数据、人工智能等先进科技手段加以辅助。总之，只有将情、理、法三者有机融合在裁判文书中，才能够称之为一份优秀的判决书。而高质量的裁判文书释法说理，能够让群众以看得见的方式感受到司法公正，是提高司法公信力的一剂良药。③

---

① 王继学：《裁判文书中的法理 事理 情理》，载《人民法院报》2019 年 5 月 10 日第 6 版。
② 雷磊：《释法说理成就"说得出的正义"》，载《人民法院报》2018 年 7 月 2 日第 2 版。
③ 郭跃华：《释法说理让裁判文书更有内涵》，载《河南法制报》2018 年 6 月 19 日第 3 版。

浅论增强新时代检察法律
文书释法说理的必要性

◎ 罗海斌*

党的十七大报告提出，要"深化司法体制改革，优化司法职权配置，规范司法行为，建设公正高效权威的社会主义司法制度，保证审判机关、检察机关依法独立公正地行使审判权、检察权"，为司法体制改革进入新境界提出了要求，提供了空间。随着司法改革新形势下对检察机关工作提出的新要求，规范、公正、高效、权威，应当成为我们检察机关改进工作的标准。为达成这个目标，首先就应当从我们制作的每一份检察法律文书开始进行提升。人民群众能够直观地了解检察机关的工作，其主要的窗口就是各种检察法律文书。

检察法律文书，包括起诉书、不起诉决定书、批准逮捕决定书、公诉意见书等，是检察机关履行法律监督职能依法制作的具有法律效力的文书，是法律监督结论的重要载体，其质量直接反映了检察机关的工作水平和执法效果。特别是检务公开制度的不断建立健全、以庭审为中心的诉讼制度改革，对检察法律文书的质量也提出了更高的要求。由此，增强检察法律文书的说理性，强化对证据、法律适用、案件事实的分析论证，不仅能提升规范检察法律文书质量，更为重要的是能进一步提升司法公信力，体现权威性、增强普法价值，使之满足新时代检察工作的需要。现从刑事检察法律文书的制作浅论增强检察法律文书释法说理的必要性、紧迫性。

---

* 罗海斌，大理州人民检察院检察员、第四检察部副主任。

一、增强检察法律文书释法说理的必要性

检察机关通过法律文书将检察工作的过程和结论进行描述，对认定的案件事实、适用法律规范以及检察决定进行富有法律意义的解释和富有逻辑的说明是检察法律文书的基本内容，它是各级人民检察院行使检察权的重要法律形式体现。① 加强检察法律文书释法说理，对司法公信力的提升，社会矛盾的化解，和谐社会的构建具有重要的现实意义，也是深化检务公开改革的价值和意义。② 检察机关通过履行各项法律监督职能，为改革和发展服务，需以人民为中心开展工作，检察工作才能真正赢得人民群众的拥护，法律监督才能真正取得实效。强化并不断提高检察法律文书说理性，正是集中体现和不断提高检察监督能力的重要手段之一。增强检察法律文书释法说理的必要性主要集中在以下几个方面。

1. 法律监督程序正当化的必然要求

检察法律文书多有终局性的法律效果，比如不起诉决定书、通知公安机关立案决定书、纠正违法通知书等，利益关系重大。而作出的检察决定是否理由充分、依法有据，则依赖检察法律文书释法说理。结论的正确与否依赖程序是否正当，决定因为过程的正当而获得充分的正当性，增强检察法律文书释法说理是法律监督程序正当化的必然要求。

2. 增强普法价值的必然要求

任何一个结论性检察决定的作出，并不仅仅是与决定对象有关，检察机关作出的决定代表国家、法律以及社会公认价值，检察法律文书这个载体更多是面向社会公众进行价值宣告和法律教育，具有极高的普法价值。一个人为什么有罪起诉？为什么无罪不起诉？为什么有逮捕必要？为什么证据不足不批准逮捕？这都迫切需要检察机关通过法律文书把事实说清、把道理说透、把法律说明。

① 高权：《检察法律文书释法说理研究——以刑事法律法律文书为视角》，载《大庆社会科学》2010 年第 1 期。

② 李静：《浅析检察法律文书释法说理》，载《学理论》2010 年第 26 期。

3. 真正实现阳光司法的必然要求

阳光是最好的消毒剂，检察机关自觉接受人民群众监督，很重要的一个方面就是从检务公开开始。从这一角度而言，加强检察法律文书说理性、释明性，也是接受群众监督的一种他律方式。检察机关以理服人、以身正人，既是接受公众的监督，也是司法为民的集中体现。从另一个角度来看，公开的法律文书越是准确、丰满的，越是可供学习、参考的，才越有公开的必要。相信，这也是深化检务公开改革的应有之意。

4. 化解社会矛盾的必然要求

从工作中我们能够看到，大多数刑事案件都会有直接相关的、利益相对的被害人。无论支持性的检察决定，如起诉书、批准逮捕决定书等，还是否定性的检察结论，如不起诉决定书、撤回起诉决定书、不批准逮捕决定书等，当检察机关作出任何一个结论性的决定时，其法律效益必然是双向的，释法说理当然也会是双向的，一个案件若起诉，一要让犯罪嫌疑人知罪知罚，二要让被害人明白为何要认定此罪非彼罪。一个案件若不起诉，一要让犯罪嫌疑人明白依何法律作出决定，二要让被害人理解为何自己遭受侵害，而没有追究犯罪嫌疑人的责任。这就是矛盾的冲突，永远也无法避免。至此，承载法律监督职责的检察法律文书，是否能有效地进行释法说理，能极大地影响社会矛盾的化解。让每一份检察法律文书少一分生硬、多一分温度，才能够让人民群众满意、更富有生命力。

二、检察法律文书释法说理的现状

目前，在司法体制改革后，特别是检察机关员额制改革后，检察法律文书的制作不仅不能降低释法说理的要求和标准，反而更应加强、提高，这是新时代检察工作的必然要求。现在的客观现状主要存在四个方面的不足。

1. 从思想根源上未重视法律文书释法说理的重要作用

人少案多、加班加点、就案办案、疲于应付是基层检察机关工作的常态，也是亟待解决的问题。由此，导致很多办案检察官认为只要能保证案件实体的公正、程序的合法、结论的正确就已实属不易。对于检察法律文书说理的重要性、释明法律的重要意义并未引起足够的重视，甚至错误地认为那就是

"咬文嚼字",就是作"表面文章"。而员额制改革以后,员额检察官独立办案,对外法律文书不再需要逐级审批,由此导致其制作的法律文书相较以往缺少了至关重要的审核把关和修正,语句不通,用词不当,错字、漏字、多字、错用标点符号、使用方言俚语等语法毛病较为普遍,其质量不可避免地存在参差不齐的情况。大家思想根源上没有认识到一个案件的成功办理,最后的检验窗口其实就是那简而精的法律文书,之前的所有努力都凝聚字里行间,最后的临门一脚没有踢好,始终都是一种遗憾。

2. 格式化、填空式说理不明

检察办案系统的开发运用本是为规范统一文本、提高效率,但存在的问题是很多人未能重视格式文书中的备注留白部分,填空式填写检察法律文书。此处略举三例可见这样的情况司空见惯:一是公诉部门在办理公诉案件撰写不起诉书时,只简单写不构成犯罪或事实不清、证据不足,未能充分阐明原因,填空式填写办案系统自动生成文书。由此导致的结果是法律文书虽结论明确,但对于哪一部分事实不清、哪些证据不足,为何作出不起诉决定等全然没有说明,未能起到说服人、教育人的作用,亦未能起到彰显公平正义的效果。二是由于法律事实与客观事实天然存在的差异,导致检察官为避免出现不必要的认定异议,在法律事实叙写方面公式化、精准度不足,比如在撰写起诉书时,事实部分大多做归纳简写:被告人甲与被害人乙在酒后因琐事发生口角纠纷,继而互殴,导致乙当场死亡。而在处理结论方面,内容简单化格式化,释法说理不足。三是在退回公安机关补充侦查时,只写几条提纲式的退查提纲,没有详细分析为什么要补充这些证据、如何搜集固定证据,由此,往往导致对补充侦查指导性不足、补查要求不明确具体,反而让公安机关产生疑虑和抵触,补查效果不尽如人意。

3. 不能适应以审判为中心的诉讼制度改革的要求

以审判为中心的诉讼制度改革,就是从程序上通过增强庭审实质化的对抗,强化证据裁判规则、疑罪从无规则等人权保障理念。由此,新时代的刑事检察工作为适应改革要求,增强检察法律文书释法说理的必要性、紧迫性、重要性不言而喻。比如出庭公诉时,对疑难案件没有认真制作"三纲一书"(庭审讯问提纲、答辩提纲、举证提纲、公诉意见书),在庭审中就会发生案件事实问不清楚、答辩听不明白、指控逻辑不清等问题，其直接结果就是指控不力、有口难言，甚至需要承担由于败诉而不能伸张正义的后果。

三、增强检察法律文书释法说理的途径

开展检察法律文书说理工作应当突出重点，在影响诉讼参与人切身利益或者相关执法单位较为关注的办案环节，将人民检察院作出的终局性或者否定性处理决定以及其他有必要阐释、说明的决定作为说理的重点。笔者认为，对于不进行释法说理容易造成相关执法单位或者诉讼参与人对人民检察院的执法活动产生质疑，可能引起复议、复核、申诉、上访、缠访，进而直接影响或者损害人民检察院的执法公信力的环节都应该充分进行阐释说理，其范围应当包括以下五大类：（1）侦查监督工作中，对社会关注的敏感案件作出批准或不批准逮捕决定；对在罪与非罪上有较大争议的案件作出批准或不批准逮捕决定，复议复核维持原决定的。（2）公诉工作中，对社会关注的敏感案件作出不起诉决定、不抗诉决定或者对在罪与非罪上有较大争议作出起诉决定，复议复核维持原不起诉决定等。（3）在刑事执行工作中，向有关部门提出纠正违法意见或者提出纠正减刑、假释、暂予监外执行不当的意见，对有关被监管人羁押期限、被监管人死亡或者伤残问题向控告人作出答复等。（4）在民事行政检察工作中，作出不予受理、不立案、终止审查、不抗诉、不提请抗诉决定、不提出检察建议等。（5）在控告申诉检察工作中，对不服检察机关作出的刑事处理决定或者不服人民法院已经发生法律效力的刑事判决、裁定的申诉作出的复查决定，对国家赔偿案件作出的有关决定等。

实现强化检察法律文书释法说理的途径，可以从以下几个方面进行探索和完善。

1. 提高认识，权责相衡

我们应该认识到，在员额制改革后，员额检察官案件办理过程中的自主权相较以往更高了。员额检察官审查办理案件的过程既是一个归纳分析的思辨过程，又是一个通过梳理证据，还原案件客观事实的推理过程。只有通过复杂的逻辑思维思考，详加论证并排除合理怀疑，才能使案件的法律事实无限接近于客观事实，才能达到案件事实清楚、证据确实充分，继而才能提出

符合法律要求的处理意见。在这个过程中，体现了员额检察官需要具备缜密的逻辑思维能力，综合归纳、全面分析、科学判断的能力，把握复杂的案情和法律关系、案件特征多样性的能力。员额检察官应该从法理、法律精神、社会现实情况等多方面考虑案件，其法治视野以及法律适用的思考必然有别于普通公众，既要符合司法工作的基本要求，又不能脱离法理和法律，甚至违背人情和公理去考虑问题。最后，在社会价值效果的层面，必然要求我们具备演绎、归纳、论证、说理的文字功底，能将思维活动的过程以规范的法律用语，简洁的文字方式，论证讲理的方式在法律文书或口头释法中条理清楚地表达出来。谁执法、谁释法说理，这是一种高度的当然责任，才能显示"看得见的公正"。

2. 从法律文书规范作为突破口进行革新

检察法律文书不仅是呈现检察工作成效的直接"窗口"，更是体现检察机关公信力和权威性的重要载体。现行的法律文书多为填充格式，承办人员只需填空式填写当事人概况、案件性质、援引法条等基本要素即可制作完成，无须作任何分析论证，虽有利于法律适用的统一，但却无法反映法律事实发生的全部过程，难以充分体现检察机关客观公正履职的形象，与人民群众日益增长的法律文化需求已不相适应。从法律文书规范作为突破口进行革新，首先就是要将填充式文书规范进化为说理式文书规范。检察法律文书是"微缩的法治"，在当前健全检察机关决定事项的释法说理制度的呼声下，适应司法实践的需要，增强法律文书的说理性，寻求统一规范操作与灵活个性发展的最佳平衡点，就是迫在眉睫的与时俱进的革新。采用说理式法律文书，详细阐述理由和依据，尤其是力求让当事人了解和理解繁杂的法律规定和深奥的执法原则，让当事人不仅知道结果，还知道"为什么"。当事人知悉了人民检察院办案的依据和理由，也不再反复找办案人员要求解释，不再怀疑办案人员处理案件的随意性和存在暗箱操作，既减少了有关部门处理上访的压力，又减少了社会的不稳定因素，实质上提高了检察机关的工作效率，也规范了办案人员的行为，增强了办案人员的责任心。同时展现在社会和公众面前的是一份让人信服、公正、具有司法权威的法律文书，真正提高检察机关的公信力，实现司法为民、保护人民、打击犯罪的目的。

3. 因案制宜、制作说理文书附件

人民检察院作出有关决定，需要向有关机关或者人员进行说理的，可以直接在相关的叙述式法律文书中进行说理。对于格式法律文书，可以增加附页或者制作说明书进行说理。向当事人及其法定代理人或者近亲属、举报人、控告人、申诉人或者其他有关人员开展说理工作时，可以根据情况进行口头说理，并制作笔录。寻求说理形式的多样化，将法理融入文书，因案制宜制作相应的说明书。核心要义是通过全面剖析案情，紧紧围绕争议焦点展开论证，既要阐述所采纳观点的事实依据和法律依据，也要揭露和驳斥相关观点的谬误，有立有驳，令人信服，增进对办案过程的理解、沟通和配合，同时还能起到检察法律文书应有的宣传和教育功能。

总之，在司法实践中，情、理、法三者从来都不可能割裂，情与理都是法律文书的灵魂，是法律规范在法律文书中得到应用的集中体现。检察法律文书中的说理不仅体现了检察官的业务素质，也是强化法律监督、维护公平正义的需求。检察机关通过强化法律文书的释法说理，必将有利于提高检察工作的公信力和权威性，为推进依法治国多贡献一分力量。

基层社会治理类检察建议刚性化路径研究

◎ 卢义颖　王石良[*]

检察建议是检察机关履行法律监督职能、参与社会治理的重要方式。2018 年 10 月 26 日，第十三届全国人民代表大会常务委员会第六次会议正式将检察建议写入《人民检察院组织法》。张军检察长在 2018 年大检察官研讨班上提出"把所谓没有硬性要求的检察建议做成刚性、做到刚性"后，进一步指出"检察建议质量提高，被建议方提不出异议，就是做成刚性；通过协调、落实，达到了监督目的，就是做到刚性"。[①] 最高人民检察院 2019 年 2 月公布的《人民检察院检察建议工作规定》（以下简称 2019 年《工作规定》），对新时期检察建议工作实践提供了更加严格的规范指引。但在落实过程中，由于基层检察机关工作基础薄弱问题，检察建议不规范、刚性不强的问题仍然存在。

检察建议的刚性源自检察建议的优质、严肃、权威。质量是检察建议做到刚性的关键，是做成刚性的前提和基础。社会治理类检察建议是基层检察机关发挥法律监督职能，融入基层社会治理的重要方式，但由于文书的总体质量不理想，以致刚性不足。故有必要针对实践中存在的问题，探索提高检察建议质量、加强检察建议刚性的基层实践路径。

一、社会治理类检察建议刚性化的基层需求

检察建议是我国检察机关在检察监督实践中探索出来的一种监督方式。

---

*　卢义颖，博士研究生，云南省人民检察院第六检察部四级高级检察官，昆明市西山区人民检察院党组成员（挂职）；王石良，云南省昆明市西山区人民检察院检察官助理。

①　姜洪：《业务建设：从"怎么抓"到"怎么抓好"——首席大检察官开讲 2019 学年大检察官讲堂第一讲》，载《检察日报》2019 年 03 月 01 日第 1 版。

以法律监督融入并支持基层社会治理成为新时代检察职能履行的一个新常态，亦是检察职能担当的应有内涵。随着检察建议作为法律监督方式的法制化，检察建议刚性化，即做成刚性、做到刚性亦应是题中之意。

（一）融入基层治理的需求

对于检察建议的刚性，理论及实践中有不同的认识，一种认为检察建议不是一般意义上的"建议"而是具有公权力性质的检察行为，应当赋予一定的强制力作为保障。主流观点认为检察建议作为"意见"，属于柔性监督"软监督"。① 检察建议的柔是指方式，检察建议的刚是指效果。以柔的方式获取刚的效果，是社会治理优化的内在需求。

检察建议作为一种监督形式具有巨大的包容性，因此也就具有了超越诉讼领域走向广阔社会领域的内在潜能和自然倾向。比如对行政机关依法行政的法律监督，检察建议更加具有渗透性和易接受性，特别是综合治理类检察建议。② 检察机关"两反"部门转隶以前，检察建议也发挥过一定的积极作用，但在"两反"为重的检察工作格局下，检察建议被边缘化，处于办案"副业"位置，并未引起检察机关自身或其他部门的足够重视。在"转隶就是转机"的理念引领下，检察机关回归法律监督主责主业，检察建议的功能和作用被提升到前所未有的高度，刚性需求急剧凸显。基层检察机关作为法律监督机关的同时，也是基层社会治理的一支重要力量。通过办案发现问题，并以检察建议的方式向有关单位和部门反馈问题、督促解决问题，成为新时代检察监督融入社会治理的新常态。特别是扫黑除恶专项斗争以来，检察建议在参与社会综合治理方面被赋予重要内涵和要求。张军检察长反复强调，检察机关不仅要依法办案，还要将办案职能向社会治理领域延伸，做好标本兼治工作。对案件反映的倾向性、趋势性问题实事求是提出建议，努力"办理一案、治理一片"，认真贯彻新时代"枫桥经验"，积极、妥善化解检察环

---

① 王敏远：《检察建议工作面临的新情况与新思路》，载《人民检察》2018 年第 16 期。
② 罗欣、汤维建、杨建顺、高景峰、张振忠等：《检察聚焦：检察建议做成刚性的内涵及路径》，载《人民检察》2019 年第 7 期。

节的矛盾纠纷。① 当前，扫黑除恶专项斗争进入"治本"之年，从推进国家治理和社会治理的战略高度重视检察建议，持续把检察建议做成刚性、做到刚性，融入扫黑除恶长效工作机制中，融入基层社会治理和矛盾风险化解中，是发挥司法对法治中国建设规范引领作用的重要举措，也是落实国家治理体系和治理能力现代化的具体要求。

（二）节约社会资源的需求

监督本身即含支持之意，检察建议作为检察监督的重要形式，就是要有的放矢地督促并帮助有关单位或部门正视并解决存在的问题。2019 年《工作规定》第 5 条将检察建议分为 5 个类型，再审检察建议主要运用在民事、行政诉讼结果监督上，发送对象是人民法院；纠正违法检察建议则运用在诉讼活动监督过程中，发送对象是司法机关、行政机关；公益诉讼检察建议主要运用在行政公益诉讼工作中，发送对象是行政机关；社会治理类检察建议的运用最为广泛，即运用在检察机关"四大检察""十大业务"的办案过程中，发送对象是"有关单位和部门"，建议内容是"改进工作、完善治理"。基层检察机关案件数量大、类型多，在办案中适用社会治理类检察建议履行法律监督职责职能的机会也就更多。找准问题、提准建议，才能高效地解决问题。随意地甚至错误地发送检察建议，会使被建议对象有限的精力和时间浪费在应对没有实质意义的检察建议上，不仅会造成社会资源的浪费，还将导致检察监督权威的减损。故在现行的法律规范下，提高检察建议的质量，被建议单位和个人方能认真对待检察建议，社会公众也能调动起监督检察建议落实的积极性和能动性，检察建议的刚性由此得到体现和保证②，检察建议也才具有了节约社会资源、推动社会进步的实践意义。

二、基层社会治理类检察建议的实证分析

随着依法治国实践和司法体制改革、国家监察体制改革的深入，强化法

---

① 姜洪：《全国检察长会议召开，张军强调全面贯彻习近平总书记重要讲话精神，推动各项法律监督工作全面协调充分发展》，载《检察日报》2019 年 1 月 18 日第 1 版。
② 罗欣、汤维建、杨建顺、高景峰、张振忠等：《检察聚焦：检察建议做成刚性的内涵及路径》，载《人民检察》2019 年第 7 期。

律监督主责主业成为共识，检察建议逐渐成为拓展法律监督职能的新增长点。但长久以来，检察建议工作中的规范性问题一直存在。2009 年，最高人民检察院按照中央司法体制和工作机制改革中"依法明确、规范检察机关提出检察建议程序"的要求，制定了《人民检察院检察建议工作规定（试行）》（以下简称 2009 年《试行规定》），以解决检察建议工作中存在适用范围、制发程序文书质量等问题。[①] 2019 年《工作规定》对 2009 年《试行规定》实施后存在的适用范围不清、制发和管理不规范、重数量轻质量、监督实效不够理想等问题进行了更加严格的规范。[②] 但从实践来看，一些影响检察建议文书质量的"老问题、老毛病"在工作规定实施后仍然一定程度存在，制约了检察建议刚性提升。

本文以 Y 省 X 县检察院 2019 年办理公诉案件中发出的社会治理类检察建议为样本，以问题为导向，进行质量分析。2019 年，该院发出社会治理类检察建议 16 件，编号〔2019〕1 - 16，基本能反映出《工作规定》实施后社会治理类检察建议工作的概况。以上检察建议存在的主要问题如下。

（一）适用范围不规范

2019 年《工作规定》第二章对检察建议的适用范围进行了明确的规定，其中的社会治理检察建议主要针对检察机关在履行检察职责过程中发现的违法犯罪隐患、管理监督漏洞、风险预警和防控问题，以及就相关部门作出的行政处罚、政务处分、行业惩戒等问题提出的改进工作、完善治理的建议。2019 年《工作规定》针对实践中随意制发检察建议的情况专门增加了"必要审慎"作为提出检察建议的原则。但从选取的样本来看，随意制发检察建议情况仍未杜绝，部分事项通过检察建议方式提出值得商榷。如 2019 - 1 号检察建议书，某青少年服务中心与检察机关签订合同协议，约定由中心协助对附条件不起诉嫌疑人进行帮教考察，制作考察报告。检察机关认为考察报告不详细具体、考察内容参考性不强，故向中心发出检察建议。虽然该检察建

---

① 陈国庆：《〈人民检察院检察建议工作规定（试行）〉解读》，载《人民检察》2010 年第 1 期。
② 高景峰、吴孟栓、米蓓：《〈人民检察院检察建议工作规定〉理解与适用》，载《人民检察》2019 年第 8 期。

议的内容有助于被建议对象改进工作，有助于司法办案，但从本质上来看，该问题属于双方之间的协议履行问题。此种检察建议并非是在履行法律监督职责中发现，与检察业务关联不大，混淆了检察建议与其他文书的界限，具有一定随意性，进而影响检察建议的法律监督属性。

（二）调查核实不到位

调查核实是保证建议事项事实清楚准确、法律政策依据充分的必要前提。《人民检察院组织法》第 21 条规定"人民检察院行使本法第二十条规定的法律监督职权，可以进行调查核实，并依法提出抗诉、纠正意见、检察建议"。① 从本次法律的修订过程来看，立法机关对于检察建议工作中的调查核实工作予以了充分关注。2017 年 9 月公布的《人民检察院组织法（修订草案)》征求意见稿中，仅规定了人民检察院行使法律监督职权可以采取提出检察建议等方式。2018 年 10 月修订草案三次审议过程中，有的常委会组成人员和部门提出，调查核实是检察机关行使法律监督职权的前提和保障，相关诉讼法作了规定，但诉前监督活动中尚缺乏明确规定，建议在组织法中作出相应规定，该意见被采纳，修订后的人民检察院组织法中增加了调查核实的内容。②

从实践来看，社会治理类检察建议大部分是检察机关在办理刑事犯罪案件中对案件反映出的监管问题向有关部门发出，其主要事实通常可直接通过刑事案件获取，但正是这种基础事实获取的便捷性，反而导致了调查核实的缺失。从抽取的样本来看，案件事实中最为缺少的是对被建议单位工作职责的核实，导致检察建议事项与被建议单位的工作职责不对应，不具有可操作性。在 2019 - 6 号检察建议中，检察机关建议行政机关对辖区内从事商务信息的公司开展清查，并对公司的经营场所、经营范围进行核实，加强监管。被建议单位回复称：2015 年以来，全国统一推行"双随机、一公开"的监

---

① 《中华人民共和国人民检察院组织法》，载中国人大网，www. npc. gov. cn/zgrdw/npc/xinwen/2018 - 10/26content_2064481. htm，最后访问时间：2019 年 12 月 2 日。

② 《全国人民代表大会宪法和法律委员会关于〈中华人民共和国人民检察院组织法（修订草案三次审议稿)〉修改意见的报告》，载中国人大网，www. npc. gov. cn/zgrdw/npc/xinwen/2018 - 10/26content_ 2064481. htm，最后访问时间：2019 年 12 月 2 日。

管，除投诉举报、大数据监测、转办交办以外，减少对市场主体正常经营活动的干扰。企业年检制度已改为企业年度报告公示制度……该单位认为其监管活动符合"三定方案"中规定的工作职责职能。从回复的内容来看，检察建议内容并未被采纳，而该检察建议也谈不上继续跟进监督问题。"没有调查就没有发言权"，脱离客观实际的检察建议不可能在质量上做成刚性，更谈不上在落实上做到刚性。

（三）释法说理不充分

检察建议书是检察机关针对具体案件或法律事务中反映出的问题适用法律而制作的检察法律文书。检察建议的刚性首先在于内在的说理性，没有说理的建议有如空中楼阁失去立足之本，也就难以被他人接受，刚性就无从说起。根据 2019 年《工作规定》第 16 条的规定，"检察建议书要阐明相关的事实和依据，提出的建议应当符合法律、法规及其他有关规定，明确具体、说理充分、论证严谨、语言简洁、有操作性"，表 1 分析了 16 份检察建议书的法条引用情况：

表1　检察建议样本中法律法规引用情况①

检察建议	2019 – 1	2019 – 2	2019 – 3	2019 – 4	2019 – 5	2019 – 6	2019 – 7	2019 – 8
法条引用	0	1	0	0	0	1	0	0
检察建议	2019 – 9	2019 – 10	2019 – 11	2019 – 12	2019 – 13	2019 – 14	2019 – 15	2019 – 16
法条引用	0	0	0	0	0	0	1	4

作为检察机关履行法律监督职责过程中就相关问题提出的法律建议，上述多份检察建议基本未引用法律，且有的文书篇幅仅有 A4 纸张的 1 页，段

---

① 法律法规引用情况包括了《人民检察院检察建议规定》条文引用。

落仅为 1 - 2 段，第一段简要描述案件来源后，第二段直接开始写建议事项。虽然不能用字数、篇幅以及引用法条的数量来机械衡量一份检察建议的质量，但文书释法说理的能力和力度可见一斑。检察建议"轻说理、不说理"，自然难以让被建议单位自愿接受。检察建议要从内容上做成刚性，只有先把道理讲清楚、请明白，才能让被建议对象也认为检察建议是对的。以 2019 - 6 号检察建议书为例，检察机关针对被告人承租某写字楼违法发放车贷并对被害人进行敲诈勒索的情况，建议物业公司在出租时对有无合法经营执照进行审查，理由是根据物业管理条例的规定，物业公司对物业管理区域内的违法行为应当制止并向有关部门报告。物业公司发现违法行为时的报告义务与检察建议提出的房屋出租时的审查义务在逻辑上并不具有一致性，与被建议单位的工作职责权限不匹配。在 2019 - 13 号检察建议中同样存在此种情形"根据相关行政法规，你局应当依法进行监督，以法律准则、指标体系为依据……对有偏离准则倾向或者已经开始发生偏离的行为人，给予提醒、指导、督促其采取防范措施或及时纠正偏差，使违法行为在即将发生或者刚刚发生时就得到避免或者制止"，脱离实际、泛泛而谈的说理和建议，与检察机关的专业性、检察建议文书的高质量背道而驰。

（四）文书制作欠规范

2019 年《工作规定》对于检察建议的格式规范有了较为明确的规定。但从实践来看，相关要求的实施情况并不乐观。

一是答复期限不规范。根据规定，"除另有规定外，应当要求被建议单位自收到检察建议书之日起两个月回复。因情况紧急需要尽快处理的，可以根据实际情况确定。"样本答复期限情况如表 2 所示。

表 2　检察建议样本答复期限情况

检察建议	2019 - 1	2019 - 2	2019 - 3	2019 - 4	2019 - 5	2019 - 6	2019 - 7	2019 - 8
答复期限	1 月	1 月	15 日	1 月	15 日	1 月	1 月	15 日

续表

检察建议	2019 – 9	2019 – 10	2019 – 11	2019 – 12	2019 – 13	2019 – 14	2019 – 15	2019 – 16
答复期限	1 月	15 日	15 日	15 日	15 日	1 月	1 月	2 月

目前的法律规定中，仅公益诉讼检察建议在公共利益损害继续扩大的情况下可以要求行政机关在 15 日内回复。从法律规定的演变来看，2019 年《工作规定》将答复期限从原来的 1 个月修改为 2 个月，其修改过程与公益诉讼回复期限从试点的 1 个月修改为 2 个月具有延续性。延长回复期限是为被建议单位履行职责留出更加充裕的时间，体现了对被建议单位自我纠错的尊重，有利于更加充分地实现检察建议的价值目标。规定紧急情况下特殊的回复期限，是保证在确有必要的时候司法监督和救济的有效性。[①] 社会治理类检察建议的目的是被建议单位对监管漏洞、风险进行治理，更应当给予被建议单位充足的时间答复。答复期限的随意性一定程度上降低了检察建议的严肃性。如 2019 – 9 号检察建议，该检察建议内容为建议金融办积极开展日常监督，与派出所建立联系机制，对可能存在非法金融活动的个人和公司开展走访调查……客观上，被建议单位在限定的 15 日（扣除 4 日的节假日剩余 11 日）期限内很难完成建议事项的办理。但实际情况是该检察建议于 2019 年 4 月 25 日发出，被建议单位于当日对该检察建议进行了回复。检察建议成为流于形式的"文来文往"，难见刚性。

二是个案与类案处理的不规范。主要问题是对于多个案件中反映出的同一对象的同一监管问题，分别发出多份建议事项一致的检察建议。社会治理检察建议本身就是针对一定时期被建议单位某类违法犯罪案件多发、频发而暴露出的明显的管理监督漏洞。由于对检察建议缺乏科学考核方式，容易产生"重数量、轻质量"情况。如 2019 – 8 号、9 号、11 号、12 号检察建议中，针对四个案件中反映出的被告人租赁办公楼进行套路贷犯罪情况，同一

① 张雪樵：《〈最高人民法院、最高人民检察院关于检察公益诉讼案件适用法律若干问题的解释〉的理解与适用》，载《检察日报》2018 年 03 月 17 日第 3 版。

233

天向同一部门发出四份检察建议，建议内容基本一致，被建议单位的回复内容也基本一致。究其原因，一是上级考核的工作导向所致，考核导向应将工作质效置于首位，而非以数量取胜；二是检察机关内部缺乏监督口径的统筹部署，社会治理的法律监督变成各承办人的单打独斗，导致社会治理中的共性问题被碎片化、重复化，监督效果亦随之稀释化、形式化。因此，提升检察建议质量刚性是"苦练内功"的过程，确有必要的数量累积是质量飞跃的必经之路，但刻意追求数量无疑是"自废武功"。

三是语言使用不规范。以检察建议的叙事角度来说，检察机关作为司法机关，描述案件事实要客观精准，建议内容要言简意赅、直切要害。诸如"随着社会经济的不断发展，犯罪手段也是日益更新，这也要求我们的监督措施随着新问题的出现而予以改变"的叙述手法并不可取，有将对他人的监督变成监督者的自我反省之嫌。张军检察长指出"监督不是高人一等，而是技高一筹"，检察建议的用语不宜强势逼人，但仍有必要坚定干练。例如"以上建议妥否，请在……答复"的表述，不仅不符合检察建议文书格式规范，而且在语言使用中就已失去了监督的刚性。

三、制约基层社会治理类检察建议质量的原因分析

制约基层检察机关社会治理类检察建议质量的主要原因，在于两个较为突出的客观矛盾未得到妥善解决：一是社会治理类检察建议涉足广阔的社会多专业领域，而检察机关对此类工作认识与开展的基础较为薄弱；二是规范性文件规定的审核把关主体在基层检察机关未能独立设置，该项工作职能被划并至案件管理部门，相关审核制度难以得到充分有效的落实。

（一）专业性要求高与工作基础薄弱的矛盾

"没有一定的法学素质，没有一定的实践经验是很难写出一份合格的法律文书的。法律文书写作不仅要求写作者具有较为深厚的法学造诣，而且还必须对语文学、修辞学、逻辑学等相关学科有所了解。"[1] 检察建议作为法律

---

① 黎伟华：《让公正以看得见的方式实现——访中国法学会法律文书学研究会会长马宏俊教授》，载《民主与法制》2009 年 11 期。

文书，具有较强的专业性与技术性。与起诉书等检察法律文书相比，检察建议又有其特殊性：一是检察建议涉足的专业领域更为广泛、法律体系更为庞杂；二是相对刑事案件罪与非罪的认定，检察建议所研究的不仅是相关监管行为当与不当，更需要探寻合法、可行、具有操作性的整改方向。但由于检察建议写作能力、经验欠缺，同时又忽视了必要的调查核实，从而制约了检察建议的文书质量。为保证检察建议文书质量，《工作规定》中对检察建议的调查核实作了具体要求："对相关事项进行调查核实，做到事实清楚、准确""一般应当在检察长作出决定后两个月以内完成检察建议事项的调查核实""检察官调查核实完毕，应当制作调查终结报告，写明调查过程和认定的事实与证据，提出处理意见"。实践中，《工作规定》的上述要求并未有效落实。原因在于，由于检察建议在检察业务中长期被边缘化，没有受到应有的重视，规范化程度较弱，属于"可做可不做"的附带性工作。[①] 大部分检察人员并未就检察建议写作经过全面、系统的学习，很少有像其他各类检察工作的专业培训、岗位练兵、业务竞赛、考核评比。在扫黑除恶专项斗争以来社会综合治理的高要求下，提出社会治理检察建议成为办理案件的规定动作。即便如此，社会治理类检察建议依然是刑事案件的附带性文书，即在刑事案件审查批捕或审查起诉的同时就案件反映出的社会问题发出检察建议。案件承办人调查核实的时间没有保障，调查的主动性也不高，要么会导致"重数量、轻质量"，要么是陷入"可做可不做的不做"的困局。有的办案人员只要主观认为有关部门存在问题，就"试图"发送检察建议。如在案件中发现某矿产经营部存在收购非法盗采的矿产资源的情况，办案人员认为属于监管漏洞，欲向国土资源部门或者市场监督管理部门发送检察建议，却未调查了解矿产资源的交易环节并不需要相关行政部门审批的情况。

（二）审核把关制度落实与基层内设机构设置的矛盾

为确保检察建议质量，2019 年《工作规定》对检察建议的制发审核程序进行了规制。检察官起草的社会治理类检察建议书，报送检察长前，应当送本院负责法律政策研究的部门对检察建议的必要性、合法性、说理性等进行

[①] 汤维建：《检察建议规范化改革展望》，载《人民检察》2018 年第 16 期。

审核，并要求"通过负责法律政策研究的检察官对检察建议书进行法律政策依据和法理根据的审核把关，确保提出的检察建议符合法律政策、论证严谨、说理充分、切实可行"。① 从理论上讲，由政策研究部门对检察建议进行审核相对于以往"办公室审核"对于检察建议质量有很好的保障作用。但是从司法实践来看，政策研究部门对检察建议进行审核在基层检察机关操作性不强。主要原因在于，基层检察机关政策研究部门不健全。在本轮的内设机构优化调整过程中，绝大部分基层检察机关未单独设置政策研究部门，而通常是由案件管理部门负责法律政策研究工作，但案件管理部门基本难以实现专人负责该项工作。且如上文所述，检察建议涉足的专业领域较为广泛，案件管理部门在检察建议工作上与办案部门不具有当然的"比较优势"。所以基层检察机关法律政策研究部门难以对检察建议进行实质审核，甚至基本未开展该项工作。

四、加强基层社会治理类检察建议刚性的路径探讨

（一）通过格式规范促进内容规范

在检察建议工作基础尚且薄弱阶段，甚至是"零基础"阶段，要在短时间克服专业性不足的问题并不现实。基层检察机关可以通过提炼总结检察建议的必备要件，进一步规范检察建议的文书格式，由格式规范推动内容提升，再逐步实现整体的文书质量提升。从最高人民检察院发布的检察建议文书格式样本来看，社会治理类检察建议的格式标准性与其他几类检察建议如再审检察建议的格式标准有明显的差距。其他几类检察建议主文一般分为四部分：案件来源、审查认定事实、监督理由和依据（本院认为）、意见建议，每一部分均有相对固定的格式并且有相关规定的表述要求。而社会治理类检察建议样本格式仅罗列了2019年《工作规定》第16条检察建议书一般应当包括的内容，而未制作相对固定的格式范本，因此参照适用性不强。

虽然社会治理类检察建议确实具有灵活性，但仍然可以通过优秀的检察

---

① 高景峰、吴孟栓、米蓓：《〈人民检察院检察建议工作规定〉理解与适用》，载《人民检察》2019年第8期。

建议提炼出具有代表性、参照性的文书样式。最高人民检察院明确要求做成刚性、做到刚性的"一号检察建议"就是社会治理检察建议的示范标杆。其第一部分为检察机关办理案件情况，第二部分为结合案件情况分析存在的问题，第三部分为结合法律规定提出意见建议，此三部分基本包含了检察建议主文的全部要素。例如上述 Y 省 X 县检察院办理马某等人非法采矿案中，发现马某等人长期以"植被恢复为名"公然进行非法采矿活动，相关职能部门存在监管漏洞，参照"一号检察建议"的文书样式，制作了检察建议书。该检察建议的文书质量及整改效果得到上级检察机关和监督对象的充分肯定。再如该院在办理一起金融凭证诈骗案中发现银行贷款审查、贷款发放环节存在监管风险，遂向银行发出检察建议。尽管在释法说理上有一定的不足，但是基本上按照案件情况、存在问题、意见建议三个部分把情况说清楚，并且有针对性地提出检察建议，使监管对象较易接受建议。当然，这并不是说所有的检察建议都应一成不变，必须生搬硬套，而是说在检察建议专业水平不高的情况下，可以参照如"一号检察建议"的格式撰写检察建议，提高文书的规范性，并不排斥检察建议在不同个案中的个性发挥。

（二）通过案件化办理强化调查核实运用

要在质量上把检察建议"做成刚性"，充分的调查核实必不可少。以往把检察建议作为刑事案件附属，把检察建议仅仅作为刑事案件中一份普通法律文书的工作模式难以胜任做成刚性、做到刚性的要求。以"一号检察建议"形成过程为参考，足见检察建议案件化办理的必要性。2018 年 6 月，张军检察长就一起关于小学教师性侵未成年学生的抗诉案件首次依法列席最高人民法院审委会会议。最高人民法院经审理采纳了最高人民检察院的全部抗诉意见后，最高人民检察院开始着手起草检察建议，至 2018 年 10 月 19 日检察建议发出，历时四个月。其间，最高人民检察院第九检察厅一方面结合齐某案开始"解剖麻雀"，一方面去往全国各地调研，紧紧围绕办案和调研发现的问题，系统研究了有关校园安全的法律法规和文件，最终形成检察建议初稿。① 在这种"求极致"的工作要求下才有了"一号检察建议"。反观基层

---

① 刘亚：《"一号检察建议"诞生记》，载《方圆》2019 年第 13 期。

检察机关检察建议的形成过程，通常由办案检察官根据案件情况制作检察建议书，缺少充分的调查核实、缺少深入研究剖析，检察建议的质量自然难以有所保障。以提高质量、提升专业性、可操作性为目标，充分运用调查核实手段，对检察建议进行案件化办理，并且在业绩考评上进行综合评价是检察建议刚性化的必然要求。

近年来，多地检察机关已经按照"重大事项案件化办理"模式推动检察建议办案化。从检察机关工作实践来看，检察建议案件化并非"新鲜事"，再审检察建议、公益诉讼检察建议等均是案件化办理模式。与社会治理检察建议相类似，十八届四中全会以后检察机关曾经探索开展过一段时间的行政执法监督检察建议也是案件化办理。2019 年《工作规定》第 13 条"检察官在履行职责中发现有应当依照本规定提出检察建议情形的，应当报经检察长决定，对相关事项进行调查核实，做到事实清楚、准确"的规定，已然明确了检察建议案件化办理的规范性导向。案件化办理对于提升检察建议质量是一种有益方式，也能通过办案业绩增强检察官在办理案件中主动发现问题、延伸职能的积极性。

（三）通过审核制度优化助推文书质量提升

一份好的法律文书是反复修改出来的。"一号检察建议"的初稿，由最高人民检察院法律政策研究室逐字逐句进行斟酌修改，经过最高人民检察院检委会会议审议，确保反映的问题精准、提出的建议可行。在正式发出前，还发函征求教育部意见，根据其意见对检察建议书作了进一步的修改。[①] 根据 2019 年《工作规定》，起草的检察建议报送检察长前，应当送本院负责法律政策研究的部门对检察建议的必要性、合法性、说理性等进行审核，但如上文所述，在目前的基层检察院，尚难以发挥法律政策研究室的审核功能。根据相关解读，检察建议制发中需由"检察长决定"的事项，原则上均应当由检察长决定。在司法责任制的背景下，经检察长明确授权，可以由副检察

---

① 刘亚：《"一号检察建议"诞生记》，载《方圆》2019 年第 13 期。

长决定。① 在实践中，检察建议基本上由副检察长决定，很少通过检察委员会讨论，而副检察长通常仅进行形式审查，并不作实质审查。为适应新形势下把检察建议"做成刚性、做到刚性"的要求，可以考虑在两至三年内，社会治理类检察建议统一经过检察委员会把关，在积累一定经验、办案规范之后，再由检察长批准或者检察委员会决定。该做法在民事执行监督检察建议中已有实践。2013 年公布的《人民检察院民事诉讼监督规则（试行）》将执行活动监督检察建议统一规定为经过检察委员会决定，作此特殊限制的主要原因是"考虑到执行监督工作全面开展时间较短，实践经验不够丰富，为了保证监督质量和监督效果……要求执行监督检察建议必须经过检察委员会讨论决定"。② 直到 2016 年最高人民法院、最高人民检察院会签的《关于民事执行活动法律监督若干问题的规定》才将提出检察建议的审核调整为"经检察长批准或者检察委员会讨论决定"。此外，还可以借鉴上海市检察机关的做法，在提交审核前，指定工作责任心强、办案经验丰富、文字功底深厚的资深检察官对检察建议进行把关。③

（四）探索案件集中办理推动工作创新发展

在国家治理体系和治理能力现代化的背景下，检察机关在办案中通过办理案件，履行法律监督职责，促进职能部门履行好法定职责，通过检察建议解决社会治理普遍性问题，亦是一种良好的司法状态。

在基层检察机关检察工作专业性不强的现状以及检察机关逐步实现检察建议案件化办理的前提下，检察机关可以探索将社会治理类检察建议作为一类案件由统一民事行政公益诉讼检察部门（以下简称民行公益部门）集中办理的工作模式。其优势在于：一是民行公益检察部门所办案件大多是检察建议类案件，经验相对丰富、专业性相关较高，且社会治理类检察建议与行政

---

① 高景峰、吴孟栓、米蓓：《〈人民检察院检察建议工作规定〉理解与适用》，载《人民检察》2019 年第 8 期。

② 最高人民检察院民事行政检察厅编、郑新俭主编：《〈人民检察院民事诉讼监督规则（试行）〉条文解释及民事诉讼监督法律文书制作》，中国检察出版社 2014 年版，第 112 页。

③ 上海市人民检察院：《提升监督效能、增强监督刚性、放大监督效果》，载《人民检察》2018 年第 16 期。

检察中对行政机关的检察建议具有内在相通性。二是检察机关的调查核实权主要是民行公益检察部门在行使，对相关部门的职责职能较为了解，沟通交流也相对顺畅。三是由于行政诉讼的特殊性，基层检察机关行政检察业务面临"无案可办"的困境，"四大检察"中行政检察仍然属于短板。行政检察除了在行政诉讼监督中"肩挑两头"，对法院依法审判和行政机关依法行政进行监督外，还可以以社会综合治理的视角，适当将路径拓宽到刑事检察中发现的行政执法问题的监督上来。由刑事检察部门将案件情况反馈给民行公益部门，由民行公益部门按照案件化办理的模式提出检察建议，并对整改落实情况持续开展跟进监督，督促职能部门建立健全相关的管理机制，在办案实效上实现双赢多赢共赢，也可以作为新时代检察机关"四大检察""十大业务"全面均衡发展的探索。

专题三

智慧司法背景下法律文书运用问题

基层法院类案检索机制的适用范围研究

——基于 W 市某法院数据的分析

◉ 邬　荣*

近年来"同案不同判"现象引发社会公众的诸多质疑以及当事人信访压力，使得最高人民法院决心开展必要的工作调整，试图在法官自由裁量权、法律适用的统一这两个价值维度中努力寻求一个最佳的平衡点。对法律适用或者裁判尺度统一的追求，也是我国人民司法长久以来持续追求的目标，最高人民法院在多份司法文件中已经着重强调[①]，并通过出台司法解释、公布指导性案例及典型案例、工作邮箱答疑或答复下级法院疑难问题的请示等多种途径，多维度地努力维系、打造法律适用上的统一。同案同判，是平等的体现，也是法治的体现。[②] 基于上述价值导向，近年来，类案检索机制经由最高人民法院提出，并在全国范围内推广铺开，基层法院应如何应对并适用这一机制，则成为一项颇有现实意义的研究命题。

一、基于基层法院类案检索机制现有模式提出的问题

（一）类案检索机制在最高人民法院层面的具体规定

在司法改革进一步深化的背景下，为达到统一裁判尺度、提升司法公信

---

* 邬荣，湖北省武汉市江岸区人民法院法官助理。

① 如最高人民法院《关于人民法院加强法律实施工作的意见》明确提出需要"加强司法解释，统一法律适用"、"加强案例指导，统一裁判尺度"；最高人民法院《关于切实践行司法为民大力加强公正司法不断提高司法公信力的若干意见》要求"坚持正确实施法律……规范自由裁量权，统一司法尺度"；最高人民法院《关于在审判执行工作中切实规范自由裁量权行使保障法律统一适用的指导意见》要求"不断统一裁判标准。……努力做到类似案件类似处理"等。

② 刘楠：《论转型时期中、基层法院的管理结构》，载《人民司法（应用）》2012 年第 21 期。

力、维护司法权威之目的，最高人民法院先后在法发〔2015〕13 号、法发〔2017〕11 号文中，提出"类案参考""类案及关联案件强制检索机制"的概念，但具体操作方面则语焉不详。为落实类案检索的实际操作，最高人民法院在《司法责任制实施意见（试行）》（以下简称法发〔2017〕20 号文）中，对类案检索机制在最高人民法院层面的具体适用做了详细规定。尽管上述法发〔2017〕20 号文中的规定原则上仅适用于最高人民法院层级，但部分基层法院已经按照上述几项规定的精神，悄然推进并摸索建立了各具地方特色的类案检索机制，可预期的未来，类案检索机制势必在全国法院范围内得到进一步的推广及成熟完善。

类似案件类似裁判，遵循的是在法典化基础之上，对演绎推理的形式逻辑要求，即在大前提（案件事实）基本类似的情况下，经由正确的找法、适用法律的过程，得出的裁判结果亦应类似，否则难免令人怀疑在小前提的寻找上（即法律适用的过程）发生错误或偏差，这也是统一裁判尺度的法理基础。作为统一裁判尺度的一项新举措，类案检索机制在我国现行司法实践中，经由最高人民法院率先提出并制定了适用于最高人民法院层级的具体操作办法，最高人民法院要求其承办法官在审理案件时，均应对最高人民法院已审结或正在审理的类案与关联案件进行全面检索，制作相应的检索报告；检索完毕后，对于承办法官拟作出的裁判结果，以是否会更改既有裁判尺度为标准，区分不同的情形进行处理。

（二）对地方法院类案检索机制现有模式的梳理

类案检索机制作为一项新近提出的概念，大多数法院对此项工作的开展尚未形成具体的图景，仅少数法院对类案检索机制的构建及具体适用展开了试点及探索，具体梳理见表 1。

表 1 现有法院类案检索机制适用情况统计表

法院名称	适用范围	具体做法
最高人民法院	已审结或正在审理的类案与关联案件	进行全面检索，制作相应的检索报告

续表

法院名称	适用范围	具体做法
内蒙古兴安盟中级人民法院①	刑事、民事、行政类案件	依托法官助手、法信、案例云等平台检索，检索顺序如下：最高人民法院指导案例、上级法院类案案例、本院类案案例和其他法院最相类似案例。
深圳市中级人民法院②	在案件合议、专业法官会议、审判委员会讨论前，全面检索关联案件和类案并报告检索情况	
重庆市涪陵区人民法院③	必须检索： （1）重大、疑难、复杂及新类型案件； （2）因法律适用问题提交审判委员会讨论决定的案件； （3）提交专业法官会议研讨的案件； （4）合议庭法官法律适用意见不一致的案件； （5）院长、分管副院长及审判长认为需要进行类案检索参考的案件； （6）被上级法院改判、发回重审要上审判委员会进行申辩、评析的案件； （7）可以检索：其他案件	法官审理案件时要依托审判管理平台、中国裁判文书网、北大法宝数据库、法信、中国知网数据库等进行检索收集案例或类案。

可以看出，对于需要进行类案检索的案件范围，最高人民法院原则上要求全部案件均进行类案检索，内蒙古兴安盟中级人民法院限定为民事、刑事、

---

① 《兴安盟中院在全区率先推行类案强制检索报告机制》，载 http：//xam. nmgzf. gov. cn/jcsy/2018 - 04 - 26/89. html，最后访问时间：2018 年 5 月 2 日。

② 《深圳法院深化司法体制综合配套改革　全面落实司法责任制工作规划》，载 https：//www. szcourt. gov. cn/article/30003297，最后访问时间：2018 年 5 月 19 日。

③ 《重庆涪陵法院探索类案检索机制统一裁判尺度》，载 https：//www. chinacourt. org/article/detail/2017/11/id/3072031. shtml，最后访问时间：2018 年 5 月 19 日。

行政案件三大类，本质上还是与最高人民法院的规定保持了一致。而深圳市中级人民法院则规定类案检索机制的适用仅限于须进行案件合议、专业法官会议、审判委员会讨论的疑难案件；重庆市涪陵区人民法院的做法，则是区分了必须检索和可以检索两个维度。可以认为，深圳市中级人民法院和重庆市涪陵区人民法院对类案检索机制的适用范围进行了相应的限缩。

考察深圳市中级人民法院、重庆市涪陵区人民法院限缩类案检索机制适用范围的具体做法，深圳市中级人民法院仅要求案件合议、专业法官会议、审判委员会讨论的案件须类案检索；此外，考虑到深圳市在司法改革和智慧法院建设方面的建树，以及深圳市中级人民法院对扩大独任制审判适用范围的探索，可以看出深圳市中级人民法院在类案检索的案件范围及其检索工具方面均有相当的优势，不至于造成既有工作量的大幅上升。

重庆涪陵区人民法院则对须进行类案检索的案件类型具体划分为六大类，同时对类案检索方式进行限定，实行分类逐层检索方式，在较高位价顺序中检索到类案后，即在该层顺序中再进行详细检索，不再对在后位阶的顺序进行类案检索。具体的层级如下：（1）最高人民法院指导性案例；（2）重庆市高级人民法院参考性案例；（3）最高人民法院公报案例；（4）最高人民法院典型案例；（5）《人民司法》刊载的案例；（6）最高人民法院各审判业务条线主办的审判指导刊物刊载的案例；（7）《案例指导与参考》刊载的案例；（8）最高人民法院裁判的其他案件；（9）重庆市高级人民法院裁判的其他案件；（10）本院裁判的其他案件；（11）全国其他基层法院裁判的案件。

（三）问题的提出

受限于我国不同地域在经济发展及司法改革进度方面的差异，并考虑基层法院案件数量剧增、智慧法院建设尚待铺开的现实背景，选择照搬最高人民法院类案检索机制的现有模式，还是因地制宜地确定个性化的类案检索机制适用范围，是对各地基层法院的一项现实考验，有待结合不同选择的可行性、必要性，进行进一步的判断。

最高人民法院关于类案检索机制的具体适用，是要求对所有已审结或正在审理的类案进行检索，其适用范围较为宽广，但最高人民法院目前未对其他各级法院的类案检索范围作出规定，亦未要求各级法院遵照执行最高人民法院的上述具体适用标准，故各级法院存在因地制宜、设计个性化方案的空间。考虑到基层法院在人财物方面的差异，以及为进行类案检索所需的司法大数据、智能审判系统等工具、手段、法律检索技术方面的差异，要求基层法院也参照最高人民法院的办法，进行全面的类案检索，是否能适应基层法院的工作实际，是否具有可行性及必要性，不无讨论的空间。更进一步，从案件审判质效的角度出发，讨论完毕基层法院是否应当限定类案检索机制适用范围之后，如何限定范围，则是需要进一步解决的问题。本文拟结合若干基层法院的既有模式，对基层法院类案检索机制的适用范围进行研究。

二、基层法院构建类案检索机制的考量因素

（一）案多人少的现实矛盾，类案检索范围须匹配案件量

各级法院进行类案检索机制的具体设计，应当结合各级法院的案件量进行分析，考虑是否与实际审判过程中的工作量相匹配，以免加重法官工作负担，影响审判工作。对基层法院案件量的分析以 W 市法院的数据为例。

W 市包括中级人民法院在内总计 16 个法院，2017 年总收案数量为 175210 件，其中 W 市中级法院 28558 件，A 区法院 15310 件，B 区法院 9588 件，C 区法院 14732 件，D 区法院 18949 件，E 区法院 14676 件，F 区法院 9270 件，G 区法院 6582 件，H 区法院 4557 件，I 区法院 11327 件，J 区法院 5243 件，K 区法院 8906 件，L 区法院 2293 件，M 区 10000 件，N 区 8628 件，O 区 6599 件。单纯案件数量本身无法反映工作量的多少，还需结合各个法院的员额法官及审判辅助人员的数量进行判断，笔者从中选取 C 区法院的情况进行具体说明（见表2）。

表 2　2017 年 W 市 C 区法院总收案数样本分析表（2017 年 1 月 1 日—12 月 31 日）

法院名称	收案数量	员额法官数	员额法官人均案件量	审判辅助人员数	审判辅助人员人均案件量
C 区法院	14732	65	226.6	72	204.6

以一年 365 天计算，除掉法定节假日、公休日等，一年中的工作日为 251 天左右。据表 2，C 区法院的员额法官人均案件量为 0.90 件/工作日，审判辅助人员的人均案件量为 0.82 件/工作日；该等人均案件量系粗略计算得出，实际上，审判辅助人员包括法官助理、书记员、执行员等角色，由于分工的不同以及所承担的额外工作任务，实际工作量远超出上述数据统计情况。近三年来，基层法院案件总量逐年递增，法官的平均工作量也逐年递增，甚至某些法院呈倍数增长，一审简易程序的适用率逐年降低，而每件案件的平均审理天数逐年提高。① 考虑到以 C 区法院为代表的基层法院中员额法官、审判辅助人员每日处理的案件量，在目前基层法院"案多人少"的现实局面下，全面实行类案检索机制，并不符合基层法院的实际情况。

（二）案件复杂程度不一，无须全面检索

《刑事诉讼法》第 20 条至第 23 条，《民事诉讼法》第 17 条至第 20 条，《行政诉讼法》第 14 条至第 17 条，分别对刑事、民事、行政诉讼案件的级别管辖作出了相应规定。根据上述规定，无论哪种类型案件，级别管辖通常是以基层法院审理第一审普通案件为原则，对存在特殊情形的案件（诸如判决后果严重、涉外、法院辖区内有重大影响的案件等），则上移至中级法院乃至高级法院一审。由此也可以看出，与级别管辖相匹配，放置于基层法院、中级法院、高级法院一审的案件的疑难、复杂、重大、敏感程度也逐级递增。基层法院审理的一审案件在法律适用、事实认定、证据认定等方面，其难度相比中级法院、高级法院一审案件而言较为简单，在法律适用方面存在疑难复杂的情况较少。尽管不可否认基层法院一审案件也存在不少疑难复杂案件的情况，但总体而言，考虑到基层法院一审案件的同质化及其难易程度，要求基层法院对每个案件进行类案检索并无必要。

法官没有必要对每一个案件都投入相同的精力，其重点在于将主要精力投入到疑难、重要案件的解决，这是必然存在的现实。② 为协助审判法官，

---

① 严丹、黄犇、谢朝彪：《基层民商事法官饱和工作量的实证研究与司法应对——基于七家基层法院民商事审判数据的实证分析》，《法院改革与民商事审判问题研究——全国法院第 29 届学术讨论会获奖论文集（上）》2018 年，第 48－49 页。

② 林彦：《美国法院如何遵循先例》，载《中外法学》2009 年第 6 期。

各地基层法院已经推出相关的速裁程序，简化案件处理的流程，如江苏省各基层法院已经在诉讼服务中心设立速裁组，对一些诉讼标的不大、案情简单的劳动合同纠纷、物业服务合同纠纷、银行卡纠纷、机动车交通事故责任纠纷等案件，一律适用速裁程序。W市也有若干基层法院设立了速裁组，对一些案情简单、争议标的不大的案件适用速裁程序处理。该类案件相对于基本程序而言已经进行了简化，案情近似，且法律适用的处理已经流程化、规范化，笔者认为，对这一部分案件或与之类似的案件，强制要求基层法院法官进行类案检索，意义不大。

（三）检索报告的耗时较长，须考虑是否增加额外工作量

类案检索报告的形成，包含探明检索目的，选定检索工具、检索关键词，检索具体案件，阅读判决书中的案情、裁判要旨、说理等重要部分内容，分析并抽象、归纳类案裁判规则等步骤。在智慧法院建设尚未完全普及的情况下，仅仅依靠人工处理，其基本耗时是相当长的。笔者试以"租赁合同到期后房屋占用损失的计算标准问题"的检索为例，依托中国裁判文书网、法信、智审、威科先行等检索数据库，对一般情形下案件检索报告的形成耗时进行测算，并统计如下（见表3）。

表3　租赁合同到期后房屋占用损失计算标准检索耗时统计表

序号	步骤	约计耗时	备注
1	探明需解决的问题、检索目的	15 分钟	查阅争议焦点、询问法官
2	检索工具、检索关键词的选定	15 分钟	法无明文规定，须选取关键词以了解裁判思路
3	检索、浏览、保存有关案例	1.5 小时	
4	详细阅读有关案件并分析归纳	2 小时	
5	在其他检索工具上再次检索，查验是否有案件遗漏	1.5 小时	
6	撰写类案检索报告	1 小时	

从类案检索的实际耗时测算看，一个类案检索报告的形成大约需要6.5小时。在司法实践中，出于了解主审法院过往裁判思路的需求，律师群体通常会较多地使用案件检索的手段，针对性地对某一案件要素或某一地域的案件处理情况进行类案检索，在一般耗时上，较为熟练掌握法律检索技能的律师，也需要4—5个小时的时间形成一项初步的检索报告。而法官在进行类案检索上，出于审判工作的需要，须对案件的法律适用、争议焦点问题进行广泛检索，而不能仅仅局限于案件法律适用的某一方面，故法官在类案检索方面的检索目的、内容更为广泛，其形成类案检索报告的耗时也更多。设定类案检索的范围，不得不考虑法官因该等工作导致的额外工作量。

基于上述基层法院案多人少、案件复杂程度、制作类案检索报告耗时三个维度的分析，笔者认为，要求基层法院法官对案件不予区分、进行全面的类案检索是不可能也不必要的。对基层法院而言，确定对某些疑难复杂或裁判规则不一致的案件进行类案检索，并设计具体的实施方案，以尽快促成法院内部对该等案件认知的统一，比起因全面要求类案检索而导致脱离基层法院实际情况，造成类案检索制度的推行不力，显然是更高效、更符合司法改革目的一种做法。

三、确定基层法院类案检索适用范围的建议

（一）基层法院应结合自身能力和实际需求确定适用范围

基层法院类案检索范围的具体确定，需要结合自身现实条件进行衡量，如计算机应用水平、与第三方在类案识别方面的合作①、既有人力财力物力等。司法实践中，有的法院已经引入人工智能和司法大数据的应用，建立起类案类判系统，但类案类判系统在司法实践中并未受到法官们的普遍欢迎；此外，尚有许多基层法院并未建立起类案类判系统②，只能由法官在现有的

---

① 广州市中级人民法院已经形成了智能法院体系，利用大数据分析直接筛选类案。参见《大数据统一司法裁判尺度 直播提高司法公信力》，载《南方日报》2017年9月14日第A7版。
② 左卫民：《如何通过人工智能实现类案类判》，载《中国法律评论》2018年第2期。

文书平台上主动搜索类案。有如前述，以人工形式处理类案检索，所耗时间较多，且导致法官负担额外的工作量，在这一背景下，需要平衡好案多人少的矛盾以及类案检索的实际需求度、必要性。

以 C 法院为例，C 法院 2017 年速裁结案 822 件，人均结案 209 件，这些案件中包含简单、标的额不大的劳动争议案件、交通纠纷案件等；诉前保全案件结案 656 件，包括破产申请、行政非诉审查、强制清算申请审查等，这些已经形成规范处理流程的案件没有必要进行类案检索。另外在婚姻家庭纠纷方面的案件，处理流程及模式也已经较为熟练且固定化，对其进行类案检索的必要性及意义亦不大。

在有必要进行检索的案件上，笔者认为发回重审的案件、上诉改判的案件、涉访案件、再审案件、提交审委会讨论的案件等，存在的争议可能较大，有必要进行类案检索。同时，从该等案件的受理数量上看，C 法院 2016 年发回重审的案件量为 58 件，2017 年为 49 件；上诉改判的案件 2016 年为 110 件，2017 年为 131 件。司法改革后，提交审委会讨论的案件量较改革前大幅降低，2016 年 C 法院提交审委会讨论的案件①数量为 59 件，2017 年提交审委会讨论的案件数量为 39 件。据此，针对这类案件进行类案检索，也不至于过大加重法官和审判辅助人员的负担。

（二）基层法院类案检索适用范围的确定原则与程序

基层法院在类案检索案件的适用范围上，笔者认为应当遵循两个原则。一是应当坚持统一裁判尺度与提高审判质效相结合的原则。不能一味地牺牲审判质效、不顾案多人少的现实矛盾，过度追求类案检索机制的适用广度，导致影响审判工作的正常开展。同时，也不能过于突出现实工作中的困难，并以此为借口裹足不前、降低工作标准，忽视司法审判工作对同案同判、统一裁判尺度的追求。二是要坚持立足符合基层法院审判工作实际的原则。立足审判工作实际需求需要兼顾如下重要因素：法官的实际工作量，案件敏感、难易程度，案件的社会影响等。

---

① 从提交讨论的案件类型来看，多为民间借贷、扫黑除恶、非法吸收公众存款、涉信访等，属于在辖区内影响较大、事实证据等判断较为复杂，或当事人信访风险较大的案件。

基层法院在类案检索具体案件的限定程序上，可以考虑一般与特殊、规范与个别的工作方法。就规范层面而言，基层法院在探讨类案检索适用范围的时候，可以在全院范围召开专题讨论会，征求办案法官的意见，了解其认为需要进行类案检索的案件类型，经由讨论研究之后，交由相关部门（如审判管理办公室、研究室等）对此进行汇总，形成规范文件，制发文件给每个部门，以此规范日常的类案检索范围。就个别层面而言，可进一步区分为自上而下及自下而上两种路径，前者指审委会或专业法官会议，在讨论相关案件时，尽管该案件不属于本院须进行类案检索的范围，但认为案件情况特殊、确有必要的，审委会或专业法官会议可以安排承办案件的法官对该案进行类案检索；后者指从承办法官的角度出发，当其办理案件过程中，发现有关案件的争议较大或属于新类型的案件，但该等案件并未囊括在本院须进行类案检索的范围内，承办法官可以向专业法官会议或审委会提出申请，经专业法官会议或审委会讨论后决定将该等类型的案件添加至须进行类案检索的范围之中。

（三）基层法院类案检索的重点适用范围

强制进行类案检索是为了统一裁判尺度，具体来说，从统一裁判尺度角度而言，类案检索机制存在如下三项功能。

1. 司法审判功能

实现司法审判功能，对类案进行检索，能够把握各级法院审理同类案件的法律适用、案件事实认定等各个方面的具体做法，进而指导案件进行规范化审理，实现司法审判功能。实现司法审判功能，其意义在于审，即对案件的审理有积极作用。立基于这一功能，则基层法院类案检索的重点适用范围如下。

（1）发回重审的案件，发回重审的案件说明在一审过程中，事实认定、法律适用或证据认定等方面存在问题，导致案件需要重新审理，在此种情形下，为了使案件得到更好的处理，对类案进行检索是很有必要的。

（2）合议庭处理意见分歧较大的案件，合议庭在处理案件过程中分歧较大，说明合议庭成员间对案件的认知存在较大差异，后续极有可能出现同案不同判的情况。

（3）需要提交审委会讨论的案件，在司法实践中需要提交审委会讨论的案件相对来说较意义重大或案情较复杂，对其进行类案检索有助于将此类案件进行妥当处理。

（4）疑难复杂重大敏感案件，该类型的案件，在实践中很难用较为精确的标准予以界定，只能依赖于法官的主观判断。对于疑难复杂重大敏感案件，实践中可以由承办法官审判前根据案件事实、证据等进行初步确认，若在审判中承办法官或合议庭发现案件事实疑难复杂的，可以对案件性质进行变更，并进行类案检索形成报告。

2. 经验总结功能

类案检索在指导司法实践的同时，也对各级法院类案处理的经验进行总结，而本院对本院已经审结、正在审理或被改判等各种情形的案件进行类案检索也是在总结审判经验，进而对后续类案的处理提供参考。在司法实践中，要统一案件的裁判尺度，不仅仅在审理案件的过程中要注意，也要在审理后进行经验总结，以便规范其后的类似案件的处理。所以对于类案检索机制来说，发挥其经验总结功能，也能够起到统一裁判尺度的目的。立基于这一功能，则基层法院类案检索的重点适用范围如下。

（1）上诉改判案件，上级法院对经本院审理的案件通过上诉程序改判，对于下级法院来说，不仅仅是一个纠错的过程，也是案件判决规范化的过程，下级法院若能对上诉改判的案件进行细致的研究，明确上级法院改判的目的，达到上下级法院之间交流的目的，对于其后的类似案件处理有指导作用。

（2）申诉上访案件，此类案件中当事人的情绪较为激动紧张，处置不好易引发社会矛盾。因此，有必要向当事人充分释明审判的依据，通过类案检索，向其明确其他法院的类似处理等，以增强案件判决的说理能力，让其心服口服。

3. 审判管理功能

类案检索报告经专业法官会议或审委会等法院内部程序的批准并印发给各部门，可以作为类案处理的一种内部规范文件，实现类案裁判尺度的统一，规范裁判权运行。

司法实践中，较易出现当事人、案由、诉求等信息相同或者高度相似的案件，或是具有普遍性法律适用问题的案件，如婚姻家庭纠纷。在审判管理过程中，可以通过类案检索，对实践中常见的一些审判情形进行归纳和整理，形成完整的审判指导，下发到业务庭以规范法官审理案件，避免不同业务庭在审理类似案件时审判尺度不一。这不仅有利于统一法官办理案件时的裁判尺度，也可以推广开来作为建设智慧法院的一大举措，实践中已有法院引入智能机器人向公众开放案件结果查询，当事人通过在智能平台中输入案件信息，便可大致了解到类似案件的预期审判结果。

类案检索机制对于统一司法裁判尺度而言，确实具有重要意义，但基层法院如何在实践中运用好类案检索机制，需要结合基层法院的实际情况进行相应的调整。为更好地将类案检索机制引入基层司法实践，笔者认为，应结合当前基层法院的实际状况，对于某些发达地区的基层法院，可以考虑是否需要与第三方合作，引进类案识别系统、自动生成类案报告等司法大数据产品。但对于某些欠发达地区的基层法院，出于资金压力无法引入前述司法大数据产品，只能通过法官、审判辅助人员主动上网查询、人工筛选的方式出具类案检索报告，在这一情况下，有必要对类案检索机制的适用范围进行限定，以免造成过多的工作负担。

对于只具备一般条件、未能引入司法大数据产品的基层法院而言，类案检索的范围必须进行限定，坚持统一裁判尺度与提高审判质效相结合的原则，按照规范化和例外情形情况进行处理，可以将类案检索的适用范围重点限定在发回重审的案件、合议庭处理意见分歧较大的案件、需要提交审委会讨论的案件、疑难复杂重大敏感案件、上诉改判案件、申诉上访案件、涉案信息相同或高度相似的案件以及确有必要进行类案检索的其他案件，对于满足这些条件的案件，必须进行类案检索。除此之外的其他案件，则允许承办法官根据个案情况选择性（而非强制）地自行决定是否进行类案检索。这样才能在司法资源有限的前提下，更好地利用类案检索机制处理好那些较为重要、较为复杂的案件。

缩限裁判尺度：构建裁判文书网上案例指导机制

——基于 420 份民事裁判文书的研究

◉ 刘忠瑜[*]

> 如果有一组案件所涉及的要点相同，那么各方当事人就会期望有同样的决定。如果依据相互对立的原则交替决定这些案件，那么这就是一种很大的不公。
>
> ——本杰明·卡多佐

一、问题的发现：裁判文书上网使裁判尺度差异问题凸显

裁判尺度差异，是指类似或相同类型的案件在不同的法院或同一法院不同审判组织中未得出相同的结论，或事实认定或法律适用不同。[①] 裁判文书上网作为推进司法公开，促进裁判尺度统一，倒逼司法公正的一项有力措施。自《关于人民法院在互联网公布裁判文书的规定》实施以来，数亿份民事裁判文书已上传至中国裁判文书网。据调查，仅 2019 年 6 月 1 日至 6 月 30 日就有 1284904 民事裁判文书上传至中国裁判文书网。然而，正如下面数据所显示的那样，随着裁判文书上网工作的全面推进，裁判尺度差异问题急剧凸显。

---

[*] 刘忠瑜，江西省吉水县人民法院。
① 陈杭平：《论"同案不同判"的产生与识别》，载《当代法学》2012 年第 5 期。

（一）抽样数据分析——中、基层法院新类型和疑难复杂案件裁判文书尺度差异明显

历经多年试点、实施和推广，裁判文书上网工作在实践探索中不断推陈出新并日趋完善。然而，由于顶层制度设计跟进乏力，裁判文书上网实施过程中暴露出诸多问题，裁判尺度差异问题尤其凸显，使得裁判文书上网公开工作的前景不容盲目乐观。笔者通过对某省法院在中国裁判文书网上公开的420份民商事裁判文书①进行系统分析，发现其辖区各级法院均存在不同程度的裁判尺度差异情况，并呈现如下几个特征。

1. 考察案件数量分布情况——多发生于中、基层法院

随着市场经济不断发展与繁荣，民商事活动纷繁复杂。某省法院受理的各类民商事案件持续逐年大幅上升，80%以上的案件由基层法院和中级法院负责一、二审，因而裁判尺度差异问题也主要集中在中、基层法院，特别是基层法院。以某省法院为例（见图1），在某省高级法院抽样的60件民商事裁判文书中，笔者尚未发现裁判尺度差异案件；在中级法院抽样的180件裁判文书中，笔者发现9个裁判文书存在裁判尺度差异问题，其差异率为5%；而在基层法院抽样的180个裁判文书中，笔者发现20个裁判文书存在裁判尺度差异问题，其差异率高达11.1%。

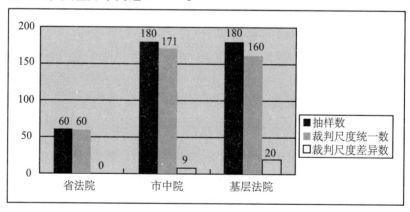

图1　裁判文书案件数量分布

---

① 笔者从某省法院及其辖区6个中、基层法院在中国裁判文书网公开的劳动争议、机动车交通事故责任、公司合伙、房屋买卖合同、建设工程施工合同及民间借贷六类案件的裁判文书中分别抽取10个样本，共计420个样本。

2. 考察案件类型情况——多发于新类型和疑难复杂案件，而普通民商事案件相对较少

由于新类型案件和疑难复杂案件缺乏法律、行政法规和司法解释相应的规定或法律规定过于原则，其适用法律难度大，故各地法院审理新类型或疑难复杂案件，对案件事实的认定、法律的适用及当事人民事举证责任的分配等问题极易产生分歧，继而引发裁判尺度差异情况。以某省法院抽样数据为例（见图2），裁判尺度差异案件主要集中于劳动争议案件、机动车交通事故责任纠纷案件、公司合伙类纠纷案件、房屋买卖合同纠纷案件、建设工程施工合同纠纷等新型和疑难复杂案件。根据抽样结果，中、基层法院共有29个裁判文书存在裁判尺度差异问题，其中，劳动争议案件6件，占20.68%；机动车交通事故责任5件，占17.24%；公司合伙类纠纷7件，占24.13%；房屋买卖纠纷5件，占17.24%；建设工程施工合同纠纷4件，占13.79%；民间借贷纠纷2件，占6.89%。

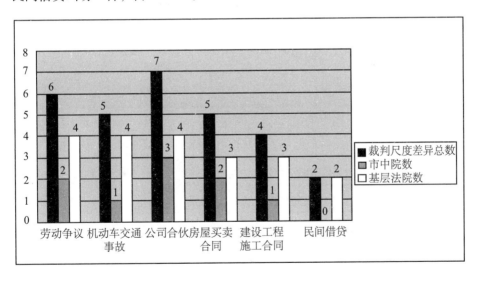

图2 裁判文书案件类型情况

3. 考察案件分布纵向情况——同一法院内部也存在裁判尺度差异

如某基层法院，在审理机动车交通事故责任纠纷案件时，对保险公司是否应承担停运损失这一问题，在保险公司均仅提交保险合同、《机动车交通事故责任强制保险条款》及《机动车交通事故责任商业第三者责任保险

条款》三份证据且案件情况基本相同情况下，两个不同审判组织对提示说明义务竟然作出了相反的认定，分别判决保险公司承担和侵权人承担停运损失。

（二）问卷数据分析——裁判文书尺度差异问题随着裁判文书的全面推进正成为当事人关注的热点

为了解裁判文书受关注情况，笔者发放了 560 份问卷，收回有效问卷499 份。问卷数据显示，全国各级法院通过运用各种媒介积极宣传裁判文书上网举措，公众对其关注程度越来越高，而案件当事人对此问题的关注提升到了前所未有的高度，可以说，每一份上网裁判文书都将接受网民拷问和检阅。

如表 1 所示，裁判文书生效后，21.04% 的受访者选择上网检索自己的裁判文书；如裁判文书的裁判结果对其不利，74.15% 的受访者选择上网检索自己的裁判文书；只有 4.81% 的受访者因不擅长上网检索或嫌麻烦等而放弃上网检索自己的裁判文书。可见，在裁判文书上网时代，绝大多民众在裁判文书生效后将上网检索自己的裁判文书。

表1　如果您是案件当事人，裁判文书生效后，您会上网检索自己的裁判文书吗？

选项	内容	人数	所占比例
A	会	105	21.04%
B	看情况，如果对我不利就会去检索	370	74.15%
C	不会	24	4.81%

如表 2 所示，裁判文书生效后，20.84% 的受访者选择将自己的裁判文书与其他同类型案件的裁判文书对比；75.75% 的受访者根据生效裁判文书的裁判结果对其是否不利进行选择，如裁判结果对其有利则不会上网检索其他同类案件裁判文以进行对比分析；如裁判结果对其不利，则选择通过自己或者寻求专业人士帮助上网检索其他同类案件的裁判文进行对比分析。仅有3.40% 的受访者选择不会将自己的裁判文书与其他同类型案件的裁判文书对比分析。

表2　如果您是案件当事人，裁判文书生效后，

您会上网检索其他同类裁判文书与自己的裁判文书对比吗？

选项	内容	人数	所占比例
A	会	104	20.84%
B	看情况，对我有利就没有必要检索对比；不利的话我就会自己或找人认真对比分析	378	75.75%
C	不会	17	3.40%

如表3所示，如发现裁判尺度差异情况，100%的受访者选择要求承办人或相关领导作出合理解释，91.58%的受访者同时还选择申诉或上访，81.36%的选择通过自己和他人网上发布，引起围观，寻求关注。

表3　如果您发现自己的裁判文书与

其他同类裁判文书结果不同，您会如何处理？（可多选）

选项	内容	人数	所占比例
A	要求承办人或法院领导给出合理解释	499	100%
B	申诉或上访	457	91.58%
C	网上发布，引起围观，寻求关注	406	81.36%

在社会公众民主权利意识不断增强的时代，面对案情相同或相似的民事案件，裁判的结果若截然相反或存在的差异超出一般人所能容忍的幅度，构成对法律平等保护民事主体原则的动摇与嘲讽，其以点破面式地削弱了公众对司法权威的认可与尊重。[1] 尤其是在裁判文书上网时代背景下，在网络传媒和网络舆论的扩散和放大效应下，裁判尺度差异问题极易引起负面舆情发酵、传播、扩散，进而危及司法公信。司法实践中，因裁判尺度差异问题引发上访、申诉、网络负面舆情乃至群体性事件等各种不稳定事件的情形并不鲜见，其结果是严重损害了司法的公信力，甚至引发社会对司法的深层焦虑。因此，裁判尺度差异问题不容忽视。

---

① 刘加良：《民事案件同案同判的审级控制》，载《当代法学》2012年第5期。

二、理论的辨析：裁判尺度差异与案例指导制度性质的再认识

如前所述，如何回应民意需求，合理控制司法裁判尺度差异已然成为当前司法亟待破解之难题。但造成裁判尺度差异现象有多方面的原因，包括法律本身的原则、抽象、粗疏和模糊而产生的对法律的多元理解，法律漏洞的存在，法官的自由裁量权缺乏有效的约束等复杂因素。① 对于如何避免裁判尺度差异，理论界和实务界均进行了诸多有益探索与积极尝试，其中以构建新型案例指导制度尤为显著，其具体性、灵活性能够有效地弥补成文法和司法解释的不足，时刻反映着社会生命的脉动，有效地弥补成文法滞后性的问题，彰显了司法审判对民意的尊重及对个案公平正义的不懈追求。然而，在司法实践中，公众甚至法官自身对裁判尺度差异以及案例指导制度尚存在不同理解，因而非常有必要对此问题进行再认识，以正本清源。

（一）裁判尺度差异的再认识

虽然"同案同判"的确是非常重要的司法要求，但它并非司法裁判的构成性法律义务②，它仅是可被凌驾的与法律有关的道德要求。"依法裁判"才是司法裁判涉及的唯一的构成性法律义务，其他任何与司法裁判相关的道德要求都不能凌驾其上。法律具备弹性的空间需要具体化，裁判尺度统一与其他与之形成竞争关系的道德要求在法律模糊的情形下，扮演着明确法律要求之角色，但其仍需以"依法裁判"为前提。此为法官们就类似案件作出与指导性案件截然不同的判决的原因所在。只是如此情形下，法官需要负担更为严密的论证义务，充分阐述其裁判的合理性。针对个案的特殊情况，相同或类似的案件作出不同的事实认定或法律适用也许在形式上未能同一，却遵循着法律的实体正义和客观真实，应当被允许和尊重。③ 因此，笔者认为并非所有的裁判尺度差异均具制度意义。裁判尺度差异作为一种法现象，其具有鲜明的地域属性和科层属性，与司法权横向和纵向的配置密切相关。各级法

---

① 刘作翔：《案例指导制度的定位及相关问题》，载《苏州大学学报》2011 年第 4 期。
② 陈景辉：《同案同判：法律义务还是道德要求》，载《中国法学》2013 年第 3 期。
③ 段文波：《民事程序视角下的同案不同判》，载《当代法学》2012 年第 5 期。

院仅负责维护其辖区内的司法统一,避免裁判尺度差异。故因"因地制宜"的立法政策和司法政策的需要而导致的相似案件未作相似处理情形不属裁判尺度差异。此外,每个案件在认定事实与适用法律的过程中无不充斥着需要根据具体案件认定事实的裁量空间。故如属法官裁量权限范围,因立法允许法官在合理限度内作出自由选择,只要未达到滥用程度,亦非裁判尺度差异。且每位法官对法律的解释不尽统一,从一定程度上说明了裁判尺度差异并非偶然现象,而具有充分的制度合理性。也就是说裁判尺度差异并不可怕,可怕的是脱离合理性的裁判尺度差异。因而,我们需要做的并非消灭裁判尺度差异,而是如何将其控制在合理范围之内并且实现法律的旨趣。

（二）案例指导制度的性质定位

效力定位是案例指导制度的核心问题,理论界和实务界对此均莫衷一是。有学者认为,将先前的判决作为有实际约束力的法律规范来对待与我国宪政制度不符,且其非正式法律渊源而无法律拘束力,故指导性案例不应具正式的法律效力,其对同类案件的处理具参考作用,应定位为事实约束力。① 亦有学者主张应将其逐步发展为司法解释的另一形式或借鉴西方国家判例法制度,建立中国特色的判例制度以充分发挥指导性案例作用。但主张将案例指导制度发展为司法解释另一形式观点仅看到司法解释中存在案例形式,而未认识到司法解释和指导性案例是两种性质和形式截然不同的司法指导方式。② 建立案例指导制度之目的在于充分发挥指导性案例独特优势,弥补制定法与司法解释的局限,最终促进形成法律—司法解释—案例指导的多元效力层级的统一法律适用规则体系。故此观点有悖于司法解释工作的规律,反而将削弱其司法指导价值。对于建立中国特色的判例制度的观点,仅看到判例法制度下判例的强制约束性,却未意识到我国缺乏法官造法赖以生存的法律制度和法律文化传统,更未注意到西方国家成文法日益强化而判例法逐渐势微之变化趋势。西方判例得以遵循的内在生命力在于其所蕴含的实质推理的正确性和说服力。发生先例拘束力的不是有既判力的个案裁判,而是法院在判决

---

① 陈兴良:《案例指导制度的规范考察》,载《法学评论》2012 年第 3 期。
② 孙谦:《建立刑事司法案例指导制度的探讨》,载《中国法学》2010 年第 5 期。

理由中对某些法律问题所提的答复，该问题于当下待判个案又以同一方式发生。此等判决先例在法院实务扮演重要角色。[①] 在德国法典中也未明确规定判例具有法律约束力，然在司法实践中判例却发挥着指导审判的重要作用。综上，我国案例指导制度也应定位为事实上的指导而非规范意义上的约束，指导性案例的自身说服力为内在约束力，而非法定强制力。即案例指导制度仅具有柔性约束力，同时需要注意的是其效力的发挥也依赖于法官、律师等法律共同体的知悉与运用以及公众的普遍知悉。

三、控制的途径：利用中国裁判文书网构建网上案例指导机制

裁判尺度差异具有充分的制度合理性，我们需要做的并非消灭裁判尺度差异，而是要将裁判尺度差异控制在合理范围之内。司法实践证明，案件指导制度所具有的柔性约束力，有利于缩小裁判尺度差异。但案件指导制度效力的发挥，须以法官的知悉与运用为基础。传统的案件指导制度以层层筛选、逐级上报、权威专刊发布为基本运行模式，具有滞后性和使用不便捷性弊端，其柔性约束力在司法实践中发挥得不够理想。笔者经实践调查分析后认为，当前利用中国裁判文书建立网上案例指导机制是发挥案例指导制度柔性约束力，缩小裁判文书尺度差异的最有效途径。正如裁判文书上网价值指导论所倡导的，裁判文书上网系推行案例指导制度的"前奏曲"和"加速器"，其宗旨是为了更好、更快地落实案例指导制度，让其本身所累积的社会效益得以充分发挥，从而实现对裁判尺度差异的合理性控制，此正是裁判文书网上公开的价值所在，更是裁判尺度差异合理控制的有效路径。[②]

（一）法官对利用中国裁判文书建立网上案例指导机制、缩小裁判尺度的实务性意见和调研

据研究者调查，试点法院法官案例意识明显增强，93.75%的试点法院法官认为我国有必要建立案例指导制度，93.7%的法官表示自己在办理案件时

---

① ［德］卡尔·拉伦茨：《法学方法论》，陈爱娥译，商务印书馆2005年版，第301页。
② 王俊：《"目的论"的审视：裁判文书上网的功能与再完善》，载http：//www. chinatrial. net. cn/news/1535. html，最后访问时间：2014年6月20。

习惯查找、判断是否有类似的案例。但因指导性案例的供给尚存在数量不足与针对性不强、拘束力不明晰、案例检索便捷性有待加强等问题，严重制约着其价值的实现。据研究者调查，五成以上的调查对象认为案例未提炼裁判要旨或裁判规则，不易查找获得相似案例，逾六成的调查对象在参照案例过程中曾遇到案例不易查找问题。[①] 如何充分发挥案例指导机制的价值，法官期待构建全国统一、检索便捷高效指导性案例数据平台。

中国裁判文书网建立以后，笔者在审判案件过程中，尤其是遇到新型和疑难复杂案件时，常在中国裁判文书网检索同类型案件，借鉴其裁判思路和方法，以使自己的裁决更接近于客观公正。为验证笔者此需求非个别需求，笔者就此问题对所在市法院的法官进行问卷调查。共发放调查问卷 150 份，收回有效问卷 122 份。调查问卷信息显示，遇到疑难新型案件不知如何处理时，47.54% 的法官选择求教其他法官；7.37% 的法官选择查阅专业书籍，4.92% 的法官选择其他，94.26% 的法官选择上网检索同类案件裁判，中国裁判文书网建立后，遇到新型和疑难复杂案件不知如何处理时，89.57% 的法官会选择在中国裁判文书网上检索（见表4）。

表4　您一般会在哪些网站检索同类案件裁判文书，以借鉴其裁判思路和方法？（多选）

选项	内容	人数	所占比例
A	中国裁判文书网上检索	103	89.57%
B	各法院官方网站上检索	86	74.78%
C	利用百度等搜索引擎直接检索	90	78.26%
D	其他网站检索	51	44.35%

对于中国裁判文书网上检索应用情况，笔者也进行了问卷调查。问卷数据显示：对于中国裁判文书网能否检索到自己想要的裁判文书问题，22.33%法官选择能，但检索效率太低；40.77% 的法官选择有时候能，但所费时间太多；36.89% 的法官选择不能检索到自己想要的裁判。对于为何上网检索效果

[①]　四川省高级人民法院、四川大学联合课题组：《中国特色案例指导制度的发展与完善》，载《中国法学》2013 年第 3 期。

不佳问题，有 20.38% 的法官认为网上公开的裁判文书有限；73.78% 的法官选择未建立中国裁判文书网上案例指导制度，缺乏案件类型分类检索功能和提高裁判文书质量互动交流功能；5.82% 的受访者选择检索技能差。关于在裁判文书上网时代如何缩小裁判尺度差异？如图 3 所示，89.2% 的法官选择完善裁判文书上网检索制度，构建裁判文书网上类型化查询机制；96.7% 的法官选择完善裁判文书上网制度，构建案例指导机制；93.3% 的法官选择构建裁判文书上网沟通交流机制。关于是否期待在中国裁判文书上建立网上案例指导机制以缩小裁判尺度差异？100% 的法官选择了期待。

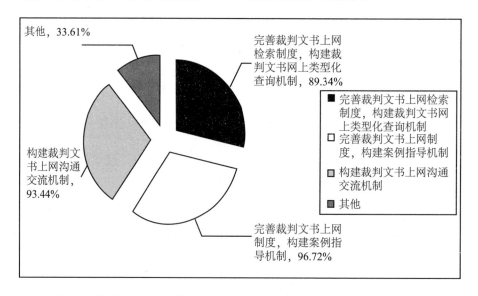

图 3　在裁判文书上网时代如何高效利用现有资源有效控制裁判尺度差异？

　　综上可知，在裁判文书上网时代，法官对利用中国裁判文书建立网上案例指导机制，缩小裁判尺度差异有着强烈的期待。在法官如何充分利用现有资源有效规制裁判尺度差异问题，法官的倾向意见与主流理论观点不谋而合，均认为将法院裁判文书简单地通过网络公布并非如人们所期待的那样能够自动地从根本意义上促进司法公开，统一司法适用，[①] 而需充分有效利用中国裁判文书网，构建新型案例指导机制，方可有效控制裁判尺度差异。

---

　　① 　刘丽君、于丽英：《数字化和传统背景中的裁判文书公开机制》，载《法学》2013 年第 8 期。

（二）在中国裁判文书网上建立网上案例指导机制的可行性分析

案例指导制度效力的发挥，须以法官的知悉与运用为基础。一个指导性案例的应用频次越高，应用范围越广，其法律约束力自然越强；反之亦然。当前，最高人民法院为了更好地促进裁判文书公开，已将中国裁判文书网确定为各地法院发布裁判文书的统一平台，该平台设计较为完备，已经具备了一般检索、高级检索、案件类型分类检索、地方链接等案例指导所需的基本技术条件。而为确保裁判文书及时上网，全国各地法院的法官几乎每天都在登录中国裁判文书网，且如前段所述，在主审法官责任制司法改革不断推进的时代背景下，当前越来越多的法官已然在热烈期盼建立一种高效、便捷的网上案例指导机制。此为在中国裁判文书网建立网上案例指导机制奠定了有效的基础。因而，在裁判文书上网视野下，以中国裁判文书网为依托，构建新型、便捷、高效的网上案例指导制度具有充分必要的现实可行性。

四、制度的设计：中国裁判文书网上案例指导机制的具体设计

新型网上案例指导机制应该通过具体的制度设计，将案例指导的形成、应用机制全方位融入中国裁判文书网，最大限度提升指导性案例知悉度和应用频次，从而使个案的影响力延伸至同类的案件，帮助法官形成正确的思维方式，形成认定事实和理解法律的最佳视角，以传承、发扬宝贵的司法经验和司法智慧。具体而言，新型网上案例指导机制应以中国裁判文书网为载体，以省法院为基本单位（覆盖该省法院辖区所有中、基层法院），逐步建立覆盖全国法院的裁判文书上网案例指导应用平台，使各级法院的法官均能通过其拥有的独立账户，进入中国裁判文书网上案例指导平台，去查找其本人所需要的裁判文书，而网民、专家学者和资深律师等社会公众则可通过裁判文书外网与各地法官进行交流与对话，最终形成法院系统力量与民间力量的合力，共同促进案例指导机制的有效发挥，最大限度地去实现裁判尺度统一目标。中国裁判文书网上案例指导平台应以上网裁判文书类型化和裁判思路交流为基础，建立案例指导数据库，发掘经得起社会检验、裁判技能运用得当、具有指导推广意义的案件，规范裁判行为，促进裁判尺度统一。至于具体设

计，笔者构想如下。

（一）遴选机制

在裁判文书互联网公开时代，上级法院在上网裁判文书类型化基础上，应更加主动关注裁判文书的裁判尺度差异的问题，发现和研判需要及时统一法律适用的类案、及时确定规则的新型案件，并启动指导案例遴选程序，从全国已生效裁判文书中做出更准确、更权威的遴选。为保证案例指导工作的及时性和针对性，充分发挥案例指导制度的宏观业务指导作用，地方各级法院应以"层层筛选、逐级上报"为原则，先由各业务部门负责报送本部门裁判文书已上网的案例，经上一级法院初步审查后，认为可作为指导性案例报送的，提出审查意见，再报其上一级法院，层报最高人民法院。指导案例遴选机制应在全收集和梳理基础之上，引入案例竞争机制，并兼顾学术更新，尤其应关注参考最新理论学说，选取更合理的案例作为指导案例。整个报送过程均应通过中国裁判文书内网，且报送法院应将报送理由以电子数据的形式在裁判文书开发应用平台上公示，确保法院系统所有法官均可通过裁判文书网获取相关信息。

裁判文书全面上网为法学研究者和资深律师等民间力量参与案例指导制度建设提供资源和前提。他们通过研究上网裁判文书，以个案为研究对象，进而提炼具有先例性和参酌价值的个案，抑或通过分析大量个案，进行类型化研究，探讨在司法实践中如何通过解释使法律规则、法律原理得到运用、变通或排斥，促进法律共同体围绕指导案例制度构建进行深入讨论，改变理论和实务坚壁对垒的现状，从而刺激司法实践中更加有意识地尝试相关制度的构建及发展。因此，我们应当重视指导性案例的自生、自发过程，充分肯定和应用民间力量在案例指导机制形成中的贡献，并与之形成合力，共同克服案例指导制度建设所可能面临的各种困难。指导性案例生成过程中的社会参与推荐机制因推荐的层级性、决策程序的回应机制以及技术性保障机制等因素完全沦为虚置装置。① 故笔者建议在中国裁判文书网上设置案例指导栏

---

① 段陆平：《指导性案例社会推荐模式初论——以〈最高人民法院关于案例指导工作的规定〉为例》，载《社会科学研究》2012 年第 5 期。

目，并开通案例遴选推荐栏目，积极听取他们的遴选意见。

（二）确认机制

案例指导工作的开展应充分发挥上级法院各业务部门的组织和指导作用，在保证指导性案例的权威性的同时，吸收各业务部门的智慧，协调相关业务部门的工作部署。为保证指导性案例的权威性，笔者建议在最高人民法院审判委员会下专设案例指导委员会，负责对报送的案例进行审查和确认。案例指导委员会以各业务骨干为主体，由分管业务庭室的院领导负责召集和组织，并邀请知名法学教授和资深律师共同参与指导性案例的确认工作，听取意见，确保指导性案例的质量。如此既便于吸收各业务庭骨干和专家的智慧，又不妨碍案例指导委员会将有关重大案件或者涉及的重大问题提请审判委员会。

同时，并非所有具有指导价值的案例在全国范围兼具同样的价值，且最高人民法院每年公布的指导性案例通常数量有限且难以全面覆盖各级法院实际需要，故如仅在最高人民法院设置案例指导委员会作为确认指导性案例的唯一主体，显然必将限制案例指导制度功效最大限度的发挥；况且裁判尺度差异的合理控制也是逐步实现的。据此，笔者建议高级法院审委员也设立案例指导委员会，负责本省范围内的案例指导工作，对于未被最高人民法院案例指导委员会确认的对本辖区确有指导价值的案例予以确认，并在其裁判文书上网上公开，同时链接至其辖区各法院。待时机成熟后，可将指导案例进行整理研究，最终形成处理意见下发至其辖区各法院。同时由其负责准案例指导——优秀裁判文书的确认工作。建议各省法院定期组织辖区法院辖区上网裁判文书进行类型化研究，并从中评选出优秀裁判文书，逐步实现每类案件均有同类型优秀裁判文书作为参考，逐步使裁判思路与裁判方法同质化。笔者建议在裁判文书网上开设优秀裁判文书栏目，专门公开各法院优秀裁判文书，提供裁判思路的指导与参考。

（三）公布机制

根据最高人民法院《关于案例指导工作的规定》第 7 条之规定，最高人民法院发布的指导性案例，各级人民法院在审判类似案件时应当参照。但由于我国指导案例公布机制未对案例进行高效的检索安排，随着指导性案例越来越多，法律职业共同体和公众无法进行针对性搜索，导致社会对指导案例所知有限，其势必严重影响法官通过案例进行说理的动力。为发挥指导性案例的作用、保证其事实上的约束力，同时接受公众的监督，指导案例除以公告形式发布使社会公众知悉外，还应在统一的权威媒体和网站上向社会公开。既然中国裁判文书网已成为我国裁判文书集中发布平台，笔者建议应将指导案例在该网进行集中发布，作出特别标识和题注解说，优化搜索标签，加载案例关键词；并提供单独检索方式，提高其搜索有效性。

指导案例展现个案中最为核心价值的裁判规则与最为精华的内容，其仅对裁判要点进行准确提炼，并尽可能简要介绍案情和证据情况，故裁判者可能省略其认为不重要事实细节和证据。为避免因此而可能忽略案例关键细节的弊端，增强指导案例的效力，加深法官对法律的理解和运用，拓展解决法律问题的思维方法，也便于指导案例的适用与识别，笔者建议应将每件指导案例配套的委托代理人的答辩状、代理词等意见以及一、二审法院认定事实和适用法律所依据的证据细节与指导案例在中国裁判网一并公开，确保每件指导案例均接受拷问并经得起历史检验，并为诉讼参与者提供更为详尽的依据，消除公众和专家学者的疑问。

（四）修缮机制

案例指导制度也应注意案例适当性和有效性，确保所公布的案例均能够适应法律的发展和社会观念的变迁。故最高人民法院应提前制定有关完善、修订、废止的程序规定，如果指导案例所援引法律规范发生变化或司法解释变更或社会政策变迁，导致原有指导性案例不再具有参照作用和拘束力时，及时启动通过编纂案例汇编、公开撤销等方式进行修缮，维护法制统一。当然，下级法院法官、网民、专家学者及资深律师均可通过中国裁判文书网提出修缮意见。

需要注意的是，案例指导制度作为司法裁判尺度合理化控制机制，其仅对法律适用进行规范，而非法律本身，其法理依据是审级监督权，而非审判权；上级法院无权对下级法院的审判进行干扰，故案例指导重在指导，切忌越俎代庖。其功能发挥也有赖于完善上下级法院之间的审级监督法治机制。因此，上级法院应及时掌握下级法院的上网裁判文书案件与指导案例的关系现状，如出现非合理裁判尺度差异情况及时启动监督程序进行个案监督，并将相关情况记录在案，作为将来考核法官的重要依据。

在裁判文书上网公开的时代背景下，如法院仍固守传统的司法模式，在一种封闭的概念思维引导下，必将疲于应对裁判尺度差异的质问。如案例指导制度与中国裁判文书网完美融合必能构筑一幅绚烂多姿的中国图景。然其远非理念的问题，更为实践中的问题，其进程应与整体制度变迁的步伐相协调，在不断探索中总结经验，通过渐进的累积，逐步加以规范与升华。

"同案不同判"现象的发现与规制

——以裁判文书上网制度为视角

◎ 张群英　何　芳*

2013 年 1 月 1 日最高人民法院正式开通中国裁判文书网，作为全国法院裁判文书上网的公开平台，并自 2014 年 1 月 1 日起，全国各地法院生效裁判文书均统一公布于网上，供公众查阅、监督。党的十八大报告中明确提出"努力让人民群众在每一个案件中都能感受到公平正义"，伯尔曼在《法律与宗教》中认为"没有公开则无所谓正义"，裁判文书上网开启了司法公开的大门，为公平正义驾帆远航。通过将裁判文书公布于网上，保障公众的知情权、监督权，进一步增强司法的透明度，同时也促进法官不断提高业务水平，提高裁判文书质量，使裁判文书的公布能达到法律效果和社会效果的统一。同时，在裁判文书上网制度下，由于现阶段立法的滞后、地方差异、法官素质等多因素的影响，难免会出现"同案不同判"的现象。"同案不同判"现象不仅有违法律面前人人平等的原则，破坏了我国法制的统一，也摧毁了公众对法律的信仰。培根在《论司法》中说："一次不公正的裁判比多次不平的举动为祸尤劣。因为这些不平的举动不过弄脏了水流，而不公的裁判则把水源败坏了。"① 最终也会降低司法的公信力，社会的公平正义也得不到彰显。因此，对于"同案不同判"现象必须予以重视，同时对其也要不断加以研判，改进工作机制，减少并有效解决该类现象，从而更好地发挥裁判文书上网制度的作用，让裁判文书在公开的环境下更好地发挥其法律效果与社会

---

* 张群英，江西省峡江县人民法院；何芳，江西省永修县纪委监委。

① ［英］培根：《培根论文集》，水天同译，商务印书馆 1983 年版，第 193 页。

效果，力求达到二者的统一。

一、样本呈现："同案不同判"的识别

"同案不同判"通常是指相同或类似的案件未得到相同或类似的处理。① 就如"世界上没有完全相同的两片叶子"一样，一方面"同案不同判"现象也是一种正常现象，但另一方面"同案不同判"也可能降低司法公信力。裁判文书上网迈出了司法公开的关键一步，同时也将法官的裁判文书直接"暴晒"于网络，接受公众的检视。

（一）样本识别

何为"同案"，一般是指诉讼标的的种类相同或类似、法律构成要件事实相同或类似。② 识别"同案不同判"，首先需要有两个可以比对的对象。在裁判文书上网制度运行前，两个需要比较的案例是很难予以发现的，除非这个案例也是前案的法官审理的，或者该案例被学者研究过并在权威媒体上公布。而中国裁判文书网的开通并作为全国法院生效裁判文书公布的权威平台，更加便捷地提供了可比的案例。其次则需要对两个案例进行辨析。在辨析的过程中，我们首先要明确一个前提，即两个案件当事人争议的诉讼标的种类要相同或类似，如若一个案件中当事人提起的是侵权诉讼，而另一个当事人提起违约诉讼，那么在这种情况下则是没有可比性的。一般而言，案例由"法律"与"事实"两部分构成，法律的适用又是以事实的认定为前提，因此，对"同案"的辨析则主要是从事实方面来予以认定。但是并非所有的案件事实都具有辨析的意义，这需要结合法律的预先规定来予以认定。只有那些被法律预先规定的，对权利义务的产生、变更和消灭等法律效果发生产生实质性影响的法条构成要件事实，才具有辨析的意义和价值。如就行为人的主观过错这一事实来说，在产品质量责任认定中采用的是"无过错原则"，而在交通肇事侵权案件中则需要对行为人的主观过错进行评价。因此在具体辨析过程中需要具体结合法律构成要件事实来综合予以认定。最后，即是在

---

① 沈杨：《论典型案例的报送与发布》，载《判例与研究》2004 年第 2 期。
② 张双英：《论"同案不同判"现象的类型及应对》，载《贵阳学院学报》2011 年第 2 期。

这种相似性与差异性进行比对之后予以判定。判定过程中，从两个比对对象的差异性着手更为直观，如若这个差异性具有实质性的法律意义，可以纳入不同的法律规则的构成要件中去，那么这两个案例则不是"同案"，进而也无须再对两个案例进行共性的比对。

（二）样本解读

为更直接地对同案进行识别，笔者通过在中国裁判文书网上公布的两份判决书进行进一步的分析。一份是湖南省株洲市茶陵县人民法院公布的唐某某提供劳务者受害责任纠纷一审民事判决书（以下简称一号判决书），另一份即江苏省南京市高淳区人民法院公布的王某某与王某华、傅某某、魏某某、王某某提供劳务者受害责任纠纷一审民事判决书（以下简称二号判决书）。

在一号判决书中，被告李某某将房屋承建工作以包工包料的方式发给第三人唐某艺，并签订了《建房装模合同书》，唐某艺承包后叫其女婿即该案被告唐祖云一起施工，在房屋建好之后，唐某艺与唐某某一起去拆除模板，唐某某不慎从前檐窗户台摔下，造成双足足跟粉碎性骨折。① 二号判决书中，傅某某将房屋换瓦工作交由魏某某、王某某、王某华三被告负责，三被告带着王某某去傅某某家进行换瓦，不慎从屋顶摔落地面受伤。② 细读这两份判决书可以发现，一方面这两份判决书的诉讼标的种类相同，都是属于提供劳务者受害责任纠纷；另一方面法院认定的法律关系也相同，即在一号判决书中，法院认为唐某艺与李某某形成承揽合同关系，唐某艺与唐某某构成雇佣关系；在二号判决书中，法院认为魏某某、王某某、王某华与傅某某构成承揽合同关系，魏某某、王某某、王某华与王某某形成雇佣关系；此外，两份判决书中，被告的身份也基本相似，一号判决书中唐某艺是没有资质的承包方，二号判决书中魏某某、王某某、王某华亦系民间瓦工，没有相应的资质。但是这两份判决书却出现了不一样的结果，即在一号判决书中，被告李某某因选任过失需承担20%的赔偿责任，而在二号判决书中，被告傅某某不存在

---

① 参见 http：//www. court. gov. cn/zgcpwsw/hun/hnszzszjrmfy/clxrmfy/ms/201404/t20140402_681089. htm。

② 参见http：//www. court. gov. cn/zgcpwsw/jiangsu/jssnjszjrmfy/njsgcqrmfy/ms/201404/t20140428_911290. htm。

选任过失，不承担赔偿责任。

对定作人将成果交予无资质的被承揽人承揽后，承揽人雇佣无资质的个人提供劳务而受害产生的责任纠纷案件，我国法律在《侵权责任法》第35条，《最高人民法院关于审理人身损害赔偿案件适用法律若干问题的解释》第9、10、11条作出了相应的规定，但是在司法实践中法院在处理该类纠纷时，根据中国裁判文书网上公布的裁判文书，江西、湖南等法院基本上认定定作人只承担选任过失责任，而在山东、四川、安徽等地区法院定作人与承揽人承担连带责任，江苏地区法院则认为定作人无须承担责任。这产生不同的审理结果，造成"同案不同判"，这是值得我们深思的。笔者认为，在上述两个案例提供劳务者受害责任纠纷案件，对法律构成要件的事实的认定基本一致，那么就应该得到大概一致的结果，而不应该在这个选任过失上存有差异。

（三）样本例外

在识别"同案不同判"过程中，我们也必须明确一点，即并非所有的"同案不同判"都具有法律意义，必须识别法律意义上的"同案不同判"。

1. 制度例外

当前阶段，各地区经济发展条件不一，为更好地适用法律，各地区会根据当地条件制定一些政策（如死亡赔偿金的标准），以保障本地区的司法统一。而各地方根据当地条件制定的政策，可能导致本地区处理该类案件与其他地区处理的结果不一样，而这并不属于"同案不同判"。

2. 案例特殊性例外

对于相类似的两个案件，一个法院判精神损害赔偿金额8000元，另一个法院判赔偿5000元，笔者认为，这并不能简单地归于"同案不同判"。精神损害赔偿金是对受害人及其近亲属因受害人人格利益遭受损失而给予的精神抚慰在物质上的表现。对精神损害赔偿金的认定一方面受到受害人及其近亲属因人格利益受损而在身心上遭受的创伤的程度的影响，另一方面也与法官的自由裁量权息息相关。

追求公平正义是司法的最高价值准则，是每一位司法工作者的终身奋斗目标。"同案同判"是对平等适用法律的朴素要求，是整个社会对公平正义价值的追求，但是在这个追求的过程中，我们也要更加科学理性地去鉴别，慎下"同案不同判"的结论。

当前在司法公开力度不断加大，裁判文书上网制度的规范下，将会有越来越多的全国各地的生效裁判文书上网，在识别何为"同案"的情况下，如何在这些公布的裁判文书中去发现"同案不同判"现象是我们亟需解决的一个问题。

二、平台搭建："同案不同判"现象的发现

从当前我国审判实践来看，在全国统一的裁判文书公布平台即中国裁判文书网上公开的众多裁判文书，由于受法官的自由裁量权、法官业务素质、法律的不统一等因素的影响，难免会出现"同案不同判"的情形。裁判文书上网既为"同案不同判"现象的发生提供了可供发现的线索，同时，在另一个层面也为"同案不同判"现象的解决提供了可能。发现问题是解决问题的前提，如何在这浩如烟海的裁判文书中去发现"同案不同判"现象是首先要解决的问题。

（一）"同案不同判"的发现路径

公正司法是一个社会性问题，需要社会齐心协力予以实现。周强院长指出，"要让人民群众在每一个司法案件中都感受到公平正义，推进公正司法，不断提升司法公信力，需要全社会形成合力，共同努力。"① "同案不同判"现象是对公正司法的挑战，是对司法公信力的破坏。裁判文书上网制度的运行为"同案不同判"现象的发生提供了路径选择，要在当前裁判文书上网的形势下不断统一法律适用，维护司法公正，避免"同案不同判"现象，就需要社会形成合力共同予以完成。

在当前裁判文书上网的网络视野下，"同案不同判"现象主要可以从以下几个方面予以发现：

1. 当前阶段，社会正处于转型时期，很多新情况、新问题频繁出现，客

---

① 参见 http：//www. court. gov. cn/xwzx/fyxw/zgrmfyxw/201304/t20130427_183731. htm。

观上加大了法官审理案件、解决纠纷的难度

为此，法官在审理这类案件过程中，为作出更加公平合理的判决，法官可能事先会去中国裁判文书网上查阅其他法院对该类案件的处理情况，在这个检索的过程中，可能发现其他法院对于该类案件的处理存在不同的结果。

2. 律师或当事人事先在网上查阅类似案件的处理结果，从而更好地预见自身案件的裁判结果

当事人在遇到诉讼纠纷时，很多都会事先在网上查阅类似案件的处理情况，进而更好地预见自己案件可能获得的处理结果，这在很大程度上也可以直接影响到当事人对判决的服判息诉率。此外，在当一些当事人找不到更充分的理由来抗辩法院的裁判时，便会搜索同类案件去支撑自己的抗辩理由，而一旦找到类似案件获得不同的裁判结果，便会直呼冤枉。

3. 社会公众在查阅裁判文书的过程中，为学习法律知识，提高对法律风险的预见力而发现该现象

裁判文书上网也是一个普及法律知识的过程，社会公众通过在互联网上查阅裁判文书，可以更好地了解何为法律所禁止，从而更好地指导自己的行为，提高对法律风险的预见性。

（二）"同案不同判"的发现障碍

在裁判文书上网制度下，无论各主体以何种目的对生效的裁判文书进行查阅浏览，在从中国裁判文书网的构建来看，公布的裁判文书主要是按照民事案件、刑事案件、行政案件、执行案件予以分类，这以归类方法对于"同案不同判"现象的发现客观上加大了难度，降低了效率。虽然设置了文书检索栏目，但是输入关键词检索出来的内容还是会与公众想要查阅的内容有出入，而且对于一般的社会公众来讲，其可能对法律的了解有限，并不清楚输入什么关键词能得到其真正想要的信息。笔者认为，裁判文书上网已是大势所趋，如何在今后的过程中把这项制度运行得更好，如何更好地发挥司法公开的作用，是今后工作的重点，而避免"同案不同判"应是裁判文书上网制度下发挥司法公开积极作用的重要内容。"天下之事必作于细"，要真正做到裁判文书上网制度下的"同案同判"的合理回归，就应该充分发掘中国裁判

文书网这一平台的作用，不断更新现有网站的设置，为"同案不同判"现象的发现扫除合理障碍。

三、司法与舆论的衡平："同案不同判"现象的应对

生效裁判文书上网是司法公开的又一举措，生效裁判文书公布于互联网接受公众的监督，就要接受公众对各法院上传的生效裁判文书的"评头品足"。互联网时代的到来，为司法公开开启了一扇大门，同时，也为法院的工作带来更大的挑战。裁判文书上网制度将"同案不同判"现象更是推到了风口浪尖，而一旦出现"同案不同判"，在互联网的强势运作下，则可能引发一轮对涉事法院强有力的舆论攻击。在法治社会的建设过程中，司法与舆论不应该是站在冲突与抵触的两端，而应该竭力在二者之间寻求平衡，在保障公众的知情权与监督权之间寻找平衡点，从而不断促进司法公正，提升司法公信力。

新形势下，法院在将生效裁判文书公布于互联网后，要做好舆情应对工作，主要包括以下几个方面：

1. 要及时设置专门机构或人员对裁判文书的公布效果进行跟踪反馈，积极开展舆情监测工作，主动把握舆情动态

通过监测微博、重点网站或论坛搜索公众或媒体关注的焦点，重点监测本地区比较有影响力的网站、论坛，第一时间了解是否有涉及本院的关于裁判文书上网的"同案不同判"负面舆情。同时加强对"同案不同判"现象的研判，由专门的部门对"同案不同判"进行专门的分析，通过事先归类了解"同案不同判"的发生原因，进一步区分事实原因、证据原因、程序原因、法律适用原因以及违法违纪等相关的原因，从而更好地对该问题进行合理的应对。

2. 端正态度、快速反应、积极应对

发生"同案不同判"的负面司法舆情，不能等到事件发生后在临时组织相关人员进行应对，必须制定相关的应对机制，落实相关的责任人，涉事部门必须积极对相应舆情进行调查，搜集相应资料，积极、及时、主动向社会作出回应，赢得话语主动权。

3. 建立网络阅评员队伍

互联网时代，司法负面舆情往往有"迅雷不及掩耳之势"，这要求法院必须及时应对负面舆情，做好舆论引导工作，占领网络舆论制高点。通过建立一支专业的、有责任心、懂互联网及其语言、有文学功底的网络阅评员队伍，积极主动占领舆论阵地，澄清事实，做好正面宣传工作。

四、司法公信力的回归：案例指导制度的构建

将全国各地法院的生效裁判文书统一公布于中国裁判文书网，是新形势下打造"阳光司法"工程的必然趋势。而在当前法律适用不统一、法官队伍参差不齐等现实环境下，走裁判文书上网之路必然会面临着"同案不同判"的困扰。随着裁判文书的不断增加，社会公众对类案的分析、归纳的需求也随之不断增加，那么"同案不同判"现象则会进一步暴露出来，构建一套相应成熟、完备的裁判文书上网机制来规制"同案不同判"现象显得尤为迫切，且裁判文书上网制度在另一方面也为建立案例指导制度提供了网络平台。如何运用好这一平台，为"同案不同判"现象提供一条解决路径，笔者认为需要从以下两个方面予以完善。

（一）构建类案归纳制度

建立类案的归纳制度，通过将上网的裁判文书根据一定的标准进行分类，为建立指导性案例制度提供了更加方便、快捷的途径。

1. 当前上网的裁判文书分类现状

从中国裁判文书网来看，当前的裁判文书都是由各法院按照民事、刑事、行政、赔偿、执行案件进行分类后，由各法院自行上传至中国裁判文书网。这一操作方法上传裁判文书更为简便，提高了效率。但是，对这些公布的案例，如若需要进一步的分析归纳，则需要通过关键词、案号等进行简单的检索来予以搜集、归类，并没有提供主动发现类案处理中存在的法律适用问题。而对一般的社会公众而言，在需要查阅类案的处理结果时，则更加困难。推行裁判文书上网制度，并不仅仅是为了司法公开，而是要通过公开的裁判文书，不断发现当前审判实践中存在的问题，从而不断规范法院的裁判行为，

统一法律适用。

2. 类案归案制度的构建

当前，我国已经形成了相对成熟的民事案由制度以及刑事罪名体系等，这为构建裁判文书上网类案归纳制度提供了可供参考的方向。但是从当前各法院裁判文书上网的实践中发现，各法院各自为政上传文书，虽然简化了程序、提高了效率，但是却并不能做到将各裁判文书予以系统的详细的分类，这就影响到类案的发现及法律适用的统一。据此，为有效提高上网裁判文书的质量，统一法律适用，提高司法公信力，应由各中级人民法院或高级人民法院负责本辖区内的上网裁判文书的归类。通过在中国裁判文书网上构建一套更完备、更成熟的操作系统，将各法院的文书按照案由进行更翔实的分类，从而可以更直观地了解各裁判文书的裁判结果，从而为发现"同案不同判"提供更为直观的、更高效的发现途径，从而更好地统一法律适用。

（二）构建类案指导制度

我国是以制定法为主要法律渊源的国家，其在适用过程中存在不确定性、模糊性、滞后性和抽象性，这是导致"同案不同判"的重要原因。建立指导性案例数据库，公众通过互联网查阅指导性案例，加深对法律规定的理解，提高对法律精神的信仰。由此看来，建立指导性案例数据库，无论是对司法工作人员还是对普通民众都具有重要意义。正因为指导性案例的重要性，对案例的选择必须慎之又慎。在归类的案例中根据不同的案由或罪名，选择一些比较具有典型性的案例作为指导案例，进一步统一法律适用。

1. 确定指导性案例标准

当前，最高人民法院发布了 6 批指导性案例，为规范法院的裁判行为，统一法律适用起到了良好的效果。在当前阶段，新的社会现象不断出现，提高了法院审理案件的难度，加大了对指导性案例的客观需求。为此，在裁判文书上网制度的运行下，更好地构建系统的类案指导制度，统一法律适用，解决"同案不同判"现象，首先要确定可作为指导性案例的样本。《案例指导规定》第 2 条对指导性案例中的案例具体范围作出了规定，"指导性案例，除了裁判已经发生法律效力，并符合社会广泛关注、法律规定比较原则、具有典型性的、疑难复杂或者新类型的、其他具有指导作用的案例。"这就需要在根据案由、罪名将各裁判文书进行归纳之后，对裁判文书进行分析，确定具有指导性异议的案例。

2. 确定指导性案例特定的发布机关

最高人民法院发布的《案例指导规定》和有关文件中明确规定了最高人民法院是发布指导性案例的唯一主体。由最高人民法院发布指导性案例，有利于明确指导性案例的权威性，影响范围更大，也有利于确保对各地法院的指导。然而，我国国土辽阔，地区差异明显，如果仅仅以最高人民法院作为发布指导性案例的唯一主体，显然会限制案例指导制度的功效得到最大的发挥。为此，笔者建议可以加入高级人民法院作为指导性案例的发布主体，各地区可以根据各地的差异性而发布对本地区更有针对性的指导性案例。

3. 确定指导性案例的适用效力

《指导性案例规定》第 7 条对指导性案例的适用效力做了明确规定，其表述为最高人民法院发布的指导性案例，各级人民法院在审判类似案件时应当参照。"参照"的效力是一种"事实上的拘束力"。指导性案例不属于正式的法律渊源，不具有正式的法律效力，并不能直接被裁判文书援引，但是司法系统内部协调统一的原则要求各级法院的法官在审理同类或类似案件时，必须给予充分注意并受到上级法院审判监督和本院审判管理的双重约束。[①]需要说明的是，我国执行的案例指导制度是以制定法为主，案例指导为辅，在不影响制定法为主要法律渊源前提下实施的。[②] 在英美法系国家，判例是国家的主要法律渊源，可以直接作为判案的依据，直接被引用；然而我国是制定法为主的国家，我国的指导性案例仅处于次要定位，对成文法进行补充。法官参考指导案例裁判时，必须符合法的基本原理、原则和立法机关颁布的法律法规。同时，在一些高级人民法院根据本地特殊情况而发布的一些指导性案例，则仅对其辖区法院具有指导性价值，而不能普遍适用于全国，否则可能引发新一轮的"同案不同判"，也就违背了建立案例指导制度的初衷。

---

① 胡云腾、罗东川、王艳彬、刘少阳：《〈关于案例指导工作的规定〉的理解与适用》，载《人民司法（应用）》2011 年第 3 期。

② 刘作翔：《案例指导制度的理论基础》，载《法学研究》2006 年第 3 期。

（三）改革裁判文书说理机制

裁判文书是一系列诉讼活动最后的记录，是承载司法公正的最终载体。将裁判文书公布于网上，公众对案件的了解、对司法公正的追求即来源于这些公布的裁判文书，而一旦说理不充分、说理相矛盾也会给社会公众造成案件不公的印象。因此，一份简繁分明、说理充分的裁判文书也是公众信服司法的一份有力保证。从当前我国各地法院上传的裁判文书来看，还存在一些逻辑不够明确、说理不够充分的问题，如湖北宜昌市某地区法院裁判文书中只是简单地写道"关于交通费，本院酌情支持300元；关于精神损害抚慰金，本院酌情支持1000元"。如何在当前裁判文书上网的现状下改革裁判文书说理机制，从而更好地将案件事实、证据、当事人质证以及文书说理部分展现给社会公众，消除公众的疑虑，这也是当前司法公开环境下必须予以重视的一个问题。如何让具有相同或类似案件事实的案件处理结果更清楚、更明了地展现给公众，从而不被公众片面地认定为"同案不同判"现象，笔者认为，可以从以下几个方面进行完善：

1. 重视案件事实的陈述以及证据的展示

可能有人会认为只有"法院认为"之后阐述的内容才是说理部分，其实不然，法院的说理都是建立在对案件事实的陈述以及查明基础之上，并且在相关证据的展示以及认证之上才能够更加清楚的进行说理，而这些说理则是寓于查明的事实以及证据的列举之中。因此，对案件事实清楚明了地进行陈述以及严谨列出证据并进行必要的说明，这都是说理，而一旦不注重这些内容的论述，则会使整份裁判文书的结构以及逻辑不清，事实查明以及证据认定部分的失重也会使法院最后的裁判结果难以使社会公众信服。于是在浩如烟海的裁判文书中很容易被标上"同案不同判"的标签。

2. 围绕案件焦点进行论述

案件的焦点是当事人纠纷争议的主要事项，是案件事实以及法律适用等问题的最集中体现。对案件事实焦点的论述，也是重视案件事实陈述的重要原因。通过对案件事实的陈述，从而更好地厘清当事人之间存在的疑点，进而围绕当事人之间的焦点进行审理，减轻诉讼，方便审理。对法律适用的论述，则是对当事人争议事项所涉及的实体法律有一个清楚明了的认识，能够做到准确适用法律，定分止争。对案件焦点部分进行细致有力的说明，可以更好地消除当事人及社会公众的疑虑，从而更有力地支持裁判结果。加强该部分的说理，也能够有力减少"同案不同判"现象的困扰。

3. 注重情与理的结合

美国法官波斯纳认为，"对法官来说最好是将他们的工作理解为：在每一个案件中都努力获得特定环境中最合乎情理的结果"。[①] 这要求我们的法官不仅要熟知法理、学理，还要通情理。法官不仅要熟知案件纠纷，还要对社情民意、公序良俗有充分的了解。法官在对裁判文书进行说理的过程中，要将裁判结果置于法理、情理检视之中，从而获得社会公众认知的认可。

---

① ［美］波斯纳：《法理学》，苏力译，中国政法大学出版社 2002 年版，第 165 页。

区块链在法律文书送达中的设计与实现

◎ 应 巧[*]

信息化4.0时代对司法的信息化建设提出了前所未有的挑战，《人民法院信息化建设五年发展规划（2016—2020）》提到各级人民法院应当运用网络和移动应用技术，积极开发面向公众的移动应用，最大限度地为当事人、社会公众包括律师实时提供司法公开和诉讼服务，推进巡回审判、送达与执行、人民法庭全网接入等移动应用。电子送达作为法院信息化建设与运行中的重要基础，能够深刻地变革原本需要耗费大量司法资源的程序环节，提升法院信息化服务水平，实现为人民服务的目标。观察这几年电子送达的实践运行，电子送达具有不受时间、空间限制，快捷高效成为其持续推进的生命力，但送达安全性问题较为突出。送达属于实践操作范畴，当前通过修改法律或者制定相应的规则条例尚不具有实施可能性，探索以技术来完善电子送达将成为有益探索。当下"区块链热"，区块链技术在短时期内被大量关注，还被列入"十三五"国家发展战略计划，广泛运用于金融行业的支付、贸易金融、交易清单结算、众筹、风投以及数字病历、隐私保护、健康管理等领域。区块链到底是什么样子？关于区块链现无官方定义，就像云计算、物联网、大数据等新一代信息技术一样，区块链并不仅仅是单一信息技术，而是依托在现有技术之上，并加以独创性的组合和创新。本文探索将区块链运用到司法领域，为法院电子送达制度发展提供技术支撑。

---

* 应巧，浙江省温岭市人民法院员额法官。

一、审视：法院电子送达的价值目标及困境

（一）法院电子送达的价值目标

电子送达采取信息化技术，作为一个新兴的送达方式，是指以电子形式，如运用电子邮件、电话或者传真等，将案件的相关事由告知当事人或将有关的司法文书发送给受送达人的一种方式。[①] 目前，学界对于电子送达的概念并未形成统一的意见。但值得肯定的是，法院在传统送达基础上确立电子送达，具有重大的现实价值目标。

1. 制度目标：落实司法信息化建设的客观要求

2016 年举行的第三届世界互联网大会上，习近平同志发表讲话，指出互联网是我们这个时代最具发展活力的领域。我国互联网事业虽起步较晚，但发展势头猛烈。据中国互联网络信息中心统计，截至 2016 年 12 月，我国网民规模达 7.31 亿人，互联网普及率达到 53.2%。[②] 我国整体已经步入互联网时代，这是来自时代的红利。我国司法系统信息化建设从过去的 1.0 到现在 4.0 阶段，基础设施愈加完善。2015 年浙江省杭州市中级人民法院及所辖 3 家基层法院开始了电子商务"网上法庭"试点，让当事人足不出户便能在网上参与诉讼。2016 年 7 月底，《国家信息化发展战略纲要》将建设"智慧法院"列入国家信息化发展战略。《人民法院信息化建设五年发展规划（2016—2020）》更是要求运用网络和移动应用技术，最大程度为社会公众提供诉讼服务。

2. 司法目标：缓解司法压力的重要抓手

一方面，案多人少。我国案件总量由 2003 年的 567 万件至 2017 年的 2260 余万件，增幅约 298%。[③] 全国法官数量从 2003 年的 19.5 万余人至 2014 年的 19.6 万余人，12 年间法官人数维持在 19 万余人[④]，变化不大。在 2015

---

① 宋朝武：《电子司法的实践运用与制度碰撞》，载《中国政法大学学报》2016 年第 6 期。
② 《中国互联网络发展状况统计报告》，载 http://www.cnnic.net.cn/hlwfzyj/hlwxzbg/hlwtjbg/201701/P020170123364672657408.pdf，最后访问时间：2018 年 10 月 6 日。
③ 《全国法院司法统计公报》（2002—2017）及《最高人民法院工作报告》（2002—2017）。
④ 数据来源于历年相关法院工作报告及发言。

年员额制推开后到 2018 年下半年，全国员额法官共 12 万人左右。① 法官人数增幅与案件数量增幅失衡，"案多人少"问题更加突出，法官人数远远无法满足急剧增加的诉讼案件数量。另一方面，司法资源有限。我国司法文书送达的责任归于法院，送达难严重影响法院系统的办案进程。电子送达无人身属性，时间、空间无限制，可以随时进行送达，减少案件因无法送达而出现的积压。将送达工作与法官和书记员的身份属性剥离，法官有更多的时间和精力处理案件，可很大程度上缓解司法压力。2018 年 2 月 9 日，杭州互联网法院上线大数据深度运用电子送达平台，共送达 4778 次，送达成功率 88%，其中涉及网络纠纷的案件 90% 以上通过电子送达完成。②

3. 社会目标：满足公众对司法及时救济期待的有益尝试

我国人口数量多，地域辽阔，地域限制大，且人口的流动性大，据统计 2017 年农民工总数量达到 28652 万人，比上年增加 481 万人，其中外出农民工 17185 万人，比上年增加 251 万人。③ 矛盾纠纷通过诉讼方式化解离不开有效送达，也就是说送达环节贯穿于整个诉讼流程中，送达一旦出现障碍毫无疑问将影响整个诉讼程序的推进，这对于当事人而言，不利于其快速及时地进行权利救济。送达难，表面上是事实问题，结合当前社会经济和科学技术的发展，法院送达难实则是技术问题，不通过技术的转型升级或者与社会发展相适应的传统送达模式完全不适应对当事人权利救济的完整性、无漏洞以及权利实现的实效性。电子送达运用互联网思维，运用网络等介质，其应用的高效性较过去诉讼文书直接上门方式，显然有着无法比拟的便捷优势。电子送达采用虚拟送达，分秒间送达千里之外，高效快捷。

（二）我国电子送达的困境

当前，法院司法文书电子送达分内网、外网两种途径。内网模式即为通过实时诉讼服务 12368 进行短信送达；外网送达即通过互联网建立一个专门

---

① 陈瑞华：《法官员额制改革的理论反思》，载《法学家》2018 年第 3 期。

② 数据来源于中国新闻网，http：//mil. chinanews. com/gn/2018/04 – 10/8487593. shtml，最后访问时间：2019 年 6 月 4 日。

③ 《2017 年中国农民工总量、本地农民工及外出农民工数量统计分析》，载国家统计局，http：//www. chyxx. com/industry/201806/646178. html，最后访问时间：2019 年 6 月 1 日。

的系统进行电子送达，在该系统中，法院可通过移动通信及各种电子数据平台向当事人送达文书。不论是哪种电子送达模式，在实践中均存在不理想之处。

1. 虚拟送达，文书安全性堪忧

如短信送达，发送者在终端设备上编辑短信内容——然后用二进制储存——发送时被调制为额定的信号在加载波上传输出去——转发塔台收到信号——通过线路送到当地 ISP 机房——机房服务器进行第一次缓冲，查询数据中的内容，若号码是同个塔台覆盖范围，则直接再次回发，反之转到指定塔台后再转发——接收者的手机收到信号并且解码——给塔台发送一个确认信号——信号被最终回传——返回信号给转发塔台——塔台再转发信号给发送者。同理，邮件送达也需要以 ISP 机房为媒介。电子送达看似全程链路，但因为中间涉及主体或是程序多，容易被网络黑客入侵。被黑客入侵后，可以轻松地拦截、篡改司法文书的内容，误导当事人，极大程度威胁司法公正。

2. 电子送达有强制当事人同意之嫌，被接受程度降低

电子送达的完成依赖于受送达人及时查看电子设备，确认其阅读了司法文书，否则电子送达形同虚设。以电子送达方式送达传票为例，如果受送达人因未及时阅读而错过开庭时间，可能面临着未进行抗辩缺席判决甚至败诉的风险。相较于传统文书送达方式，受送达人被动接受纸质文书亦不妨碍其知情权的保障。同时，传统送达方式适用已久，公众已形成惯性思维，认为与案件有关的重要事项就应以纸质实体的方式交接，抵触电子送达方式，甚至忽略司法文书已送达。此外，民事诉讼法明确规定了经受送达人同意才能适用电子送达，换言之，当事人对送达方式有一定的选择权，若基于考虑到诉讼或仲裁风险而拒绝同意接受电子送达，则该方式就无法大范围适用。

3. 电子送达是否成功难以及时判断

实践中怎样确保受送达人已接收文书，并阅读其内容成为电子送达的一个难题。基于电子送达的虚拟化，发送方与接受者有时空的不一致性，工作人员无法及时获得送达回执。即使确认文书已进入受送达人之系统，仍无法确定受送达人是否已阅读文书。进入对方系统和完成阅读，两者缺一不可，否则电子送达就未成功，当事人就可以程序不公正为由阻碍诉讼。利

用电子形式送达往往并不能一次性彻底完成，送达查询要反复进行，防止送达"回流"或者对送达失败的遗漏。此外，送达发生在法院和接收方两者之间，即使接收方已阅读，其为恶意拖延故意谎称未阅读，基于保障人员权益的要求，法院只能再次回到程序前端。

既要借助虚拟送达的高速肯定电子送达的价值，促进司法价值的实现，又要避免虚拟之特点阻碍电子送达价值的发挥。任何制度的实施过程中都存在矛盾的两方面，关键需在坚持主流价值的基础上，采取创新或者变通的方式或机制将该制度重新塑造。在当前新科技环境下，区块链技术逐渐走进大众视野，可用区块链为电子送达提供技术支撑。

二、探究：区块链本身属性与电子送达的天然契合

目前官方并未真正定义区块链，有学者定位区块链是数据存储、点对点传输、加密算法等计算机技术的新型应用模式。[1] 也有人定义区块链为分布的、加密的技术。综合诸多对区块链的定义，笔者整理为区块链是指一种全民参与记账的方式，即"自己的账自己记"，但是"你记的账就是所有人可用的账"。简而言之，在区块链中每一个人都可以自行记录自己想记录的东西。所有的系统背后都有一个数据库，也可以把数据库视为一个大账本，而且是一个去中心化的数据库，即直接"点"对"点"，无须通过某一中心机构进行中转传递。这与传统送达制度以及传统的送达实践中为方便管理和操作设立统一的中心机构截然不同。

1. 区块不可修改性

区块链由各数据块组成，数据块分为区块体和区块头。区块体里打包了若干的交易信息，每一个区块的交易数并不可能完全相同。区块头由一系列摘要性技术构成，其中一个很重要的技术——本区块的摘要 Hash，它跟下面的数据具有一一对应的关系，如图 1 所示。一旦下面交易数中任何一个发生数据改变的时候，对应的摘要 Hash 就会发生改变。正是由于摘要 Hash 的存

---

① 汤啸天：《运用区块链技术创新社会治理的思考》，载《上海政法学院学报（社会科学）》2008 年第 3 期。

在，前一个数据块与后一个数据块间就形成了相互的关联，想要在整个区块链之间更改任何一个数据，就会形成一种连锁反应。事实上在很多区块链节点中间包含一千个甚至一万个节点，但这些节点之间是相互备份的过程。

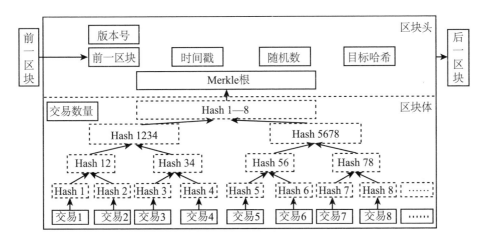

图1　区块结构示意图①

2. 网状直接协作机制，更加透明

区块链以对等的方式把参与方连接起来，由参与方共同来维护一个系统，各参与方职责明确，无须中间方，更加透明。同时，因没有中间机构，成本低，效率高。

3. 异构多活，安全可靠

区块链技术最大特点即"化整为零"实现"全覆盖"，每个系统参与方都是一个异地多活节点，多活系统通过非对称加密，当某个节点遇到网络问题、硬件故障或软件错误甚至被黑客侵入，均不会影响系统以及其他参与节点，如图2所示。区块链的节点通过P2P的通信协议进行交互，在保证该通信协议一致的情况下不同节点可自由使用不同的编程语言或不同版本的全节点来处理交易。

---

①　王毛路、陆静怡：《区块链技术及其在政府治理中的应用研究》，载《电子政务》2018 年第 2 期。

②　盛晓露、隋伟伟：《浅谈区块链技术在军队装备管理中的应用》，载《中国管理信息化》2018 年第 11 期。

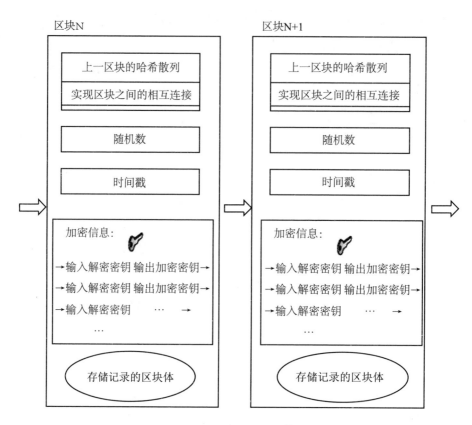

图 2　区块链内部图①

4. 具备智能合约，自动执行

区块链分别记账的背后有强大的筛选技术，面对纷乱繁杂来自各个不同个体的账本，区块链可以自动检索挑选出最好的一本，并且同时将这份模板账簿发送给所有记录该项事件的记账者，化解了因记账参与人众多无法筛选信息的难题，如表 1 所示。区块链内部有一套完整、严密的运行系统，可以让被记录的信息先按程序自行操作，高效率地保存信息的同时基于智能合约的透明、可信，促进自动执行甚至强制履约。①

---

① 任仲文：《区块链——领导干部读本》，人民日报出版社 2018 年版，第 108 页。

表1 电子送达的不足与改进

电子送达	区块链	
文书被篡改	区块不可修改	安全 可靠 自动执行
被接受度低	非对称加密	
到达难判	P2P（点对点）	
封闭	网状分布	透明

三、溯源：区块链运用电子送达的可行性

（一）人工智能、信息化等为区块链运用提供土壤

习近平总书记在致首届世界互联网大会贺词中指出："当今时代，以信息技术为核心的新一轮科技革命正在孕育兴起，互联网日益成为创新驱动的先导力量，深刻改变人们的生产生活，有力推动社会发展"。[①] 人类社会已经进入了全新的互联网时代，2016年起已基本进入一个智能时代。互联网的智能、高效，大至工业4.0、共享经济、大数据运用，小至日常生活中的网购、手机支付、智能出行等，信息的披露与获取变得无比便捷，可通过对传统法院的信息化改造，在法院连接互联网，并设计专网、平台等，打造"网络法院"。此外，数据库技术是基础性技术，也是软件业的基石。世界互联网产生的海量数据催生了以键值作为基础的分布式数据库系统。这些都为区块链新技术运用到各个领域中提供了丰富的土壤，区块链技术并不是单一的信息技术，而是依托于现有科技之上，加以独创性地组合和创新，进而推动新一代信息技术产业的发展。同时将其应用于社会领域，有效提升公众参与度，降低社会运营成本，为社会管理和治理水平的提升提供技术手段。离开互联网或者离开信息化，区块链的运行都将无从谈起。

（二）基于国内互联网法院提供的考察

2017年8月成立的杭州互联网法院为电子送达的发展提供了新平台，设

---

① 《习近平致首届世界互联网大会贺词》，载人民网，http：//politics. people. com. cn/n/2014/1119/c1024 - 26054227. html，最后访问时间：2019年6月4日。

立电子送达平台，开通了自动检索、智能比对、资产反查、弹屏短信等功能①，引入"区块链"技术以进入对方系统的日期为送达日期。2018 年 9 月成立的北京互联网法院同样采取短信弹屏方式送达司法文书。受送达人的手机信息不受常见的杀毒软件或是手机终端设置等拦截，确保信息有效到达。此外，积极鼓励移动、联通、电信三大通信运营商，基本确保手机用户全国覆盖。受送达人收到弹屏短信后，手机屏幕即被锁定。待阅读后当事人可点击短信中电子诉讼平台链接，即可跳转至北京互联网法院电子诉讼平台进行相关操作②，除弹屏短信外，上海法院 12368 平台也在积极完善为诉讼综合服务的平台；广东法院于 2015 年推出电子送达邮箱；宁波法院于 2015 年开通电子送达律师专用邮箱，都在实践中创新电子送达技术，丰富电子送达内容。

（三）基于国外区块链技术电子送达制度考察

1. 美国

众所周知，美国诉讼程序非常长，作为英美法系的代表，美国的送达制度采用当事人主义，文书送达的责任主要在当事人。美国电子送达在安全性保障上的主要创新体现在文书的确认送达方面。美国在线（America Online）就有通过送达回执来证明文书已经送达的服务。一旦受送达人点开邮件进行阅读，美国在线的系统就自动识别，并生成回执，向发送者发送一份已接受信息的回执。但目前，该服务只有美国在线的用户可以使用。除此之外，早在 1997 年，美国邮政部门就启动了电子邮戳服务。③ 该服务允许电子邮件的发送人使用邮政局提供的公共密钥在加密后发送，可进行追溯。④ 只要受送达人阅读了文件，密钥就会被解开，最终自动返回信息给发送者，为送达成功。

---

① 浙江互联网法院：《杭州互联网法院电子送达平台上线：检索分秒之间，送达千里之外》，载 http://zjnews.zjol.com.cn/zjnews/zjxw/201804/t20180411_6997985.shtml，最后访问时间：2018 年 3 月 21 日。

② 李铁柱：《北京互联网法院试用弹屏短信：收到短信手机会被锁屏》，载《北京青年报》2018 年 10 月第 3 版。

③ Jon Auerbach, E-mail Could Arrive with U. S. Postmark, Boston Globe, Sept. 19, 1996, Al。

④ 张鉴：《海峡两岸区际送达制度研究》，西南政法大学 2010 年硕士论文，第 14 页。

2. 德国

德国以职权送达模式为主，即以法院作为送达人为主，当事人仅为辅助一方。① 多元化的电子送达方式下，传真、电子邮件已逐渐成为"传统电子送达方式"，Facebook 等成为新电子送达方式。当一个 Facebook 的用户登录其账号查看新动态或个人资料时，必将看见被贴在"墙上"的文书。即使其因种种原因恶意不接受，将其从"墙上"删除，系统中也会留下删除的痕迹。关于电子送达安全性保障，德国《民事诉讼法》第 174 条规定以电子数据形式存在的司法文书应当加密。这里的电子签名即为"合格的签名"，区别于"普通签名"，其本身亦需作加密，并且为其加密的技术要求非常苛刻，其体现形式为电子证书，即以经加密的证书来加密文书。②

3. 欧盟

欧盟是一个组织而不是一个国家。欧盟对于电子送达较为宽松，《送达条例》第 9 条规定以受送达人所在地的立法为依据确立受送达日期。欧盟重视电子送达的安全性保障，在 2017 年的国际民事诉讼法年会中，欧盟秘书长杰普·特兰霍姆·米科尔在报告中指出，"欧盟将运用区域链技术解决电子送达中电子司法文书的安全性问题，以科技的手段保障程序正义"。DIFC 法院作为全球第一家亦是唯一获得国际卓越服务标准认证的法院，其纠纷解决委员会首席执行官马克比尔在未来法院论坛上发表主旨演讲："当我们不再需要依靠几百年前就创建的纸质通道（蜡封外交邮袋方式）来传递法院之间文件时，那将非常振奋人心。世界法院之间的判决应当通过点击鼠标和安全链接来传递。"③

四、设计：区块链在电子送达中的具体运用

区块链基于应用场景和实现功能的不同，分又为公有链、私有链和欧盟

---

① 《德意志联邦共和国民事诉讼法》，谢怀栻译，中国法制出版社 2001 年版，第 65 页。

② 张陈果：《德国民事送达改革研究》，载《民事诉讼法程序研究》，厦门大学出版社 2014 年版，第 155 页。

③ 程芳芳：《迪拜国际金融中心法院纠纷解决委员会首席执行官介绍迪拜未来的法院》，载 http：//www.yidianzixun.com/article/0JTZBKrB，最后访问时间：2018 年 7 月 6 日。

链。公有链中全世界任何人都可随时进入系统中发送可确认交易、竞争记账，以"完全去中心化"来确保数据的安全性。私有链是由某个组织和机构控制，可快速交易、更好保护隐私，且交易成本低、不易被恶意攻击，并且能达到身份认证等要求。欧盟链是行业、组织等联盟内部资源交互和交易，需集体背书。笔者认为，电子送达更倾向于"私有链"的运用，相比中心化数据库，私有链透明可追溯，能够防止节点故意隐瞒或者篡改数据，即使发生错误，也能够迅速发现来源。因此，在电子送达制度中为解决文书安全问题应运用"私有链"作为技术支撑。

（一）运用理念

区块链是一项具有变革性的基础技术，运用到社会领域，需在一定的理念指引下，才能发挥其正向性作用。

1. 工具理念

电子送达属于司法行为，主体是法院，作为纠纷化解的最后救济，法院的职责是化解纠纷。法院不断加入新机制来完成司法体制改革，最终落脚点都是为实现司法公信力。电子送达作为诉讼机制改革的一方面，区块链仅是工具，是有效连接数字世界与物理世界的"把手"，区块链技术通过分布式计算应用，记录与更新互联网行为信息，通过一个分布式系统构造了技术信任机制，并融入现有的互联网司法机制中。缩减信息不对称，量化行为信用，不是司法行为，只能促进工作，不能完全替代工作。

2. 创新理念

创新为推动事物发展提供动力，区块链在司法领域应用并不广泛，作为新技术在电子送达中运用，不仅要注重理论创新，形成与司法相契合的技术理论，还要注重机制创新，建立更加安全、透明、公平、高效的数据互助机制，解决实际运行操作的问题。此外，司法区块链应用还在起步阶段，认证机制以及技术架构、基础设施等尚面临诸多挑战，对技术运行中存在的风险、隐患还需不断完善。

3. 以人为本理念

主要体现为要重视诉讼当事人的主观需求，一要便利，诉讼目的是定分止争，要降低当事人进入司法通道的成本，不要额外增设程序负担；二要创新诉讼服务便民设施，对不具有移送通信设备或者不具有互联网基本知识的当事人应根据其自身的接受程度自由选择送达方式。

4. 沉着应对理念

"手段只不过是通过公正程序和公正结果之门"。[①] 中国法学教育未包含数学等自然科学，法官培训教育中又不涉及，法官普遍缺乏自然科学思维。区块链技术不仅给法院也给社会公众带来了新的挑战，但未来是科技的革命，法官以及社会公众要沉着应对，掌握并适应应用技能。

（二）完善互联网诉讼平台建设

传统的运用加密技术、数字签名、访问控制、防火墙、虚拟专用网等使数据和资源免遭泄密、系统免遭网络攻击[②]的技术已无法满足电子送达的实际需求，为彻底解决电子司法文书的安全性保障问题，完善互联网诉讼平台，应运用区块链技术来打通这最后的一公里。

互联网诉讼平台建设并非等同于建立电子送达平台，现运行的全国法院统一电子送达平台所采用的渠道有新浪邮箱、新浪微博和支付宝，笔者认为，在全国法院统一电子送达平台基础上应进一步运用区块链技术支撑，建立互联网诉讼平台。第一层程序层，用户可直接通过程序在线提交司法文书，并全流程记于区块链。第二层全链路能力层，通过特定的哈希算法以及 Merkle tree 数据结构，将司法文书翻译成密文或装到一个带有时间戳的数据区块中，并链接到最长的主区块链上，如图 3 所示。第三次联盟层，即将各个机构以及法院连接在一起，每个单位成为链上节点，通过整体的完整结构，司法区块链能够解决互联网上电子数据全生命周期的生成、存储、传播与使用，特别是生成端的全流程可信，实现文书送达最安全的"输出"。

---

① ［日］棚濑孝雄：《纠纷的解决与审判制度》，王亚新译，中国政法大学出版社 2004 年版，第 265 页。

② 孙志胜：《Web 系统信息安全解决方案研究》，首都师范大学 2004 年硕士论文，第 17 页。

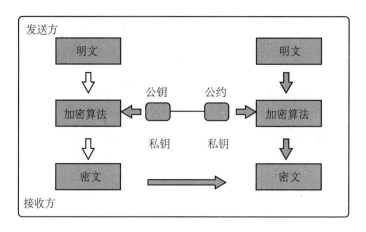

图3　区块链加密过程

具体到实践中，互联网诉讼平台作为总平台，还要完成包括选择合理的输出平台和安全输出等程序。

1. 选择合理的平台

互联网诉讼平台的建立应积极同现有平台联系，除了通过移动通信等传统电子送达方式，还有社交软件（钉钉、微信、QQ）和购物软件（淘宝、京东）等。杭州互联网法院与天猫等平台合作，自动检索受送达人名下的收发件地址、电子邮箱、手机号等，通过三大通信运营商，进行资产反查，将受送达人名下的移动电话号码、电商账号进行排序，以其活跃的程度为标准进行筛选分类、过滤，排除一个季度内未被使用、已停机或被注销的无效号码，深度挖掘被告的宽带地址及活跃手机号。

2. 上传数据

文书内容按照民事诉讼法规定的文书类型；在形式上，通过区块链技术进行设置上传到区块链中产生交易哈希值。一方面可以基于百度对"区块链"，百度图腾①所提供的能力，将电子司法文书转为 PDF 格式；另一方面直接将文书通过 RSA 或者 ECC 进行非对称加密。其中公钥可公开发布，用于发送方加密要发送的信息；私钥用于接收方解密接收到的加密内容。值得注意

① 《百度图腾：用区块链＋人工智能保护每一张原创图片》，载 http://www.sohu.com/a/241 932636_115565，最后访问时间：2019 年 6 月 4 日。

的是，公私钥计算需耗费一定时间，一般用于加密量少的数据。

3. 数据计算和传输

区块链跑的是数据，数据到各个机构后，肯定在上面要空前地利用多方交换的数据上做更多的挖掘，如经过 SHA256 计算被写入区块。通过对分布式网络对应的多节点上数据的复制，进行点对点传输（P2P），即不通过中间第三方，直接在用户机之间进行传输，而且在纯 P2P 网络中，节点不需要依靠一个中心索引服务器来发现数据，增加了输送的安全性和防故障的可靠性。

4. 数据到达

通过弹屏、阅后留痕自动生成回执，完成送达。为解决一些受送达人以误以为是"骚扰信息"或者"忽略了电话信息"的问题，以电子方式将司法文书发送到受送达人手机后，运用区块链技术在其移动电话的主屏幕上自动弹出一个对话框，如果不点击阅读则该对话框会一直存在，机主将一直无法使用手机。除此之外，还可以通过区块链设置阅读码，以阅读码是否被使用作为文书是否被阅读的标准。区块链自动执行后形成回执，实质为将"回执证明"电子化，摆脱了全国统一送达平台实施中究竟是"到达主义"还是"阅读主义"的困扰。[①]

（三）完善配套措施

1. 强化安全保障

依托现有电子送达系统、浙江智慧法院 APP、浙江移送微法院小程序等，为系统提供去中心化及去商业化技术支撑，保护商业秘密和个人隐私，筑牢安全防护体系，对于自行开发区块链基础建设，更需要定时或者不定时地对系统进行权威测评或检查，包括系统建设、验收以及运行维护等全生命周期的安全保障。

2. 严格技术标准

目前，区块链融入司法大数据尚处在初期阶段，作为万物互联的基础平

[①]　实际上按照《全国法院统一送达平台运行阶段须知》第 3 条规定，"通过全国统一电子送达平台登录并查看相关送达文件视为当事人以电子方式进行签收"，已明确规定为"阅读主义"，以至于出现电子送达使用率不高现象，且"阅读主义"极易被当事人作为恶意诉讼的挡箭牌，影响司法活动。

台，急需严格技术标准。移动通信技术每十年出现新一代革命性技术，我国在 2019 年 6 月 6 日正式启动 5G 商用，信息通信技术的跨越式发展给区块链技术在司法领域提供了技术经验。借鉴电信运营商、大型互联网企业等建设经验，针对基础设施、网络架构、底层数据库等方面制定一揽子技术、业务规范，贴合电子送达场景建设司法区块链。制定"区块链基础平台安全服务要求""司法区块链电子送达平台技术要求"等方面的规范性文件。同时，将抽象的技术标准具体转化为可视化配套规则。加强平台安全防控，以技术反制，使司法区块链形成组链合力，充分发挥优势。

3. 强化信息化建设

法院信息化是为了服务审判、方便办公以及提高效率，信息化建设是公正与效率的外在实现载体。（1）建立健全信息化工作的管理制度，利用行政管理手段树立信息化理念，落实信息化的应用，法院工作人员要熟练使用与本职业务相关的应用软件。（2）培养专业的信息化技术人才。人才是技术的保障，培养专门人才，成立运维队伍，及时处理法院内部遇到的较大的技术问题，确保系统运行稳定。此外，还要积极研发软件，掌握源代码，提升模块开发的效率，更好地促进法院信息化建设。

我们已经从信息互联网时代走进了价值互联网时代，互联网已正在成为各行各业的基础设施。就像云计算、物联网、大数据等新一代信息技术一样，区块链技术并不仅仅是单一信息技术，而依托于现有技术并加以独创性的组合和创新。区块链作为新兴技术在短短一年之内就被写入国家"十三五"规划，在可以预见的将来，区块链技术将运用到更多领域，如金融行业的支付、贸易金融、交易清单结算、众筹、风投等方面，还可以适用于数字病历、隐私保护、健康管理等领域。在各个系统连接之后，整个社会就成了万物互联社会，区块链是社会的"神经系统"。现有对区块链在司法领域的运用探讨研究较少，本文尝试将区块链技术运用到司法领域，初期考虑从电子送达入手，因笔者知识浅薄，加之无法查找欧盟成功将区块链运用到电子送达的具体运用，难免有偏颇疏漏之处。通过本文探讨，期望引起更多的关注，用科技推动司法发展。

论法律文书人工智能的司法责任

◉ 程　滔　赵　爽[*]

一、法律文书的人工智能的实践

2015 年"建设智慧法院"首次在全国高级法院院长座谈会上提出，并于 2016 年被纳入《国家信息化发展战略纲要》《"十三五"国家信息化规划》，正式上升为国家战略。[①] 各地实践随之展开，北京法院上线"睿法官"系统、杭州互联网法院研发智能化审判系统、海南引进量刑规范化智能辅助办案系统。智慧法院建设基本围绕着智能推送（包括相似案例、法学文献及法律法规）、自助生成（包括程序性文书、实体判决）、审判预警（包括文书纠错和同案不同判预警等）三项智能审判功能展开。

首先，智能推送功能，这几乎是各地智慧法院建设中的一项必备功能。在法律文书（主要指法院的裁判文书）写作中，根据正在裁判案件的主要案件情节和争议点，该功能不仅包括自动推送可能适用于裁判案件的法律法规[②]，还包括自动匹配数据库中已有的相似案件裁判信息[③]，以及与裁判案件相关的法学文献和法律知识，为法官作出最终裁判提供了丰富的参考资源。

---

　* 程滔，中国政法大学法学院教授，中国法学会法律文书研究会理事，法学博士；赵爽，中国政法大学宪法与行政法专业 2019 级硕士研究生。

　① 孙航：《智慧法院：为公平正义助力加速》，载《人民法院报》2019 年 10 月 1 日第 20 版。

　② 李纪平：《北京市高级人民法院"睿法官"系统》，载 http://www.legaldaily.com.cn/zt/content/2018－06/19/content_7572357.htm？node＝92486&from＝groupmessage，最后访问时间：2018 年 6 月 19 日。

　③ 徐清宇：《智慧审判苏州模式的实践探索》，载《人民法院报》2017 年 9 月 13 日第 5 版。

其次，自助生成功能，该功能在各地智慧司法实践中的推进程度不一。在山东省临沂市兰山区人民法院，目前已基本实现程序性文书 100% 自动生成，类型化案件判决书的自动生成完整度接近 90%。[①] 在江苏省苏州市法院，针对数量多、数量相对简单的案件，可以实现实体判决一键生成。[②] 在浙江省杭州市互联网法院，智能化审判系统可以实现 3 秒智能生成包含判决主文的裁判文书。

最后，审判预警功能，该功能主要发挥两种作用，一是在文书生成后自动纠错，这项功能比较基础，主要是对法律文书中语言性、格式性的简单错误进行智慧化的识别和纠正；二是自动预警，主要是发生同案不同判的情况时进行预警（在刑事案件中，还包括量刑偏离预警），该功能借助人工智能和司法大数据技术，对于与裁判文书数据库中案件事实匹配度高、而裁判结果明显偏离的情况自动预警，提示法官谨慎裁量，或提示相关主体及时行使监督权。

二、法律文书人工智能助力司法责任制的落实

2015 年 9 月最高人民法院颁布《关于完善人民法院司法责任制的若干意见》（以下简称《2015 若干意见》），2017 年 7 月最高人民法院颁布《司法责任制实施意见》（以下简称《2017 实施意见》），2018 年 12 月最高人民法院又发布《关于进一步全面落实司法责任制的实施意见》（以下简称《2018 实施意见》）的相关规定，法律文书人工智能助力司法责任制的落实。

（一）有助于完善法律统一适用机制

《2018 实施意见》第 9 条提出，各级法院应当建立类案及关联案件强制检索机制，存在法律适用争议或者"类案不同判"可能的案件，承办法官应

---

① 郭安丽：《一站式线上诉讼服务　全业务网上办理——山东临沂兰山法院"智慧法院"建设工作掠影》，载 https://www.chinacourt.org/article/detail/2019/10/id/4587807.shtml，最后访问时间：2019 年 10 月 24 日。

② 徐清宇：《智慧审判苏州模式的实践探索》，载《人民法院报》2017 年 9 月 13 日第 5 版。

当制作关联案件和类案检索报告。① 要求类案及关联案件强制检索的目的在于确保法律适用统一，也即实现"同案同判"。在我国，判例并非是正式法源，但最高人民法院的案例指导制度在实质上树立了一种"同案同判"的司法导向。我国地方法院数量大、法官裁判水平不一致，法官对于法律的理解也存在差异，为减少此种现实情况可能对司法公正产生的影响，强制要求法官在制作裁判文书时检索关联案件和类似案件，并制作报告，可以最大程度上避免"同案不同判"，也可以保证法官在作出"同案不同判"时进行了细致审慎的考量。

法律文书人工智能的智能推送功能为上述机制的实现提供了现实基础。智能推送功能依托法律文书信息化建立的庞大裁判文书数据库，通过机器的智能比对，为法官自动推送相似案件的裁判文书，甚至相关文献以供参考，使得法官不再受限于环境和自身能力的影响，可以在充分阅读和反复衡量的基础上作出最佳裁判决定，同时也方便法官依据《2018 实施意见》的要求快速制作检索报告，提高了裁判质效，促进了裁判标准统一和法律适用统一，有助于完善新型审判权力运行机制。

（二）有助于完善"四类案件"监督机制

《2018 实施意见》第 14 条要求，"探索'四类案件'② 自动化识别、智能化监管，对于法官应当报告而未报告的，院长、庭长要求提交专业法官会议、审判委员会讨论而未提交的，审判管理系统自动预警并提醒院长、庭长予以监督。"司法责任制改革背景下，明确司法主体的权限与职责，由独任法官和合议庭履行审判职责，院长、庭长履行管理监督职责是落实"让审理者裁判"的题中应有之义。由于"四类案件"的重要性（如涉及群体纠纷、

---

① 《最高人民法院关于进一步全面落实司法责任制的实施意见》第 9 条，健全完善法律统一适用机制。各级人民法院应当在完善类案参考、裁判指引等工作机制基础上，建立类案及关联案件强制检索机制，确保类案裁判标准统一、法律适用统一。存在法律适用争议或者"类案不同判"可能的案件，承办法官应当制作关联案件和类案检索报告，并在合议庭评议或者专业法官会议讨论时说明。

② 《最高人民法院关于进一步全面落实司法责任制的实施意见》第 24 条："对于有下列情形之一的案件，院长、副院长、庭长有权要求独任法官或者合议庭报告案件进展和评议结果：（1）涉及群体性纠纷，可能影响社会稳定的；（2）疑难、复杂且在社会上有重大影响的；（3）与本院或者上级法院的类案判决可能发生冲突的；（4）有关单位或者个人反映法官有违法审判行为的。"

违法审判行为）和特殊性（如疑难复杂、与类案裁判不一致），在尊重独任法官和合议庭之司法亲历者身份的基础上，院长、庭长需要对具体案件进行监督，以妥善解决纠纷、树立良好裁判标准。

法律文书人工智能的审判预警功能有助于实现上述目标，基于与智能推送功能类似的原理，审判预警功能可以对涉及群体性纠纷和类案裁判不一致的案件进行识别和预警，提醒院长、庭长及时行使监督权。不过，该审判预警功能也具有相当的局限性。在违法审判情形下，除非是法官在办案系统上进行了违规操作，比如应当制作类案检索报告而未制作，或者是法官因枉法裁判造成了类案裁判不一致的结果，否则机器无法获取法官在线下实施的违法行为信息并进行预警。此外，只能进行数据分析、无法进行价值判断的机器也很难识别"疑难""复杂"和"在社会上有重大影响"这样包含着极强主观判断色彩的情形。所以，目前，预警审判功能仅可以在一定程度上促进对"四类案件"的监督，完善司法责任制下的监督管理机制。

（三）有助于完善司法公开制度

《2018实施意见》第23条指出，进一步深化司法公开是提升司法责任制改革整体效能的一项配套制度。裁判文书公开作为司法公开的一项重要内容，不仅要做到及时公开、全面公开，还要做到准确公开。准确公开是司法公信力建设的必然要求。最高人民法院在2018年发布了一则《关于全面提升裁判文书质量切实防止低级错误反复发生的紧急通知》，其目的就在于推动准确公开。法律文书人工智能的审判预警功能可以充分响应准确公开的要求，在文书生成后自动纠错，及时纠正法律文书中的低级错误，提高文书质量，促进司法公开和司法公信力建设，促进司法责任制的发展。

三、法律文书人工智能的司法责任的承担

传统上，司法（这里是狭义的司法）是专门由法官根据法律，运用经验与知识行使判断权和裁决权的过程，智慧司法既是人工智能对法官裁判效率和质量的提升，也是人工智能对法官作为裁判者行使判断权和裁决权的介入，

这对司法责任制之"让裁判者负责"发起了挑战。在智慧司法背景下，当法官运用人工智能作出法律文书产生了错误时，由谁承担审判责任、范围多大、如何认定？这一系列问题都值得思考和讨论。

（一）审判责任主体之确定

责任主体的确定涉及人工智能的法律地位问题，与人工智能在民事、刑事领域作为侵权者、施害者角色出现时，学界对其主体地位持两极观点不同[1]，学者们普遍认为，人工智能不能成为司法主体，只能以审判辅助工具的角色出现在司法裁判过程中，笔者也认可这一种观点。司法裁判是感性与理性交织的过程，单纯具有工具理性的人工智能是无法成为司法主体的。那么，在人工智能本身非司法主体的前提下，除法官外，人工智能的研发者与销售者能否成为责任主体？本文认为这是一个伪命题。作为审判责任来说，权责统一是必要条件，承担审判责任的前提是拥有并行使审判权。然而，即便是在自助生成判决主文的情况下，也很难说人工智能的研发者与销售者行使了审判权，他们所研发和销售的对象只是一种算法，或者说是路径，在大数据的支撑下，根据具体案件事实生成结果，虽然每一次数据匹配都是一个运算与判断的过程，但这个过程已经脱离了研发者和销售者的控制，是机器自发的结果。没有审判权的研发者与销售者不能成为审判责任的主体。所以，法官是承担审判责任的唯一主体（部分案件中还包括合议庭成员、审判委员会委员）。当运用人工智能制作裁判文书发生错误时，应当由法官承担审判责任。即使在法官运用自助生成功能一键生成裁判文书的情况下，法官也因负有审核职责而承担责任。这一点可以类比最高人民法院《关于完善人民法院司法责任制的若干意见》（法发〔2015〕13 号）第 32 条的规定[2]，法官对审判辅助人员尚且因负有审核把关职责而承担相应责任，何况对于作为审判辅助工具的人工智能呢？

---

[1]　刘洪华：《论人工智能的法律地位》，载《政治与法律》2019 年第 1 期。

[2]　《最高人民法院关于完善人民法院司法责任制的若干意见》第 32 条："审判辅助人员根据职责权限和分工承担与其职责相对应的责任。法官负有审核把关职责的，法官也应当承担相应责任。"

（二）审判责任范围之划分

根据《2015 若干意见》①，法官对其审理案件的事实认定和法律适用承担责任。目前法律文书的人工智能基本可以实现一键生成程序性文书或自动生成除"法院认为"以外的部分，这就涉及当事实认定出现错误时，法官是否需要承担责任的问题。从裁判文书事实部分的生成过程来看，案件事实的认定是人工智能在司法裁判领域所形成的应用链条中的一环，而不是一个孤立的部分。以临沂市兰山区人民法院为例，从立案时起，运用 OCR 识别技术自动提取卷宗要素完成立案登记，到庭审环节，运用庭审语音识别技术进行法庭记录，通过电子签章技术采集当事人签名，再到文书制作环节自动生成文书。即在法官运用人工智能自动生成文书之前，立案登记、庭审笔录和当事人签名都是人工智能化的，法官有理由相信机器对于这一切的客观记录是全面且准确的，并基于对此的信赖作出裁判。如果过分苛求法官，要求其花费时间和精力对于机器所生成的事实部分进行再次审查，本身就违背了运用人工智能制作法律文书以提高审判效率、减轻法官压力的初衷。当然，事实认定本身并非百分之百的客观判断，对于复杂事实的认定还需要进行一定的主观判断，经过法官衡量而认定的事实可以补充或修改进人工智能所生成文书的事实内容中，这部分内容可以通过技术手段在办案系统上进行标记，也可以作为"复杂疑难"案件的标志触发审判预警功能，由院长庭长介入监督。除此种情形，法官需要对其补充或修改的事情认定承担责任以外，法官对人工智能在认定案件事实中产生的错误不应当承担责任。

或许有人会质疑，如果完全依赖机器认定事实，法官可以免责，而主动认定事实反而有可能承担责任或者引来院长、庭长的监督，法官很可能会为了逃避责任或者免去麻烦而对需要其补充甚至修改的案件事实视而不见，从而对当事人的合法权益造成损害。就法官而言，司法应当是追求公平正义的

---

① 《最高人民法院关于完善人民法院司法责任制的若干意见》第29条："独任制审理的案件，由独任法官对案件的事实认定和法律适用承担全部责任。"第30条："合议庭审理的案件，合议庭成员对案件的事实认定和法律适用共同承担责任。进行违法审判责任追究时，根据合议庭成员是否存在违法审判行为、情节、合议庭成员发表意见的情况和过错程度合理确定各自责任。"

事业，法官应当是公平正义的化身，对法官的约束可以从重视和加强法官职业伦理的角度入手，培育法官的正义观和责任感，而不是一味追责，降低其职业热情与荣誉感。在许多时候，司法责任中的追责并不能起到根本预防或者补救作用，而培育良好职业操守的法官却能够起到事前预防和事中公正的良好效果。[①] 就当事人而言，基于我国的审判体制，一审事实认定错误可以作为当事人的上诉请求，也可以作为二审法院裁判的法定理由，当事人最终能够得到法律救济。而且，人工智能自动生成文书所依据的重要材料就是庭审记录，规定法官对自动生成的事实免责，可以在一定程度上促进当事人在庭审中充分举证和阐述，也是迎合了"以庭审为中心"的诉讼制度改革要求，有助于公平正义的实现。

当法院应用人工智能自动生成包含判决主文的裁判文书时，法官还面对着就法律适用错误是否需要担责的问题。裁判文书法律适用部分的生成是人工智能运用大数据对既往裁判信息进行比对和参照的结果，基本采取"同案同判"的路径。然而，就个案而言，任何一处细枝末节都可能成为裁判点，能否成为"同案"本身便存在争议。何况，基于立法政策、社会观念和价值取向的变迁，"同判"也未必是最佳选择。此外，"同判"的质量还取决于数据库中"同案"的样本数量。社会是不断变化的，不论是正在建设，还是已经取得重大发展的法律文书人工智能都不能对"同案"的数量提供保证。法律适用是司法裁判的灵魂所在，法官应当对这一部分负有审核把关职责，本质上仍是裁判职责，以确保司法公正，而这一点难以被效率目标所取代。所以，在人工智能自动生成包含判决主文的裁判文书时，若出现法律适用错误，法官应当为其以审核把关形式出现的裁判职责承担审判责任。

（三）审判责任归责标准之适用

《2015 若干意见》中，关于审判责任的归责标准可以概括为：主观过错

---

①　金泽刚：《司法改革背景下的司法责任制》，载《东方法学》2015 年第 6 期。

与客观行为相结合，在重大过失情况下还需以严重后果为补充。① 在法律文书人工智能的基础上，法官对人工智能认定的事实免责，仅对其补充和修正的部分事实承担责任，由于这部分事实是法官主动予以认定的，如果出现错误，法官很难以主观过失为由进行推脱，而应当认定为一种故意，即构成《2015 若干意见》第 25 条第 2 款"故意违反法律法规"之情形，除非法官能够"根据证据规则予以合理说明"②，否则应当承担违法审判责任。

就法律适用部分而言，无论在自动推送相似案例、同案不同判预警的功能下，法官作出裁判时，还是在自助生成功能下，法官把关审核时，都难以对既有的裁判标准视而不见。因而，在此种情况下，法官的过错基本单一化为在明显不属于同案的情况下进行了同判，或者在明显不应当同判的情况下进行了同判。除非有明确证据证明法官主观上持有故意心态，否则只能对此认定法官在主观上是有重大过失，在造成严重后果的情况下，承担违法审判责任。

---

① 《最高人民法院关于完善人民法院司法责任制的若干意见》第 2 条："推进审判责任制改革，人民法院应当坚持以下基本原则：……（6）主观过错与客观行为相结合，责任与保障相结合。"第25 条："法官应当对其履行审判职责的行为承担责任，在职责范围内对办案质量终身负责。法官在审判工作中，故意违反法律法规的，或者因重大过失导致裁判错误并造成严重后果的，依法应当承担违法审判责任。法官有违反职业道德准则和纪律规定，接受案件当事人及相关人员的请客送礼、与律师进行不正当交往等违纪违法行为，依照法律及有关纪律规定另行处理。"

② 《最高人民法院关于完善人民法院司法责任制的若干意见》第 28 条："因下列情形之一，导致案件按照审判监督程序提起再审后被改判的，不得作为错案进行责任追究：……（2）对案件基本事实的判断存在争议或者疑问，根据证据规则能够予以合理说明的……"

互联网司法和电子送达若干问题探析

——以疫情防控常态化法治化为视角

◎ 韩　轩　黄荣昌[*]

一、必要性：疫情防控的常态化与法治化

据世界卫生组织实时数据，截至北京时间 2020 年 8 月 24 日 19 时 30 分左右，全球新冠肺炎确诊病例达 23615033 例，死亡病例 813029 例。包括美国、巴西、印度、俄罗斯等国在内的至少 20 个国家单日新增确诊病例数均超过千例，其中印度新增 61408 例，美国新增 30589 例，巴西新增 23421 例。[①]据美国全国广播公司财经频道（CNBC）报道，当地时间 2020 年 8 月 21 日，世界卫生组织表示，疫苗将是全球抗击新冠疫情的"重要工具"，但它不能自行结束新冠大流行，也不能保证科学家会找到疫苗。世界卫生组织新兴疾病和人畜共患病部门负责人玛丽亚·范克霍夫博士指出，公众学习"如何与这种病毒共存"是非常重要的。[②]

我国的疫情防控已经取得阶段性胜利，但形势依然严峻，境外输入的风险大，需严密防控，防止疫情在国内再次流行的严峻考验仍然摆在我们面前。在未来一段时间，疫情防控将会成为一种常态，这其中，疫情防控法治化的重要性不言而喻。

---

[*] 韩轩，甘肃政法大学 2019 级研究生；黄荣昌，甘肃政法大学教授。

[①] 《8 月 24 日全球疫情观察：至少 20 国日增确诊超千例 部分俄罗斯疫苗近期将进入流通》，载《人民日报》（海外版）官网，http://news. haiwainet. cn/n/2020/0824/c3541093 – 31862192. html。

[②] 《世卫：仅靠疫苗是无法结束大流行的；我们回不到从前……》，载腾讯网，https://new. qq. com/omn/20200822/20200822A09MTH00. html。

（一）为依法防控疫情提供有力司法服务和保障

习总书记强调，疫情防控越是到最吃劲的时候，越要坚持依法防控，在法治轨道上统筹推进各项防控工作，保障疫情防控工作顺利开展。

依法防控，就要有法可依、有法必依。案件的办理是有期限的，不可预期的延迟，可能使本已受到疫情严重影响的当事人雪上加霜。如何在确保人民群众生命健康安全的同时，尽可能使司法工作实现良好、有序运行，是一项重大的挑战。以法治方式推进疫情治理，充分发挥立法、执法、司法、监督等各个法治能动节点上的功效，不断提升法治防疫的治理效能，是疫情防控战中的一大亮点。① 在各界复工复产、经济社会运行秩序逐步恢复后，也应深入推进抗疫期间网上立案、网上缴费、电子送达等线上办案工作，避免人群聚集感染，提高服务质量，满足人民群众对司法工作的新要求、新期待。

（二）尽快审理涉疫案件，实现法律效果与社会效果的统一

在举国同心共克时艰之时，一些地方也出现了不利于疫情防控的现象。比如有人暴力伤害已经超负荷工作的医务人员，有人恶意不配合隔离治疗，有人编造传播虚假疫情信息，有人哄抬防疫物资的物价，等等。

对于这类案件，在加强治安管理、市场监管等执法工作之外，也应加大对暴力伤害医务人员的违法行为的打击力度，严厉查处各类哄抬防疫用品和民生商品价格的违法行为，依法严厉打击抗拒疫情防控、暴力伤医、制假售假、造谣传谣等破坏疫情防控的违法犯罪行为，保障社会安定有序。② 据此，最高人民法院、最高人民检察院、公安部、司法部于 2020 年 2 月 6 日联合发布了《关于依法惩治妨害新型冠状病毒感染肺炎疫情防控违法犯罪的意见》，要求严厉惩治妨害疫情防控的违法犯罪行为。及时处理相关案件，化解矛盾纠纷，利用互联网强化疫情防控法治宣传，为抗击疫情、复工复产营造稳定有序的环境。

---

① 闫富林：《中国共产党疫情治理的法治实践与发展》，载《青海党的生活》2020 年第 7 期
② 王东：《为疫情防控提供有力法治保障（新论）》，载《人民日报》2020 年 2 月 11 日第 5 版。

二、可行性：司法亲历性与互联网技术

自 2020 年 1 月以来，全国人民万众一心，积极投身于抗击疫情的斗争中。为了避免人群聚集感染，网上办公成为备受人们推崇的工作方式。然而诉讼活动自有其特殊性，能否长期推广远程会见、远程审理、电子送达等事项，还需要仔细考量。

（一）司法亲历性

司法亲历性，是指司法人员应当在案件审理时亲身经历其全部过程，直接接触和审查各种证据，直接听取诉讼双方的主张、理由、依据和质辩，以及其他诉讼参与人的言词陈述，并在此基础上对案件作出裁判。[①] 从宏观方面讲，司法是维护社会公平正义的最后一道防线，从微观方面讲，每一个案件的案情都有其特殊之处，是否亲力亲为办理案件，往往决定着能否对其作出正确处理。因而，司法亲历性在司法制度中具有非常重要的地位。

这就要求，司法人员要做到"身到"与"心到"的统一，同时，证人也应亲自到庭作出陈述。司法人员在亲自对证据进行审查判断的活动中，随着对案件认识的不断深入，逐步形成内心确信，最终实现司法公正。

"亲历"与"判而不审、审而不判"相对应，是为了防止因对案情的判断基本依靠书面材料而产生不恰当的判决。为了实现其价值目标"公平正义"，可以视具体情况对"亲历"的方式做灵活调整，并不是一成不变的。比如在边远地区，法官到当事人所在村庄、家里举行的"巡回审判"，甚至"马背法庭"等，以其灵活、简捷的优势，可以快速高效地为当事人排忧解难，同时也减轻了当事人的诉累。不同于传统的"坐堂问案"强调裁判者的权威，新时代的司法服务应当更加积极和人性化，注重拉近司法同群众的距离，增强公众对于司法的亲近和信赖。令司法不仅有力量而且更有温度，使群众由衷地感到权益受到了公平对待、利益得到了有效维护。[②]

---

① 朱孝清：《司法的亲历性》，载《中外法学》2015 年第 4 期。
② 《坚持司法为民公正司法　努力维护社会公平正义》，载人民网，http://theory. people. com. cn/n/2014/0301/c40531 - 24499887. html。

（二）利用互联网技术提升司法服务水平

在当前互联网技术飞速发展的背景下，"亲历"所涵盖的空间、方式得到不断拓展，对其的理解不应囿于传统"面对面""直接接触"的观念。比如，受到疫情影响，2020 年上半年，包括二十国集团领导人应对新冠肺炎特别峰会在内的许多重要会议都改为以网络视频会议的方式进行，这或许可以作为亲历性的一种表现形式，与会代表们可通过视频连线与他人进行实时交流，并不因其距离遥远受到阻碍。此外，各学校所开展的网络在线课程、各律所的网络在线培训，也可作为亲历性的表现形式，老师可以通过腾讯会议、钉钉、雨课堂等平台实现在线直播授课，并与学生们进行交流互动、考勤打分。

利用互联网技术办案，仅仅是在"亲历"的形式方面拓展了内涵，削减了距离等因素所带来的影响，并没有从根本上否定司法亲历性的重要价值。同时，其也能够满足司法亲历性所包含的直接言词审理、以庭审为中心、集中审理、裁判者不更换、事实认定出自法庭，以及审理者裁判、裁判者负责的基本要求。

在 5G 时代到来之际，司法服务也应当创新举措，满足在不同具体情况之下当事人的不同需求，给予其充分的选择权。在条件具备的情况下，当事人有权选择是否以网络方式参与诉讼，包括电子送达、开庭审理时的陈述和答辩等。

三、现状：利用互联网技术办理案件的探索与实践

（一）公开报道

2020 年 2 月 3 日，是春节假期之后上班的第一天，各地法律工作者们戴着口罩投入到案件办理中。他们对于利用互联网技术办案进行了有益探索，体现出其特殊优势。

北京第一中级人民法院成功办理了首个通过北京审判信息网提交的立案申请。① 立案庭法官不仅与庭长仔细把关，更在网上反馈完毕后向原告代理

---

① 何睿、田晓宇：《北京一中院：成功办理首个网上立案》，载《法人》2020 年第 2 期。

人打电话，叮嘱相关问题。其认真负责，令当事人感叹网上立案比现场立案更加便捷、省时、安全，也打消了对疫情突发可能导致的诉讼风险的忧虑。

北京第三中级人民法院的立案庭法官引导当事人通过微信来立案。① 法官通过电话咨询热线，耐心地指导身处内蒙古的年迈当事人，通过微信中的北京移动微法院小程序，完成了一起跨地域的网上立案办理。之后，法官指导当事人如何查收诉讼费缴费通知，以及如何按说明操作，得到了当事人的衷心感谢。

上海市第二中级人民法院开通网上提交补充材料服务，为申请人提供便利。② 立案庭法官曾在春节前收到执行申请，在发现材料缺失不能立案后，通过网上立案系统迅速联系了申请人，向其详细告知了需要补充的材料。复工上班后，法官当即去确认材料是否符合登记立案条件。该案第一时间立案成功，充分维护了当事人的合法权益。

因疫情防控所需，看守所实施封闭式管理，远程会见成为保障律师以及在押嫌疑人的合法权益的重要方式。以南京为例，南京律师远程会见中心于2020 年 3 月 2 日正式投入试运行，会见过程包括网上预约和确认、身份核验、等候叫号和会见等四个流程。截至 2020 年 8 月 4 日，其在抗疫背景之下实现了 2215 人次律师和在押人员的网上面对面会见，有效地维护了司法秩序。③

各地法院纷纷引进第三方集约化电子送达服务，有效缩短了办案周期。以广西为例，2020 年 4 月 30 日至 8 月 7 日，玉林市玉州区人民法院电子送达中心共接收并完成民商事等案件 769 件 1038 人次的送达任务，电话、电子送达成功 656 人次，送达率 63.12%。④

---

① 何睿、张亚东、马志星：《北京三中院：引导当事人微信立案》，载《法人》2020 年第 2 期。

② 何睿、翟珺：《上海二中院：开通网上提交补充材料》，载《法人》2020 年第 2 期。

③ 《律师可以这样"见到"在押嫌疑人，记者揭秘南京律师远程会见中心》，载中国律师网，http：//www. acla. org. cn/article/page/detailById/30443？from = singlemessage&isappinstalled =0。

④ 《广西法治日报刊文〈集约化电子送达让群众少跑腿〉关注玉林市玉州区人民法院引进第三方集约化电子送达服务》，载澎湃新闻网，https：//www. thepaper. cn/newsDetail_ forward_ 8746116。

2020 年 1 月至 6 月，全国法院网上开庭同比增长 9 倍。① 以甘肃为例，全省法院充分运用互联网司法方式，有效拓宽了司法服务的时间和空间维度。2020 年 2 月 11 日，甘肃省高级人民法院通过"互联网庭审系统"审理了一起建设工程监理合同纠纷案件，敲响了疫情期间全省法院线上开庭的第一槌。② 法官、书记员在法庭中全程佩戴口罩，双方当事人则分别在辽宁省沈阳市、青海省西宁市的家中参加庭审，三方顺利完成了这场无接触、不见面的特殊庭审。据《甘肃日报》2020 年 7 月 10 日报道，全省已办理涉企网上立案 1947 件、视频庭审 719 件。③

（二）中国庭审公开网数据

在中国庭审公开网中，可以查阅到一些地区的法院通过网络远程方式进行庭审直播的情况（见表 1），这也是利用互联网技术办理案件的一个侧面。④大部分法院自 2020 年 2 月开始尝试远程庭审直播，在 3 月达到直播次数高峰，之后平稳有序发展。

表 1　2020 年 1-8 月法院远程庭审直接情况

法院	2020 年每月远程庭审直播次数								远程庭审直播总次数
	1 月	2 月	3 月	4 月	5 月	6 月	7 月	8 月	
最高人民法院	0	0	0	0	0	2	25	21	48
山西省各级法院	0	6	187	133	27	58	37	28	476
内蒙古各级法院	0	60	112	72	76	69	73	48	510
辽宁省各级法院	0	11	81	58	92	103	65	61	471
吉林省各级法院	0	4	22	13	20	30	21	7	117
江苏省各级法院	0	298	969	483	327	322	196	95	2690

---

① 徐隽：《上半年全国法院网上开庭同比增长 9 倍 结案超千万件，收结比与去年同期持平》，载《人民日报》2020 年 7 月 16 日第 11 版。

② 李洋：《"智慧之钥"开启法院新时代——甘肃法院全力推进智慧法院建设纪实》，载《甘肃法制报》2020 年 7 月 15 日第 4 版。

③ 尤婷婷：《创新举措 提供更加周到的司法服务——全省法院积极服务优化营商环境》，载《甘肃日报》2020 年 7 月 10 日第 10 版。

④ 表中的数据截止于 2020 年 8 月 22 日。其中，合并审理的案件分别计算次数。因数据缺失，北京、天津、河北、黑龙江、上海、湖北、新疆地区的信息未纳入统计。

续表

法院	2020 年每月远程庭审直播次数								远程庭审直播总次数
	1 月	2 月	3 月	4 月	5 月	6 月	7 月	8 月	
浙江省各级法院	0	37	44	10	6	15	25	34	171
安徽省各级法院	0	89	177	82	61	108	106	64	687
福建省各级法院	0	42	143	31	24	23	12	7	282
江西省各级法院	0	2	0	0	5	3	6	4	20
山东省各级法院	0	22	113	95	84	98	52	36	500
河南省各级法院	0	32	93	78	33	43	63	35	377
湖南省各级法院	0	102	318	411	301	338	236	174	1880
广东省各级法院	0	62	93	70	80	169	167	88	729
广西各级法院	0	25	62	30	26	23	24	9	199
海南省各级法院	0	3	45	34	11	5	7	2	107
重庆市各级法院	0	141	40	35	31	104	37	16	404
四川省各级法院	0	66	162	88	72	77	60	42	567
贵州省各级法院	0	0	35	20	13	9	11	1	89
云南省各级法院	0	29	84	71	56	64	72	37	413
西藏各级法院	0	0	1	0	1	0	0	0	2
陕西省各级法院	0	31	56	77	79	86	41	32	402
甘肃省各级法院	0	33	91	93	54	58	69	40	438
青海省各级法院	0	0	1	9	3	0	1	0	14
宁夏各级法院	0	0	0	0	0	0	1	2	3

四、问题：尚存不足之处

（一）远程审判

采用远程同步直播的方式进行审判，能够减少人群聚集，有效防范新型冠状病毒的传染，保障办案人员以及诉讼参与人的人身安全，将疫情对司法活动的影响降到最低，① 在复工之后受到广泛推广。但其在具体实施过程中，仍然存在一些不足。

1. 技术阻碍

在实践中，一些当事人和律师不愿意采用远程审理的方式开庭。一方面，各地法院所采用的网络庭审系统尚有不完善之处，在庭审中可能出现音画不同步，甚至一方没有声音，需要全程拨打电话向合议庭陈述发言内容的情况。另一方面，法官、当事人、律师及证人等各自所处区域的网络情况，也会影响到远程审判的效果。诸如当事人使用手机热点参与庭审，但热点提供方因接电话而导致信号中断，或当事人因乘坐电梯而信号中断的情况，会干扰正常庭审秩序。此外，一些年龄较大的当事人对电脑、手机的掌握水平有限，如其身边没有他人照顾，独立操作电子产品参与远程审判，也具有一定的难度。

2. 庭审参与感不强

在远程审判中，庭审参与者隔着屏幕进行发言，相对于面对面的对簿公堂，其庭审参与感会被削弱。缺少实际置身于法庭中的庄严感，对于相对方微表情、微动作等细节的捕捉也受到影响。一方面，当事人与其律师之间的沟通互动受到一定程度的阻碍，不如当面交流通畅。另一方面，律师原有的现场庭审技巧发挥也会因此受到掣肘，不利于其及时抓住机会维护当事人的利益。与此同时，如果当事人自认为在远程审判中没能充分表达自己的诉求，庭审过于草率，也会影响案件的审理效果。

（二）法律文书电子送达

与传统的送达方式相比，电子送达拥有高效、便捷和经济等优势，在疫情防控出行不便之时得到了广泛应用。

1. 送达方式有差异

实践中，各地法院结合地方发展情况探索出差异化的电子送达方式，可能会给当事人或律师带来困扰。广东法院模式中，电子送达仅通过电子邮件

---

① 自正法、何洋：《远程审判便民利企 疫情之下彰显担当》，载《人民法院报》2020 年 4 月 29 日第 2 版。

的方式来进行，而浙江移动微法院中，电子送达也仅借助微信来完成，方式相对单一。① 而在杭州互联网法院和吉林电子法院，其电子送达方式则显得更为多元。杭州互联网法院已经与天猫等平台进行合作，可以自动检索出在受送达人名下的收发件地址、电子邮箱，以及手机号等信息；法院还可以通过电信运营商进行资产反查活动，深度挖掘其宽带地址以及活跃手机号信息。吉林电子法院支持通过法院专有邮箱、电子法院网站以及传真的方式接收电子文书。

2. 送达标准不统一

法律文书在何时到达，会直接影响到当事人权利行使时限的计算、未成功送达时的法律责任承担等问题。电子送达的完成标准在实务中需要加以明确，但各地法院所采用的电子送达标准并不统一，这会影响到实际送达效果。根据《宁波移动微法院诉讼规程（试行）》第 63 条规定，宁波移动微法院以客观主义的"到达"为送达标准，通常以法院后台显示的发送成功日期计算，但也规定受送达人能证明到达其微信号的日期与法院后台显示发送成功的日期不一致的，以受送达人证明到达其微信号的日期为送达日期。而杭州互联网法院的做法有所不同，采用了主观主义的"知悉"送达标准。根据《杭州互联网法院诉讼平台审理规程》第 15 条第 2 款规定，如有证据证明被告已上网查阅了法院发送的相关诉讼材料，但未按规定关联案件，视为已经完成送达。

五、完善：在技术与规范层面不断探索

疫情防控是长期举措，互联网司法也是大势所趋。在新的形势下，如何维护当事人和诉讼参与人的合法权益，是需要面对和研究的新问题。

（一）远程审判

1. 逐步克服技术问题

不论是实地开庭还是远程审判，庭审都是非常严肃的诉讼活动。如果其与其他带货直播、游戏直播一样具有随意性，那么其公正性也会随之受到质

---

① 陈锦波：《电子送达的实践图景与规范体系》，载《浙江学刊》2020 年第 1 期。

疑。因技术问题对远程审判所带来的阻碍，可以从以下两个方面着手改进：第一，定期对法院庭审系统进行维护和升级。保证其能够正常使用，不会经常出现卡顿、闪退等故障。第二，通过图文、视频讲解等方式，在开庭之前，对当事人及其律师进行适当培训。不仅教会其正确操作庭审系统，也告知其应选择安静、网络通畅、不易被打扰的区域参与庭审。

2. 细化远程审判规则

应当正视，远程审判相较于实地开庭有其特殊性，有利于防止案件积压、防止被告人被超期羁押。[1] 其因为网络带来了便捷，也可能因网络而影响司法公正。为了扬长避短，需要制定更加细致、有针对性的规则。比如，对于哪些类型的案件可以采用远程审判方式、信号中断多长时间算作中途退庭、是否允许参与远程审判的当事人录屏并传播等问题，作出明确而有可操作性的规范，使当事人在选择是否采用远程审判之前有清晰的预期。

（二）法律文书电子送达

1. 送达方式选择

为了确保诉讼活动的严肃性以及送达的安全性，在进行电子送达之时，可将专门的电子送达平台或电子送达邮箱作为首要方式。法院应当与平台开发方、维护方事先约定相关责任条款，以确保其在开发、维护时保持足够的中立。短信、QQ 以及微信等方式因使用率高、收发方便，同样是作为法院进行电子送达时的重要方式。因为它们还需要涉及使用第三方电信运营商、第三方平台，在送达时应提前做好安全性考量。

2. 送达效果保障

确立什么样的电子送达的到达标准，应结合电子送达方式具体发展的状况、法律文书的重要性程度，以及民众对于法院所进行的电子送达行为的认知综合考量，以保障送达效果。电子送达推广应用的初期，为了打消公众因新技术新情况所产生的顾虑，应当着重保障对当事人的知情权，即偏重于"知悉"的标准。必要时可打电话加以叮嘱，或设置电子送达的回执。确保

---

① 陈永生、池丽娟：《抗击疫情期间认罪认罚案件远程审判的正当性分析——以南通市港闸区法院对张正诈骗案的远程审判为例》，载《人民司法（应用）》2020 年第 7 期。

其阅读并知悉法律文书中的具体内容，避免因漏看邮件、短信等导致的差错，或因当事人的排斥观念、恶意拖延诉讼目的，影响实际的送达效果。当技术手段趋于成熟，且在民众对此种送达方式已经普遍接受后，可逐步推行"到达"标准。当及时通过电子产品查阅信息成为社会一般人的注意义务，行为人迟迟不签收法院已经送达的法律文书，就要为此承担相应不利的法律后果。

结语

在此次疫情中，借助于互联网技术的智慧司法表现出了其服务群众、高效便捷的优势。与此同时，疫情防控也对其提出了比以往更现实、更严格的要求。在今后，不仅要持续推行技术普及，同时也要着重于对其规范化建设。国家卫生健康委科技发展中心主任、国务院联防联控机制科研攻关组疫苗研发专班工作组组长郑忠伟，在央视《对话》节目中表示，我国已于 2020 年 7 月 22 日正式启动新冠疫苗的紧急使用。中国疫苗先锋队正在为把疫苗打造为全球公共卫生产品的道路上全速前进，法律工作者们也将努力提升对信息化系统的应用能力和水平，做到"网上庭审不停、为民服务不止"[1]，充分维护当事人的合法权益。疫情防控工作离不开法治，司法审判活动的有序推进对打击涉疫情犯罪、营造稳定有序的社会环境有着不可替代的作用。在今后，应继续深入分析研判常态化疫情防控下，审判执行工作所面临的新要求新挑战[2]，坚持问题导向，深挖其内在潜力，努力为人民群众提供更加优质、高效、便捷的司法服务。

---

[1]　刘禹锡：《疫情之下彰显智慧法院担当》，载《人民法院报》2020 年 2 月 10 日第 2 版。

[2]　《周强主持召开最高人民法院党组专题会议强调　确保在常态化疫情防控下　圆满完成全年审判执行工作任务》，载最高人民法院网，http://www.court.gov.cn/zixun-xiangqing-248201.html。

互联网司法新模式下认罪认罚从宽
法律文书规范路径探析

◎ 刘　畅[*]

2018 年 10 月 26 日，第十三届全国人大常委会第六次会议通过的《关于修改〈中华人民共和国刑事诉讼法〉的决定》，从立法上对认罪认罚从宽制度改革成果予以确认，设立了认罪认罚从宽制度。认罪认罚从宽制度的适用过程中，学术界和实务界将更多的关注目光投向认罪认罚从宽制度价值功能与检察机关主导责任、相关当事人的权益保障、量刑建议等方面，对认罪认罚从宽法律文书规范化研究较少。研究互联网司法新模式下认罪认罚从宽工作，对认罪认罚从宽法律文书进行深入调查，从而发现其制作中存在的问题是颇有意义也是十分有必要的事情。在调研查阅我国试点以来认罪认罚从宽法律文书的基础上，以全国检察机关统一业务应用系统 2.0 建设和适用为背景，运用语篇分析，就我国认罪认罚从宽法律文书的规范化提出合理建议，将对我国适用认罪认罚从宽制度工作大有裨益。

一、检察机关适用认罪认罚从宽制度概况

党的十八届四中全会为全面落实宽严相济刑事政策、优化司法资源配置、在更高的层次上实现公正与效率相统一，作出了"完善刑事诉讼中认罪认罚从宽制度"这一重大改革部署。2016 年 9 月 3 日全国人大常委会通过《关于授权最高人民法院、最高人民检察院在部分地区开展刑事案件认罪认罚从宽制度试点工作的决定》。"最高人民法院、最高人民检察院、公安部、国家安

---

　　* 刘畅，长沙铁路运输检察院公诉科副科长。

全部、司法部"于 2016 年 11 月 16 日印发了《关于在部分地区开展刑事案件认罪认罚从宽制度试点工作的办法》，为期两年的认罪认罚从宽制度在北京等 18 个城市正式开展试点。两年的改革实践和试点实践证明，认罪认罚从宽制度符合我国司法实践需要，符合刑事诉讼制度发展规律，符合全面依法治国要求，是我国刑事司法制度的重大改革。2018 年 10 月 26 日，第十三届全国人大常委会第六次会议通过了《关于修改〈中华人民共和国刑事诉讼法〉的决定》，从立法上对认罪认罚从宽制度改革成果予以确认，设立了认罪认罚从宽制度。

2019 年是全面落实认罪认罚从宽制度的第一年，全国检察机关认真贯彻修改后的刑事诉讼法，积极协调法院、公安、司法等部门，共同推进认罪认罚从宽制度的正确适用，确保了认罪认罚从宽制度全面落地实施，认罪认罚制度适用率得到很大提升。2019 年 6 月，检察环节认罪认罚从宽制度适用率只有 38.4%，在最高人民检察院强有力的部署推进下，到 2019 年 12 月，全国检察机关认罪认罚从宽制度适用率、量刑建议采纳率均超过 80%。全国检察机关推进认罪认罚从宽制度落实取得了积极的成效，积累了很多经验做法，但同时也发现了一些问题。

具体以某基层检察院为例，该院自 2018 年 10 月《刑事诉讼法》修改实施以来，截至 2020 年 5 月 31 日，共适用认罪认罚从宽制度办理案件 62 件 65 人，其中作出不起诉决定 4 人，从宽量刑 61 人，开展社会调查评估 1 人，适用缓刑和社区矫正 7 人；提出确定刑量刑建议 35 人，幅度刑量刑建议 26 人；法院采纳量刑建议 53 人，其中采纳确定刑量刑建议 29 人；法院适用普通程序审理 2 件 2 人，适用简易程序 53 件 56 人，适用速裁程序 3 件 3 人；被告人上诉 2 人，检察机关抗诉 1 人；所有认罪认罚案件均有值班律师提供法律帮助。

二、互联网司法新模式下认罪认罚从宽法律文书制作规定及问题

（一）认罪认罚从宽法律文书制作的相关规定

2017 年 3 月 1 日，为认真贯彻"最高人民法院、最高人民检察院、公安部、国家安全部、司法部"《关于在部分地区开展刑事案件认罪认罚从宽制

度试点工作的办法》，规范认罪认罚案件法律文书制作，提高办案质量和效率，最高人民检察院公诉厅制定并印发了《人民检察院认罪认罚案件法律文书格式样本（试行）》。2020年5月20日，最高人民检察院印发《人民检察院刑事诉讼法律文书格式样本（2020版）》，对部分认罪认罚从宽法律文书格式作出具体规定。总体来说，这两个规范性文件主要是从认罪认罚从宽部分法律文书的固定格式和基本制作要素做了规范要求，但对文书的制作期限、案件事实陈述和理由、文书语言表达等并未进一步规范。

（二）认罪认罚从宽法律文书制作过程中存在的问题

1. 文书制作不规范

2020年7月27日，最高人民检察院检察委员会召开会议，专题研究统一业务应用系统2.0建设，全国各地陆续试点应用。检察机关统一业务应用系统将认罪认罚从宽法律文书模板纳入应用系统，在实践中出现了诸多问题。例如，统一业务应用系统中适用认罪认罚从宽的不起诉决定书模板中的"经最高人民检察院批准，决定不起诉"条款，根据《刑事诉讼法》第177条第2款之规定，"对于犯罪情节轻微，依照刑法规定不需要判处刑罚或免除刑罚的，人民检察院可以作出不起诉决定。"犯罪情节轻微多是依据个案具体把握，实践中不需要经最高人民检察院批准的不起诉案件占绝大多数。又如，适用认罪认罚从宽不起诉决定书模板中均没有"当事人不服的权利救济"条款，该模板给法律文书的规范性制作带来不便。

2. 格式样本的种类匮乏

《人民检察院认罪认罚案件法律文书格式样本（试行）》采用列举的方式对12种法律文书的格式样本和制作规范作出规定，其中主要涉及的是起诉书、量刑建议书、不起诉决定书、认罪认罚从宽制度告知书、认罪认罚具结书、审查报告等认罪认罚案件中的常见文书。《人民检察院刑事诉讼法律文书格式样本（2020版）》也只是对量刑建议书、量刑建议调整书、认罪认罚从宽制度告知书等进行了规定。

3. 文书公开和送达不及时

认罪认罚从宽案件的审查期限相对比较短，特别是适用速裁程序时。根据刑事诉讼法规定，犯罪嫌疑人认罪认罚，人民检察院经审查，认为符合速裁程序适用条件的，应当在 10 日以内作出是否提起公诉的决定；对可能判处的有期徒刑超过 1 年的，可以在 15 日以内作出是否提起公诉的决定。根据最高人民检察院发布的《人民检察院信息网上公开工作操作规范（试行）》规定要求，应当在收到人民法院生效判决、裁定、案件办结或报上级人民检察院备案审查 10 日以内完成公开性文书的制作。虽然公开系统有自动屏蔽处理功能，但仍有部分信息需要手动处理，所以实践中有部分案件未在规定的时间内完成公开性文书的制作和发布。① 特别是 2020 年以来在疫情防控背景下，如何在短时间内对认罪认罚从宽法律文书进行及时规范的公开和送达对检察机关是一项考验。

4. 文书说理不充分

在认罪认罚从宽制度适用过程中，由于部分地区值班律师短缺，给推进量刑协商、见证签署认罪认罚具结书等带来很多不便，认罪认罚案件量刑建议和具结书等法律文书也存在说理性不足的问题。推进认罪认罚从宽制度的关键是认罪协商，核心是量刑建议。"最高人民法院、最高人民检察院、公安部、国家安全部、司法部"发布的《关于认罪认罚从宽制度的指导意见》规定，除新类型、不常见犯罪案件，量刑情节复杂的重罪案件等外，办理认罪认罚案件一般应当提出确定刑量刑建议。目前，个别检察机关在办理认罪认罚案件制作量刑建议时，存在对量刑情节等只字不提或者语焉不详，对量刑理由和依据部分缺乏必要的说明，或者量刑理由与引用的法律条文出现矛盾等问题。有些文书使用模板化的语言，理由阐述和论证都很笼统。显然，这样的检察法律文书公开出来，非但达不到确保人民群众知情权、监督权的制度设计本意，反而有损检察机关公正司法的形象，也不利于认罪认罚从宽制度的正确有效适用。②

---

① 《人民检察院信息网上公开工作操作规范（试行）》第三节"法律文书网上公开"第 3 条第 2 款职责和要求："拟公开刑事案件起诉书、抗诉书的，案件承办人应当在收到人民法院生效判决、裁定后十日内，填写内网案卡相关数据项，并完成拟公开文书的制作与审批；拟公开不起诉决定书、刑事申诉复查决定书的，案件承办人应当在案件办结后十日内，完成拟公开文书的制作与审批；对需要报上级人民检察院备案审查的法律文书，应当在备案审查后十日以内，办理法律文书发布手续。"

② 韩建霞：《检察法律文书公开制度检视与深化》，载《人民检察》2014 年第 23 期。

三、互联网司法新模式下认罪认罚从宽法律文书规范化实现路径

（一）增强规范意识和制度建设

办案人员要加强对认罪认罚从宽制度适用等法律知识的学习，提升写作能力、分析能力、法律逻辑思维能力和水平，尤其要加强文书说理的专项学习，严格按照要求制作、适用法律文书，切实促进认罪认罚从宽法律文书的规范化。同时，各级检察机关要完善制度建设，从制度建设上抓好认罪认罚从宽法律文书工作。一是以《人民检察院办理认罪认罚案件监督管理办法》《人民检察院认罪认罚案件法律文书格式样本（试行）》《人民检察院刑事诉讼法律文书格式（样本）》等相关规定为基础，制定符合本单位实际的认罪认罚从宽法律文书管理细则或工作办法，统一检察认罪认罚法律文书的标准格式、制作使用要求、审批程序、释法说理的标准和要求、流程管理规定等。二是将认罪认罚从宽法律文书质量评查列为案件质量评查的专项评查活动。目前，对认罪认罚从宽法律文书的评查一般都是附属于对认罪认罚案件的评查，很少有法律文书专项评查。因此，可以探索建立认罪认罚从宽法律文书专项评查机制，由案管部门负责统筹组织，联合各办案部门的员额检察官组成专项评查小组进行定期评查，使得对认罪认罚从宽法律文书的监管更有针对性和实效性。

（二）拓宽格式样本种类

自 2017 年 3 月最高人民检察院印发《人民检察院认罪认罚案件法律文书格式样本（试行）》以来，全国检察机关在适用认罪认罚从宽制度过程中遇到了很多新情况新问题，应适当扩大认罪认罚从宽格式文书范围，增加认罪认罚案件批准逮捕决定书、不批准逮捕决定书、羁押必要性审查建议书、社会调查委托函及报告等文书。这些文书都直接维护和保障当事人权利，并有助于认罪认罚从宽制度规范有效实施。如《广州市南沙区人民检察院刑事案件认罪认罚从宽制度操作规范手册（试行）》还对证据开式清单、审查报告、不予调整量刑建议书等认罪认罚从宽法律文书格式（样本）进行了规定。

（三）创新文书送达方式

全国检察机关在适用认罪认罚从宽制度过程中出现了很多新情况新问题，

特别是 2020 年以来在疫情防控背景下，认罪认罚从宽法律文书送达成为各地检察机关反映强烈的问题。应积极探索和研发新的检察信息化平台，向当事人及家属、律师等刑事诉讼主体送达法律文书，保障当事人的知情权和律师参与诉讼的权利，提高司法公信力。对于值班律师的工作方式也可以灵活处理，比如，在律师资源短缺时可以探索电话、网络值班方式，签署认罪认罚具结书也可以探索通过互联网的方式实现见证。

（四）进行量刑预测的智能化探索

在认罪认罚从宽制度全面实施的背景下，认罪认罚案件将成为最主要的办案对象。在自愿认罪认罚的前提下，定罪基本无争议或已解决，主要通过程序予以确认，使量刑协商成为重中之重。如何科学进行量刑协商、精准量刑建议并使其具有正当性，是检察机关接下来的工作重点。在互联网司法新模式下，智能量刑预测应运而生，成为认罪认罚办案机制的重要内容。目前，我国司法机关正在自上而下探索智能预测量刑公正，一些互联网企业也在同步推进该项工作。比如广东博维创远科技有限公司研发与设计的"小包公"智能定罪与量刑系统，对于认罪认罚案件具备强大的职能精准预测量刑功能，能够更好地推进量刑规范化改革。该系统首创理论量刑预测和实际量刑分析"双系统"，实现精准量刑预测。同时，提供同地区类案智能推送及大数据可视化分析。目前，"小包公"智能定罪与量刑系统已在全国 200 个法院、检察院使用或试用，试行效果良好。[①]

（五）强化规范责任的落实

通过认罪认罚从宽法律文书的质量评查，将评查结果计入检察官司法业绩档案，与员额制检察官业绩考评挂钩，严格奖惩兑现，以此促使检察干警强化责任意识、规范意识，提高司法办案质量和效率。建立责任追究制度，对违反认罪认罚从宽法律文书制作使用规定，或因重大过失造成文书不规范，或对不规范文书多次提醒仍不整改的情况，严格依据相关规定追究责任，从而推进认罪认罚从宽法律文书规范化的落实。

[①]　樊崇义：《关于认罪认罚量刑建议的几个问题》，载《法制日报》2019 年 7 月 15 日第 3 版。

法律文书全景式教学研究

◉ 王翠霞[*]

在法学教育中，法律文书写作是一门重要的实践实训课程，注重培养学生的法学实践应用能力，将了解到的真实或拟制案件形成法律文书，进而运用法学理论表达自己的法律观点。这门课程是对学生综合能力的一种实践检验，强调实体法与程序法、法学理论与司法实务的有机结合。而这门课程如果纯从理论层面教学难免陷入机械的写作状态，简单的文书练习对于学生的能力提升收效甚微或者易流于形式主义。因此，我们特别强调在教学中给学生真实的案例材料，让学生用基础材料（或者由学生组织基础材料）写出真正融入个人法律思考与观点的法律文书。法律文书写作这种以案件统领一系列法律文书的流程式教学模式将理论层面与实务层面、法理方面与情理方面有机结合起来，师生共同深度思考法律问题，带着角色来写法律文书，不仅可以增强学生写作的兴趣，更可以提升学生的整体法律素养，培养应用型法律人才。

一、法律文书全景式教学模式的提出

（一）法律文书全景式教学模式的内涵

关于法律文书教学方法的研究，学界已经提出过很多方法，最常见的是依据教科书的设置，按部就班地进行教学，而现行教科书一般是以"总则分则"的形式设置，先是基本理论，而后是根据制作主体进行，往往是以司法

---

* 王翠霞，法学博士，山东政法学院刑事司法学院讲师。本文系"法律文书写作全景教学模式研究"之阶段性研究成果，项目编号 2017JYB002。

机关为主体推进，特别是公安机关、检察机关、审判机关、仲裁公证机构以及律师司法实务等来设置。这种教学模式适合教与学逐步推进，也很适合行政班制的教学。如能在教学中再辅之以动态的案件，则可能会增强学习的兴趣，让学生融入法律文书的写作过程中，而非简单地照搬一种写作模式，完成一项任务。学者们也为此展开了探讨，在教材的基础上，有的学者提出了实战教学方法（包括视觉实战、听觉实战、制作实战、应用实战等）①，有的提出了理论与实务并重的双重教学模式②，有的强调法律文书教学中的制作技能、法律思维与法律理念三大支柱③，有的提倡情境式案例教学方法（在案例中利用想象和模拟情境教学、包括角色演练)④，有的提出了案卷教学法（包括展示卷宗、模拟制作、作业点评等)⑤，等等，这些都是对法律文书教学的有深远意义的探讨，体现了教育者对于教学模式与方法的重视。还有很多学者从各种具体法律文书写作的角度提出了自己的观点，如艺术性语言在辩护词中的运用⑥、司法文书的法律表述问题⑦、法律逻辑思维的运用⑧等。

目前关于教学方法的研究已经较为深入，如单纯从刑事案例分析、卷宗教学等方面进行的研究；有学者研究过全景刑事案例分析，即在刑事案例分析课程中引入写实性案例，强调案例的全景事实展示，使学生接触到的信息是基本未经加工的案件"生活事实"，从而强化和提升学生法律推理和实务能力，克服法学毕业生由知识到能力转化的瓶颈效应。⑨

我们所提倡的以案件为基础的全景式教学方法，以个案的案件流程为教

---

① 梁秀波：《论以实战为中心的法律文书课程教学模式》，载《武警学院学报》2014 年第 1 期。

② 李雨：《法律文书课程教学模式改革反思》，载《黑龙江教育》2016 年第 11 期。

③ 肖晗、胡露：《法律职业资格考试改革背景下的法律文书学教学改革》，载《时代法学》2016 年第 6 期。

④ 刘洪华：《法学教育中情境式案例教学法研究——以〈法律文书〉教学为例》，载《韶关学院学报》2016 年第 7 期。

⑤ 徐振华：《论法律文书课程中的卷宗教学法》，载《西南政法大学学报》2016 年第 2 期。

⑥ 张清：《艺术性语言在辩护词中的体现》，载《政法论坛》2013 年第 2 期。

⑦ 石经海：《起诉书中"法律套语"现象的刑法反思》，载《中国刑事法杂志》2016 年第 1 期。

⑧ 吴婉霞：《逻辑思维在法律文书语言运用中的重要性》，载《齐齐哈尔师范高等专科学校学报》2011 年第 2 期。

⑨ 赵福江、辛宇鹤、王慧：《全景刑事案例分析理论与实务》，中国人民公安大学出版社 2011 年版，第 86 页。

学基本结构，从案件基础材料构建、案例情境创设、卷宗立体呈现到文书写作模拟、作业点评反馈与模拟演练等六个环节，实现个案法律文书的全程跟进。既要讲究基本的教学方法，又要注意文书的细节，如法律观点的表达方式、每一种法律文书写作的注意方面等。在教学中展现案件是如何形成的、如何推进的，特别强调教师的引领作用（建议有条件的情况下，教师有一定的司法实务经验）和学生的融入式学习。

这种流程式教学模式的构建及实施，为学生展现一种流程式的文书图景，可以让课堂成为学生的领地，教师起到引领作用，实现自主、合作、探究教学。因此，在全景展示教学中必然用到多种具体教学方法，如创设情境、卷宗展示、定性（案由）分析、逻辑论证等，以及一些具体的细节问题（如自首或累犯的认定、瑕疵担保责任的承担），在全景展示中均会涉及并且某些情况下成为争点问题，极大地调动了课堂气氛。

同时由于是教学方法的研究，必然涉及课程设置，对于法律文书教学，建议至少设置 36 课时（研究生阶段也需要锻炼写作能力），从高校设置法学课程体系来看，有的不单独设置法律文书课程，有的和法律实务、模拟法庭、法律诊所等实践课程一起讲授，而法律文书写作作为专门的独立性学科没有彰显其写作方面的重要性。结合国外一些教学来看，对此较为重视，例如美国耶鲁大学法学院在法律博士专业学位项目中将高级法律写作（Advanced Legal Writing）作为专业技能课程之一（占 3 个学分）。[1] 同时在大课堂环境下，也在探索大班法律写作教学模式（the model for teaching legal writing in large classes）中创造性和可持续性的方法（creative and sustainable approaches）。[2] 在法律文书教学中，传统的判例法教学和纯理论考试也逐渐转向注重经验学习和绩效考核方法（Law schools are shifting from traditional case law teaching and 100% final examinations in doctrinal courses to heightened focus on experiential learning and performance assessment—approaches that have

---

① 张秀峰、高益民：《美国法学教育中专业学位与学术学位人才培养模式比较研究——以耶鲁大学法学院法律博士和法学博士培养为例》，载《学位与研究生教育》2015 年第 9 期。

② Sherran Clarence, Latiefa Albertus: Building an Evolving Method and Materials for Teaching Legal Writing in Large Classes, Lea Mwambene in Higher Education (2014), pp. 839–851.

already been adopted in clinical legal education, legal writing, and skills-based courses.)。① 因此，建议法律文书课程的设置应体现出其独立性，并能够由专门的教师予以专门讲授，有条件的学校可以为教师提供时效性、典型性案例，或者组织教师到实务部门锻炼。

（二）法律文书全景式教学模式的意义

一是动态的文书呈现。就法律文书课程进行全景教学探索，基于案件形成的过程，全视角、多方位从实体到程序，立体呈现各个阶段、各个节点、各个司法参与主体的法律文书写作样态，以及写作中实体法与程序法的相互制约关系，探讨案件事实（法律事实与客观事实的区分）与法律适用的有机结合，让法律文书由静态结构变为动态建构，融入角色，亲身体验与感受并表达，使每一份法律文书成为学生自己的作品。

二是角色化文书写作。这种教学模式可以全面调动信息资源，激发学生发现问题、思考问题、解决问题的能力。学生可以有一种融入式的体验，根据具体法律文书的要求，于纷繁复杂的原生态事实中提取法律文书所需要的案件事实，全方位、多角度展开法律层面、法理层面、情理层面的论证，注重案件的内部证成（法律效果）与外部证成（社会效果）的有效结合，并在法律文书写作中思考人与法律的关系问题，真正将教书育人潜移默化在学习中。

三是深层次法律思考。其目标在于通过构建全新的教学模式与教案设计风格，在教学互动中提升学生的实践法律素质，培养理论与实务有效结合的应用型法律人才，打造法科学生的实践特色，依托学校法律文书教研室，量身打造法律文书课程。同时，注重在教学过程中德法交融教育思想的浸润，引导学生思考法律与人、法律与社会的关系以及法律人的使命问题。

四是体验式实战演练。体验式实战演练，是最锻炼学生法律文书应用能力的一个环节，从阅读基础材料、写作思考、写作练习到实战演练，把所思所写动态地呈现出来，不仅可以锻炼学生的法律表达，更是对所写文书的再思考。只有经过这个环节以后才会真正体会文书写作的含义、文书承

---

① Erika Abner, Shelley Kierstead: Innovation and Change in Professional Education, (2016), p. 103.

载的实践内容以及写作中应该注意的方面。而且在演练中，学生会主动根据案件的实际情况对文书予以变更，随时思考案件的具体法律适用，并修正自己的文书，而不是照本宣科地念文书，进一步提升了学生的实践应用能力。

二、法律文书全景式教学模式的构建

（一）法律文书写作全景教学模式的理论基础

法律文书全景教学模式的构建，是专门基于法律文书课程的而量身定制的，是在一系列教学理论的参考下提出的适合教与学的一种教学模式建构，从建构主义的认知学习理论以及强调以人为主的人本主义理论，并在此基础上结合法律文书课程的学科特点，融入法学的专业实践教学特色。

1. 建构主义理论

瑞士心理学家皮亚杰（Jean Piaget）是结构主义的代表，其认为认知结构是动态的发生发展过程。布鲁纳在结构主义的影响下，则提出了结构主义课程理论，虽然其主要是基于儿童或中小学的课程研究，但是同样在大学生中也有参考价值，在《教育过程》这本书中，他特意提出了"结构的重要性"，并强调教育过程的核心是"用基本和一般的观念来不断扩大和加深知识"。[1] 从结构主义到建构主义教育理论，虽然有所区别，但都强调知识结构。

建构主义理论要求学生为主体的知识建构并理解学科的意义，在课程教学中确实容易引起学生的学习兴趣，但是建构主义教学模式也引起了一些质疑，例如在时间有限的课程教学中这种建构教学的模式的学习成效较为弱化。[2]

比如专门就刑事案件的文书（刑事案件文书以公诉案件为例，可以贯穿

---

[1] ［美］布鲁纳：《教育过程》，邵瑞珍译、王承绪校，文化教育出版社 1982 年版，第 36 - 37 页。

[2] ［荷兰］保罗·基尔希纳、［澳大利亚］约翰·斯维勒、［美］理查德·克拉克、钟丽佳、盛群力：《为什么"少教不教"不管用——建构教学、发现教学、问题教学、体验教学与探究教学失败析因》，载《开放教育研究》2015 年第 2 期。

公检法司以及当事人的相关文书，如果学生是以民事法律知识结构为主体，则可以选取一个民事案例，从起诉到审判到申诉到抗诉的涵盖当事人以及法院检察院司法文书的全景教学）进行全景式实训教学，学练结合，促进教学效果。

2. 人本主义理论

马克思的人本主义思想强调人的全面发展，则在教学过程中应注重学生的个体认知价值。"人为法律之本"在法律文书实训教学的过程中体验法律如何通过人来施行，法律的运用离不开法律文书的制作，在运用中思考法律与人的关系问题，在对法律的运用中体会法治社会中人的回归问题。①

人本主义教学理论也是在此基础上发展起来的，如罗杰斯在临床心理研究的基础上提出的"非指导性"教学观，强调学生的主体地位和教师的客体地位，以学生为中心，致力于培养"功能充分发挥的人"。② 法律文书全景教学模式虽然以此理论为基础，但是强调在此基础上的教师的指导作用，适当地放权给学生，根据课程的设置，部分课时用来作理论教学，并且高效率地进行理论学习，部分课时用来进行实训教学，注重用适当的课时发挥学生的主体作用，如果完全放权给学生，在有限的课时学习时间内，学生可能难以掌握更多的理论知识，理论与实训的结合，方能让学生既学到知识又有一定的实训体验。

（二）法律文书全景式教学模式的基本结构

1. 全景式教学模式之科学建构

首先，从建构主义理论的意义上，让教师和学生明晓法律文书写作这门课程的学科属性。它是法学专业一门独立的课程（必修课程或选修课程），也是一门综合性课程，通常是法学专业的学生在学习了相关的法学基础课程（如宪法、刑法、民法、行政法等实体法和刑事诉讼法、民事诉讼法、行政诉讼法等程序法，以及法理学、法史学、法律逻辑等）之后进行的综合性实

---

① 李龙、魏腊云：《人本法律观：马克思主义法学中国化的重要成果》，载《湘潭大学学报（哲学社会科学版）》2007 年第 2 期。

② 史影、尹爱青：《从马克思到罗杰斯——人本主义教学观探析》，载《外国问题研究》2017 年第 2 期。

践实训课程，是对学生所学过的所有法学知识的一个实践检验。

其次，法律文书写作课程还包含着法学思想的传承。在文书写作的字里行间闪现着学生个体的法律思想，对法律的思考、对与法律相关的人（司法主体、当事人）的思考、对法治社会的思考等，从而对自己学习法律的目的作一反观，这是一种相互的作用力。如图 1 所示。

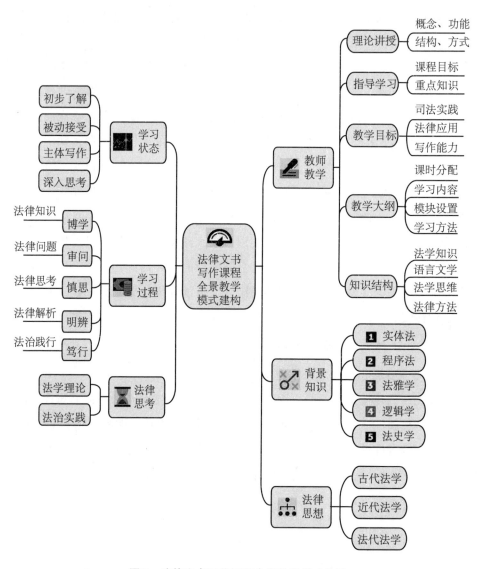

图 1　法律文书写作课程全景教学模式构建

2. 全景式教学模式之模块设置

全景教学模式的构建，包括专题教学下的法律文书整合（Integrated Legal writing）、案例情境创设（Creation of Case Situation）、卷宗立体呈现（Stereoscopic Presentation of Case Materials）、文书写作模拟（Simulation of Legal Writing）、作业点评反馈（Homework Comment and Feedback）与文书模拟演练（Simulated drill）六个模块，环环相扣（见图2）。

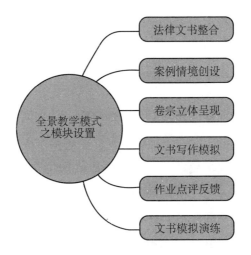

图2　法律文书写作课程全景教学模式之模块设置

考虑到案件的具体情况或者教学课时的设置，法律文书整合以及案例情境创设阶段可以改由教师来讲解，由教师将案卷材料形成中的问题点讲解出来，形成立体化卷宗材料。也可以灵活处理，如选取一组同学实践演练。

实战演练在任何一个阶段都可以，但是最好按照案件推进的流程进行选择。

首先，法律知识的复习准备。引导学生简要回顾学过的基本法律知识，如民事诉讼审判流程、刑事诉讼审判流程等。

其次，硬件环境的配备或布置。如果能在模拟法庭教室最好，而如果条件不允许也可以简单布置一下庭审场景，但是形式上需要正式些，如着法袍、检察服、律师袍等。

再次，安排演练。人数少的班级可以都安排上台演练，人数多的班级可以安排几组学生上台。通过实践教学，特别是将自己书写的文书在台上展示时会发现问题并及时调整，毕竟制作文书和将文书呈现出来是两个完全不同的过程。演练结束，审判组织制作判决书，也可以当庭宣判。

最后，再次点评反馈。分三个环节，一是其他同学就台上同学在庭审上的表现以及论辩的情况给出自己的评价及分析，二是台上学生进行自我点评，三是老师进行综合点评，同学们对照反观自己文书中的问题，进入互动阶段。

三、法律文书全景式教学模式示例——刑事案件

法律文书课程的设置，基于其实践实训的特点，必然体现教与学的互动，依托建构主义和人本主义理论，以学生为主体，发挥学生的主动性和案例情境创设。讲授过程中，结合课时与班级制的设置，注重共性与个性的结合，引导学生将已有基础法律知识予以整合筛选，并对给定材料或情境予以重组。学生最终形成属于自己角色的文书材料并在实训中运用，真正体现文书是法治运用的载体，并在运用中思考法律与社会问题。

（一）法律文书制作

1. 案件的原生态发生

教师在熟悉案件的基础上，综合归纳案件基本材料。刑事案件可以是承办机关情况、办案流程说明、证据清单及案情概述，若有视频资料可以先呈现视频资料。通常指导老师应当对案件有所了解，所谓原生态发生，是指引导学生针对发生了的案件进行思考，自己寻找应该制作的法律文书或者采取的相关措施。例如，指导老师讲述，发生了一个事情，则这个事情应该如何处理？在问答与讨论中发挥学生的主体作用，从法律的运用到具体办案的流程再到法律文书的制作，有一个切身的体验过程。以一个故意伤害的案子为例（见图3）：

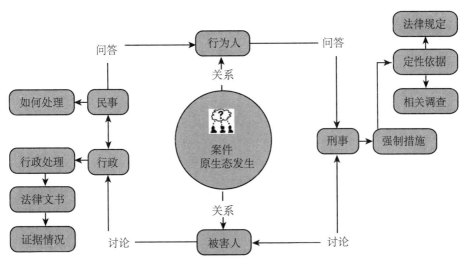

图3 故意伤害案件法律文书制作流程

为便于下一步的写作，可以一次性呈现至审查起诉期间的材料，准备情况如图4所示：

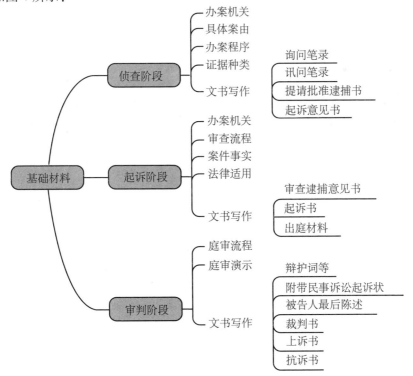

图4 故意伤害案件各阶段文书写作图

2. 基础法律文书演练

一个案件的案卷材料是如何形成的，可以让学生体验侦查过程中材料制作，则学生可以按角色分配进行侦查文书的写作。根据课堂安排，三人一组进行角色演练，形成小组性文书。选取比较重要的适合分组的相关文书进行演练，如询问/讯问笔录，可以生动形象地再现案件中的询问、讯问过程。对于笔录的制作，可以先由指导老师讲解注意的方面，而后由每个小组开始进行组织，也可以完全让学生来操作，包括权利义务的告知以及笔录的格式化要求等。以询问笔录的制作为例，如图5所示：

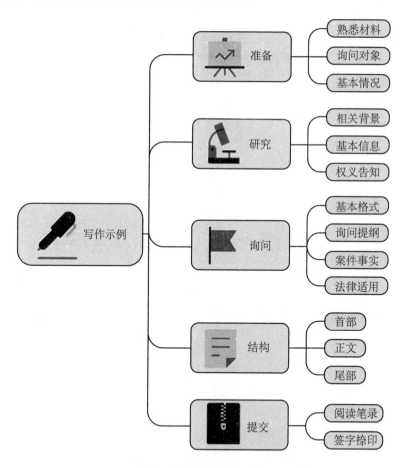

图 5　询问笔录写作示例

实践教学表明，此种方式的写作学生受益良多，在实践演练中，会思考很多问题，学生融入自己对案件的解读，查阅相关资料，将所学的法学理论知识运用在司法文书中，展现了较高的水平，对学生学习既是促进也是挑战。

3. 司法机关法律文书制作

此一阶段的法律文书是在前一阶段训练的基础上的进一步写作，也是跟进案件进程的一种方式。通常在法律文书的教学过程中，每一份法律文书的写作都给定的是不同的案件材料或事实，而全景教学模式的展现要求是一个案件的循序渐进的逻辑跟进，逐步地呈现出案件材料并最终在庭审上展示。这样对每一个案件的理解随着法律文书的写作而不断进行思考，让学生有一个完成一件作品或自己办理案件的体验，对每一份文书也有深刻的感受。

司法机关的文书可以直接进行提请批准逮捕书、逮捕决定书、起诉书以及到庭审阶段的出庭答辩提纲、公诉意见书，同时辅以辩护词、辩护提纲、被告人最后陈述等的写作，相得益彰。实践教学显示，此一阶段的写作非常重要，是学生对整体案件的把握，也会查阅各种参考文献作为佐证，真正写出了角色化的文书。同时这个阶段的文书点评也受到学生的重视，因为这个阶段的文书最为严谨，要求也比较严格，真正体现案件事实的写作与法律的适用。

（二）法律文书庭审演练

1. 庭审布置

建议有条件时在模拟法庭教室进行，体现法律的威严和庭审的庄重，如果不方便可以在教室里进行，但是需要模拟庭审现场，上台演练的与台下观众分开，摆好桌凳，着法袍、律师袍、检察服等，就学生感受而言，一次实质化演练比教师讲授多遍来得更深刻些。一方面是新鲜的着装，另一方面是新鲜的角色，还有庭审的表现，学生非常重视登台的机会，有的会在结束后拍照留念并积极和老师探讨相关问题。

2. 角色分配

根据案件的具体情况，分配角色，每个人就自己书写的法律文书进行庭审演练，并根据庭审的状况随时调整文书内容。实践训练中，发现学生们面对动态的庭审能够积极地作出应对，包括从法学理论到案件事实、从办案程序到证据质证等各个方面，调整自己原先的答辩或辩护思路，审判组织也会根据庭审的状况及时应对。法律文书经过庭审的演练收到了非常好的效果。

（三）文书点评

点评阶段是为了调动学生的学习积极性，可分为两种情况。

1. 学生自我点评

学生自我点评阶段首先是文书写作方面的点评，包括格式与内容两方面。其次是演练的学生对自己的台上表现进行自我点评。例如对于辩护词的点评，学生在与公诉人的辩论中会发现自己文书在定罪量刑、语言表达、法律分析、证据运用、应对答辩等方面存在的问题。

2. 指导老师点评

指导老师点评需要分层次进行，首先是总体点评学生文书写作的问题，包括格式和内容；其次点评庭审过程中出现的问题，包括举证质证提纲、辩护思路与答辩技巧、审判组织掌控庭审流程等；最后以此案例为契机，讲解文书如何写作。

法律文书写作全景教学模式倡导教师与学生用心去实践，全程式跟进案件，角色融入式的教与学，强调在学习中思考，在实践中锻炼，提升学生的法律应用水平。

法律文书写作的全景教学模式教学注重实践性和应用性，因此，在教学过程中强调教师的引导作用和司法实践能力，情境化的文书材料设置与立体化的文书演练讲解都对教师提出了很高的要求。同时，要求学生积极跟进和及时反馈，有条件的可以组织学生到司法实务部门进行实习，真正体验法律文书的应用价值。

2018 年中国法律文书学研究新进展

◎ 袁　钢　刘　薇[*]

2018 年是司法改革继续深入推进的一年，推进司法公开、透明，强化裁判文书说理仍然是司法改革的重要抓手，并获得了良好成效。2018 年作为人工智能元年，运用大数据等技术进行法律文书学相关研究成为热点。面对我国司法改革进程中出现的各种新问题新形势，2018 年法律文书学研究不仅延续往年传统，还立足实践，聚焦热点问题进行研究，取得了丰硕的成果。2018 年法律文书学研究总体上呈现以下四个方面的显著特点。

一、法律文书学研究多集中于裁判文书

（一）核心期刊研究成果

笔者在"中国知网（CNKI）"数据库中分别以"法律文书、裁判文书、公证文书、检察文书"为关键词、主题进行精确匹配检索，2018 年与法律文书学相关的期刊中来自北京大学《中文核心期刊要目总览》和南京大学"CSSCI"来源期刊的文章共 35 篇。如附录 1 所示，从中文核心期刊检索结果来看，涉及法院"裁判文书"的文章共有 33 篇，涉及"公证文书"的文章共有 0 篇，涉及"检察文书"的文章共有 0 篇，剩余 2 篇文章分别为对法律文书未来的发展展望以及关于司法文书的撰写研究。综上，裁判文书研究在 2018 年继续深受学者们的青睐，并有了更多的产出，呈现了更多优秀的作品。

---

* 袁钢，中国政法大学法学院教授、法学博士、硕士生导师、中国法学会法律文书学研究会常务副秘书长；刘薇，中国政法大学法学硕士研究生。

第一，2018 年法律文书学研究质量和数量均有提升，其中以裁判文书相关研究最为突出。

根据检索结果可知，2018 年核心期刊中收录的与法律文书学相关的论文共有 35 篇，较往年具有明显增长。其中涉及裁判文书的相关论文仍然在所有论文中占比最大，因而其数量也较往年更多。由此可见，学者们对于裁判文书的研究热情不减反增。从 2018 年核心期刊上发表的论文数量可知，法律文书学的相关研究在理论深度和质量上较往年都有明显提升：从研究内容来看，学者们对法律文书学的研究不再局限于文书公开、文书说理等传统研究方向，而是紧扣时代热点，立足司法实践，研究内容和方向更加开放并具有前瞻性。

第二，以裁判文书为研究载体进行实证研究，研究涵盖刑事、民事、行政与司法制度等领域法律问题。

近年来，随着裁判文书网上公开制度的不断成熟以及大数据技术的发展，通过互联网获取公开裁判文书作为实证研究样本并进行实证分析成为可能且越来越受学者们的青睐。2018 年，学者以裁判文书为样本进行实证研究不同于往年基本局限于刑事、民事法律问题，而是涵盖了包括行政、诉讼制度在内的多领域法律问题的研究，这说明运用大数据技术以裁判文书为研究样本进行实证研究的方法在法学研究中的独特功能和作用越来越受法学研究者的重视。

在刑事领域研究方面，学者基于我国目前 P2P 案件频发的现实状况，通过对 104 份相关刑事裁判文书进行实证分析，总结出我国目前司法实务中对 P2P 平台进行刑法规制时存在的问题：一是平台虚假宣传在司法解释和司法实践中未得到应有的重视。二是平台形成资金池后支配使用构罪与否界限不清：我国《网贷管理暂行办法》规定了网贷平台的"资金隔离管理"义务，但现实中具有完善的资金第三方存管制度的平台所占比例非常低。因此资金池形成后，网贷平台对资金池的支配使用在何种情况下构成犯罪在司法实践中并未形成共识。三是法条竞合时适用法条选择标准存在混乱：在 P2P 案件中，非法吸收公众存款罪与集资诈骗罪、集资诈骗罪与诈骗罪存在法条竞合，但司法实践中选择标准并不统一。基于以上 P2P 案件在实践中存在的问题，作者提出应确认 P2P 网贷平台构成非法集资犯罪以实施欺诈行为为必要条件、明确平台入罪须对吸收资金能够自由支配控制且事实上未按约定用途使用、排除法条竞合时适用普通罪名的情况，在对涉案 P2P 网贷平台进行刑事打击时，如果出现法条竞合的现象，应当恪守"特殊罪名"的原则，而不应当对涉罪平台的运营者以诈骗罪这一普通罪名定罪处罚的应对之策。①

如附录一 1—3 所示，除以上研究外还有学者通过对大量刑事裁判文书的分析，进行了完善毒品数量计算方式、刑事重典对遏制不同类型犯罪效果的比较等刑事法律问题的研究。

在民事研究领域，学者经过对大量民事裁判文书整理分析后发现，目前我国法院对于公司越权担保合同效力认定存在将商事外观主义与商事效率适用绝对化的倾向，过于偏重保护交易相对人的利益，而不问其交易主观状态的善意或恶意，忽视对公司及其股东的保护。因此作者基于这种司法实践中的现状并对公司内外法益平衡进行考量后提出根据《公司法》第 16 条、第 50 条的关联、商事交易谨慎的注意义务的规定，交易相对人在与公司担保交易中应负有合理的审查义务，且交易相对人是否尽到合理审查义务由相对人自己对此承担举证责任。② 还有学者对《侵权责任法》生效 7 年间有关环境侵权裁判文书进行实证研究发现，我国环境侵权司法实践中，无过错责任和因果关系的举证责任并未得到统一适用，损害后果也难以运用传统损害的形态和手段加以量化和救济，并在分析原因的基础上提出类型化构建环境侵权的规则体系、系统化构筑生态损害的救济体系的应对之策。③

如附录一 4—12 所示，除以上研究外，还有学者通过相关民事裁判文书的实证分析对视听传输技术作证的规范化、数人环境侵权、虚假诉讼的识别与规制等民事法律问题进行研究。

在行政研究领域，有学者通过分析审查行政规范性文件的相关裁判文书，总结出目前我国法院审查规范性文件的标准主要由三部分构成：一是审查规

---

① 叶良芳：《P2P 网贷平台刑法规制的实证分析——以 104 份刑事裁判文书为样本》，载《辽宁大学学报》2018 年第 1 期。

② 李游：《公司担保中交易相对人合理的审查义务——基于 458 份裁判文书的分析》，载《政治与法律》2018 年第 5 期。

③ 张宝：《环境侵权责任构成的适用争议及其消解——基于 4328 份裁判文书的实证分析》，载《湘潭大学学报》2018 年第 2 期。

范性文件制定主体的身份和权限；二是审查规范性文件的制定程序；三是审查规范性文件的内容，从依据性、一致性和抵触性三个方面进行考察。但这些标准只是在司法实践中司法机关在审理此类案件时形成的"默契"，在规范层面并未确定统一的审查规范性文件的标准，因此作者建议在当前情形下，若能够以指导性案例或者由最高人民法院出台司法解释的方式明确规范文件合法性审查的方法、要素和标准。对于提升我国司法裁判的统一性、公开性和可接受性以及对于《行政诉讼法》立法意图的实现，无疑会大有裨益。①

如附录一13—17所示，除以上研究外，学者还以行政裁判文书为样本对国家法与村民自治规范的冲突和调适、行政公益诉讼的启动标准、行政诉讼非法证据排除规则的适用等行政法领域的问题进行研究。

在司法制度领域，有学者通过对中国裁判文书网上2008—2016年裁判文书上网状况进行调查，并分析权威、市场化水平与公众信任三个外部因素对代表司法公开程度的上网率高低的影响。作者通过研究发现，以上三个外部因素中，权威对司法公开程度有直接影响，市场化程度与司法公开程度存在正向相关关系，而公众信任与司法公开程度不存在任何关系。从而可以得出司法公开程度受到多个因素的综合作用，司法公开程度是多因素共同作用的结果。最后作者提出本文的研究结论能够对未来司法大数据研究提供线索和方向：第一个方向是延续类型化研究路径，类似于传统教义学的研究路径，梳理某一个问题的不同类型处理方式或者说不同法院作出的不同类型判决；第二个方向是尽可能地寻找全样本做研究，并从中寻找某些统计意义上的规律和结论。②

（二）专业期刊研究成果

根据"中国知网（CNKI）"的"社会科学 I"中的"诉讼法与司法制度"收录的25种期刊中，除去已经被收录为北京大学《中文核心期刊要目总览》来源期刊的《人民检察》《法律适用》《国家检察官学院学报》《人民司法》

---

① 陈运生：《行政规范性文件的司法审查标准》，载《浙江社会科学》2018年第2期。

② 唐应茂：《司法公开及其决定因素——基于中国裁判文书网的数据分析》，载《清华法学》2018年第4期。

外，常见的法律专业期刊包括《中国司法》《中国检察官》《山东审判》《中国公证》《中国律师》《中国审判》《北京仲裁》《警察法学》9 种期刊。

笔者在 9 种专业期刊中进行法律文书相关检索，与法律文书相关的文章共 6 篇，就其内容分类而言，其中 2 篇与裁判文书有关，1 篇与公证文书相关，其余 3 篇为与检察文书相关的文章。

在裁判文书研究方面，有学者以刑事裁判文书为研究样本，探讨没收财产刑适用的困境与出路。作者通过对随机抽取的 200 份没收财产刑裁判文书进行梳理研究后得出没收财产刑在司法适用中的情况以及没收财产刑在司法适用中面临的困境：首先，没收财产刑适用面临法律障碍，各个法院对适用没收财产刑的内部规定存在差异，造成同案不同判现象、对于犯罪分子在判决生效之前并无财产的，容易造成空判、有的被告财产较多被没收的就多，从而造成事实上的不公平；其次，没收部分财产的对象仅限于货币，没收部分财产刑的刑罚意义与罚金刑没有明显差别，这与我国设立没收财产刑的立法目的是不相符的；再次，没收全部财产未保留必需的生活费用；最后，没收财产刑执行难，在执行财产刑中不仅析产难、实现成本大且执行到位率极低。财产刑实施的现实效果并不理想。对于上述财产刑存在的问题，作者认为，主要是由于我国刑事立法未对没收财产刑规定相应的实施细则，缺乏可操作性，公民财产信息制度不完善，司法机关配合不到位监督机制乏力导致的。因此作者提出公检法应坚持附加刑与主刑并重，罪犯权利保障与刑事追究并重的基本原则、限制财产刑适用范围并改变适用方式、建立财产调查和保全制度、强化没收财产刑的检查监督的应对之策。① 还有学者认为，我国目前刑事文书同质化现象比较严重，主要表现在两个方面：一是最高人民法院制定的"法院刑事诉讼文书样式（样本）"同质化，二是实践中各地各级人民法院制作的刑事裁判文书也存在同质化。而刑事裁判文书的同质化现象会给刑事诉讼法制建设带来危机：一是造成裁判文书和刑事审判程序相脱离，影响刑事审判程序功能作用的发挥，二是造成司法资源的浪费，影响司法资

---

① 张宏博、武天义：《没收财产刑适用的困境与出路探析———以 200 份没收财产刑裁判文书为研究样本》，载《中国检察官》2018 年第 9 期。

源的科学化、合理化配置。因此，有必要实现刑事裁判文书的繁简分流。作者认为，控辩双方在审判中的对抗程序是审判程序、裁判文书繁简分流的决定因素，审判程序类型是决定刑事裁判文书繁简分流的直接标准。因此应当将要式裁判文书适用于对抗程度较强的审判程序，将简式裁判文书适用于控辩双方就控诉事项达成合意的审判程序。①

在公证文书研究方面，学者从公证文书为何需要人文关怀、公证文书如何体现人文关怀、人文关怀如何融入公证文书三个问题出发论述"公证文书的人文关怀"这一命题。首先，公证文书需要充满人文关怀，这是因为：其一，具有人文关怀的公证文书是一项法治目标。公证制度的发展和改革根植于法制建设，有赖于法治环境、法治文化。公证应当积极投身于法治建设，践行"人本理念"的民法精神、保障公民权利。其二，具有人文关怀的公证文书是一项服务目标。公证是公共法律服务的重要内容，是公共法律服务体系的重要组成部分。国务院《关于推进公共法律服务体系建设的意见》指出，公共法律服务旨在保障公民基本权利，维护人民群众合法权益，实现社会公平正义和保障人民安居乐业。公证作为公共法律服务的重要内容，也要符合国家对公共服务、公共法律服务的定位和目标，融入国家治理秩序之中，追寻国家治理目标，并在此框架下彰显人文关怀。②

在检察文书研究方面，学者们更具问题意识。在新的时代背景下，学者们对检察文书在实践中存在的若干问题进行探讨并提出应对之策。具体关于检察文书相关的研究情况笔者将在下文详细论述。

二、法律文书撰写问题研究

（一）裁判文书说理研究

裁判文书说理不充分一直是我国法官在撰写裁判文书时为人们所诟病之处。随着司法改革进程的不断推进，裁判文书说理也越来越受到司法工作人员的重视，成为学者们关注和研究的重点。2018 年，学者对裁判文书说理研

---

① 王新清：《刑事裁判文书繁简分流问题研究》，载《中国检察官》2018 年第 5 期。
② 赵文兵：《论公证文书的人文关怀》，载《中国公证》2018 年第 3 期。

究的热情依然不减，呈现了许多优秀的作品。

近年来，学者们对于刑事、民事裁判文书说理研究已经取得了许多丰硕成果，而对于行政裁判文书说理方面的研究较少。由此，有学者以行政裁判文书为考察对象，探究如何实现裁判文书充分说理。作者指出，行政裁判文书说理的目标包括"增强裁判可接受性"，即说服他人的基础目标与在说服的基础上定分止争、案结事了，让每一个当事人在司法案件中感受到公平正义、塑造法律共同体，统一司法尺度，彰显社会公平正义，塑造司法权威、实现理论与实践之互证，发现问题，推进法治的更上一层的目标，并得出基于不同诉讼功能本身的特殊性，不同裁判文书的说理程度是相异的，也即诉讼功能是衡量裁判文书是否充分说理的唯一标尺。因此，对于如何实现行政裁判文书充分说理而言，首先就要对行政诉讼的功能进行定位。作者认为行政诉讼的功能除了解纷救济的功能之外，还有区别于民事诉讼、刑事诉讼的监督行政机关依法行政、塑造模范政府的特殊功能。基于行政诉讼的监督功能，作者指出行政裁判文书的说理内容就是对行政行为的合法性审查与合理性审查；监督充分说理的具体要素包括事理、法理、学理、情理、文理五个要素，同时要实现充分说理就必须使说理方法与功能相统一。最后，作者指出实现行政裁判文书充分说理的路径：其一，说理路径要从合法性说理延伸至合理性说理；其二，在说理内容方面引入行政法原理提升规范行政意识即在合法性审查中运用行政法原理强化论证效果，在合理性审查中运用行政法原理作出裁判结论；其三，在说理形式方面，要运用教育言辞提升模范行政意识并运用语言修辞增强裁判可接受性。[①] 党的十八届三中全会提出，要增强法律文书说理性，推动公开法院生效裁判文书。党的十八届四中全会提出，要加强法律文书释法说理，建立生效法律文书统一上网和公开查询制度。作为诉讼法律制度的组成部分，裁判文书说理制度也在司法改革的进程中逐步完善。但是现行规定较为分散，说理制度内容的可操作性还不够强，制度条款虚置的脸谱化特征比较明显，说理制度的效力高低不一，制度效力整体偏

---

① 孙海龙：《"充分说理"如何得以实现——以行政裁判文书说理为考察对象》，载《法律适用》2018 年第 21 期。

弱的特征比较明显。2018 年 6 月，最高人民法院《加强和规范裁判文书释法说理的指导意见》发布（以下简称《指导意见》），将裁判文书说理制度推进到一个新的阶段。该《指导意见》从总体上对裁判文书说理进行规制，对于裁判文书说理实践具有重要价值。但是该《指导意见》的宏观性特征必然需要相关配套制度的衔接与完善，因此，有学者以该《指导意见》的出台为契机，依据《指导意见》的规定对裁判文书说理制度的具体内容进行梳理，并对如何构建与完善说理制度的内外部机制提出应对之策。作者指出，法律精神与写作理念是裁判文书说理的双重属性，程序理性是裁判文书说理制度的本质特征。通过制度规范裁判文书说理，根本原因就在于其程序理性。无论是构建还是完善裁判文书说理制度体系，都应当尊重裁判文书说理的双重属性，都应当反映裁判文书说理制度的本质特征。因此，以程序理性的眼光观察《指导意见》，就可以更好地理解《指导意见》的体系和内容，更好地体会《指导意见》关于释法说理规定鲜明的系统性特征。以程序理性的视角观察《指导意见》可以得出在设计说理制度结构时，需要围绕说理的双重核心，将民事、刑事、行政裁判文书说理中具有共性的部分进行归纳，予以总体化和规范化的表述；将其个性化的部分进行分类，予以针对性和个别化的表述。即在说理制度体系中，既要有适合所有诉讼案件说理的共性规则，又要有针对不同类型案件说理的个性要求。此外，以程序理性的视角检视《指导意见》的实施效果，就需要把裁判文书说理的所有内容放在诉讼程序进程中考察。在解读《指导意见》的基础上，作者提出重塑说理内部机制与外部机制的路径。在重塑说理内部机制方面，作者提出具体阐述裁判文书说理的内涵与特征、明确细化裁判文书说理正义价值及说理标准的规定、全面具体地规定裁判文书说理的内容、解释裁判文书说理的基本模式、明晰裁判文书说理的基本架构五个方面；在重塑裁判文书说理外部机制方面，作者提出完善裁判文书说理的公开机制、完善裁判文书说理的权利保障制度、完善裁判文书说理的考核激励制度、建立裁判文书说理的评价制度四个方面。最后作者提出重构裁判文书说理制度关键在于厘清说理标准和评价体系，同时要注意与现行法律制度做好配套衔接工作，才能真正将裁判文书说理纳入规范化轨道，发挥裁判文书说理普遍而良好的法律效果与社会效果。① 我国"重实体、轻程序"的传统导致我国裁判文书中对程序性说理的忽视。在刑事司法改革背景下，程序性说理在死刑案件中不仅是贯彻以审判为中心诉讼制度的一个重要手段，也是促进有效辩护依法实现的一个关键举措。因此，有学者在分析我国刑事案件程序性说理发展不平衡、我国死刑案件程序性说理的主要障碍的基础上提出完善死刑案件程序性说理的四点建议：一是不核准死刑裁判文书现行全面公开，这一举措可以在最大限度上发挥"末端治理"优势，实质推动"以审判为中心"理念在死刑案件中的贯彻实施；二是明确程序性说理为必要条件，这一要求可以有效解决我国目前刑事裁判文书程序性说理不足的问题；三是改革现行审判委员会的运作模式，使审判委员会的讨论意见可供查阅并加强说理；四是促进程序正义与伦理观念的积极融合。② 有学者通过分析我国民事诉讼裁判文书说理不充分的深层次原因即民事诉讼司法审判对民事诉讼学术理论研究的迫切需要与民事诉讼司法实践之间存在一定距离的矛盾的基础上，提出要想有效突破我国民事裁判文书说理不充分的困境，应当将司法案例研究和法律评注研究方法与强化民事裁判文书说理改革相结合，倡导司法案例研究和法律评注研究相结合的民事诉讼文书样式实例评注研究方法。提出通过民事诉讼文书样式实例评注研究范式的本土化路径与方法研究，探寻文书样式和裁判要旨对民事诉讼案件审判中的诉讼行为、诉讼程序、案件管理、法律解释、法律适用等的规范指导作用。通过探究提升民事裁判文书判决充分说理的司法职业技能培育方法，进而论证推行法官员额制改革、司法责任制改革和审判权力运行制度改革后，司法综合配套改革应当如何引领民事诉讼裁判文书说理机制改革的发展方向。③

（二）法律文书撰写内容研究

增强裁判文书的说理性是我国司法改革追求的重要目标，在这一问题上学者和司法实务工作者都已经达成了共识。但是对于法律文书的撰写风格和

---

① 赵朝琴、邵新：《裁判文书说理制度体系的构建与完善——法发〔2018〕10 号引发的思考》，载《法律适用》2018 年第 21 期。

② 雷小政：《论死刑案件裁判文书中的程序性说理》，载《暨南学报》2018 年第 7 期。

③ 杨凯：《论民事诉讼文书样式实例评注研究的引领功用》，载《中国法学》2018 年第 2 期。

撰写内容这一问题主要体现在司法文书中是否可以出现文学叙事，在学术界和实务界尚未达成共识。因此有学者通过研究美国最高法院司法文献，以美国最高法院作出的对于美国同性婚姻具有重要意义的"奥博格菲尔"案的裁判文书为出发点，指出该案显示出形式逻辑和先例约束原则指导的法律推理，只能得出一个逻辑形式上合理的判决结论，而这样的判决结论在一些案件中往往偏离社会公众所普遍认可的共同价值。而文学性叙述的加入恰恰可以有效地克服这一缺陷。因为文学性叙事在司法判决书中具有修正和补充司法判决结果伦理立场的功能。因此，作者提出我国司法判决文书也应当引入文学性叙事的内容。但是作者同时也表明，文学性叙事不能取代法律逻辑分析在司法判决文书中的地位，而是仅仅作为一个辅助工具，但是重视文学性叙事在司法判决文书撰写中的作用，能够使司法判决文书符合法律形式逻辑推导结果的同时，具有坚实和丰满的伦理立场，使裁判文书既能够顾及法律认可的抽象价值和利益渴求，又能够兼顾案件当事人个体的并被社会所普遍认同的价值和利益渴求。[①]

三、检察文书研究呈现新发展态势

2018 年，检察文书研究成果较为丰硕。9 种专业期刊中，涉及法律文书学的文章共 6 篇，其中有 3 篇是与检察文书相关的文章。在内容上，学者们与时俱进，面对法治建设进程中出现的新问题、新挑战对检察文书的现状和未来展开更加深入和具体的思考，取得了丰富的成果。

2018 年最高人民法院和最高人民检察院联合发布《关于检察公益诉讼案件适用法律若干问题的解释》，使我国公益诉讼制度更加规范化，公益诉讼案件也随之增多。在此背景下，学者对检察机关办理公益诉讼案件时，现行运用的法律文书存在的问题以及改进进行了研究。作者指出目前公益诉讼法律文书存在以下问题：一是公益诉讼立案前的调查核实阶段没有相对应的法律文书。二是在公益诉讼立案阶段法律文书有疏漏，如在检察机关接受当事人对公益诉讼的控告，但因控告线索不符合启动公益诉讼条件时，缺少检察

---

① 张轶君：《司法文书中的文学叙事与判决伦理》，载《理论月刊》2018 年第 1 期。

机关可以适用的答复文书样式。三是调查阶段文书种类不足，现行公布的 16 种文书名为提起公益诉讼工作法律文书，其绝大多数是围绕向法院提起诉讼而涉及，针对检察机关立案后审查阶段的文书只有立案、终结审查等，从"立案"直接过渡到"终结审查"，审查措施均无文书支撑，与大多数公益诉讼案件的工作量不成正比，有本末倒置之嫌。四是文书设计定位不清晰，根据现有法律规定和相关精神指使，在公益诉讼中，检察机关要遵循"两造"的平等地位与平等的诉讼权利义务，也即检察机关在公益诉讼中享有法律规定的原告所具有的诉讼权利。但是目前检察机关所使用的法律文书存在定位不清的问题，也会影响到现阶段和今后的文书设计。五是现行法律文书设计不合理，现行法律文书存在着终结审查决定书适用范围有限、立案决定书对应文书不匹配、检察建议要特殊化处理等设计问题。六是文书的法律依据效力层次偏低。而造成上述各种法律文书问题的原因在于公益诉讼中检察机关的诉讼身份和地位的模糊以及严重忽视诉前程序的价值。最后作者提出"立、改、废、试"四个方面的建议，即尽快根据调查阶段现行法律文件已经赋予的调查措施配套相应法律文书、完善内部移送、指定管辖等文书、调整目前法律文书中的法律适用条款，根据法律规定的变化废止部分法律文书，根据司法实践的需要，对不具备强制他人财产人身效力的办案措施，允许各地及时创制新型法律文书。[①] 在员额制背景下，法官、检察官独立办案、独立承担责任。但是作为案件重要载体的检察法律文书因检察官受"重实体、轻程序"观念的影响导致检察机关终结类法律文书重判断轻论证，重结果而轻过程，这就导致了检察法律文书存在说理不充分、不清晰、不透彻的问题。而检察法律文书所具有的展现司法公正、拓展司法公开、培育法治精神的功能因上述问题的存在而大打折扣，从而引发更为严重的员额制背景下，检察官职责不清晰，责任难认定的问题。因此，作者指出要通过加强法律文书说理明晰员额制下检察官的职责，落实检察官的责任承担。检察法律文书说理要把握以下七点：一是检察法律文书说理应有所论证；二是检察法律文书说理应繁简适当；三是检察法律文书说理应准确把握争议点；四是检察法律文

[①] 杨飞：《公益诉讼办案中现行法律文书存在问题及改进》，载《中国检察官》2018 年第 9 期。

书说理应逻辑层次分明；五是检察法律文书说理应适当阐述法律适用；六是检察法律文书说理应语言规范；七是检察法律文书说理应注重实效。[①] 还有学者结合司法实践经验，对检察机关法律文书存在的三个问题进行了探讨。首先，作者指出检察机关法律文书具有三项不容忽视的功能：其一，检察机关法律文书是检察权的载体。任何权力都必须通过一定的形式展示，检察权也不例外，必须有自己的载体，而检察权的载体就是检察机关法律文书。其二，检察机关法律文书是检察机关的门面。检察机关法律文书要在诉讼中展示，供人们观看，阅读和使用甚至是批判，所以作为检察权载体的检察机关法律文书是检察机关的门面。其三，检察机关法律文书是检察机关诉讼历史的重要承载。历史是由时间堆砌的，检察机关诉讼历史是由检察机关法律文书记载和传承的。其次，作者对检察机关法律文书在实践中存在的一些问题做了简要论述，作者认为搜查应当有时间限制，搜查证应当标明进入非公共场所的时间段、搜查记录中参加搜查的人都应当填写名字、检察机关法律文书应当增强执行力。最后，作者对增强检察机关法律文书执行力的问题作了一些思考。他认为要增强检察机关法律文书的执行力首先要通过明确执行主体资格、明确法律文书的授权性、明确相应的法律后果等手段增强检察机关法律文书本身的刚性；其次要提高执法者的素质和能力，因为检察人员的素质将直接影响法律文书的执行效果；最后要迎接信息时代，充分发挥互联网、大数据、人工智能等现代信息手段为检察机关法律文书的规范发展助力。[②]

附录一　2018 年核心期刊中法律文书论文

［1］ 叶良芳：《P2P 网贷平台刑法规制的实证分析——以 104 份刑事裁判文书为样本》，载《辽宁大学学报》2018 年第 1 期。

［2］ 徐冉：《论毒品数量计算方式的完善——基于 98 例裁判的文本分析》，载《中国人民公安大学学报》2018 年第 6 期。

［3］ 曾婧婧、张阿城、童文思：《刑事重典对遏制不同类型犯罪效果的

---

① 陈兰、杜淑芳：《论员额制检察官背景下检察法律文书说理》，载《中国检察官》2018 年第 5 期。

② 李忠诚：《检察机关法律文书若干问题探讨》载《中国检察官》2018 年第 1 期。

比较研究——对拐卖妇女儿童和集资诈骗罪案件裁判文书的实证分析》，载《经济学动态》2018年第4期。

［4］李游：《公司担保中交易相对人合理的审查义务——基于458份裁判文书的分析》，载《政治与法律》2018年第5期。

［5］张宝：《环境侵权责任构成的适用争议及其消解——基于4328份裁判文书的实证分析》，载《湘潭大学学报》2018年第2期。

［6］李峰：《论视听传输技术作证的规范化——基于民事裁判文书的分析》，载《华东政法大学学报》2018年第5期。

［7］王邦习：《农地经营权入股的法律风险及其防控——基于全国依法公开相关裁判文书的实证》，载《农村经济》2018年第7期。

［8］晋海、邵波：《数人环境侵权案件实证研究——以中国裁判文书网499份裁判文书为样本》，载《环境保护》2018年第18期。

［9］贾志强：《微信通信信息取证问题实证探究——以相关裁判文书为样本》，载《出版发行研究》2018年第2期。

［10］郝晶晶：《我国当事人陈述制度的规则审视——以裁判文书为分析样本》，载《法商研究》2018年第4期。

［11］宋连斌、张溪瑶《我国涉外一般侵权法律适用的现状、特点及改进建议——基于93份裁判文书的实证研究》，载《江西社会科学》2018年第2期。

［12］唐仪萱、聂亚平：《专利无效宣告请求中止侵权诉讼的问题与对策——基于2946份民事裁判文书的实证分析》，载《四川师范大学学报》2018年第2期。

［13］汪敏：《中国机构养老服务的民事法律风险研究——基于567份裁判文书的整理与分析》，载《社会保障评论》2018年第5期。

［14］赵永巍、梁茜：《〈民法总则〉显失公平条款的类型化适用前瞻——从中国裁判文书网显失公平案例大数据分析出发》，载《法律适用》2018年第1期。

［15］陈运生：《行政规范性文件的司法审查标准》，载《浙江社会科学》2018年第2期。

[16] 胡昌明：《中国基层法院司法满意度考察——以民事裁判文书为对象的实证分析》，载《山东大学学报》2018 年第 5 期。

[17] 邢昕：《行政公益诉讼启动标准：基于 74 份裁判文书的省思》，载《行政法学研究》2018 年第 6 期。

[18] 张硕：《行政诉讼非法证据排除规则适用的困境与出路——以 218 份裁判文书为样本》，载《行政法学研究》2018 年第 6 期。

[19] 乔仕彤、毛文峥：《行政征收的司法控制之道：基于各高级法院裁判文书的分析》，载《清华法学》2018 年第 4 期。

[20] 于文豪、吕富生：《何为滥用政府信息公开申请权——以既有裁判文书为对象的分析》，载《行政法学研究》2018 年第 5 期。

[21] 胡若溟：《国家法与村民自治规范的冲突与调适——基于 83 份援引村民自治规范的裁判文书的实证分析》，载《社会主义研究》2018 年第 3 期。

[22] 唐应茂：《司法公开及其决定因素——基于中国裁判文书网的数据分析》，载《清华法学》2018 年第 4 期。

[23] 亓培冰、史智军：《京津冀协同发展背景下残疾赔偿金的裁判差异与趋同化研究——以京津冀三地样本法院的公开裁判文书为分析视角》，载《法律适用》2018 年第 3 期。

[24] 张华：《论指导案例的参考效力——基于 1545 份已公开裁判文书的实证分析》，载《甘肃政法学院学报》2018 年第 2 期。

[25] 张华：《女性生育权的司法保护状况考察——基于 543 份已公开裁判文书的实证分析》，载《西南政法大学学报》2018 年第 5 期。

[26] 韩树伟：《吐蕃契约文书之习惯法研究——以敦煌出土文书为中心》，载《西藏大学学报》2018 年第 2 期。

[27] 熊跃敏、梁喆旎《虚假诉讼的识别与规制——以裁判文书为中心的考察》，载《国家检察官学院学报》2018 年第 3 期。

[28] 孙光宁：《最高人民法院如何适用"法理"——基于相关裁判文书的分析》，载《湖北社会科学》2018 年第 8 期。

[29] 孙海龙：《"充分说理"如何得以实现——以行政裁判文书说理为

考察对象》，载《法律适用》2018 年第 21 期。

[30] 赵朝琴、邵新：《裁判文书说理制度体系的构建与完善——法发〔2018〕10 号引发的思考》，载《法律适用》2018 年第 21 期。

[31] 雷小政：《论死刑案件裁判文书中的程序性说理》，载《暨南学报》2018 年第 7 期。

[32] 马宏俊：《法律文书革故与鼎新》，载《政法论坛》2018 年第 6 期。

[33] 刘晨玥、李兵、吴卫星：《基于罪名相关成分标注的刑事裁判文书概要信息提取》，载《山东科技大学学报》2018 年第 4 期。

[34] 杨凯：《论民事诉讼文书样式实例评注研究的引领功能》，载《中国法学》2018 年第 2 期。

[35] 张轶君《司法文书中的文学叙事与判决伦理》，载《理论月刊》2018 年第 1 期。

附录二　2018 年专业期刊中法律文书论文

[1] 张宏博、武天义：《没收财产刑适用的困境与出路探析——以 200 份没收财产刑裁判文书为研究样本》，载《中国检察官》2018 年第 9 期。

[2] 王新清：《刑事裁判文书繁简分流问题研究》，载《中国检察官》第 5 期。

[3] 赵文兵：《论公证文书的人文关怀》，载《中国公证》第 3 期。

[4] 杨飞：《公益诉讼办案中现行法律文书存在问题及改进》，载《中国检察官》第 9 期。

[5] 陈兰、杜淑芳：《论员额制检察官背景下检察法律文书说理》，载《中国检察官》2018 年第 5 期。

[6] 李忠诚：《检察机关法律文书若干问题探讨》，载《中国检察官》2018 年第 1 期。

2019 年中国法律文书学研究新进展

◎ 袁　钢　钟小莲*

2019 年中国法律文书学研究与时俱进，紧扣时代热点，凭借信息化技术的进步，在实证研究、法律文书现代化智能化、释法说理等方面取得重大进展。新形势下，各领域问题凸显，法律文书学研究范围更加广泛，热点问题更加突出，呈现出蒸蒸日上的良好发展态势。

依托人工智能、数据化技术对海量裁判文书信息进行大数据分析处理，是数据化和法律文书融合的典型方式，其旨在利用现代技术手段解决法律文书制作等法律文书学研究的相关问题。在此背景下，一方面数据化、人工智能与法律文书学相结合的趋势为 2019 年法律文书学发展作出重大贡献。借助于裁判文书上网、精细化类案检索、类案推送等数据化技术，极大提高了审判和文书制作效率，使法律文书快速朝着高效化、精确化和统一化发展。另一方面数据化、信息化带来的负面影响也不可小觑，主要体现在刑事研究领域。近些年来，网络乱象频发，网络失序，给网络治理带来认定难、解决难的新问题。

一、法律文书更多成为实证研究的对象

（一）核心期刊的研究成果

笔者在"中国知网（CNKI）"数据库中分别以"法律文书、裁判文书、公证文书、检察文书"为关键词、主题词进行精确匹配检索，2019 年与法律

---

* 袁钢，中国政法大学法学院教授、法学博士、博士生导师、中国法学会法律文书学研究会常务副秘书长、理事；钟小莲，中国政法大学法学硕士研究生。

文书学相关的期刊中来自北京大学《中文核心期刊要目总览》和南京大学"CSSCI"来源期刊的文章共 73 篇。如附录 1 所示，从中文核心期刊检索结果来看，涉及法院"裁判文书"的文章共有 70 篇，涉及"公证文书"的文章共有 0 篇，涉及"检察文书"的文章共有 0 篇，其他 3 篇。根据检索结果，可发现与法律文书学相关的文章数量逐年攀升，其中以裁判文书为研究对象的民事和刑事领域的实证研究以绝对优势占领了法律文书学的研究高地。2019 年度，学界对法律文书学给予更多的关注，实证研究应用广泛，总体上呈现出以下特点。

第一，法律文书学研究以实证分析为主要研究方法。

检索出的文章中，以裁判文书为研究样本的文章有 69 篇，占检索出的文章总数的 94.52%，也即法律文书学研究热衷于采用实证研究方法。通过中国裁判文书网等公开平台选取层级丰富的、类型化的裁判文书作为样本，概括梳理出法律文书学的研究现状和实践特征，使其研究成果准确、真实可靠，在此基础上，厘清合适妥当的法律文书学发展路径并提出完善建议。此种研究方法在信息化的技术支持下，易获得且高效可靠，成为学者们研究法律文书学的热门选择。

第二，数据化与法律文书学相融合的相关研究迅速发展，成为 2019 年法律文书学研究的突出特征。

司法系统与人工智能、大数据的结合，形成新的司法态势，在推进司法改革的进程中，起举足轻重的作用。法律文书学的发展在很大程度上得益于数据化的发展。一方面，2019 年法律文书学相关文章数量急速增长，数据化和人工智能的应用功不可没；另一方面，正是因为数据化、人工智能对法律文书学发展的巨大推动作用，使得学者们前赴后继地投身于对二者融合的趋势、现状、存在的缺陷等问题的研究中并获得丰硕的成果。

第三，法律文书学研究对公益诉讼给予高度重视，尤其关注环境公益诉讼的研究。

民事公益诉讼、刑法附带民事公益诉讼以及行政公益诉讼等均在法律文书学研究的范围之内。检索结果显示有 7 篇与公益诉讼相关的文章，其中环境公益诉讼有 3 篇。有学者依据 151 份裁判文书样本进行分析，发现民事案件 98 件，占 64.90% ；刑事案件 14 件，占 9.27% ；行政案件 39 件，占 25.83% 。从当前的司法判例看，我国初步形成以民事案件为主，以刑事、行政案件为辅的公益诉讼体系。近些年来，公益诉讼案件呈现激增态势，适用范围以环境与消费两大类为主，但目前，我国仍处于公益诉讼制度的草创期，诉讼的形式化、侵权化、证明规则的依附化以及个体诉讼的缺位的矛盾关系等问题凸显。① 自 2018 年最高人民法院和最高人民检察院颁布了《关于检察公益诉讼案件适用法律若干问题的解释》后，我国行政公益诉讼司法实践开始步入正轨，环境行政公益诉讼也引起了一批学者的研究兴趣。如有学者通过多维度梳理 2018 年的 140 份环境公益诉讼案件判决书后，发现环境行政公益诉讼在地域分布、案件类型、胜率等多方面的特征，反映了当前的环境行政公益诉讼规范体系与法律依据日趋完善，制度设计日渐合理，但是也折射出环境行政公益诉讼的制度弊端，如与环境民事公益诉讼之间衔接不畅以及检察权与行政权的关系难以妥善处理等内生困境。为此，该学者认为，应当从规则设计和司法实践两个层面予以针对性完善，比如在相关立法或司法解释中增设检察机关必须提起环境行政公益诉讼条款，明确规定和列举检察机关必须提起环境行政公益诉讼的具体情形。② 因此，通过类型化的公益诉讼案件为分析对象，探讨和剖析我国当前的公益诉讼制度及其实施状况成为学者们的研究热点之一。

第四，法律文书学研究着重于法律文书制作和公开问题研究。

根据检索的结果分析，笔者发现检索出的 73 篇文章中，关于法律文书制作和公开问题的文章有 12 篇，其中关于裁判文书说理的文章有 7 篇，关于法律文书公开的文章有 3 篇，另有 3 篇是关于不同法律文书之间的对比研究。自 2016 年裁判文书上网规定实施之后，裁判文书上网公开的数量和比例都有明显提高。但是选择性公开、不及时公开现象依旧存在，因此有学者提议，继续升级裁判文书网，开发智能文书处理系统；把文书上传作为结案环节，在裁判宣告后即可上传文书；坚持普通用户自由、免费试用，允许商业机构

---

① 胡印富、张霞：《公益诉讼的司法图式及其反思》，载《山东社会科学》2019 年第 12 期。

② 刘超：《环境行政公益诉讼的绩效检视与规则剖释——以 2018 年 140 份环境公益诉讼判决书为研究样本》，载《甘肃政法学院学报》2019 年第 6 期。

公平、有偿获得文书数据；适时制定法律，巩固和推进全面司法公开。① 法律文书的规范化对于司法公信力、审判权的恰当行使均有重要意义。实践中，法律文书的制作，尤其是裁判文书的制作仍存在问题，如事实认定不充分、事实分析和法律论证脱节、说理不当和说理不充分等。有学者就裁判文书如何说理提出针对性建议，即裁判文书说理要符合合法合理原则、层次性原则、针对性原则、差异性原则四个基本原则，要做到事理、情理、法理、文理的统一，也要反映法律论证的基本结构与内容，同时还要在内部证成和外部证成的层面上开展，进行符合证据规则的事实认定和正确的法律适用，恰当运用裁判依据与裁判理由。②

第五，法律文书学研究范围愈加广泛，涵盖了民事、刑事、行政等领域的法律问题，并以民事和刑事裁判文书为主要研究方向。

在民事研究领域，相较于 2018 年而言，2019 年法律文书学在民事研究领域的成果更加显著，数量有较大幅度提升，涉及的内容纷繁复杂。其中包括专利创造性中辅助判断因素的价值分析、著作权合理使用的认定要素的实践探究等知识产权内容，亦包括如附录一第 4—20 项所示的，提供劳务自然人造成意外伤害的法律适用、变更诉讼请求的标准、民间借贷虚假诉讼、股东知情权、合同解除权行使的合理期限、超额利息抵扣问题等内容。

在刑事研究领域，对信息网络犯罪、涉毒类犯罪、非法证据排除、刑事裁判文书制作以及其他单个罪名的实证研究是法律文书学主要的研究内容。检索出的 25 篇与法律文书学相关的刑事领域的文章，占核心期刊检索结果数量的 34.25%，在 2019 年法律文书学发展史上添上了浓墨重彩的一笔。在"互联网＋"的大数据时代背景下，由互联网衍生出的违法犯罪活动日益高发，刑法介入成为规制互联网相关犯罪的有效手段。刑法学界对于互联网犯罪活动的研究讨论不绝于耳。有学者提出，为了更好地管控互联网金融过程中出现的种种乱象，如对 P2P 网络借贷行为的规制，在金融市场安全与效率

---

① 杨金晶、覃慧、何海波：《裁判文书上网公开的中国实践——进展、问题与完善》，载《中国法律评论》2019 年第 6 期。

② 雷磊：《从"看得见的正义"到"说得出的正义"——基于最高人民法院〈关于加强和规范裁判文书释法说理的指导意见〉的解读与反思》，载《法学》2019 年第 1 期。

价值的取舍间，基于刑法的谦抑性特点，刑法的介入应当合理、规范，不应立即"大刀阔斧"，也不宜"过度谦抑"，而应当在尊重金融发展的经济规律基础上，采用从客观到主观的分析进路，不断推进互联网金融发展过程中的透明化和规范化。① 涉毒类犯罪主要研究了混合毒品的认定方式和容留他人吸毒定罪规则、毒品数量计算，毒驾情节对案件定罪的影响。有学者通过对200份裁判文书样本进行分析，发现司法实践中对混合毒品数量的认定常引起争议，该文章揭示了当下毒品数量认定规则与司法实践中所存在的不足，并在此基础上，就混合毒品的数量认定方式的完善提出对策建议。② 自2012年《刑事诉讼法》修订以来，非法证据排除制度一直备受关注。2019年有学者以裁判文书为研究对象，以证人证言类证据和被告人供述为切入点，研究申请排除和决定排除涉及的具体情形、法院的审查规律等，观察排除规则的适用范围和适用效果。③ 刑事裁判文书制作研究和单个罪名的实证研究，如刑事裁判说理中的"常理"、故意杀人罪的形式处罚实证研究、重大劳动安全事故罪的司法逻辑、我国拐卖妇女犯罪特点及治理策略、女性侵占资产舞弊问题调查分析、幼儿园虐童行为生成与法律介入研究等在刑事研究领域也占有一席之地。

在行政研究领域，相关文献数量较少，包括规范性文件的审查、行政批示可诉性、环境行政公益诉讼、权利清单的法律属性、关于网络诽谤刑法规制的合宪性调控、法治政府的司法指数研究等，总而言之，行政研究领域的法律文书学研究尚需进一步发展，有待于扩大研究范围和深化研究深度。此类研究中，关于行政批示的可诉性问题，行政批示作为行政机关的一种过程性、阶段性或内部性行政活动，在实践中，只有少数情形可以被纳入行政诉讼的受案范围。在学理上，有学者将此类行政批示定性为一种"形式性行政行为"，通过考察中国裁判文书网收录的涉行政批示案件，提出在具体的审

① 邓超：《互联网金融发展的刑法介入路径探析——以P2P网络借贷行为的规制为切入点》，载《河北法学》2019年第5期。

② 彭景理：《混合毒品数量认定方式之完善——基于200分裁判文书的考察》，载《中国人民公安大学学报》2019年第5期。

③ 侯晓焱、邢永杰：《我国证人证言排除的刑事司法实务观察》，载《国家检察官学院学报》2019年第4期。

查起诉过程中，从行政批示内容的涉及相对人权益、法律效果的直接性、形式的明确性和职权外化等方面综合判定行政批示的可诉性。①

在司法制度领域，聚焦于人工智能在司法体系中的应用研究。目前，数据化技术的进步使得应用于法律文书的技术也不断被开发应用。如针对有关食品安全领域的裁判文书分类的问题，有学者提出一种结合 Self-attention 机制和 BLSTM（bi-long short-term memory）网络的分类方法，该方法使用自训练注意力机制，对向量化的文本进行加权表示，从而对裁判文书中的重要特征重点关注;② 再如有学者通过分析法律文书的事实描述和法条的具体司法解释，挖掘司法文书事实描述部分的特征，提出了基于多模型融合的法条推荐方法。

此外，有关法律文书学的其他研究领域也在 2019 年获得了发展。如污染环境罪司法适用中对教义学立场偏离之反思、案件名称包含"档案"的裁判文书数据呈现与思考等。跨领域研究方面，如修辞学与法律文书、认知科学与裁判文书、社会主义核心价值观与法律文书等，也有可观的发展趋势。

（二）专业期刊的研究成果

根据"中国知网（CNKI）"的"社会科学 I"中的"诉讼法与司法制度"收录的 25 种期刊中，除去已经被收录为北京大学《中文核心期刊要目总览》来源期刊的《法律适用》《国家检察官学院学报》外，常见的法律专业期刊包括《人民检察》《人民司法》《中国司法》《中国检察官》《山东法官培训学院学报》《中国公证》《中国律师》《中国审判》《北京仲裁》等期刊。笔者在这些专业期刊中进行法律文书相关检索，与法律文书相关的文章共 33 篇，就其内容分类而言，其中 27 篇与裁判文书有关，3 篇与公证文书相关，其余 3 篇为与检察文书相关的文章。

与检索出的核心期刊结果类似，专业期刊的结果显示，法律文书学研究也集中于基于裁判文书为样本的实证研究，且内容丰富，不仅涵括了法律文

---

① 邓炜辉：《行政批示可诉性：司法图景与标准判定——基于我国法院相关裁判文书的规范考察》，载《政治与法律》2019 年第 1 期。

② 姜同强、万忠赫、张青川：《基于双向长短期记忆网络和自注意力机制的食品安全裁判文书分类方法》，载《科学技术与工程》2019 年第 29 期。

书的制作（附录二第 1—11 项）、法律文书公开（附录二第 12 项）、信息化与法律文书学相关研究（附录二第 18—21 项）、公益诉讼（附录二第 24—25 项）等内容，还包括承认与执行外国仲裁裁决司法审查期间财产保全问题研究、夫妻共同债务认定的立法建议、金融监管领域司法审查的困境与出路等民法、刑事和其他领域的内容，尤其集中于刑事研究领域。相比于 2018 年，2019 年与法律文书学研究相关的专业期刊文章数量大幅度增加，可以观察出学界不断拓展法律文书学的研究范围、边界和深度，深入探究法律文书改革所产生的影响和未来发展趋势。

二、法律文书自身问题研究有序展开

法律文书作为当事人和法官之间沟通联系的纽带，对提高司法公信力和实现公平正义具有重要意义。高质量的法律文书将会提高民众对文书的可接受度，从而提升社会评价，达到定分止争、服判息诉的良好效果。实践中，法律文书的制作仍存在诸多问题，需要不断研究剖析以探寻针对性的解决对策。

（一）法律文书制作研究

不同类型法律文书制作研究在不断地深入。有学者为知识产权技术类裁判文书的制作提出了规范意见。该学者对知识产权技术类裁判文书的逻辑性，认定证据与查明技术事实之间的关联性、说理制度的正当性等方面提出了相关建议，她认为在知识产权技术类案件的审理中，对与涉案权利无关的技术事实进行有效筛选，是准确适用法律、解决争议、提高审判质效的前提。[①]

近年来，随着进入法院的诉讼案件数量急速增加并一直保持高位运行的态势，提高审判效率成为解决案多人少矛盾的当然路径选择。全国许多法院都在积极探索民事案件要素式审判法，即在审理民事案件时采用要素式庭审模式与要素式裁判文书。但适用实践中存在着适用率不高且运用效果参差不齐的情况，据此，有学者为解决有些法官对要素式庭审方法的原理不甚了解的现状问题，介绍了要素式庭审模式的适用原则及其实质精神、改进与操作，

---

① 罗霞：《知识产权技术类案件裁判文书的撰写》，载《人民司法》2019 年第 22 期。

以及繁简分流机制中的要素式裁判文书的特征，并且提出了要素式裁判文书样式优化设计的方案，即要素式裁判文书的结构安排，必须回应要素式庭审方式并与其结合。具体而言，要素式裁判文书要围绕具体的案件要素，对其中无争议的案件要素或事实用一句话概括，而对有争议的案件要素，简要表述双方意见或举证、质证以及法院认证的理由和依据，排除使用阿拉伯数字对案件要素进行列举。实现裁判文书制作上的简化与高效。①

同时，裁判文书的制作是一个系统、严谨的过程，但是难免会出现错误，这是一个无法避免的问题。当裁判文书出现程序性或者实体性错误时，法律和司法解释已有明确规定，可以利用二审或再审程序纠正，但是对裁判文书中出现瑕疵该如何纠正，法律和司法解释没有作出权威、系统的规定和统一的标准。有学者以有瑕疵的行政判决书作为样本，分析探讨法律文书瑕疵救济方式。该学者尝试将裁判文书瑕疵纠正方式分为"补正"与"更正"两种形式，对明显轻微的瑕疵类型适用补正措施，对一般瑕疵和重大明显的瑕疵类型采取更正的救济方式。

此外，法官裁判思维对刑事判决可接受性影响、司法裁判的伦理修辞进路等法律文书制作的要素内容研究，也是 2019 年法律文书制作研究的重要部分。

（二）法律文书说理研究

法律文书说理研究的发展在 2019 年呈现出欣欣向荣之势。最高人民法院于 2018 年出台了《关于加强和规范裁判文书释法说理的指导意见》，进一步强化了裁判文书释法说理的内容，其目的就是通过展示裁判结果形成的过程和论证裁判理由的正当性，提升群众内心对裁判的认可度，达到司法判决的法律效果、社会效果和政治效果的有机统一。②

根据检索出的有关裁判文书的说理问题的文章，可以总结出三种研究方向。

---

① 滕威：《要素式审判方法之改进及其运用——提升民事庭审与文书制作效率的新思路》，载《人民司法》2019 年第 10 期。

② 付建国、宣璇、张伟：《家事裁判文书说理新模式的重构与规制——以家事审判试点法院 100 份判决书为分析对象》，载《人民司法》2019 年第 19 期。

一是依托于司法制度背景等理论研究来探讨裁判文书说理，如《刑事裁判说理中的"常理"》《从"看得见的正义"到"说得出的正义"——基于最高人民法院〈关于加强和规范裁判文书释法说理的指导意见〉的解读与反思》。

　　二是从法律技术和方法层面探讨关于裁判文书说理过程中法律方法的适用。如《我国司法判决说理修辞风格的塑造及其限度——基于相关裁判文书的经验分析》，从修辞论证的角度，观察法律文书说理的表达方式，有助于人们跳出形式逻辑的桎梏。我国司法判决说理的风格具有深层的社会原因和制度原因，其发展又受到现实环境、科层体制、司法习性等因素的制约。作者认为尽管在当下的司法实践中，新风格判决尚显稀缺，但随着内外部激励条件的变化和经验的积累，法官适当运用修辞来改善说理风格，仍是一个可欲的趋势。但面对听众对裁判结果公正性的渴求，法官对判决新风格的追求应该持审慎态度，遵循表达正义的基本要求，在塑造判决风格的"事理、法理、情理、文理"四个维度时，必须把握说理的修辞限度，以法理为尺度，通过理性的法律论证，提升判决说理的质量品位，提高裁判的正当性。①

　　三是结合社会科学分析方法对裁判文书说理进行实证研究。如《家事裁判文书说理新模式的重构与规制——以家事审判试点法院 100 份判决书为分析对象》《心证过程：认知科学助力裁判文书充分说理论要——以 W 高院1394 件改发案件裁判文书为实证分析样本》，通过对相关的裁判文书进行统计分析可以更加直观地挖掘裁判文书说理存在的问题，从诉讼理由、说理要素等进行实证分析，解释问题，提出修正路径。有学者以裁判文书说理的事实认定为分析对象，从民事判决事实认定说理存在的结构性问题入手，提出符合民事诉讼逻辑的事实认定说理改革路径。②

　　2019 年有关裁判文书说理研究文献的数量之多反映出法律文书说理研究热度不减，尤其是民事裁判文书的说理研究。研究内容主要是归纳中国法律

　　① 王聪：《我国司法判决说理修辞风格的塑造及其限度——基于相关裁判文书的经验分析》，载《法制与社会发展》2019 年第 3 期。

　　② 谭中平：《民事判决事实认定说理的结构性改革——基于事实认定与法律适用关联性说理的视角》，载《人民司法》2019 年第 4 期。

文书说理的现状、问题后，为未来的判决说理的发展提出了切合时弊的建议。民事裁判文书说理中最为显眼的是家事裁判文书说理。婚姻家庭关系既是法律关系又是伦理关系，家事纠纷中主要当事人之间具有显著区别于其他纠纷的特殊人身关系。家事裁判文书核心在于强化说理促成家事关系的修复和对结果的接受。但目前家事审判方式改革和相关文书写作规定并未对家事裁判文书说理问题予以规范并作出特殊性的说明，家事裁判文书说理的特殊性及重要性未在文书中予以凸显，致使实践中产生了说理篇幅臃肿化、论据引用主观化、说理模式单一化[①]等诸多问题。因此，其主要研究内容为通过数据统计分析，以其特殊性为基点，寻找家事裁判文书说理实践中存在的问题，分析其成因，提出规制方案。在家事裁判文书说理规制上，有学者提出了重构家事裁判文书说理三段论与法官寄语二维模式，在说理部分坚持最新裁判三段论推理结构的同时，将法官寄语纳入裁判文书整体框架之中，并建立相应配套机制对其加以适当规制。该学者认为，妥善运用法官寄语，不仅能有效弥补裁判文书说理的严肃性，还能在法言法语之外适当增加感动、规劝和引导等内容，从而感化当事人主动承担家庭责任，维护家庭和谐。

三、法律文书更多类型受到研究关注

（一）公证文书新发展

1998 年开始，司法部持续性地组织和实施了公证文书改革。有学者将改革历程分为三个不同的历史时期：整合、统一与调整充实——定式公证书时期；走向改革——要素式与定式公证书并行时期。2000 年国务院批准《关于深化公证工作改革的方案》，中国公证改革全面启动。2001 年 1 月 1 日起，依据司法部的相关规定，全国各公证机构首先对保全证据、现场监督、合同、继承、强制执行公证书全面推行使用要素式公证书格式，并开展出具法律意见书业务。由此，中国公证人迎来了前所未有的公证文书改革时期，即由定式公证文书向要素式公证文书的转变。要素式公证书告别了公证证词千篇一

---

①　杨杰：《家事裁判文书说理存在的问题及其成因》，载《辽宁公安司法管理干部学院学报》2019 年第 5 期。

律的思维定式，其必须根据不同公证事项的不同法律特征来确定公证书的真实性、合法性所需的不同基本要素，采用不同的方式予以查清证实，最终依照法律作出有可靠证据力的要素式公证书证词，做到认定事实准确、适用法律得当。在实质上，要素式公证书格式突破了传统的公证书格式，而更接近于一份公证书的写作纲要。① 公证文书的这一改革对于实现公证文书制作的规范性、高效性与中国公证事业长远发展具有进步意义。

按照目前法律规定，公证债权文书的执行由被执行人住所地或者被执行的财产所在地人民法院管辖。然而，随着信息技术、交通通信等的发展，人员流动频繁，无论是被执行人住所地还是被执行财产所涉地域遍布全国，而且，财产形式日趋多样化，存放财产的机构日益复杂化，现有公证债权文书执行的有关规定难以解决执行地域分散、执行成本高的问题。为满足现实执行工作需求，发挥互联网时代下强制执行公证的制度优势，北京市中信公证处课题组从公证债权文书执行管辖的法律研究入手，以逐渐兴起的网上赋予债权文书强制执行效力公证为突破点，对在网络化、"互联网＋"背景下公证债权文书执行管辖问题进行研究，并提出结合网络赋强公证的案件数量、执行标的、执行方式特征，建议最高人民法院通过指定管辖或者约定管辖的方案试点先行，完善网络赋强公证债权文书的执行管辖，再逐步扩大至全部公证债权文书的执行管辖。② 此外，涉及信息化背景下虚拟财产案件中的公证服务的研究颇为引人注目。

（二）检察文书新发展

检察法律文书作为检察机关办案的重要载体，发挥着重要作用。2013 年10 月，全国检察机关统一业务应用系统在全国全面部署使用，实现了案件的网上办理和数据管理。为适应司法体制改革和信息技术发展潮流，该系统先后四次进行升级完善。但随着信息化应用的不断深入，检察文书应用在新形势下不断出现新情况新问题，因而，加强对信息化条件下检察法律文书应用

---

① 薛凡：《公证改革视野中的公证文书改革》，载《中国公证》2019 年第 8 期。
② 北京市中信公证处课题组：《公证债权文书执行管辖的法理研究与制度完善》，载《中国公证》2019 年第 8 期。

新特点、新趋势、新方法的研究尤为必要。

有学者以检察法律文书发展现状为基础，围绕信息化条件下法律文书的发展趋势问题进行探讨。信息化条件下检察法律文书呈现出文书功能日趋细化、文书作用日益凸显、文书种类不断增加、文书与信息技术逐步融合的新特点，该学者提出检察法律文书应用改革设想，即实现检察法律文书和案卡的逐步融合、逐步取消内部工作文书和检察机关内部法律文书、实现法律文书电子化交换、改进电子印章应用方式等。①

也有学者从具体层面上考察检察文书的发展现状。如对某市应用系统中2018 年部分检察业务的法律文书进行了巡查，发现通知书、告知书等权利保障类文书存在未按法律规定及时制作、自动生成文书信息未进行核实修订、法律文书公开版内容屏蔽不规范、文书未在网上用印打印等问题，并提出要适应新型办案需求，固强补弱提升综合业务水平；加强对文书规范的监督把关。② 检察法律文书的信息化发展趋势，使得检察法律文书可以利用数据化技术，去繁存简，去冗存精，实现文书制作、公开等方面的高效化、准确化，促使其在信息时代中发挥更精准、更关键的作用。

附录一：2019 年核心期刊中法律文书论文

[1] 黄国群、熊玲潇：《专利创造性中辅助判断因素的价值分析及我国相关实践》，载《电子知识产权》2019 年第 9 期。

[2] 闫玲玲、邓香莲：《我国司法实践中的"著作权合理使用"认定要素探究——基于中国裁判文书网的实证分析》，载《编辑学刊》2019 年第 4 期。

[3] 王一璠：《著作权权利"兜底"条款的解释适用——基于 398 份裁判文书的类型化》，载《中国出版》2019 年第 23 期。

[4] 申琦：《重"私有领域"轻"个人信息"：我国网络隐私权保护的司法困境》，载《出版发行研究》2019 年第 2 期。

---

① 侯建刚、罗伊淋：《信息化条件下检察法律文书发展趋势》，载《人民检察》2019 年第 23 期。

② 陈兰、杜淑芳：《检察法律文书实务分析报告》，载《中国检察官》2019 年第 19 期。

〔5〕李婷婷、张明羽：《信息社会的隐私权利主张与司法回应——基于隐私侵权案由裁判文书的内容分析》，载《国际新闻界》2019年12期。

〔6〕杨秀清：《互联网法院定位之回归》，载《政法论丛》2019年第5期。

〔7〕毕军、高佩琪、周云春：《长三角环境功能损害赔偿制度现状、问题及对策研究》，载《环境保护》2019年第5期。

〔8〕胡印富、张霞：《公益诉讼的司法图式及其反思》，载《山东社会科学》2019年第12期。

〔9〕蓝寿荣：《民间借贷虚假诉讼的逆向选择与司法应对》，载《政法论丛》2019年第1期。

〔10〕吴桐、胡大武：《提供劳务自然人造成意外伤害的法律适用研究——基于〈侵权责任法〉第35条后半句适用的统计分析》，载《社会科学研究》2019年第6期。

〔11〕闫仁河、高亚春：《论形成判决视角下的买卖合同撤销》，载《求是学刊》2019年第4期。

〔12〕任重：《释明变更诉讼请求的标准——兼论"证据规定"第35条第1款的规范目的》，载《法学研究》2019年第4期。

〔13〕徐瑶、陆宇榕：《健身俱乐部会员猝死事件中安全保障义务法律分析——以中国裁判文书网36份裁判文书为样本分析》，载《广州体育学院学报》2019年第2期。

〔14〕高丰美、丁广宇：《合同解除权行使"合理期限"之司法认定——基于36份裁判文书的分析》，载《法律适用》2019年第22期。

〔15〕石钰：《超额利息抵扣问题实证分析——基于第三巡回法庭辖区内107份裁判文书的整理分析》，载《法律适用》2019年第22期。

〔16〕张力毅：《被保险人危险增加通知义务司法适用之检讨——基于277个案例的裁判文书之分析》，载《政治与法律》2019年第6期。

〔17〕陈洪磊：《有限责任公司股东知情权行使中的利益衡量——基于〈公司法解释四〉实施后的291份裁判文书的整理分析》，载《法律适用》2019年第16期。

　　[18] 江保国：《两岸民事判决相互认可和执行实证研究：兼论互惠不均衡状态之克服》，载《法学评论》2019 年第 4 期。

　　[19] 占善刚、刘洋：《部分请求容许性的"同案不同判"及其规制——基于 107 份裁判文书的文本分析》，载《华东政法大学学报》2019 年第 2 期。

　　[20] 周明：《"热"与"冷"：帮助信息网络犯罪活动罪的司法适用图景——基于 72 份刑事裁判文书的实证分析》，载《法律适用》2019 年第 15 期。

　　[21] 姜金良：《法益解释论下非法利用信息网络罪的司法适用——基于〈刑法修正案（九）〉以来裁判文书样本的分析》，载《法律适用》2019 年第 15 期。

　　[22] 邓超：《互联网金融发展的刑法介入路径探析——以 P2P 网络借贷行为的规制为切入点》，载《河北法学》2019 年第 5 期。

　　[23] 胡铭：《电子数据在刑事证据体系中的定位与审查判断规则——基于网络假货犯罪案件裁判文书的分析》，载《法学研究》2019 年第 2 期。

　　[24] 郑海平：《网络诽谤刑法规制的合宪性调控——以 2014—2018 年间的 151 份裁判文书为样本》，载《华东政法大学学报》2019 年第 22 期。

　　[25] 彭景理：《混合毒品数量认定方式之完善——基于 200 份裁判文书的考察》，载《中国人民公安大学学报》2019 年第 5 期。

　　[26] 叶小琴：《容留他人吸毒行为定罪规则的实证研究》，载《法学》2019 年第 12 期。

　　[27] 叶小琴：《"毒驾"情节对案件定罪影响的定量分析》，载《中国刑事法杂志》2019 年第 1 期。

　　[28] 张汝铮、郝银钟：《论毒品数量计算在司法实践中的重构》，载《法律适用》2019 年第 13 期。

　　[29] 谢小剑：《刑事附带民事公益诉讼：制度创新与实践突围——以 207 份裁判文书为样本》，载《中国刑事法杂志》2019 年第 5 期。

　　[30] 杨雅妮：《刑事附带民事公益诉讼诉前程序研究》，载《青海社会科学》2019 年第 6 期。

　　[31] 谢进杰、邓慧筠：《刑事裁判说理中的"常理"》，载《中山大学

学报》2019 年第 3 期。

[32] 叶燕杰：《司法政策执行视阈下刑事裁判文书"部分上网"问题》，载《山东大学学报》2019 年第 2 期。

[33] 张清：《中国古代判词与当代刑事判决书对比研究》，载《比较法研究》2019 年第 3 期。

[34] 刘冠华：《对人民法院量刑规范化改革的检视与修正——以量刑程序独立改革为视角》，载《法律适用》2019 年第 13 期。

[35] 奚玮、王泽山：《审判视域下"套路贷"案件的甄别及罪数认定——基于涉"套路贷"裁判文书的实证研究》，载《法律适用》2019 年第 24 期。

[36] 李玉华、焦娜：《经济纠纷和经济犯罪区分的系统化进路》，载《法律适用》2019 年第 23 期。

[37] 倪敏、陆诗婷：《女性侵占资产舞弊问题调查分析——基于 ACFE 调查报告及江浙地区裁判文书的案例数据》，载《财会通讯》2019 年第 34 期。

[38] 黄忠良、温文国、翟斌旭：《我国拐卖妇女犯罪特点及治理策略——基于 1038 份裁判文书的分析》，载《中国人民公安大学学报》2019 年第 5 期。

[39] 吴敏功、刘亚会：《我国被告人供述排除规则适用范围的实务观察——以 2013 年—2017 年中国裁判文书网公开的文书为研究对象》，载《中国社会科学院研究生院学报》2019 年第 5 期。

[40] 赵军：《正当防卫法律规则司法重构的经验研究》，载《法学研究》2019 年第 4 期。

[41] 刘金祥、毕劲松：《重大劳动安全事故罪的司法逻辑——基于 106 件裁判文书的考察》，载《政治与法律》2019 年第 4 期。

[42] 刘莉、李祥：《幼儿园虐童行为生成与法律介入研究——基于裁判文书的扎根理论分析》，载《社会发展研究》2019 年第 3 期。

[43] 李光宇：《故意杀人罪刑事处罚实证研究——以五省二市近五年的故意杀人犯罪判决书为样本》，载《安徽师范大学学报》2019 年第 2 期。

［44］左卫民、张潋瀚：《刑事辩护率：差异化及其经济因素分析——以四川省 2015—2016 年一审判决书为样本》，载《法学研究》2019 年第 3 期。

［45］孟天广、王翔：《国家社会关系视角下的非诉行政执行制度：基于司法大数据的分析》，载《治理研究》2019 年第 6 期。

［46］肖路：《对税务行政诉讼中若干争议问题的思考》，载《税收法治》2019 年第 10 期。

［47］刘超：《环境行政公益诉讼的绩效检视与规则剖释——以 2018 年 140 份环境公益诉讼判决书为研究样本》，载《甘肃政法学院学报》2019 年第 6 期。

［48］黄学贤、刘益浒：《权力清单法律属性探究——基于 437 份裁判文书的实证研究》，载《法治研究》2019 年第 1 期。

［49］肖军、张亮、叶必丰：《法治政府的司法指数研究》，载《行政法学研究》2019 年第 1 期。

［50］邓炜辉：《行政批示可诉性：司法图景与标准判定——基于我国法院相关裁判文书的规范考察》，载《政治与法律》2019 年第 1 期。

［51］陈运生：《规范性文件附带审查的启动要件——基于 1738 份裁判文书样本的实证考察》，载《法学》2019 年第 11 期。

［52］上官丕亮：《运用宪法的法理内涵与司法实践》，载《政法论丛》2019 年第 4 期。

［53］胡锦光：《论我国法院适用宪法的空间》，载《政法论丛》2019 年第 4 期。

［54］姜同强、万忠赫、张青川：《基于双向长短期记忆网络和自注意力机制的食品安全裁判文书分类方法》，载《科学技术与工程》2019 年第 29 期。

［55］张虎、王鑫、王冲、程豪、谭红叶、李茹：《面向法律裁判文书的法条推荐方法》，载《计算机科学》2019 年第 9 期。

［56］王君泽、马洪晶、张毅、杨兰蓉：《裁判文书类案推送中的案情相似度计算模型研究》，载《计算机工程与科学》2019 年第 12 期。

［57］陈忠海、吴雁平：《案件名称包含"档案"的裁判文书数据呈现与

思考——基于中国裁判文书网的调查与分析》，载《档案管理》2019 年第 2 期。

　　[58] 李晓磊：《信息经济学视阈下裁判说理的动态化研究——以不完全信息动态博弈理论为指引》，载《长白学刊》2019 年第 1 期。

　　[59] 王聪：《我国司法判决说理修辞风格的塑造及其限度——基于相关裁判文书的经验分析》，载《法制与社会发展》2019 年第 3 期。

　　[60] 雷磊：《从"看得见的正义"到"说得出的正义"——基于最高人民法院〈关于加强和规范裁判文书释法说理的指导意见〉的解读与反思》，载《法学》2019 年第 1 期。

　　[61] 周蓉蓉：《心证过程：认知科学助力裁判文书充分说理论要——以W 高院 1394 件改发案件裁判文书为实证分析样本》，载《法律适用》2019 年第 12 期。

　　[62] 贾建军：《论裁判文书参照指导性案例的规范方式》，载《法律方法》2019 年第 2 期

　　[63] 雷槟硕：《如何在判决书中援引指导性案例——以〈关于加强和规范裁判文书释法说理的指导意见〉为背景》，载《法律方法》2019 年第 3 期。

　　[64] 杨金晶、覃慧、何海波：《裁判文书上网公开的中国实践——进展、问题与完善》，载《中国法律评论》2019 年第 6 期。

　　[65] 邵新、姜源：《司法责任制全面落实背景下裁判文书少数意见公开的再思考》，载《法律适用》2019 年第 11 期。

　　[66] 格威利姆·多德、张尚莲、史耕山：《15 世纪英格兰议会请愿书及法律文书中英文的始用》，载《经济社会史评论》2019 年第 4 期。

　　[67] 江明奇、严倩、李寿山：《基于联合学习的跨领域法律文书中文分词学习方法》，载《中文信息学报》2019 年第 9 期。

　　[68] 李萌：《中亚丝路上的古鄯国法律体系研究——以佉卢文书为主的考察》，载《西南民族大学学报（人文社科版）》2019 年第 2 期。

　　[69] 刘斌、赵宇峰：《污染环境罪司法适用中对教义学立场偏离之反思——基于 269 份裁判文书的实证研究》，载《东岳论丛》2019 年第 4 期。

　　[70] 于洋：《论社会主义核心价值观的司法适用》，载《法学》2019 年

第 5 期。

[71] 黄振威：《论儿童利益最大化原则在司法裁判中的适用——基于199 份裁判文书的实证分析》，载《法律适用》2019 年第 24 期。

[72] 钱大军、刘明奎：《论法官的裁判文书风险规避策略》，载《广东社会科学》2019 年第 6 期。

[73] 张健：《〈体育法〉司法适用实证研究：样式、功能与法理逻辑》，载《成都体育学院学报》2019 年第 6 期。

附录二：2019 年专业期刊中法律文书论文

[1] 杨杰：《家事裁判文书说理存在的问题及其成因》，载《辽宁公安司法管理干部学院学报》2019 年第 5 期。

[2] 付建国、宣璇、张伟：《家事裁判文书说理新模式的重构与规制——以家事审判试点法院 100 份判决书为分析对象》，载《人民司法》2019 年第 19 期。

[3] 胡云腾：《加强家事裁判文书说理研究促进家事审判三个效果统一》，载《人民司法》2019 年第 25 期。

[4] 曹磊、陈凯莉：《"情理"如何融入裁判说理》，载《山东法官培训学院学报》2019 年第 6 期。

[5] 谭中平：《民事判决事实认定说理的结构性改革——基于事实认定与法律适用关联性说理的视角》，载《人民司法》2019 年第 4 期。

[6] 叶伶俐：《法官裁判思维对刑事裁判可接受性的影响与重塑——以"掏鸟窝"案为视角》，载《山东法官培训学院学报》2019 年第 4 期。

[7] 王坤：《司法裁判的伦理修辞进路与表达》，载《人民司法》2019 年第 25 期。

[8] 厚德顺、穆春燕、王涛：《检视与重构：裁判文书瑕疵的"补正"与"更正"》，载《山东法官培训学院学报》2019 年第 1 期。

[9] 罗霞：《知识产权技术类案件裁判文书的撰写》，载《人民司法》2019 年第 22 期。

[10] 滕威：《要素式审判方法之改进及其运用——提升民事庭审与文书

制作效率的新思路》，载《人民司法》2019 年第 10 期。

[11] 黄振东：《要素式审判：类型化案件审判方式的改革路径和模式选择》，载《山东法官培训学院学报》2019 年第 6 期。

[12] 张继明、李娜、徐芃：《关于司法公开中国模式的调查报告——以裁判文书上网得失为视角》，载《山东法官培训学院学报》2019 年第 6 期。

[13] 皮海波、阚红艳：《罪犯因新罪数罪并罚时经减刑裁定减去的刑期处理规则研究》，载《山东法官培训学院学报》2019 年第 5 期。

[14] 李勤：《拒不执行判决、裁定罪的现实困境及其应对》，载《人民司法》2019 年第 28 期。

[15] 张璇、杨阿荣：《二审期间被告人退赔从宽处罚的困境与出路》，载《人民司法》2019 年第 25 期。

[16] 陈禹衡：《〈法国刑法典〉对中国校园欺凌犯罪治理的镜鉴——基于 54 份校园欺凌案件刑事裁判的分析》，载《预防青少年犯罪研究》2019 年第 3 期。

[17] 曾于生：《以人工智能为支撑形成民事检察监督多样合力》，载《中国检察官》2019 年第 15 期。

[18] 曾于生、黄昶盛：《以信息化为引领合力打造虚假诉讼监督新模式》，载《人民检察》2019 年第 14 期。

[19] 侯国跃、汤敏、陈圣利：《P2P 借贷民事纠纷中的疑难法律问题》，载《人民司法》2019 年第 19 期。

[20] 郑建庭、闫明、程雪迟：《网贷网络仲裁案件的执行》，载《人民司法》2019 年第 16 期。

[21] 吴永林：《承认与执行外国仲裁裁决司法审查期间财产保全问题研究——对大韩海运株式会社申请承认与执行伦敦海事仲裁员协会裁决案的批判性思考》，载《北京仲裁》2019 年第 1 期。

[22] 蔡立东、刘国栋：《关于夫妻共同债务认定的立法建议——以相关案件裁判逻辑的实证分析为基础》，《中国应用法学》2019 年第 2 期。

[23] 祝飞宇：《金融监管领域司法审查的困境与出路——基于北京市金融行政审判的实证分析》，载《人民司法》2019 年第 28 期。

［24］钟明亮：《精细化类案检索在长江经济带环境公益诉讼中的实现路径》，载《人民司法》2019 年第 16 期。

［25］靖传忠、杨青：《行政公益诉讼诉讼请求的实证分析》，载《中国检察官》2019 年第 22 期。

［26］张萌：《审判案件权重系数"两步走"评估法之探析——以 S 省 R 市 L 区法院 2018 年审结的 492 件案件为样本》，载《山东法官培训学院学报》2019 年第 1 期。

［27］余晓龙、刘利红：《审判中心视域下庭前会议制度的实践样态与完善进路》，载《山东法官培训学院学报》2019 年第 4 期。

［28］薛凡：《公证改革视野中的公证文书改革》，载《中国公证》2019 年第 8 期。

［29］北京市中信公证处课题组：《公证债权文书执行管辖的法理研究与制度完善》，载《中国公证》2019 年第 8 期。

［30］雷向晶：《公证证据在虚拟财产案件中的使用困境及解决对策——以裁判文书网数据为依据》，载《中国公证》2019 年第 11 期。

［31］侯建刚、罗伊淋：《信息化条件下检察法律文书发展趋势》，载《人民检察》2019 年第 23 期。

［32］侯毅：《浅析行政公益诉讼诉前检察建议书的制作》，载《中国检察官》2019 年第 23 期。

［33］陈兰、杜淑芳：《检察法律文书实务分析报告》，载《中国检察官》2019 年第 19 期。

附　录

智慧司法与法律文书改革论坛
暨中国法学会法律文书学研究会
2019 年学术年会综述

张君明[*]

2019 年 10 月 12 日，智慧司法与法律文书改革论坛暨中国法学会法律文书学研究会 2019 年学术年会在南阳召开。本次年会由中国法学会法律文书学研究会主办，南阳师范学院和南阳市中级人民法院共同承办。来自全国各地的近 200 名法官、检察官、律师、公证员、高校专家学者等齐聚一堂，共同探讨智慧司法背景下法律文书改革的相关问题。

开幕式上，中国法学会副会长景汉朝作年会书面致辞。他指出，中国法学会法律文书学研究会深入学习习近平新时代中国特色社会主义思想，认真贯彻落实中央有关决策部署，组织引领法律文书理论和实务工作者，开展课题研究、组织理论研讨、加强对外交流，为法律文书的实践创新做出了重要贡献。希望中国法学会法律文书学研究会充分认识法律文书学研究的重要意义，坚持法律文书学研究的问题导向，充分调动理论界、实务界的研究积极性，进一步提高法律文书学研究的学术水平，加强法律文书学研究会的自身建设。

南阳师范学院党委书记黄荣杰教授致辞，他介绍了学校和法学院的基本情况和发展成绩，指出中国法学会法律文书学研究会 2019 年年会在南阳师范学院召开是一件具有标志意义的大事，恳请各位专家对学校法学学科建设把

---

* 张君明，南阳师范学院党委宣传部校报编辑部主任，讲师。

脉问诊，就提升学科专业发展水平、推进依法治校等多提宝贵意见，并表示将以本次大会为契机，进一步深化法学专业改革，将大会成果转化为法学学科专业建设的教学资源、学术资源和智力资源，为培养更多应用型复合型卓越法律人才、产生更多具有标志性研究成果、推进社会主义法治建设，做出积极的贡献。

中共南阳市委常委、政法委书记、南阳市法学会会长张明体，南阳市中级人民法院党组书记、院长秦德平，中国法学会法律文书学研究会会长、中国政法大学马宏俊教授在开幕式上先后致辞。马宏俊教授表示，中国法学会法律文书学研究会将不辱使命，团结各方面的力量，不仅要让法律文书进校园、下基层，还要用实际行动进一步推进国家司法改革。此次年会共同研究智慧司法与法律文书改革，融合现代技术和法学理念，更应当激发起我们的钻研和探讨精神，共同努力完成党和国家赋予我们的神圣使命。

年会由"智慧司法背景下法律文书改革问题""智慧司法背景下法律文书说理改革""智慧司法背景下诉讼制度改革问题"三部分构成。共有12位发言人结合各自的工作和研究领域，围绕智慧司法与法律文书改革，聚焦法治建设领域人工智能的应用和司法改革、推进法律文书现代化智能化、服务法治实践等热点问题，深入探讨了如何在智慧司法背景下拓展法律文书学研究的范围、边界和深度，法律文书改革所产生的影响以及未来发展趋势等内容。针对发言内容，点评人以及与会嘉宾发表各自观点。

一、智慧司法背景下法律文书改革问题

本次论坛第一部分讨论的主题是智慧司法背景下法律文书改革的基本问题，与会的专家、学者、法律工作者围绕智慧司法与法律文书的技术改革积极建言献策。

中国法学会法律文书学研究会副会长、河南财经政法大学教授、法学博士赵朝琴认为，质量是裁判文书的生命，追求裁判文书说理的高质量与智慧司法具有内在的一致性，应当从说理的高线、底线两个维度，探索智慧司法背景下裁判文书说理的质量要求，高线目标是实体正义，底线目标是程序正义。赵教授把裁判文书说理进行了要素化分析，概括为证据评判、事实认定、

法律适用、情理认证四方面要素，并构建了说理质量评价体系。

山西省太原市人民检察院案件管理办公室副主任杜淑芳从量刑建议的视角谈了关于法律文书说理的衡量。她认为，目前量刑建议书中存在诸多不规范问题：一是对量刑建议的重视程度不够；二是仍然存在着"重定罪、轻量刑"的情节；三是检察机关内部的监督职能发挥不够，没有及时予以纠正。针对以上原因，一是要提高对量刑建议工作重要性的认识，二是要加强量刑建议书制作的规范性，三是要加强对量刑建议书规范监督的把关。

河南省南阳邓州市人民法院法官助理、调研专干杨超强调了法律文书说理的容量，特别强调法理、事理、常理、德理、情理、心理的说理。他认为，考量裁判文书各项要素撰写需求水准与人工智能功能应用的关系，正当格式化的表达需求涉及言辞语句和结构段落的正确性，可以应用人工智能的纠错功能；正式规范有效的论证需求涉及符合逻辑思维规律的客观推理运用，可以应用人工智能的辅助功能；合理充分的说理需求涉及说理方式的科学选择和理由的充分说明，可以应用人工智能的提示功能。

湖北文理学院谢晖教授阐述了人工智能时代法律文书的技术应用对于智慧法院和法律文书说理的影响。他认为，司法人员应以积极的心态适应人工智能对于法律文书的改革，应具有同人工智能技术编程人员深度交流的能力；法官要注重裁判文书的说理，在运用人工智能时不能过分依赖人工智能；企业掌握着先进的人工智能技术，与法院合作共同研发人工智能裁判文书软件是最佳的途径。

华中师范大学法学院石先钰教授在点评中指出，智慧司法仅为法官裁判提供技术支撑，应该限制在内案和简案范畴。人工智能已经渗透到社会生活的方方面面，我们要迎接新时代的挑战，勇立潮头，努力实现每一个案件的公平正义，让人民群众体会到切实的公平感、获得感和幸福感。

河南财经政法大学高壮华教授在点评中指出，应该提高对司法文书人工智能应用能力的加强，结合对人工智能应用数量的掌握和弊端的认识了解，克服在裁判文书制作过程当中对人工智能的过分依赖，继续加强对具体案件事实细节的关注，让公正的司法、阳光下的司法体现在每一个案件的当事人身上。

北京市金杜律师事务所律师、高级合伙人梁雅丽女士在点评中指出，量刑要有法律依据，酌定量刑情节应用自由证明的方法，只要高度达到优势证据即可成立，尤其是从轻、减轻、免除处罚的这些量刑情节，只有这样才能做出让人民群众接受的裁判结果。

在自由讨论环节，与会的各位专家、学者积极发言，将法律文书的实务、裁判文书的人工智能应用分析、量刑建议等问题的探讨进一步深化。

二、智慧司法背景下法律文书说理改革

本次论坛第二部分讨论的主题是智慧司法背景下法律文书说理改革的基本问题。与会的专家、学者、法律工作者就目前法律文书说理存在的普遍性问题发表意见，并就如何完善法律文书说理提出建议，阐明观点。

郑州西亚斯学院刘文涛副教授强调了法官的自由裁量。他认为，裁判文书说理是法官做出裁判结论的法律逻辑思维过程的记录，需要法律人培养并综合运用法律逻辑思维方法，坚持合法、合理和审慎原则，以当事人的主张为逻辑起点，以三段论为基本逻辑方法，构造明确请求、检索规范、确定要件事实，证成或者证伪要件事实，代入规范导出结论等五个步骤的逻辑路径。

武汉市江汉区人民检察院副检察长邓晓静认为，民事行政检察案件应实行繁简分流、分类说理，充分发挥检察官联席会议的作用，以"智慧检务"推动检察文书释法说理，构建民事行政检察文书智能辅助系统，添加系统模块，分类查阅检察文书的释法说理，增强民事行政检察文书受重视的程度，强化其释法说理。

浙江昆仑律师事务所苑亮副主任认为，适用于新型贿赂案件的明显差异标准争议较多，应当详细阐明裁决理由，跳出公式化、数字化的明显差异标准之争，通过第一步进行交易不正当要素的审查和辨析、第二步再结合案情适当调整明显差异标准的两步审查法，可以准确地识别新型贿赂，更为清晰透彻地阐明裁判理由。

河南省南阳市新野县人民法院张延波法官强调了法律文书说理的分量，认为应构建裁判文书说理激励机制，提高法官说理积极性。深化审判方式改革，禁止将裁判结论产生于庭审前。提高对裁判文书说理重要性的认识，摒

弃"言多必失"等消极思想。加快法院去行政化改革进程，完善对裁判文书说理的考评及奖惩制度。

河南财经政法大学刑事司法学院张建成教授在点评中指出，历次法律文书的改革都提出了加强说理，构建法律文书说理激励机制，但是，在司法实践中，法官说理的积极性是否增加？在具体的文书中表现如何？如何把奖励机制甚至惩戒机制真正落到实处？建议大家对此问题进行深刻思考。

邯郸市中级人民法院研究室主任王玲在点评中指出，这四篇文章主要是从裁判文书说理主题进行分析论证，四位老师从实务角度、理论角度提出自身观点，很多方面值得学习。她针对每篇文章，从结构、内容、标题、逻辑等方面，一一详细地分析了各自优劣以及需要进一步提升之处。

河北省石家庄市燕赵公证处主任李东明在点评中指出，作为说理的文章，这四篇文章开篇简明扼要，精炼有序，重点突出，主题明确，每篇文章都有自己独特的观点和心得体会。建议在说理过程中，运用公证这一法律武器来维护当事人的合法权益。

三、智慧司法背景下诉讼制度改革问题

本次论坛第三部分讨论的主题是智慧司法背景下诉讼制度改革的基本问题。与会专家、学者、法律工作者聚焦法治建设领域人工智能的应用和司法改革等热点问题，发表各自观点，积极建言献策，在思想交锋碰撞的过程中为智慧司法背景下现实问题的解决打开了缺口。

贵州大学王春丽博士从内容和技术角度，强调了法律文书说理的重要性。应当直面改革的难点与痛点，以系统化的思维整体设计和构思刑事裁判文书改革路径，强化司法系统的文化建设，加速决策者与司法者的思维调整与理念更新；以"内容"为中心改革裁判文书的撰写与制作，其余细枝末节交由司法人工智能辅助完成；同时还应明确司法人工智能的技术伦理与应用边界。

南阳师范学院法学院院长张红薇教授认为，将人工智能介入法院的司法活动，应用人工智能改变法院裁判文书的措施包括：加大硬件投入，建设规范化的大数据平台；细化司法机关法律文书改革的流程，统一数据存储格式，实现法律资源的共享；构建模拟裁判法律文书系统；建立和完善重大敏感案

件法院裁判文书风险评估机制，建立法官裁判法律文书瑕疵责任倒查机制，并将此纳入对法官绩效考核项目当中。

南阳高新技术产业开发区人民法院党组副书记、副院长肖新征从独特的角度，主张无论是事实问题、后果问题乃至受害人过错问题，刑事判决在民事判决中的效力都应适量。目前，由于我国法律和司法解释对于判决效力未有明确的规定，必须立足于扩大应用效果与程序正当考量相统一，对刑事判决在民事诉讼中效力规则进行重构。一要确立既判力和预决力的边界和衔接，二要构建案件事实的预决力规则体系，三要对刑事判决认定事实重新评价和认定。

长沙铁路运输检察院公诉科刘畅主张要进一步加大司法公开，他认为，需要构建智慧检务理论体系，适当扩大文书公开的范围，要创新文书的公开方式，升级网站的文书分类栏和搜索引擎，将检察法律文书司法说理纳入公开的前置程序，要求案件承办人将文书中说理论证部分的篇幅增大等。

浙江工商大学法学院教授俞燕宁老师在点评中畅谈了智慧司法所带来的局限和挑战，智慧司法主要有两方面挑战，一是数据本身存在缺陷，包括机器本身的程序，二是适用者的判断本身存在缺陷。智能化不能够完全代替人力，说理性非常强的裁判文书应通过法官的判断以及相关的专业知识来解决。

北京市法大律师事务所张纲律师在点评中指出，人工智能不能取代人成为最终裁判，机器无法体会情与法的交锋。关于检察文书公开，实际为司法正义的体现，智慧司法就是让人民群众中在每个案件中感受司法正义，进一步促进司法公正。

清华大学法学院黄新华副教授在点评中指出，智慧司法抑或人工智能，均为辅助人类的手段。在智能司法冲击过程当中，法学院校和司法机关作为职业共同体，高校要积极发挥作用，了解司法机关用人要求，跟实务部门积极加强沟通和联系，共同打造过硬的司法队伍，注重培养法律研究实务人才。

在自由讨论环节，与会的各位专家、学者、法律工作者积极发言，围绕智慧司法背景下诉讼制度改革，将司法制度、诉讼制度改革等问题的探讨进一步深化。

中国法学会法律文书学研究会副会长、《民主与法制》总主编刘桂明在闭幕式上总结发言。他指出，裁判文书的说理要表现正义、体现正义、展现正义、兑现正义。裁判文书的本质是释法说理，实现法律效果和社会效果的有效统一，阐明事理、释明法理、讲明清理。此次所有的论文、所有的发言乃至所做的点评，追求的就是"不忘初心、牢记使命"。今年是"不忘初心、牢记使命"主题教育最关键的阶段，法律文书学研究会的业务交流与研讨体现了"不忘初心、牢记使命"的主题教育活动精神。法律文书的初心、法律文书的使命是什么？此次通过每个人的交流和发言乃至所有的写作，圆满地回答了这个问题。

学术交流结束后，10 月 13 日，中国法学会法律文书学研究会全体会员分成"法律文书进校园""法学家下基层"两个小组，分别到南阳师范学院和南阳市中级人民法院进行了专题调研、讨论。

互联网司法新模式与法律文书改革
暨中国法学会法律文书学研究会
2020 年学术年会综述

2020 年 9 月 12 日，"互联网司法新模式与法律文书改革"研讨会暨中国法学会法律文书学研究会 2020 年学术年会在兰州大学法学院逸夫报告厅隆重举行，中国法学会法律文书学研究会会长、中国政法大学马宏俊教授，兰州大学法学院院长甘培忠教授等专家学者参与了本次会议。本次会议由两部分组成，第一部分为中国法学会法律文书学研究会理事会，第二部分为互联网司法新模式与法律文书改革研讨会，本次会议通过线上、线下两种方式同步召开。

会议第一部分在研究会常务副会长、北京汉龙律师事务所主任高金波的主持下进行，马宏俊会长全面总结研究会过去一年的工作，对未来研究会的工作作出部署和安排；研究会副会长兼秘书长、中国政法大学法律硕士学院院长许身健教授汇报中国法学会法律文书学研究会 2020 年财务情况；研究会副会长、最高人民检察院第一检察厅副厅长罗庆东宣布中国法学会法律文书学研究会关于新增会员的决定。

会议第二部分主要分为三个阶段。

第一阶段由高金波常务副会长主持了开幕式，他首先介绍了各位到会的领导和嘉宾，紧接着引导各位嘉宾发表会议致辞。甘肃省省委常委、省委政法委书记、甘肃省法学会会长胡焯同志指出此次会议是全国法律文书学术理论共创发展的重要会议，并且预祝本次年会取得圆满的成功。兰州大学党委书记马小洁对此次会议在兰州召开并由兰州大学法学院举办感到十分荣幸，此次学术研讨会为本校师生进一步学习法律文书学相关领域理论与实务提供了绝佳的机会，这既是对兰大法学院既往工作的肯定，也是对当下工作的促进、未来工作的期许。马宏俊会长认为选择在兰州举办此次年会有着特别重要的意义。无论互联网如何发达，但是法律的真谛需要人脑来诠释，甘肃的脱贫是伟大的工程，作为法律人，探讨法律文书能否让我们的民众作为信仰，也是脱贫的攻坚战。

会议进入该阶段，第二阶段分为三个单元。

第一单元由罗庆东副会长主持，发言人有黄荣昌、高壮华、刘畅，点评人有田荔枝、尹吉、王雅霖。

甘肃政法大学黄荣昌教授对互联网司法和电子送达的若干问题进行了交流，他从契合当前疫情防控工作的法治化需求入手，分析了司法亲历性的新变化，以及借助互联网技术办理案件的正当性，并严肃指出在其发展中仍有需要解决的问题。在远程审判方面，逐步克服技术问题、细化远程审判规则是关键。此外，在法律文书电子送达中，应改进送达方式、明确送达标准以保障其实际效果。

河南财经政法大学高壮华教授在"'新冠疫情期间'网上开庭应强化当事人主体资格审查"为主题的发言中指出，"新冠疫情"的爆发，给法院的开庭审判和当事人参与诉讼提出了新的要求和挑战，并且为了阻断疫情传播途径，降低感染风险，多数法院采取了网上开庭的形式审理案件。这也给法院审查当事人身份增加了新的难度和工作量。高老师通过具体的案例指出网上开庭必须强化对当事人主体身份的审查，重视民事授权行为在诉讼领域的生效条件，以防止因当事人不适格而错判案件，浪费司法资源，徒增当事人讼累。

长沙铁路运输检察院刘畅以"互联网司法新模式下认罪认罚从宽法律文书规范路径探析"为主题展开发言。他指出，认罪认罚从宽制度的适用过程中，学术界和实务界将更多的目标聚焦于价值功能和检察机关的主导责任、相关当事人的权益保障、量刑建议等方面，对认罪认罚从宽法律文书规范化研究较少。随着"互联网＋检察工作"的推进，在"智慧检务"4.0 时代的主体框架已然搭建起来的今天，制作格式规范、论证充分、适用法律准确的认罪认罚从宽法律文书，最大程度发挥我国认罪认罚从宽法律文书的实体价值和程序价值，是当前认罪认罚从宽制度适用中的重大课题。

点评人山东大学田荔枝副教授认为三篇文章从选题背景和方向上来看都非常好。研究如何解决疫情背景下的新问题，不仅能够及时发现问题并提出对策，对司法实践具有重大的指导意义，而且三篇文章有两篇来自高校，一篇来自检察实务，从不同的角度看问题会有火花的碰撞。第一篇文章提到电子送达的问题，如何实现电子送达的合法性和有效性，是核心问题，里面也涉及一些矛盾，如不能面对面的处理，但是可能涉及调研和数据不是很充分，因此解决问题的办法还需进一步来发掘。如果有时间再作进一步调研，想必也是十分精彩。

点评人东南大学尹吉教授针对刘畅所讲的"互联网司法新模式下认罪认罚从宽法律文书规范路径探析"主题谈到量刑建议。他指出我国不存在请求权的问题，而是建议权，法院认为检查建议不当的可以改变，并没有检查权侵犯审判权的问题，检察建议不能过于精准化，如果过于精准化就会遇到一个问题，即以审判为中心。所以不能太绝对看待这个问题，不应该使用量刑建议书，也不该在起诉建议中提出建议，应该在法庭调查后的公诉意见中作出。

点评人兰州大学法学院王雅霖副教授提到，新冠疫情的爆发为互联网司法和智慧司法提出新的挑战，如何对法律文书进行改革也是我们要探讨的主题。

几位老师的发言有高度又有深度，生动有趣，带给我们很多启发，十分精彩。

自由提问环节中，多位专家学者围绕认罪认罚制度在实务中遇到的难题以及新冠疫情期间通过互联网开庭的感受进行了交流讨论。兰州大学法学院博士提到关于法律文书课程的授课方式的问题引起了热烈讨论。

第二单元由副会长兼秘书长许身健教授主持，发言人有孟东庆、李华玉、赵改荣，点评人有陈珺、全东哲、张治国。

天津市人民检察院第二分院孟东庆围绕互联网背景下检察法律文书公开问题进行了分享。她首先指出法律文书公开是党中央从战略高度全面深化司法体制改革的一项重要举措，目前亟需结合工作实践，开展检察法律文书公开的反向审视工作。接着就互联网背景下检察法律文书公开的价值、现状、问题及优化路径四个方面进行了探讨，以期更好地保障人民群众对检察工作的知情权、参与权和监督权。

河南省桐柏县人民法院李华玉围绕家事裁判文书说理中存在的问题及成因分析展开了交流。她首先指出裁判文书是法官审判活动的最终载体，裁判文书的说理是文书的核心和灵魂；其次，她通过数据对近三年的实务审判工作进行了分析，得出目前实践中的裁判文书存在"事实认定有偏差""释明法理过于简单"等八个问题；随后她深入浅出地剖析了其根源所在，对此，她建议广大法官需在常学常新中加强理论修养，跟上时代节拍。

山西省忻州市泰和公证处赵改荣主任主要分析了通过互联网引进区块链来发展公证业务的方式。通过互联网时代公证服务模式的创新提出了网上公证办理平台及网络化证据保全平台的公证服务模式，并列举了忻州市泰和公证处推出的"互联网＋公证服务"，以此推动公证行业的健康发展。

点评人湖北典恒律师事务所陈珺主任指出婚姻家庭关系极其复杂。其特殊性在于婚姻家庭是以人身关系为基础，财产关系依附于此类人身关系，导致婚姻家事裁判文书相较于其他文书而言，对"法"与"情"的说理不同于其他类型的案件，而如何能通过审判文书的说理达到服判息诉，还需不断探索。

点评人沈阳新闻出版维权服务中心全东哲主任对孟东庆的发言进行了梳理总结，指出检察法律文书公开问题一直是改革创新研究中的重要问题。虽然在互联网背景下存在电子技术、外部监督、新闻发布会、权利义务告知等公开方式，但在全面推进检察机关文书公开的同时，也要处理好公开与保密之间的关系。

点评人研究会副秘书长、海南政法职业学院副教授张治国指出三位作者都来自于法律实务部门，发言不仅契合研会主题，还都是法律实务中的真问题。其中，他提到家庭是社会的细胞，对社会稳定起着重要作用，十分认同李华玉关于在家事裁判中需协调"情"与"理"间的关系这一观点，但也同时指出文中对于说理提及较少，也没有指出相应解决办法。

第三单元由兰州大学法学院副院长迟方旭教授主持，发言人王孝臣、贺小莉、张纲，点评人梁雅丽、姜保忠、崔岩。

重庆市万盛经开区党工委政法办王孝臣从电子送达的概念解读、基于数据对比发现的问题以及对于提升电子送达公信力的若干思考这三个方面来展开演讲。并在分析电子送达的利弊之后提出三个想法：一是提升大数据背景下送达地址的收集能力；二是提升电子送达技术的科学性和安全性；三是关于解决送达主体身份确认问题。他认为，下一步需要在明确电子送达基本原则的基础上，依据不同法律文书的性质，分析不同电子送达方式的利弊，为法律文书设计最优化的送达方式，构建安全、便利、高效的电子送达联动机制。

河南省南阳市社旗县人民法院贺小莉首先介绍了裁判文书繁简分流的制度性规定，指出基层法院作为案件任务极其繁重的一审法院，对该项改革的大力推进持欢迎态度，并且付出了较大的努力。从各地法院的实践可以看出，在推进裁判文书繁简分流的改革中法院作出了巨大的努力，有效提升了司法效率。但是与此同时，也存在一些问题：（1）仍旧使用旧式裁判文书样式；（2）对于令状式、表格式、要素式等新型文书的适用不足；（3）复杂类案件裁判文书说理仍然不足。

北京市法大律师事务所张纲律师就追加被执行人程序中执行异议之诉相关问题进行了发言。他以亲身经办的案件为切入点，指出民事执行案件领域中，变更追加被执行人类型的执行异议之诉案件作为一种新型案件，不同于传统的执行异议之诉案件，其法律适用存在一定滞后性，亟需规范相应程序，应当在全面实体审理审查的基础上，对其审判规则予以严格的限定。

点评人北京大成（银川）律师事务所崔岩律师认为，执行异议之诉案件在实践中的确十分复杂，可以尝试从类案分析的角度对此类问题进行分析，如以裁判文书网中的相关数据为落脚点展开论证。此外，就法律适用存在一定的滞后性，亟需规范相应程序这一问题而言，他认为还需进一步探究如何设置相应的规范程序。

点评人北京市京都律师事务所梁雅丽高级合伙人指出，王孝臣的研究方式值得学习。关于送达的问题关键在于送达的方式不统一，纷繁杂乱，这是因为大多是从送达者角度出发，而忽略了我们的终极目的就是要求当事人知悉。网络送达为什么不被接受，因为大家都习惯了纸质的，对真假信息的识别能力也限制了民众对电子送达的接受能力。电子送达统一方式、律师引导、需要时间，不可一概而论。

点评人河南财经政法大学姜保忠教授认为案件文书的繁简分流并不相同，目前裁判文书的繁简分流在立法和实务方面都是欠缺的。贺小莉论文中提到的法官会议的制度运行效果需要更多深思和论证。

最后的自由发言环节，安徽天贵律师事务所黄中梓主任提出了自己的见解：我们生活在被公开的时代，需要互联互通的公开，检察院、法院系统有一定的门槛，建议做一个所有司法人都可以了解的大的系统。

此外，黄荣昌等人针对高校关于法律文书的培养模式的问题进行了激烈讨论。黄荣昌指出甘肃政法大学开设一门法律诊所实践课程，引导学生进行法律文书实践，写答辩状，后期进行模拟训练。其他学者们也认为不管法律文书是不是必修课，都应该把它当成必修课。尤其是在政法机关，能写好公文是非常重要的品质。

在一阵阵此起彼伏的掌声过后，会议迎来了第三阶段的闭幕式。闭幕式第一部分由马宏俊会长主持对财务报告等理事会报告事项进行表决。第二部分，研究会副会长、《民主与法制》总编刘桂明以"五个一"对此次学术年会作了总结：一是一场疫情，这是年会召开的背景；二是一种模式，这是今年年会的特殊情景；三是一个大学，今年年会召开的场景不同一般；四是一座城市，兰州风景独特，是战略要地、始祖故地、文化福地、历史高地、发展新地、旅游胜地；五是一部论文集，今年年会主题研究的愿景。最后，刘桂明副会长对过去一年的工作进行回顾总结，发表了对于法律文书研究会未来一年的工作展望。

检察建议与社会治理论坛综述

杨军伟　张艳丽　王　旭[*]

近日，由中国法学会法律文书学研究会、甘肃政法大学主办，甘肃政法大学法学院承办，甘肃省检察官协会、法治甘肃建设理论中心协办的"检察建议与社会治理论坛"在甘肃兰州召开，来自实务部门、高等院校、律师事务所等80余人与会，就检察建议制度构建与实践探索，检察建议刚性化研究、检察建议规范化研究等重点问题进行了深入探讨。会后呈报的《关于"检察建议与社会治理论坛"情况报告》得到最高人民检察院领导的高度重视，张军检察长批示："几条建议都应认真研究，抓好推进落实"，孙谦副检察长、陈国庆副检察长也作了重要批示。

一、检察建议制度构建与实践探索

2019年2月26日，最高人民检察院发布《人民检察院检察建议工作规定》，就检察建议的内涵、类型、适用范围、办理落实等内容作出明确规定。2019年10月26日，最高人民检察院下发《人民检察院检察建议督促落实统管工作办法》，就落实最高人民检察院张军检察长把检察建议"做成刚性、做到刚性"的重要指示精神，进一步提出明确要求。因此，检察建议的制度构建与实践探索是本次论坛的重点研讨内容之一。会上，最高人民检察院研究室处长吴孟栓介绍了全国检察机关检察建议工作总体情况，最高人民检察院第九检察厅干部赵一晓介绍了最高人民检察院"一号检察建议"的出台背

---

　　* 杨军伟，最高人民检察院第十检察厅；张艳丽，北京市西城区人民检察院；王旭，湖北省武汉市人民检察院。

景和落实情况；四川省检察院研究室副主任赵秉恒、甘肃省检察院研究室副主任王春慧分别介绍了本省检察建议工作相关情况。

关于检察机关法律监督方式和如何参与社会治理等问题，西北师范大学教授李玉璧认为，检察建议已经超越了案件本身，是对案件当中发现的一些普遍性、规律性问题的总结和提升，为检察机关下一步的履职工作提供了一个很好的方向。检察建议制度契合了党的十九届四中全会精神，推动国家治理体系和治理能力现代化，法律制度在贯彻落实当中要转化成治理的效能，检察建议就是一个桥梁，一个纽带，一种良好的可操作的机制。同时要和人大、政法委、纪检、信访形成合力，完善检察建议的相关制度，以及更高层面的联动制度。

西北师范大学教授王勇认为，检察建议要形成双赢多赢共赢局面，最终形成依法治国的合力。要在此基础上理解国家与社会之间的关系，就是国家与社会的二分法。要通过检察建议找回传统社会治理的本来含义。

中国民主法制出版社第八编辑部主任罗书平认为，检察建议要以点带面、自上而下，最高人民检察院要有重点地推动。同时应该变成一种常态，要纳入法律的程序和司法的程序，要让检察建议长上牙齿，用到极致。

二、检察建议刚性化研究

检察建议发挥作用的关键靠落实，落实的关键在于确保检察建议做成刚性、做到刚性、取得实效。

云南省昆明市西山区人民检察院党组成员卢义颖认为，检察建议要以需求为导向，以双赢多赢共赢的新时代检察监督理念为指引。检察建议是检察机关融入基层治理和节约社会资源，实现共享社会资源的有效方式。检察监督的新常态和新需求对检察建议提出了刚性化的需求。目前检察建议还存在很多问题，如适用范围不规范，调查核实不到位，释法说理不充分，文书制作不规范，原因在于检察官对社会治理的不专业性、检察建议的审核把关制度难以落实。

山西省太原市杏花岭区人民检察院检委会专职委员王秀梅认为，检察建议存在相关立法还不够完善、形式比较单一、类案建议少、文书质量有待提升等问题。加强检察建议的刚性，可以向外部借力，包括加强与人大的沟通，建立相关机制制度；强化内部监督机制，提升检察建议质量；提升自身监督素能，提高检察建议质量，聚焦类案增强文书普遍适用性；加强对下监督指导，提升整体能力和水平，加强典型文书评选公布工作；完善公告宣告送达制度，提升检察建议约束力。

中国政法大学教授袁钢认为，根据法律文书繁简分流的基本规律，检察建议法律文书制作应根据适用对象、承办人员、案件类型不同对检察建议法律文书进行繁简分流，真正实现繁案精写，简案简写，提高检察建议文书质量、工作效率。从检察建议的功能上，个案检察建议和类案检察建议的划分更符合法律文书制作规律，并据此将检察建议分为"要式检察建议"和"简式检察建议"，实现分类制作检察建议。要式检察建议主要适用于类案检察建议，比如社会治理检察建议等。简式检察建议主要针对地方性、时效性、个别性问题，比如纠正违法检察建议、其他检察建议等。

兰州大学法学院副教授蒋志如认为，有关检察建议的研究文章主要发表在与检察机关相关的杂志和报纸上，发表在重要法学期刊的不多，没有引起学界的广泛探讨。检察建议根据规定，分别针对的是有误、有错、违法、犯罪。提升检察机关的空间有：检察院保持谦抑性，尊重其他机关的专业判断，在技术上让检察建议具有可行性，同时也要考虑投入的人力物力。

西北大学法学院讲师葛恒浩谈了三个方面问题：一是如何理解刚性。其实刚性所指的就是检察建议要在提高质量的基础上去落实。刚性并不能代表强制性，不能要求检察建议具有强制性，而是要在实质上来提高它的质量，多出一些精品。二是关于个案建议数量和类案建议数量的问题，问题不在于个案建议的数量太多和类案建议数量太少，而是要从一个目的的角度来考察。三是检察建议的作用。检察建议参与社会治理其实大有可为。检察机关本质上是法律监督机关，检察机关对于收集犯罪相关数据有能力和精力，比如说对一定区域领域的犯罪数量的多少、发展态势、施害人群、受害阶层、常发区域、诱发因素、根本原因还有政策对策，在犯罪学和刑事政策学方面还是占优势的。

三、检察建议规范化研究

检察建议参与社会治理的效果，检察建议刚性的落实，均需要规范化建设的保障。

广东省惠州市人民检察院研究室副主任师维认为，检察建议具有软监督属性，与当前提倡的要"做到刚性、做成刚性"的目标效果是相符合的。检察建议如何做到刚性、做成刚性的问题，实体方面是指检察建议的质量，检察建议的质量就是检察建议刚性的核心和生命线；程序方面，要进一步规范与完善，高质量的检察建议与对法律熟悉程度、个人阅历、经验以及业务能力都息息相关。可以参照督办的程序，在制发的过程中进行统一监管。

海南省三亚市人民检察院检察官张保亮认为，检察机关不能就案办案。检察建议有其严肃性，体现着法律的威严。如果发出的检察建议质量不合格，甚至还存在形式上的诸如字体、字号不规范的情况，就会表现出检察机关对此的不严肃、不重视，检察建议的落实机关也不会重视。

甘肃政法大学法学院副教授何青洲认为，检察建议送达制度是一个很重要的程序问题，从法律依据上来看，规范性文件使用的是现场宣告，现场宣告是不是就是公开宣告这层含义，值得进一步研究和探讨。

中国社会科学院副教授苗鸣宇认为，可以借助外脑来做一些专业化训练的工作，法律文书研究会的实践研究基地的设立目的之一，就是发现各个单位遇到的问题。甘肃政法大学法学院副教授祁亚平认为，提出检察建议，实际上是在提交一种管理建议，不能单纯从违法视角去讲，应当更进一步考虑在现有条件下能够做到什么程度，这种建议可能才会有真正的实效。

"检察建议" 能否长上牙齿？

——关于"检察建议与社会治理论坛"的学术成果总结

刘桂明[*]

各位领导、各位专家、各位检察官：

首先，我要特别感谢马宏俊会长刚才在主持词中对我的美言，更要感谢大家给予我鼓励支持的掌声。今天这一天的会议，我感觉自己就像前年冲击世界杯 12 强时的中国足球队。

为什么呢？那一年，中国足球队在四十强赛的最后一轮，面临非常艰难而危险的困境。也就是说，几乎没有出线的希望了。当时有一个说法，那就是只有半个亚洲的球队都出力，才能帮助中国足球队出线。比如说，当时有一场球是菲律宾对朝鲜，如果菲律宾能赢朝鲜。还有，如果叙利亚能与伊朗打平。还有，是沙特队还是哪个队不能赢对方三个球以上，等等。总之，最后所有的假设都实现了。也就是半个亚洲真的帮助中国队迈进了 12 强，也可以讲，是全亚洲的男足都在帮助中国队。

今天，尽管我不是中国男足，但我也感觉到了全部参会的人都在竭尽全力地帮助我。因为大家都知道我是今天晚上回北京的航班，都希望我能赶上这个航班，都怕我耽误这个航班。所以，今天上午，从张学军检察长的主持开始，就一直在强调要给我节省时间。从主持人到演讲人，从上午到下午，从发言人到与谈人，大家都在为这个目标而努力。所以，我感觉压力特别大。同时，我又很高兴，我很感动大家对我的厚爱和关怀。

当然，今天最感动的还是今天我们召开的这个论坛。我经常讲，小会办

---

* 刘桂明，中国法学会法律文书学研究会副会长、《民主与法制》周刊原总编辑。

大事。今天咱们这个会议虽然规模不大，但解决了不少重大问题。尤其是对我们检察工作乃至法律文书的研究产生的影响，将更加重大。

现在，我就对今天这个会议的影响和成果，做一个简短的总结。

刚才，马会长在主持中做了一个评价，叫作选题选得好。对此，我要加上一个评价。如果从会议的总体评价来讲，我认为第一是我们这次会议的主题选得好，第二是我们的议程定得好，第三是论文写得好。看得出，今天我们所有发言的论文作者，真的都用了心。这个用心，不仅仅是对制度的关心，更重要的是对制度的探索和实践。因为他们用心的付出，所以写出来的东西显然是有效果的。

今天我们听到的最多的词汇，如果说要我检索一下，那就是"刚性"这个词汇。刚才，葛恒浩说到了一个名词，不管是物理名词还是化学名词，这个词就叫"当量"。其实，"刚性"就是"当量"。由"当量"这个词，我就想到了我们今天整个议程中关于不同单元主题的安排。

从议程设计来讲，此次论坛的研讨交流分了三个单元进行，参会代表分别围绕"制度构建与实践探索""检察建议刚性化研究""检察建议规范化研究"等三个议题进行了广泛而热烈的交流。可以说，第一个单元就是制度化，第二个单元就是刚性化，第三个单元就是规范化。也就是说，检察建议改革创新的方向，就是如何实现制度化、刚性化和规范化。所以，这个议程设计非常好，近乎完美。也就是说，此次议程设计是要求我们从以上三个角度来论证检察建议和社会治理之间的关系。

在我看来，第一个制度化，讲的就是"检察建议"从数量到质量的关系。我们很多人可能会强调其中的关系，比如说，今天上午吴孟栓处长介绍的是全国检察建议的数据，王春慧副主任介绍的是甘肃检察建议的数量，赵秉恒副主任介绍的是四川检察建议的数量。我想，这些数量说明了我们开展这项工作的表现，更重要的是提出了"检察建议"的质量问题。所以，我觉得第一个单元的各位发言者都在论证，从数量到质量我们的"检察建议"如何实现转变，也就是要解决"检察建议"从眼前到长远的问题。

第二个单元讲的是刚性化，我认为讲的是从含量到当量。这个单元要解决的是"检察建议"从内容到威力的问题。"检察建议"的内容到底写什么，

"检察建议"到底有没有威力，大家在发言中既提出了问题，也总结了经验，值得认真总结和研究。

第三个单元是规范化，要解决的问题是"检察建议"从商量到能量的关系。从商量到能量的关系，也就是从方式与效果的问题。我们要通过什么方式实现规范化。商量这个词是怎么来的呢？今年6月1日，在张军检察长的办公室，我去给他送我们刊载罗书平撰写的有关检察建议的《民主与法制》杂志，请他对我们关于检察建议的报道作指示。张军检察长跟我们介绍了第一号检察建议出台的过程，他说这是最高人民检察院与教育部来来回回商量了好多次，才有了最后完美的第一号"检察建议"。今天上午赵一晓也介绍了"检察建议"的诞生过程，据说教育部长陈宝生同志对这个"检察建议"也是赞不绝口。这就说明，最高人民检察院和教育部对第一号"检察建议"的出台都做出了巨大的贡献，这就叫从商量到能量的贡献。也就是说，这个能量是通过商量得出来的，这就说明，在"检察建议"中，还有好多工作是需要靠我们的主观能动性才能达到目的的。在这里，我要特别感谢张军检察长对我们《民主与法制》的肯定和指导。接下来，我们《民主与法制》还要加大有关检察工作的选题策划和重点报道。

从以上三个议程的设计和大家的发言来看，第一个单元希望达到的目的是做长，如何将"检察建议"做得更长远。第二个单元是希望能做强，如何把我们的"检察建议"做强。第三个单元讨论的是如何把"检察建议"做好。首先是要做长，那就是必须做细和做实，才能够做长；其次是要做强，那就意味着必须做成和做到，也就是要从做成到做到，最终才能实现做强；最后是要做好，那就要求做全和做对，力求做得更全面，做得更正确。

所以说，今天这个议程设计非常完美，每个发言者的发言也让人印象深刻。

现在，我们就一起来看看每一位发言人的精彩表现吧。就像刚才罗书平提到的两个词，叫自上而下、以点到面。我们今天每个人的发言也是这个风格，大家分别从正反两个方面反映了"检察建议"在现实中的尴尬和需要解决的难题。

首先是吴孟栓处长，毫无疑问，他的发言是从政策上来讲的，解决的就是由上而下的问题。也就是说，最高人民检察院关于"检察建议"的指导，强调的是政策方面的指导，以解决由上而下的问题。

赵一晓的发言解决的就是由点到面的问题，也就是如何抓住个案的问题。其实，现在，无论是最高检的一号建议、省检的一号建议、市检的一号建议，还是基层检察院的一号建议，都值得做文章。我建议各地各检察院一定要把一号建议做足了文章，做足了新闻，做足了部署。一个典型案件，一个检察建议，可以起到以点带面的效果。所以，一定要把这个点，也就是把个案做得大一些、做得足一些、做得多一些。

第三位发言人赵秉恒副主任，他讲的是由前到后的问题，也就是关于程序的问题。我们一些检察建议，很多时候关注更多的是前面的功课，但是往往没注意后面的程序和效果。如何注意前后的程序，保证由前到后的一致性，尤其是检察建议的具体落实，值得大家思考。

第四位发言人是王春慧处长，她讲到了由下到上的问题。作为省检察院，如何收集、了解、整理来自基层检察院和地市检察院关于检察建议方面的信息，然后通过这些信息再来指导下面的检察建议。可以说，这样既解决了由下而上的问题，更解决了由上而下的问题。

从这个角度看，在今天上午的讨论中，大家所关注的就是检察建议由上而下、由点到面、由前到后、由下到上这四个方面的问题。可以说，今天上午我们每个人的发言，找到了关键点，都找到了自己的最佳角度。

在下午进行的第二个单元中，每位发言人的关键词有点像我们《民主与法制》杂志关于山东省检察院的检察建议如何落地的报道。当时我们用了三个反义词做标题，叫做由柔至刚、由易到难、有始有终。这三个关键词，也是三个重点词，反映了"检察建议"在现实中的实际状况。

下午的第一位发言人，就是貌似来自基层检察院的卢义颖检察官。尽管她是云南省检察院的检察官，因为她现在基层检察院挂职，所以她就从基层的角度强调了"检察建议"由柔到刚的关系。她特别强调了在基层出现的很多现实问题，她说很多时候在上面认为可以解决的问题，在下面就很难解决。所以，就要一步一步来，要以柔克刚，这就叫由柔到刚。这在基层检察院，看来也不失为一个合适的办法。

第二位发言人是王秀梅。在发言中，她讲了一些加强"检察建议"刚性的路径和思考，我认为她讲的就是由外到内的问题。从路径上讲，她所强调的是关于如何借助外力，我觉得这是一个新的思考。我们的"检察建议"有时候光靠检察院一家这不够，那就要借助外力，探索实现目标的路径。

第三位发言人是来自湖南的文向民检察官，这是一位干了将近40年检察工作的老检察官。看起来年龄不大，但是资历很深。昨天晚上，我听罗庆东会长说，他是自费坐了火车来的，他对检察事业的这种热爱值得我们尊敬。昨天晚上，他特意到我房间，就是为了跟我说关于"检察建议"如何走向更深层次的问题。他计划以此写一本书，值得支持。他今天的发言主要讲的是由易到难的问题。他讲了三个模型：党建模式、授权模式和办案模式，他忧虑的是检察建议的效果和效率。他提出的检察建议名称问题尽管今天没有深入讨论，但这是一个值得讨论的问题。昨天晚上，他跟我提了一个词，除了"检察建议"或者"检察指令"，他说了一个词叫"检察当令"。这个词看起来好像很生涩，但是他这种探索精神值得敬佩。

第四位没发言，我看了一下他的论文，他讲的就是"检察建议"如何实现刚性的体系协同，所以，他讲的关键词是由软到硬的问题。所谓体系协同，就是指如何解决左右关系。检察院很多时候也要考虑左右关系。据说，最高检的第二号建议还没出来，就是在考虑左右关系如何平衡的问题。尽管如此，我还是坚信最高检察院肯定会找到解决办法的。

由上可见，从基层探索上由柔到刚，从路径选择上由外到内，从模式发展上由易到难，从体系协同上由软到硬，这是下午第二单元四位发言者的发言和论文带给我的观察和思考。

今天最后一个单元是关于规范化，我觉得无论是发言者还是提交论文者，都是在强调"检察建议"的方式和效果。

刚才，施维和张保亮两位的发言，带有一种介绍性质，介绍他们的同事写出的文章，但是我想无论是撰写论文还是介绍论文，都在强调如何让"检察建议"走向规范化。

在施维的介绍以及他们的论文当中，着重论述了公开宣告程序。公开宣告很有意思，这就让"检察建议"的宣告变成了一个仪式化的东西。这就是检察建议的方式问题，所以她强调了"检察建议"从内到外的方式问题，也就是由内到外如何实现方式的权威性。

张保亮的发言强调的是关于机制上面的由虚到实的问题，这个"实"既有落实的意思，也有核实的意思。我们有时候担心，"检察建议"做着做着就做虚了，如何做实，需要从其规范化方面，进行重点思考和探索实践。

另外两位论文作者尽管没有发言，但是同样值得关注。在尹彩蓉的论文中，她谈到的规范化，主要是强调要有头有尾，也就是由头到尾的问题。她所讲的问题是如何注重效果，我们"检察建议"的效果，确实一定要注意，不要只关注开头，更要关注结尾，这就叫由头到尾的问题。

最后，熊春喜的论文强调的也是规范化。他从沟通机制角度强调了由来到往的问题。有来有往，才有更多的效果。我们不要只关注发出"检察建议"，不要只是一发了之，那就相当于有来无往。所以，还是要强调由来到往的协调推进。

我还要特别强调的就是，每个单元的与谈人，同样值得点赞。我觉得，每个单元的与谈人尽管发言时间短，但都很精彩。大家都知道，"与谈"这个词是来自于我们的海峡彼岸，这个词很有意思，它既有点评的意思，也有介绍自己观点的意思。

今天三个单元的与谈人，可以说，既提出了意见，也提出了建议，还提出了解决方案。就说刚才袁钢教授的发言吧，你们看，他的名字取得多好！他怎么就刚好在讨论"刚性化"这个单元发言，而且刚好还提出了一个值得参考的关于"检察建议"的建议。

因为这个"刚性化"，我就想到了我们《民主与法制》周刊今年在第 17 期和第 18 期连续两期关于"检察建议"的封面报道。这两组报道都已经印发在本次研讨会的论文集中，这是我主动向罗庆东副厅长和杨军伟处长特别建议增加进去的。今年第 17 期《民主与法制》周刊的《"检察建议"的前世今生》一组报道，是罗书平同志撰写的专题报道，此文对"检察建议"的研究具有重要的参考价值。第 18 期的《"检察建议"落地记》是我们的记者采写的系列报道，该文对山东省检察院落实"检察建议"给予了全面而详细的报道。两组报道，着眼的都是"检察建议"的刚性化，针对的都是"检察建议"如何落地和落实。简言之，就是都希望"检察建议"能够长上牙齿，实现刚性化，增大当量、增加能量、增强力量。

总而言之，从我今天作为总结人的角度看，无论是发言者，还是与谈人，都提出了问题，都分享了经验，都看到了方向。我想，这就是我们"检察建议"未来发展和完善的可喜之处。更可喜的是，我们中国法学会法律文书学研究会是第一次将"检察建议"作为法律文书的载体进行研究，也是第一次将其作为研讨会的主题进行研讨，更是第一次与检察系统就"检察建议"这个主题进行座谈和交流。正如马会长所说，这次研讨会的联合召开，既是一个巧合，更是一个机缘。所以，我们这次不同一般的会议，既探讨了理论问题，也探讨了实践问题。"检察建议"在过去可能并不是很受重视，现在因为最高检察院的一号检察建议，让全社会对其都给予了更多的关注和期待，也使检察系统内部好像多了一双手臂，更使我们的检察工作增强了力量。

其实，很多时候很多工作，就在于一把手的重视。如果说"检察建议"是过去的老大难，现在因为有了老大重视，将来肯定不会再有老大难了。中国有很多工作是这样的，说起来重要，做起来次要，忙起来不要。我希望"检察建议"不要形成这种难堪的社会现象，我希望"检察建议"更像我们今天在这里开会的地方一样，要站得更高看得更远。

此次开会特别值得称道的就是，甘肃政法大学选了一个好地方，白云宾馆。这个地方，在兰州黄河岸边的最高处，所以站得高就看得远。更重要的是，这里是黄河最狭窄的地方，也可以此代指法律最严格的地方。我希望"检察建议"能够真正成为把住司法公正的最严的轨道、最严的平台、最远的大道。

各位领导、各位检察官，这就是我听了一天的关于检察建议与社会治理研讨会以后，作为一位媒体人和法律人，作为法律文书学研究会的一员，对这次会议的印象和收获。可以说，这是一次安排圆满周到、研讨成果丰硕的会议。再次感谢甘肃政法大学、感谢甘肃政法大学法学院！感谢朱玉检察长、感谢李保岗副检察长、感谢张学军副检察长、感谢甘肃省检察院各位领导和各个部门、感谢兰州市检察院对本次会议所做出的贡献！同时，还要感谢甘肃省检察官协会对本次研讨会的特别贡献！